LA CONQUÊTE DES COLONIES ALLEMANDES

Naissance et mort d'un rêve imperial

Du même auteur :

La Direction des Services Automobiles des Armées et la motorisation des armées françaises (1914-1918), Lavauzelle, 2004
La mobilisation industrielle, "premier front" de la Grande Guerre ?, 14-18 Éditions, 2006

Direction

Destins d'exception, les parrains de promotion de l'École spéciale militaire de Saint-Cyr, S.H.A.T., 2002
La France Libre, l'épopée des Français Libres au combat 1940-1945, L.B.M., 2004
La marque du courage, L.B.M., 2005
90e anniversaire de la Croix de Guerre, S.H.D., 2006

Collectifs

La vie militaire dans le Haut Tonkin, 1895-1897, S.H.A.T., 2003
La préparation de la bataille entre divergences et convergences, les relations Joffre-Gallieni, in Les batailles de la Marne, de l'Ourcq à Verdun, sous la direction du professeur F. Cochet, 14-18 Éditions, 2004
Militaires français et renseignement en Grèce et sur le front d'Orient (1915-1924), in The Salonica Theatre of Operations and the Outcome of the Great War, sous la direction du professeur Y. Mourelos, Institut d'études balkaniques, Thessalonique, Grèce, 2005
Les 300 jours de Verdun, Éditions Italiques, 2006
1916-2006 Verdun sous le regard du monde, sous la direction du professeur F. Cochet, 14-18 Éditions, 2006

Rémy PORTE

Préface du professeur Jacques FRÉMEAUX

LA CONQUÊTE DES COLONIES ALLEMANDES

Naissance et mort d'un rêve imperial

Avant-propos
Par le professeur Jacques Frémeaux

La Grande guerre a été avant tout une guerre européenne, tant parce qu'elle a d'abord vu l'affrontement de puissances du Vieux continent que parce que son destin s'est essentiellement joué sur le sol de l'Europe. L'expression de « fronts secondaires », utilisée dans la plupart des ouvrages pour qualifier les autres conflits, montre bien cette priorité.

L'étude de ces conflits n'en revêt pas moins un grand intérêt. Si les théâtres périphériques furent sacrifiés aux théâtres principaux, ce ne fut qu'après des arbitrages opérés en fonction de priorités dont certaines sont encore discutées (qu'on pense aux offensives contre l'Empire ottoman). Les opérations de guerre qui se développèrent hors d'Europe revêtirent des formes souvent bien différentes de celles des tranchées, et parfois annonciatrices des guerres futures. Les conséquences des combats, peu sensibles sur le moment, contribuèrent à modeler le destin de peuples entiers, africains ou asiatiques, dans des conditions qui aident à comprendre bien des réalités d'aujourd'hui.

De ce point de vue, l'histoire de la disparition de l'empire colonial allemand dans la tourmente du conflit est très importante. Quoique tard venus dans le partage du monde, les dirigeants du Reich avaient su fonder un empire colonial de vastes dimensions, bien représenté en Afrique, mais aussi en mer de Chine et dans le Pacifique. Dès la déclaration de guerre, ses communications se trouvèrent coupées avec la métropole. Les espoirs de « neutralisation » de ses chefs eurent peu de poids face aux ambitions des Alliés, Anglais (renforcés des Australiens, Néo-Zélandais, Sud-africains), Français, Belges, Portugais et Japonais. En dépit d'une infériorité manifeste, les responsables militaires surent pourtant mener des combats retardateurs admirés de leurs adversaires, en particulier en Afrique, au Cameroun et surtout en Afrique orientale. L'élimination de l'administration allemande de ces territoires devait – elle être provisoire, et les territoires occupés rendus à l'Allemagne, ou définitive ? C'est ce dernier choix qui fut fait au traité de Versailles, ou l'Allemagne dut renoncer à toutes ses colonies au profit des vainqueurs. La justification résidant dans une prétendue incapacité des Allemands à exercer une quelconque action civilisatrice ne put qu'aggraver les ressentiments contre le « diktat », fournissant ainsi un prétexte de plus au nationalisme revanchard de l'après-guerre.

L'ouvrage de Rémy Porte a d'abord la qualité de synthétiser une information jusque-là éparpillée dans une série d'archives, d'articles et de monographies difficiles à se procurer. Il contribue à montrer en quoi la Grande Guerre fut bien une guerre mondiale. Il constitue une page très importante de l'histoire de l'Afrique. Les populations, en qualité de tirailleurs et de porteurs, furent en effet très largement mises à contribution, aux prix de souffrances très peu connues. Elles furent aussi témoin des divisions des puissances coloniales, et des limites des forces de celles-ci, ce qui ne put que nourrir les aspirations à l'émancipation. Le livre permet enfin de réfléchir sur les conditions de la guérilla : le général von Lettow-Vorbeck, qui sut prolonger les opérations en Afrique orientale (actuel Tanganyika) jusqu'au-delà de l'Armistice, est, avec Lawrence d'Arabie, le célèbre animateur de la « Révolte dans le désert », un de ceux qui ont le mieux compris et pensé la guerre du faible au fort. D'une lecture très facile, grâce à la clarté de son plan, il devrait intéresser un large public.

Jacques Frémeaux

À l'adjudant chef Hanriot,
sous-officier exemplaire et documentaliste hors pair,
en lui souhaitant une excellente retraite.

À Patricia.
Tu supportes l'envahissement de notre appartement par une documentation toujours plus volumineuse,
Tu m'encourages et tu m'accompagnes.
Merci.

Vae Victis !
Malheur aux vaincus !

Introduction

La Première Guerre **mondiale** mérite-t-elle son nom ?

Pour les uns, la participation militaire du Japon et des États-Unis aux opérations justifie une réponse affirmative, même si l'empire du Soleil-Levant n'est que marginalement concerné. D'autres ajoutent que l'importance de la mobilisation des ressources humaines et économiques à l'échelle planétaire est encore plus significative. Peu nombreux sont ceux qui évoquent la conquête par les Alliés de l'empire colonial allemand.

Pourtant, la guerre commence et se termine outre-mer.

Dès le 4 août, les ports de Bône et de Philippeville, en Algérie, sont bombardés par les *Breslau* et *Goeben* ; le 6 août 1914 alors que le G.Q.G. français n'est opérationnel que depuis la veille, le gouvernement britannique demande aux autorités de Nouvelle-Zélande et d'Australie de se saisir des stations de radiocommunication allemandes du Pacifique ; le 8 la marine anglaise bombarde Dar-es-Salaam.

Le 12 novembre 1918, alors que l'Armistice a sonné sur le front de France, un général allemand inflige une dernière défaite aux troupes du *Commonwealth* aux frontières de l'Est Africain.

Bien avant l'intervention des États-Unis, les premiers succès alliés sont obtenus en Chine, dans le Pacifique, les collines du Togo, le veld sud-africain ou la jungle camerounaise.

Si le facteur déclenchant de la guerre est l'assassinat à Sarajevo, un triste jour de juin 1914, de l'archiduc héritier du trône d'Autriche-Hongrie, ce prétexte est-il suffisant ?

La volonté de l'état-major autrichien de mettre un terme aux ambitions serbes explique l'enclenchement du processus. Mais les mobilisations en cascade de la fin du mois de juillet et du début du mois d'août ne sont pas justifiées par la seule évolution de la situation balkanique : d'autres intérêts priment, en France, en Russie, en Angleterre ou en Allemagne.

Certes, la mise en œuvre des traités constitue le facteur en apparence majeur de l'entrée en campagne, mais quels sont les ressorts profonds de ces oppositions ? Est-il suffisant de mettre en exergue le blanc-seing donné par l'Allemagne au haut commandement austro-hongrois ? Pour quelle(s) impérieuse(s) raison(s) tenant aux intérêts vitaux des belligérants a-t-on laissé s'emballer le mécanisme des déclarations de guerre ?

Ne peut-on pas considérer que l'âpreté des oppositions et l'importance des enjeux coloniaux qui se manifestent depuis vingt-cinq ans entre les grandes puissances constituent une motivation de poids pour certains belligérants ?

Jusqu'au milieu des années 1880, les questions strictement européennes dominent les relations internationales, mais depuis la conférence de Berlin l'intérêt porté aux territoires ultramarins est croissant. Progressivement, l'objet des traités s'étend jusqu'à englober l'ensemble de la planète : les prolongements extra-européens des grandes nations tiennent une place essentielle dans les calculs des chefs de gouvernement et des diplomates. L'expansion territoriale en Afrique et en Asie, l'acquisition de gages économiques, d'importants investissements financiers suscitent des oppositions lourdes de menaces. Les ambitions insatisfaites, les espoirs déçus se cumulent pour accroître les rancœurs : le dernier venu dans le partage du monde peut-il menacer de rompre les fragiles équilibres ?

Dans chaque capitale, économistes et juristes sont appelés à la rescousse pour justifier les prises de possession : en 1907, A. Girault démontre *« le droit des nations civilisées à la colonisation. Mieux même, c'est pour elles un devoir »*[1]. Or, parler de *devoir*, c'est admettre une obligation, un impératif. Les tensions entre puissances européennes se cristallisent autour de problèmes économiques ou politiques travestis

1. A. Girault (professeur d'économie politique à l'université de Poitiers et membre de l'institut colonial international), *Principes de colonisation et de législation coloniale*, 1907, vol. 1.

en questions morales. En Allemagne, la même observation peut être faite à des degrés divers chez tous les futurs belligérants, les partisans de la *Weltwirtschaft*, groupes de pression colonialistes et adeptes de la mondialisation des échanges, exercent de fortes pressions sur les choix de politique intérieure[1].

Pour un motif quelconque surgit inopinément en Europe, les oppositions latentes sur d'autres continents peuvent à tout moment dégénérer.

Entre 1880 et 1911, les États européens sont, alternativement et à tour de rôle, opposés les uns aux autres pour des questions strictement coloniales. Autour du Nil, du Congo, du Zambèze ou du Niger, se cristallisent les aigreurs, les espoirs et les déceptions. En 1905, 1906, 1909, 1911 en Chine, dans l'Empire ottoman, l'Afrique du Nord, équatoriale ou orientale chaque puissance mène avec détermination *« une guerre sans bataille »*. Au Siam ou dans le monde musulman, Français et Britanniques craignent à plusieurs reprises de voir naître l'étincelle du prochain conflit. *« À la marche* [de l'Allemagne] *sur Bagdad, l'Angleterre s'empresse de riposter par l'occupation de Koweit »* écrit Henri Hauser. *« On ne pouvait dire plus clairement que le conflit anglo-allemand serait avant tout un conflit colonial »*[2].

Le comité de l'Afrique française émet les mêmes inquiétudes et se dit en août 1914 persuadé *« que cet empire colonial si envié va sortir agrandi, fortifié, de cette terrible lutte »* et annonce les revendications à présenter par la France à la fin de la guerre : *« Nous devons songer dès maintenant aux solutions coloniales de la guerre ; aux répartitions territoriales qui la couronneront ; au Maroc enfin libéré de ses hypothèques étrangères ; à la modification*

1. On lira avec le plus grand intérêt *L'or et le sang. Les buts de guerre économique de la Première Guerre mondiale*, Georges-Henri Soutou, Paris, Fayard, 1989, 963 pages.

2. Henri Hauser, *La guerre européenne et le problème colonial*, Paris, Chapelot, 1915, 111 pages, pp. 57-58.

de certains accords diplomatiques qui forment pour l'Afrique un code souvent compliqué et vieilli »[1]. De part de d'autre, les mêmes arguments sont mis en avant. Peu après le début de la guerre, Camille Fidel constate que *« ce sont les ambitions coloniales de l'Allemagne qui ont failli provoquer la guerre à trois reprises différentes en moins de dix ans et que ces ambitions coloniales ont été une des causes déterminantes de la guerre actuelle »*[2].

La Première Guerre mondiale est-elle bien née en pays slave ?

Factuellement, c'est indiscutable. L'obstination de l'état-major austro-hongrois et la malheureuse mobilisation russe conduisent à désigner l'Europe orientale et balkanique. La mauvaise appréciation par Berlin des réactions de Londres y entre pour une part appréciable. Mais le monde colonial ne constitue-t-il pas sur le fond un enjeu d'une tout autre importance stratégique ? Les questions politiques, militaires et diplomatiques liées aux problèmes coloniaux tiennent, pour le moins, une place aussi essentielle par l'ancienneté et la persistance des oppositions entre grandes puissances, l'importance des enjeux et des espoirs de développements ultérieurs, la récurrence des discours publics belliqueux à Paris, Londres et Berlin.

En août 1914, plus que pour la liberté serbe, la neutralité belge ou l'Alsace-Lorraine, objectifs toujours mis en avant par la propagande, les grandes nations se lancent dans le conflit pour terminer le partage du monde. La conversation tenue à Berlin entre l'ambassadeur de Grande-Bretagne et le Chancelier impérial dans la soirée du 29 juillet est significative : quel serait le prix de la neutralité britannique en cas de guerre franco-allemande ? L'annexion de colonies françaises serait-elle tolérée ? *« Ce qu'il nous demande, en effet, c'est de nous engager à rester à l'écart en attendant qu'on saisit des colonies françaises et que la France fût battue, pourvu que l'Allemagne ne prenne pas de territoire français, exception faite des colonies »*, répond

1. « La France d'Afrique et la guerre, notre œuvre de demain », L'Afrique française, éditorial du n° 8/12, août-décembre 1914.
2. Camille Fidel, *L'Allemagne d'outre-mer, grandeur et décadence*, Paris, Boivin et Cie éditeurs, 1915, 78 pages, p. 10.

Sir Grey par télégramme du 30 en ajoutant: *« Une telle proposition est inacceptable, car la France... pourrait... devenir subordonnée à la politique allemande »*, ce qui serait inadmissible à Londres.

À la délicate question de l'équilibre européen qui depuis des siècles domine les relations diplomatiques s'ajoute celle, autrement plus difficile, des équilibres à l'échelle mondiale, où les facteurs industriels et commerciaux dominent et pour la maîtrise desquels de nouveaux partenaires entrent en lutte.

Comment se présente la situation des principales puissances au cours des vingt-cinq années qui précèdent la Première Guerre mondiale ?

États vieillissants, le Portugal et l'Espagne voient leur influence décliner; la France et la Grande-Bretagne s'enflamment lors de la crise de Fachoda, au croisement des axes Dakar-Obock et Le Caire-Le Cap; la Belgique bénéficie, par la remise du territoire au roi Leopold II, des immensités de l'État souverain du Congo.

L'Italie peine à s'installer en Tripolitaine et Cyrénaïque et se heurte au souverain d'Éthiopie à partir de l'Érythrée. *« Ulcérée au lendemain de l'occupation française de Tunis »*[1], elle adhère à la Triplice. Rome tente d'effacer sur la côte méditerranéenne de l'Afrique son échec éthiopien[2]. En 1904, le journal nationaliste *Il Regno* est fondé à Milan pour promouvoir la politique coloniale. En 1911, l'hebdomadaire *L'Idea Nazionale* renforce ce courant.

Le Japon ne peut s'imposer en Chine mais vainc l'armée et la flotte russes; les États-Unis répugnent à constituer un empire colonial mais tissent les mailles de leur réseau économique.

Parmi les dernières venues l'Allemagne se taille en quelques années une place au soleil, presque malgré la volonté de son gou-

1. *Histoire des colonies françaises et de l'expansion de la France dans le monde*, Hanotaux-Martineau, Paris, Plon, 1931, p. 165.
2. En 1896, l'armée italienne est écrasée par de Ménélik, souverain d'Ethiopie. Le grand rêve colonial de l'Italie s'effondre et l'indépendance de l'Ethiopie internationalement reconnue.

vernement mais grâce à la persévérance de quelques explorateurs et négociants. Aux frontières du Nigéria ou du Congo, au Maroc et en Afrique australe, les intérêts du *IIe Reich* s'opposent à ceux du Royaume-Uni et de la France.

Aux marges de l'Empire ottoman, du monde musulman et de l'océan Indien, au prétexte de la défense des minorités catholiques ou de la lutte contre les seigneurs locaux esclavagistes, missionnaires et explorateurs occidentaux pénètrent à l'intérieur des terres en arborant le drapeau de leurs pays respectifs. En Extrême-Orient et dans le Pacifique, les États européens s'approprient les derniers archipels susceptibles de permettre le ravitaillement en charbon des flottes modernes ou de servir de relais aux câbles télégraphiques sous-marins.

Nominalement indépendants, le Maroc, la Sublime Porte et l'Empire du Milieu sont contraints d'accepter des régimes de relations inégalitaires, dits des concessions ou des capitulations. Des rivages de la Méditerranée à la mer du Japon, un fragile équilibre, contrarié par des intérêts divergents et secoué de crises récurrentes, s'établit.

Dans ce contexte, l'ambition de Guillaume II trouve à s'exprimer. La création de l'Union Pangermaniste en 1891 marque une accélération du processus. De Trèves à Breslau et de Kiel à Munich l'Allemagne s'enthousiasme pour la formule : *« Une politique mondiale pour tâche, une puissance mondiale pour but, et pour instrument la Flotte »*. Le soutien apporté par le ministère allemand des Affaires étrangères aux initiatives privées contribue à inquiéter les autres nations. La conquête de nouveaux marchés, la maîtrise des approvisionnements en matières premières, le contrôle des voies commerciales font l'objet de négociations de plus en plus âpres et les insatisfactions entretiennent les rancœurs : *« Entre tous les vieux comptes que nous avions à régler avec l'ennemi mortel, le compte colonial était sans doute l'un des plus lourds et des plus irritants ; nous en avions eu depuis vingt ans des preuves répétées »*[1].

1. Gustave Babin, « La conquête du Cameroun », *L'Illustration*, n° 3805, 5 février 1916.

Pourtant en août 1914, certains responsables politiques tentent de limiter les opérations militaires à l'Europe pour ne pas fournir aux peuples indigènes l'image d'une lutte fratricide entre nations colonisatrices. Ces efforts ne peuvent aboutir : l'imbrication des territoires, des intérêts et des ambitions d'une part, la faiblesse militaire des colonies allemandes d'autre part, la nécessité de sécuriser rapidement les voies maritimes enfin précipitent l'Afrique, l'Asie et le Pacifique dans la guerre.

Une guerre différente des conflits coloniaux antérieurs commence. Une guerre qui fait appel à des effectifs importants et aux matériels modernes, mais sur des distances telles qu'en France une division engagée à Reims aurait eu ses services de l'arrière à Montpellier… Une guerre aujourd'hui oubliée.

Paris, Berlin, Londres et les autres...

Naissance de l'empire colonial allemand

Au début du XXe siècle, le drapeau allemand flotte sur un empire colonial récent, peu développé mais riche de potentialités.

Dans un article paru en novembre 1919 et complété en 1957 par Henri Brunschwig dans *L'expansion allemande outre-mer, du XVe siècle à nos jours*, E. Carteron dresse un historique des tentatives antérieures, depuis le Grand Electeur Frédéric-Guillaume au XVIIe siècle, pour s'assurer la maîtrise de territoires outre-mer. Le duc Jacob de Courlande, déjà, embarqué sur le navire à double pont *Armes de la duchesse de Courlande*, accompagné par 25 officiers, 124 soldats et 80 familles, avait créé sur l'île antillaise de Tobago la première colonie allemande permanente. Jusqu'à sa mort, qui marque en 1682 la disparition de ces comptoirs, les produits exotiques affluent dans les ports d'Allemagne du Nord et de la mer Baltique. Les difficultés financières du Brandebourg et les échecs enregistrés au début du XVIIIe siècle conduisent pour près de cent cinquante ans à l'abandon des rêves indiens et guinéens.

Avec les progrès de l'unification allemande autour de la Prusse, le développement du nationalisme, la révolution industrielle et la recherche de gisements de matières premières comme de nouveaux débouchés, la puissance germanique se tourne d'abord vers l'Europe orientale. Bientôt cependant des comptoirs commerciaux s'ouvrent en divers points du globe, la marine marchande puis la flotte de guerre connaissent un développement exponentiel et deux organisations privées, la Ligue coloniale et la Société pour la colonisation allemande, fondées en 1882 et 1884, assurent au-delà du Rhin la promotion de l'idée coloniale.

Bismarck leur impose dans un premier temps une prudente réserve : *« Ich war, von Haus aus, kein kolonial Mensch »*, « Je n'étais pas un colonial » écrira-t-il. À l'époque de la Confédération d'Allemagne du Nord déjà, il affirme ne pas souhaiter *« s'engager dans des entreprises coloniales, celles-ci devant être l'œuvre exclusive de l'initiative privée »*[1]. Il l'exprime fermement en 1871: *« Je ne veux pas de colonies »*, comparées à de vulgaires bureaux de placement (*« Versorgunsposten »*), associant selon une formule reprise sous différentes formes le mirage colonial à l'attrait des vêtements de soie *« pour l'aristocratie polonaise qui ne possède même pas une chemise »*. Son souci de préserver l'équilibre européen et d'éviter un rapprochement entre les adversaires de l'Allemagne lui fait regarder avec méfiance les querelles balkaniques[2] comme les aventures ultramarines. Il le confirme en 1888 à l'explorateur Eugen Wolf: *« Ma carte de l'Afrique se trouve en Europe, ici c'est la Russie et là se trouve la France, nous sommes au milieu »*[3]. Le Chancelier redoute le coût financier et politique d'un effort outre-mer et les conséquences diplomatiques qui pourraient en découler sur les relations continentales.

Il considère qu'il est préférable, pour développer le commerce international du jeune Empire et le rayonnement de sa culture, de disposer dans de nombreux pays du soutien de fortes communautés immigrées[4] plutôt que de consentir des investissements peu rentables dans des territoires désolés. Il rassure les

---

1. Lettre à Roon, ministre de la Marine, 9 janvier 1868, cité par Maurice Besson, *Les colonies allemandes et leur valeur*, Paris, A. Challamel éditeur, 1917, pp. 78, p. 1.

2. Dans le même esprit et avec le même sens de la formule, il déclare devant le *Reichstag* le 5 décembre 1876 que le différent turco-balkanique *« ne vaut pas les os d'un grenadier poméranien »*.

3. Cité par P. Molt, *« Eléments de la politique africaine de l'Allemagne »*.

4. Entre 1881 et 1890 seulement, 1.500.000 Allemands quittent l'Europe et s'installent aux quatre coins du monde, d'Amérique du Sud en Extrême-Orient. Ils sont encore 600.000 entre 1891 et 1900 à suivre la même voie, soit plus de deux millions de migrants en vingt ans. À la veille de la guerre, ils sont plusieurs millions aux États-Unis, plusieurs centaines de milliers au Canada, en Russie ou au Brésil, plusieurs dizaines de milliers en Argentine, en Roumanie, en Turquie, constituent de fortes communautés en Afrique du Sud ou en Australie et représentent de puissants vecteurs de pénétration pour l'industrie, la banque et les universités allemandes.

puissances coloniales et ne demande que la liberté de commerce pour ses nationaux.

Les adversaires les plus résolus de l'Allemagne tentent sans succès d'alerter leurs concitoyens: *« Stimulé par le Prince de Bismarck, le commerce allemand s'épand sur le monde; d'allures modestes à ses débuts, il s'installe humblement sur un point inoccupé ou se fait faire une toute petite place dans un pays déjà colonisé; puis, petit à petit, il prospère au point de devenir le maître. Sur nombre de points, les Anglais eux-mêmes sont déjà supplantés. »*[1].

En juin 1884 encore, devant le *Reichstag*, il affirme vouloir promouvoir une politique coloniale *« pacifique, sans expédition, sans recours aux forces militaires du pays »* et précise: *« Dans le système que j'ai appelé français, le gouvernement de l'État prétend chaque fois juger si l'entreprise est bonne... Dans notre système, nous abandonnons le choix au commerce, au particulier, et si nous voyons que l'arbre prend racine, croît et prospère et sollicite la protection de l'Empire, nous lui prêtons appui »*. L'exposé des motifs de la loi du 25 janvier 1889 autorisant une aide exceptionnelle à la Compagnie de l'Est africain affirme toujours: *« L'État ne peut s'engager à garantir les entreprises d'outre-mer des sujets allemands, ni à assurer leur succès. L'avantage qu'offre la protection officielle du gouvernement à ceux qui tentent la colonisation des régions lointaines consiste surtout dans la défense des colons nationaux contre les prétentions hostiles des autres puissances... À cela se borne son rôle en principe, et il n'appartient qu'aux membres des expéditions de soutenir la lutte qu'ils ont entamée contre les populations indigènes... En dehors de l'appui moral prêté par nos croisières, les entreprises coloniales ne sont nullement autorisées à compter sur une assistance matérielle de la part de l'État »*. Les réticences gouvernementales se doublent des hésitations du monde capitaliste allemand qui considère que l'Europe orientale et la Russie constituent ses débouchés naturels.

Seuls les armateurs et les sociétés transocéaniques de Brème et Hambourg militent pour un développement ultramarin. La politique coloniale est donc complémentaire de celle qui se mani-

1. « De l'organisation défensive de nos colonies », *Revue générale de l'État-Major*, n° 8, février 1889, p. 175.

feste dans le domaine naval à la fin du XIXe siècle. Les efforts convergent : la puissance économique de la métropole d'une part, l'importance des flottes commerciale et militaire d'autre part concourrent à justifier l'exigence de possessions outre-mer.

Les deux grandes associations colonialistes fusionnent en 1887, sous la présidence nominale du prince von Hohenlohe-Langenburg.

Carl Peters et la *Deutsche Kolonialgesellschaft*[1] pratiquent un véritable *lobbying*, multiplient les réunions publiques, les tribunes de presse et les appels à un public aisé. Négociants et investisseurs des ports de la mer du Nord se révèlent plus sensibles à ce discours que les industriels de la Sarre, de la Ruhr ou de Silésie. Bismarck ne s'oppose pas à l'installation de ses compatriotes sur les terres non revendiquées mais se borne à faire nommer un consul dans la métropole la plus proche : *« La protection effective assurée aux Allemands sur certaines côtes ne doit comporter aucun appareil administratif, ni ne doit entraîner l'envoi sur place d'un nombre élevé de fonctionnaires allemands ainsi que l'entretien de garnisons composées de troupes métropolitaines, car l'empire n'entend prendre aucun engagement vis-à-vis de ces colons allemands et de leurs établissements dans ces régions en cas de guerre… La protection doit être assurée par voie diplomatique »*[2].

La création de syndicats financiers permet d'organiser les premières installations permanentes à terre dont le gouvernement refuse d'assurer la charge, même si jusqu'au sein du cabi-

1. L'association atteint le chiffre de 33.000 membres en 1913, alors qu'à la même époque la Ligue coloniale française ne dépasse pas 2.600 adhérents (in Charles-Robert Ageron, « Le parti colonial », *L'Histoire*, n° 63, juin 1984, pp. 72-81). Divisée en près de 350 sections locales, elle entretient des relations étroites avec la Ligue Maritime, publie l'hebdomadaire *Kolonialzeitung* dont le tirage dépasse 40.000 exemplaires, et bénéficie de la bienveillante protection de l'Empereur : *« La fidèle collaboration de la société coloniale allemande à cette œuvre nationale m'est extraordinairement précieux, et elle peut être assurée en tout temps de ma vive reconnaissance »* (in Henri Hauser, *Colonies allemandes impériales et spontanées*, Paris, Librairie Nony et Cie, 1900, 139 pages, p. 132-134).
2. Lettre au consul général Nachtigal, citée par Maurice Besson, *Op. cit.*, p. 4.

net ministériel et de la famille impériale elle-même nombreux sont les souscripteurs. Progressivement, une partie de l'aristocratie tourne ses regards vers des horizons exotiques, tandis que l'idée coloniale progresse dans les milieux dirigeants : la Compagnie de l'Afrique Orientale Allemande, protégée par décret de Guillaume II, compte parmi ses actionnaires plusieurs proches de l'Empereur. La distinction entre intérêts privés et puissance publique est réelle, mais ténue...

L'évolution des différentes implantations allemandes outremer suit chronologiquement la même logique et cinq phases se succèdent :

- Un groupe privé acquiert pacifiquement quelques comptoirs et plantations,
- ne pouvant assumer ses charges il vend ses droits à une compagnie à charte[1].
- Pour en assurer la rentabilité dans les meilleurs délais, celle-ci impose des droits et taxes qui favorisent la révolte des populations indigènes.
- Ne disposant pas de moyens suffisants elle est contrainte de demander l'aide militaire de la métropole ;
- financièrement épuisée, la compagnie cède ses droits à l'État allemand.

La présence allemande en Asie et en Océanie

Les questions politiques et économiques liées à la situation en Extrême-Orient prennent à la fin du XIXe siècle une place croissante dans les débats internationaux, à tel point que la *Revue politique et parlementaire* écrit quelques années plus tard *« que l'homme malade qui siège là-bas, à Pékin, sur le trône chancelant des princes mandchous, ne préoccupe pas moins les chancelleries européennes que celui qui agonise à Constantinople sur le trône vermoulu des Sultans autocrates... À la question : "Qui aura Constantinople ?" semble en effet s'être substituée, ajoutée tout au moins celle-ci : "Qui aura Pékin ?" »*[2]. Britanniques, Français,

1. Bénéficiant d'un *Schutzbrief* impérial qui l'autorise à administrer le territoire.
2. E. Augier, « La France et l'Angleterre en Extrême-Orient », *Revue politique et parlementaire*, n° 118, avril 1904, pp. 39-49.

Russes, Allemands, mais aussi Autrichiens, Belges, Italiens, Japonais et Américains se surveillent.

La présence allemande en Chine se développe rapidement. En avril 1895, à la suite du traité de Simonoséki[1] qui termine la guerre sino-japonaise, deux concessions sont reconnues à Berlin : à Hankou, sur le Yang-Tsé, et à Tientsin. Aussi peu fiables que soient alors les statistiques des douanes chinoises, elles reconnaissent bientôt à l'Allemagne la seconde place commerciale derrière le Royaume-Uni, traduisant la réalité de la présence financière et commerciale allemande.

Le 6 mars 1898, Berlin reçoit les bénéfices formels de ses investissements antérieurs.

Après plusieurs années de luttes d'influence en Chine du Nord et alors que le territoire est déjà occupé par des troupes allemandes[2], la cession à bail du port de Tsing-Tao, des presqu'îles et îlots qui en protègent l'accès, de la province de Kiaou-Tchéou[3] dans un périmètre de 50 kilomètres autour de la baie, et la reconnaissance d'une zone d'exclusivité aux frontières mal définies dans la région adjacente, dite *« hinterland de Kiaou-Tchéou »*, constitue la concrétisation des ambitions germaniques. Près de dix ans ont été nécessaires entre la première reconnaissance des côtes par le

---

1. Par ce texte, la Chine cède au Japon les îles Pescadores, Formose et le Liaodong, reconnaît l'indépendance de la Corée sous influence japonaise et promet le versement d'une importante indemnité de guerre. Sous la pression de la Russie, de la France et de l'Allemagne, le Japon doit restituer le Liaodong à la Chine en juillet de la même année.

2. Les compagnies de débarquement du vice-amiral von Diedrichs mettent pied à terre le 14 novembre 1897 sur la presqu'île de Kiaou-Tchéou, dans la province du Chantoung, à la suite de l'assassinat des missionnaires Niès et Henlé. Guillaume II déclare le 15 novembre : *« Il faut montrer aux Chinois de la façon la plus sévère et au besoin avec la rigueur la plus brutale qu'on ne plaisante pas avec l'empereur allemand ».*

3. L'un ou l'autre des termes sont indifféremment employés, mais la dénomination officielle du protectorat (*Kiao-Tchéou*) est constituée à partir du nom de la ville chinoise (*Kiao*) et de la cité administrative (*Tchéou*), appellation étendue à la baie et à l'*hinterland*. Le nom de *Tsing-Tao* ne s'applique initialement qu'à la colonie et au port allemands.

contre-amiral Tirpitz et le débarquement de 717 hommes à partir de l'escadre de croiseurs de von Diedrichs.

Dès le mois suivant, le 27 avril, Berlin modifie unilatéralement la définition administrative de son administration locale : le territoire à bail devient protectorat.

L'Allemagne obtient la concession des lignes de chemin de fer à construire dans la région et des monopoles d'exploitation minière de part et d'autre du tracé des voies. En 1899, un budget de cinq millions de marks est voté par le *Reichstag* pour la modernisation des capacités d'accueil de la rade afin de transformer Tsing-Tao en port franc.

Pour donner davantage de poids politique à cette implantation territoriale, le *Kaiser* envoie en Asie son propre frère, le Prince Henri de Prusse, puis autorise la création d'une Escadre de Chine, basée à Tsing-Tao. Pour les futurs alliés de la Première Guerre mondiale, l'Allemagne entend créer en Extrême-Orient un point d'appui identique à ceux dont disposent la France (Saigon), la Grande-Bretagne (Hong-Kong) ou la Russie (Port Arthur).

L'*Ostasiatischer Llyod* de Shanghai écrit à ce propos avec emphase, même si Tsing-Tao est à la fois libre des glaces toute l'année et à l'abri des typhons tropicaux : « *De toutes les places du Nord de la Chine, Kio-Tchéou est la plus importante au point de vue stratégique, outre qu'elle est encore la principale porte ouverte sur l'Empire chinois* »[1]. Le site paraît si fort que la *Revue Militaire des Armées Étrangères* n'émet aucun doute en 1912 : « *Cédé à l'Allemagne pour un bail de 99 ans, qui sera assurément renouvelé en 1996* »... Cette influence s'étend à l'ensemble de la Chine du Nord : le Tsar s'inquiète en 1913 que les autorités mongoles puissent remplacer les instructeurs russes présents à Ourga par des officiers allemands.

Dans le Pacifique, s'appuyant sur les positions progressivement acquises depuis 1820-1840 par ses négociants, le gouvernement allemand pousse ses exigences au fur et à mesure que des

1. Cité par les *Questions diplomatiques et coloniales*, 1899, vol. III, p. 237.

opportunités favorables se présentent. En 1875, Bismarck proteste contre l'installation des Britanniques aux îles Fidji et en 1879 obtient la mise en place sur les Samoa d'un triple condominium germano-anglo-américain. Lors de l'effondrement de la puissance espagnole, après la défaite de Madrid dans la guerre contre les États-Unis en 1898, Berlin profite de la situation confuse créée dans le Pacifique : les îles Mariannes, Palau, Marshall et Carolines sont acquises. Pour Oliver Douglas, l'Allemagne *« cherchait une expansion économique, puis une expansion politique par le commerce »*[1].

Depuis le milieu du XIXe siècle, le grand négociant originaire de Hambourg Johann Cesar Godeffroy a constitué dans le Pacifique un véritable empire pour l'exploitation et le commerce de l'huile de palme[2]. De Valparaiso aux îles Samoa, il est propriétaire de 45 implantations insulaires différentes et sa flotte de commerce compte au milieu des années 1870 plus de 70 navires, pour certains construits dans ses propres chantiers navals. Comparée à une organisation hanséatique des mers du Sud, la compagnie *Godeffroy & Sohn* est au faîte de sa puissance. En 1878 l'entreprise, confrontée à une crise économique majeure, est conduite en quelques mois au bord du dépôt de bilan. Les actifs sont vendus à la Compagnie allemande de commerce et de plantations des îles du Pacifique, avant de faire retour au gouvernement de Berlin.

Dans cet espace géographique, l'évolution des Samoa est tout à fait intéressante. La compagnie de Johann Cesar Godeffroy y est si présente que le gouvernement de Berlin dépêche le S.M.S. *Bismarck* dans la région en 1878, signe en 1879 un traité d'amitié et un accord de commerce avec les autorités locales puis acquiert en 1884 pour deux millions de marks les anciens titres de propriété de la *Godeffroy & Sohn*, tandis que de longues et difficiles négociations avec les États-Unis tardent à officialiser les droits de chacun.

1. Oliver Douglas, *Les îles du Pacifique*, Paris, Payot, 1952, 366 pages, p. 122.
2. Il s'intéresse également au café, à la canne à sucre, au coton, à la pêche, aux huîtres perlières et ouvre des comptoirs jusqu'aux Tonga, aux îles Guilbert et Ellice, à Wallis et Futuna et aux Salomon.

État souverain, empire ou royaume selon les appellations, constitué d'une quinzaine d'îles et îlots, l'archipel des Samoa est gouverné par Sa Majesté Malietoa qui s'inquiète des prétentions britanniques, australiennes, néo-zélandaises ou américaines et craint que ne soit prononcée l'annexion de tout ou partie de son pays.

Pour se protéger d'une influence anglo-saxonne qu'il juge plus dangereuse, il autorise en 1879 l'ouverture d'une station charbonnière allemande, puis au début de l'année 1884 accorde au consul général Stübel le droit de faire séjourner des navires de guerre dans le port d'Apia, sa capitale au nord de l'archipel ; alors que les Américains ont été autorisés à faire de même depuis 1878 et à établir un dépôt de charbon à Pago-Pago, au sud et que les Britanniques sont parvenus à faire nommer *« père adoptif »* du roi un missionnaire anglican promu consul.

Sous l'influence de la *Handels und Plantagen Gesellschaft der Südsee Inseln*, Malietoa signe avec le représentant de Berlin en novembre 1884 un nouveau traité visant à *« assurer la plus grande sécurité publique et le respect de l'ordre légal »*. En janvier 1885, arguant de la menace d'une intervention anglaise, un petit contingent d'infanterie de marine débarque du S.M.S. *Albatros* à l'ancre devant Apia et hisse le drapeau impérial, entraînant l'échange d'âpres notes diplomatiques entre Berlin et Londres.

L'archipel voit à cette époque s'établir davantage de ressortissants allemands que le Cameroun[1] et, sanctionnant cette influence économique, un bureau postal allemand permanent est ouvert dès 1886. Mais le poids des nouveaux immigrants indispose autant les Anglo-Saxons que les autochtones. Invités à s'installer dans l'archipel pour faire pièce à l'influence britannique, les Allemands investissent tous les rouages de l'État samoan et leur prosélytisme suscite en 1888 une révolte populaire, armée par les planteurs

1. Selon un recensement de 1887, la population européenne des Samoa se décompose en 127 Allemands, 62 Anglais, 26 Américains et 17 Français. Les plantations allemandes représentent une superficie de 600 km^2 et emploient plus de 2.000 travailleurs malais.

américains. Le Chancelier adresse à Washington une note sans ambiguïté : *« Dans le cas où Malietoa n'aurait ni la volonté, ni le pouvoir de prêter à nos nationaux l'appui nécessaire, nous serions obligés de lui déclarer la guerre et de proclamer sa déchéance. Tout en nous efforçant de maintenir de bonnes relations avec les puissances représentées à Samoa, nous nous déclarons dans l'impossibilité de laisser plus longtemps menacer la sécurité de nos nationaux et méconnaître le prestige de l'empire allemand »*[1]. Le roi Malietoa est destitué, remplacé par Tamasese et le wurtembergeois Brandes devient Premier ministre.

À la suite de l'insurrection du 31 août 1888, le croiseur léger *Olga* et la canonnière *Eber*, ultérieurement renforcés par le S.M.S. *Adler*, sont dépêchés vers l'archipel.

Les troubles se poursuivent, les plantations allemandes sont de plus en plus menacées. Le 14 décembre 1888, le consul Knappe est autorisé à requérir l'aide de la *Kaiserliche Marine* et s'embarque le 17 à bord du croiseur *Adler*. Les troupes débarquent près d'Apia le 18 décembre et, tandis que les insurgés se réfugient à l'intérieur des terres, de violents accrochages opposent soldats allemands et indigènes[2]. Face à la gravité des faits, le gouvernement allemand condamne les initiatives de son consul. Selon le rapport adressé à Berlin à l'issue de l'intervention, un *« navire de guerre américain suspect »*, dont les officiers auraient *« joué un rôle trouble pendant la préparation et le déroulement de la révolte »*, aurait accosté à la fin de l'insurrection pour exfiltrer vers la Californie au moins *« un agent du gouvernement des États-Unis »*.

La remarquable situation géographique de l'archipel, dont la seule richesse exportée est le coprah, explique l'aggravation de la tension entre Berlin, Washington et Londres. L'illustration en

1. « Les possessions coloniales de l'Allemagne », *Revue Militaire de l'Étranger*, août 1889, pp. 444-461, p. 454.

2. Du côté allemand, 15 hommes et 1 officier (lieutenant Singer) sont tués, 39 blessés, dont 1 (lieutenant Burchard) à 2 officier(s) selon les sources consultées. Les pertes (vraisemblablement importantes) des autochtones ne sont pas connues.

est donnée lorsque, du 13 au 17 mars 1889, une tempête tropicale d'une exceptionnelle violence s'abat sur le port d'Apia. Pas moins de sept navires de guerre appartenant aux trois nations sont à l'ancre dans le modeste port de la petite capitale : les S.M.S. *Olga*, *Eber* et *Adler* de la marine impériale ; les U.S.S. *Trenton*, *Vandalia* et *Nipsic* de la marine américaine et la corvette britannique H.M.S. *Calliope*. Dans le drame, l'*Adler* et l'*Eber* disparaissent avec leurs équipages, tandis que l'*Olga* subit de graves avaries. Pendant que la corvette *Alexandrine* quitte Wilhelmshafen pour le Pacifique le 15 avril, la corvette anglaise *Rapid* tente de hisser les couleurs britanniques sur les îles voisines.

Le 14 novembre 1899, le Royaume-Uni renonce à ses droits sur l'archipel au bénéfice de l'Allemagne, qui profite des difficultés rencontrées par Londres en Afrique australe (guerre des Boers) pour toucher le prix de sa neutralité. D'ultimes conversations avec les États-Unis, sanctionnées par la convention du 2 décembre 1899, entraînent la division du territoire en deux zones à partir du 17e degré Ouest : les Samoa orientales passent définitivement sous influence américaine, tandis que l'autorité de Berlin est reconnue sur les Samoa occidentales.

La partie de l'archipel[1] revenant à l'Allemagne, dont la prise de possession officielle s'étend de novembre 1899 à mai 1900, offre au *Reich* l'avantage d'une exceptionnelle position géographique au centre du Pacifique, mais ne bénéficie pas des facilités d'un port protégé en eau profonde. La capitale, Apia, ne peut offrir qu'une simple rade, à l'écart des voies de communication habituelles. La construction, en 1913-1914, d'une station radiotélégraphique grande puissance intégrée au réseau mondial des télécommunications allemandes donne à cette colonie son intérêt stratégique.

En novembre 1880, le comte Limburg-Stirum, secrétaire général adjoint du ministère des Affaires étrangères, décline au nom de son ministre une première proposition visant à soutenir les expéditions en cours d'organisation vers les mers du Sud pour y créer

1. Aujourd'hui la république des Samoa Occidentales, essentiellement constituées des iles Sawaii, Upolu, Manono et Apolina, pour quelque 3.000 km^2.

un établissement colonial sous la protection de l'Empire allemand. Ce refus ne ralentit pas l'ardeur des promoteurs du projet réunis autour de von Hanse et de Otto Finsch. La position du gouvernement évolue lorsqu'ils renouvellent leur demande au nom de la Compagnie de Nouvelle-Guinée, société de droit prussien, au printemps 1884 : Bismarck fait alors répondre qu'il est prêt à en faire assurer la protection si les territoires acquis sont considérés comme indépendant de toute puissance européenne. Le docteur Finsch quitte en août l'Europe pour une mission exploratoire en Nouvelle-Guinée, financée par la Compagnie de colonisation allemande.

Après les Néerlandais, qui ont annexé la partie occidentale de l'île au milieu du siècle, les Anglais proclament leur protectorat sur le sud-est de la Nouvelle-Guinée en octobre 1884. Pour Berlin, il n'est que temps: le mois suivant, le drapeau allemand est hissé sur les rades du nord-est de l'île devenue *Kaiser Wilhelm Land*[1], plaçant ces terres *« sous la protection de l'Empire Allemand »* avec l'appui de deux navires, les S.M.S. *Elisabeth* et *Hyena*. La forme primitive des sociétés indigènes et l'inexistence d'État souverain, telle que l'expression est comprise en Europe, n'impose pas la signature préalable de traités avec des autorités locales. Le 23 décembre 1884, Berlin informe simplement les autres capitales de cette situation nouvelle: les terres de la Compagnie de Nouvelle-Guinée[2] sont officiellement protégées par le *IIe Reich*. Négociées par Herbert von Bismarck à Londres au cours des dix-huit mois qui suivent, les conventions bilatérales de mars 1885 et d'avril 1886 en fixent les frontières.

---

1. Les anciennes appellations qui rappellent l'influence britannique sont modifiées à partir de mai 1885: outre l'archipel de Nouvelle-Bretagne qui prend le nom d'archipel Bismarck, la Nouvelle-Irlande devient Nouveau-Mecklembourg, les îles d'York deviennent le Nouveau-Lauenbourg, l'île de Nouvelle-Bretagne devient Nouvelle-Poméranie.

2. Comme les anciennes compagnies marchandes, de la Hanse aux Indes, la Compagnie de Nouvelle-Guinée arbore son propre pavillon (qui reprend les couleurs impériales), émet sa propre monnaie (le Mark de Nouvelle-Guinée) et ses propres timbres (libellés en allemand), adhère aux conventions internationales (Union Postale Universelle), possède ses propres forces de sécurité et organise ses voies de communication maritime (en direction de l'Australie, des Indes néerlandaises et de Singapour).

Le 17 mai 1885 pour la Nouvelle-Guinée et l'archipel Bismarck puis le 13 décembre 1886 pour les Salomons et les autres ensembles insulaires du Pacifique, la compagnie reçoit les *Schutzbriefe* qui lui accordent la protection impériale pour l'exercice de ses droits souverains. Le vice-amiral von Schleinitz devient le premier *Landeshauptmann* (Résident supérieur, gouverneur) de la compagnie sur le territoire.

Le nombre d'implantations allemandes se développe sur la côte à partir de Finschhafen, première capitale, et de l'importante plantation d'Hatzfeldhafen[1], dans un cadre institutionnel alliant étroitement puissance publique et intérêts privés.

La convention de protection, concédée par l'Empire allemand à la compagnie, prévoit explicitement que l'exploitation, le développement et la mise en valeur des territoires acquis ne relèvent que de la société privée, qui en assume intégralement les profits et les pertes ; tandis que l'ordre public et l'administration du territoire sont confiés au *Landeshauptman* qui dispose de fonctionnaires, mis à sa disposition par l'État allemand mais dont les salaires sont remboursés au ministère des Finances, et de policiers, recrutés et soldés localement. Dans l'hypothèse de la survenance d'une crise grave ou d'un conflit, le représentant impérial est autorisé, pour la seule défense du territoire, à lever une force armée parmi les ressortissants locaux, les ouvriers étrangers volontaires et les indigènes, mais ni la compagnie, ni le gouverneur ne peuvent engager une opération militaire en dehors des frontières de la colonie.

En novembre 1878, le capitaine de corvette von Werner signe avec le roi des îles Marschall un accord autorisant l'installation d'un dépôt charbonnier permanent. En octobre 1885, le lieutenant de vaisseau Röttger, commandant le S.M.S. *Nautilus*, négocie avec les autorités indigènes un traité plaçant les

1. Konstantinhafen, Friedrich-Wilhelmshafen, Heirichhafen : la seule terminologie employée (hafen : port) montre bien qu'il s'agit d'implantations sur la façade maritime, l'intérieur du territoire restant très largement inexploré.

îles[1] *« sous protection allemande »* et hisse à Jaluit le drapeau impérial. La *Jaluit Gesellschaft* acquiert les droits d'exploitation, installe son siège social dans la capitale de l'archipel et développe un réseau d'une vingtaine de plantations et comptoirs. Pour assurer la paix civile, l'importation d'alcool est interdite, la population indigène est désarmée en 1888 et le gouvernement cherche *« à protéger cette population contre l'usure : il est défendu aux indigènes de vendre leurs terres aux Blancs »*[2]. L'île de Nauru, *Pleasant Island*, appartenant à l'archipel des Gilbert, est administrativement rattachée à ce protectorat et l'extraction des riches réserves de phosphate promet à la colonie un développement considérable.

Relevant depuis un jugement du pape Alexandre VI au XVe siècle de la souveraineté théorique de l'Espagne, l'archipel des Carolines n'a jamais été effectivement colonisé par Madrid et de nombreux ressortissants de différents pays européens s'y sont installés au cours du XIXe siècle. Aussi, lorsque le gouverneur des Philippines a, en 1875, la prétention d'affirmer les droits de l'Espagne, se heurte-t-il aux protestations de Londres et de Berlin. La crise rebondit en 1877, puis en 1885 lorsqu'à quelques jours d'intervalles deux navires de guerre, l'un espagnol, l'autre allemand, se présentent devant les îles pour marquer les revendications de chaque gouvernement. L'opposition entre les deux pays au sujet de la souveraineté à exercer sur l'archipel est soumise, avec *« la discrète sollicitude »* de la Grande-Bretagne, à l'arbitrage pontifical de Léon XIII, qui confirme la propriété espagnole en octobre et décembre 1885, mais accorde à Berlin *« le droit d'y acquérir une station navale et, pour ses commerçants, un traitement égal »* à celui des négociants espagnols. Le *Reich* profite des difficultés endémiques de Madrid pour étendre progressivement son influence dans les archipels voisins, où la *Jaluit Gesellschaft* prend en charge

1. Archipel réunissant sous l'appellation de « Marshall » les îles du même nom, mais aussi les îles Brown et Providence, pour une surface totale n'excédant pas 150 km^2.

2. Henri Hauser, *Colonies allemandes impériales et spontanées*, Paris, Librairie Nony et Cie, 1900, 139 pages, p. 96.

l'administration. Malgré la guerre hispano-américaine, Madrid ne semble pas disposer à céder, tandis que Londres et Washington cherchent à gagner du temps. Le 12 février 1899, enfin, l'Allemagne peut acheter cet ensemble insulaire à l'Espagne pour 25 millions de pesetas. Le traité est ratifié par les *Cortes* et par le *Reichstag* en juin, puis confirmé par les autres puissances : les îles Carolines, Mariannes et Palau sont acquises à Berlin.

Au premier semestre 1886, le Royaume-Uni reconnaît la zone d'influence allemande au terme d'un échange territorial portant sur les îles Bougainville, Choiseul et Isabelle dans les Salomon, où les couleurs allemandes sont hissées en octobre, avant que la partie occidentale de l'archipel ne soient également placée sous protection impériale en décembre de l'année suivante. Un vaste ensemble est désormais constitué à l'échelle océanique. Selon le prince von Bülow, *« le traité relatif au Kiao-Tchéou et le traité avec l'Espagne sont les anneaux d'une même chaîne »*[1].

Profitant des difficultés financières récurrentes de la Compagnie, qui ne dégage pas les bénéfices attendus par les investisseurs et ne peut survivre qu'avec l'aide financière gouvernementale[2], et compte tenu de son rôle croissant dans la région, l'Empire Allemand se substitue à partir de 1895 à la *Neue Guinea Gesellschaft* et acquiert pour quatre millions de marks en avril 1899 tous les titres et droits de la compagnie.

L'ensemble colonial du Pacifique est divisé en cinq circonscriptions administratives, relevant d'un gouverneur installé à Rabaul à partir de 1908 : archipel Bismarck et îles Salomon, Terre de l'empereur Guillaume, Carolines orientales, Carolines occidentales et Palau, Mariannes. À l'est des Indes néerlandaises et au nord de l'Australie, l'Allemagne règne sur un ensemble disparate mais fort étendu. L'ensemble de ces territoires, parfois très monta-

1. Cité dans XXX, « Les communications électriques du Pacifique », *La Revue du Pacifique*, n° 2, juin 1922, pp. 63-76, p. 67.
2. En 1898, le budget de la Compagnie prévoit 732.000 marks de dépenses totales, dont 657.000 couverts par une subvention impériale.

gneux et encore vierges comme la Terre de l'Empereur Guillaume, aux côtes découpées, représente quelque 350.000 km^2 de terres immergées.

De nombreuses expéditions sont organisées à partir de 1886 pour cartographier le pays, étudier la faune, la flore et les ressources minérales, rechercher des voies de navigation fluviale. Le gouverneur lui-même, l'amiral von Schleinitz, conduit à partir du vapeur *Ottilie* les premières reconnaissances des fleuves côtiers et tente de pénétrer l'intérieur. Les seuls résultats notables sont obtenus le long du cours du fleuve Kaiserin Augusta (aujourd'hui Sepik), dont la vaste plaine alluviale constitue la principale voie d'accès aux massifs du centre de l'île. En 1895-1896 des traces de minerai d'or et de charbon sont identifiées par les géologues allemands, mais la découverte d'importants gisements plus facilement accessibles en Australie détourne les investisseurs.

L'existence de tribus cannibales, les désastres naturels et climatiques, les maladies et les fièvres[1] pénalisent les résultats financiers de la compagnie concessionnaire. La pacification est difficile : en 1897, von Hagen, dernier représentant de l'administration coloniale privée, est tué par des indigènes révoltés. Par ailleurs, les difficultés auxquelles la compagnie doit faire face sur la *Kaiser-Wilhelms Land* la prive des moyens de développer les autres îles dont la possession lui est reconnue.

Au cours des années qui précèdent la déclaration de guerre, les autorités allemandes favorisent l'installation de nouvelles plantations et accroissent les productions de la colonie : modernisation des d'infrastructures portuaires à partir de 1906, recherche du caoutchouc en 1907, réforme agraire et incitation à la plantation de cocotiers en 1911, programme géologique et minier en 1912-1913. Le rapport annuel de prospection fait état en 1913 de la découverte de gisements d'or et de produits pétroliers. En 1914,

1. En 1891, une épidémie de malaria décime la population européenne de la capitale, Finschhafen, qui est abandonnée. Le siège de l'administration territoriale est successivement transféré à Stephansort, puis à Friedrich-Wilhelm-Hafen.

pendant que l'Europe se prépare à la guerre, Allemands et Britanniques organisent ensemble dans le Pacifique Sud une expédition aérienne de recherche géologique: début août, les partenaires se séparent.

Les investissements allemands les plus importants au cours des deux dernières années de paix ont trait au développement du réseau de câbles télégraphiques sous-marins et à la création de puissantes stations radiotélégraphiques. En décembre 1913, le poste de Nauru entre en service, la Compagnie allemande des phosphates des mers du Sud est autorisée à créer les installations d'Angaur et de Yap, d'une portée de 3.500 km. Les postes des Samoa et de Nouvelle-Guinée sont opérationnels dans les jours qui précèdent le déclenchement de la guerre. Alors que l'ouverture du canal de Panama et le développement économique de la côte californienne favorisent l'accroissement des relations maritimes transocéaniques, l'Allemagne est solidement implantée au cœur du Pacifique.

La présence allemande en Afrique

Les ambitions coloniales de l'empire wilhelmien en Afrique se manifestent d'abord sur la côte de l'actuelle Namibie et les premières étapes de l'installation allemande, dans ce qui va devenir le Sud-Ouest africain, laissent de bien amers souvenirs à Londres où l'on a longtemps le sentiment de s'être laissé berner.

Peu peuplé, présentant des caractéristiques géographiques et climatiques difficiles voire hostiles, le territoire est initialement habité par les tribus Bushmen et Bergdamaras, rejointes au XVIIIe siècle par les Hereros puis les Hottentots. Se désignant eux-mêmes comme les *Khoi-Khoi*, ou *Nama*, ces derniers donnent leur nom à l'importante province du *Namaqualand*. Durant toute la première moitié du XIXe siècle, des guerres tribales rythment l'opposition entre ces peuples. Jusqu'aux années 1860, la communauté Hereros assure sa domination, mais lorsque Hendrik Witbooi s'impose à la tête des guerriers Hottentots, la victoire change de camp. Quand les premiers pasteurs et négociants européens s'installent sur les côtes puis pénètrent vers l'intérieur des terres, les deux groupes ethniques dominants sont à la fois portés par la haine l'un contre l'autre et épuisés par des luttes incessantes.

Depuis le début des années 1870, triomphe au Royaume-Uni la politique impérialiste de Disraeli et aucune chancellerie ne doute que l'ensemble de la région soit sous l'influence des Britanniques, bien implantés en Afrique australe. Sous l'impulsion de lord Carnavon puis de lord Granville, chefs du *Colonial Office*, Londres ambitionne de réunir toute l'Afrique australe autour de la colonie du Cap au détriment des paysans boers[1]. Quelques négociants germaniques et missionnaires allemands se sont installés dans la contrée, sollicitant lors de conflits avec les tribus locales la protection militaire de la Grande-Bretagne, mais tendant également la main au président Krüger au-delà du fleuve Orange.

Sir Bartle Frere, gouverneur anglais en Afrique australe, obtient que Walvis Bay, mouillage le plus favorable entre Le Cap et l'Angola, soit officiellement déclaré territoire britannique dès 1878, mais en 1880 tous les fonctionnaires de Sa Très Gracieuse Majesté, royale et impériale depuis 1877, sont retirés de la région. Les ressortissants allemands s'adressent désormais directement à Berlin et trouvent au sein des associations colonialistes les relais nécessaires. En 1882, celles-ci subventionnent l'expédition de la compagnie maritime *Woërmann* et de Lüderitz, commerçant de Brême, propriétaire de plusieurs entreprises et plantations en Afrique de l'Ouest, qui a formé le projet d'offrir à son pays un domaine africain en commençant par installer des comptoirs sur la côte sud-ouest du continent. Il demande au ministère allemand des Affaires étrangères de lui donner l'assurance d'une protection britannique en tant que de besoin.

Le chancelier Bismarck fait interroger Londres en précisant que, dans l'hypothèse où l'assistance militaire anglaise ne s'appliquerait pas aux citoyens allemands, Berlin se donnerait les

---

1. Annexion du district diamantifère de Kimberley en 1871, du Transvaal en 1875, guerre contre les Zoulous en 1879, occupation du Béchuanaland en 1884.

moyens de protéger ses ressortissants *« comme il se doit de le faire pour tous les Allemands en tout point du globe »*. La réponse dilatoire du gouvernement britannique, qui demande des précisions de détail et interroge longuement les autorités du Cap, incite Bismarck à informer Lüderitz que, s'il peut hisser le pavillon germanique sur un point de la côte susceptible d'être aménagé en port et de recevoir un navire de guerre, la protection effective directe de Berlin lui est acquise. L'expédition politico-commerciale quitte les rives de l'Elbe et débarque le 9 avril 1883 dans la baie d'Angra Pequena, ultérieurement rebaptisée Lüderitzbucht. Un mois plus tard, Joseph Fredericks, chef hottentot de Bhétanie, cède aux Allemands avec pleins droits de souveraineté, contre 200 fusils et 2.000 marks, quelque 150 milles[2] en bord de mer : le processus est en marche. La colonie du Cap proteste vainement. Lüderitz poursuit ses acquisitions dont la superficie est multipliée par cent en cinq mois.

À l'automne 1883, un navire de guerre allemand jette l'ancre dans la baie, officialisant la présence germanique[1], tandis que l'ambassadeur allemand à Londres demande au *Foreign Office* si le gouvernement britannique, qui ne sent pas la menace et s'obstine dans ses réponses évasives, exprime quelques réserves ou revendications particulières. Le 25 avril 1884, le consul allemand au Cap reçoit de Bismarck le célèbre télégramme émis la veille plaçant officiellement les établissements du Sud-Ouest africain sous protection impériale : *« Vous voudrez bien annoncer officiellement que lui* [Lüderitz] *et ses installations se trouvent sous la protection du Reich »*. Il informe aussitôt les autorités d'Afrique australe que la région située au nord du fleuve Orange relèvent désormais des intérêts allemands. Cette situation est reconnue par les Britanniques le 21 juin 1884 : en quelques mois, à l'exception de l'enclave de Walvis Bay, tout le territoire s'étendant de l'Orange à la colonie portugaise d'Angola entre dans la zone d'influence de Berlin.

1. La marine impériale allemande joue un rôle essentiel dans l'établissement des différents points d'appui de la colonisation allemande. Le *Leipzig* et l'*Elisabeth* participent à la naissance du protectorat allemand du *Namaqualand*, futur Sud-Ouest africain.

En août, avant de reprendre la mer en direction du Pacifique, les marins de la corvette *Elisabeth* hissent le pavillon impérial. Les traités de décembre 1884, avec les chefs Zwartboi et Topnaar complètent la pénétration allemande dans l'intérieur.

À la fin de la même année, le Royaume-Uni confirme à l'Allemagne qu'il s'interdit désormais à toute annexion à l'ouest du 20e parallèle, fixant la frontière orientale de la future colonie allemande. Dans le même temps, en visite en Europe, le président Krüger est reçu par Guillaume II à Potsdam : *« Notre république est exposée aux pires dangers. C'est un bienfait de Dieu que nous puissions jeter sur Votre Majesté et son empire des regards d'affection et de confiance »*. Malgré la proximité culturelle entre les deux peuples, la *realpolitik* s'impose à Berlin au détriment des républiques néerlandophones : la recherche de la neutralité voire de l'alliance britannique prime sur les relations amicales entretenues entre les Allemands du Sud-Ouest africain et les Boers d'Afrique australe intérieure.

En avril 1885, la Société allemande de colonisation du Sud-Ouest africain reçoit la lettre de protection impériale confirmant ses droits de souveraineté, rapidement abandonnés au profit de l'État, et le docteur Goering, père du futur maréchal et chef de la *Luftwaffe* du *IIIe Reich*, est nommé premier Commissaire du gouvernement. Les accords de 1886 avec les Portugais[1] et de 1890 avec les Britanniques formalisent la reconnaissance internationale de la *Deutsch Südwest Afrika*. La colonie est divisée en six cercles (*Bezirke*) : Keetmannshoop, Windhoek, Otyimbingwe, Gibeon, Swakopmund et Outyo.

La situation intérieure de la colonie est longtemps marquée par l'opposition entre négociants et colons allemands d'une part,

1. La France et l'Allemagne s'engagent à laisser *« le Portugal exercer son influence souveraine et civilisatrice dans les territoires qui séparent les possessions portugaises d'Angola et du Mozambique, sous réserve des droits précédemment acquis par d'autres puissances »*. Seule la Grande-Bretagne poursuit la course au Zambèze et s'oppose jusqu'en 1890 aux prétentions portugaises et allemandes.

compagnies minières et commerciales britanniques[1] d'autre part ; mais aussi par des révoltes récurrentes en différents points du territoire, des poursuites et raids incessants contre l'armée hottentot d'Hendrik Witbooi.

En juin 1889, un premier contingent de 50 sous-officiers volontaires, soldés grâce à un crédit budgétaire de 80.000 marks consenti par le Parlement allemand, débarque dans la colonie. Après une longue période d'hésitations[2], Berlin semble vouloir réagir. Le rythme des opérations militaires s'accélère à partir de 1890, mais les effectifs consentis par la métropole restent insuffisants pour rétablir l'ordre.

Le capitaine Hugo von François, de 1891 à 1893, puis le major Leutwein en août 1894 font l'expérience de l'âpreté au combat du chef hottentot. Le 4 février 1891, devant le *Reichstag*, le Chancelier de Caprivi reconnait que *« le représentant de l'Empire dans le Damaraland est dans l'impossibilité absolue de protéger les indigènes et d'assurer dans la région le calme nécessaire à l'exploitation d'une colonie »* : le capitaine von François résiste alors avec quelques dizaines européens à 600 Hottentots armés de fusils à tir rapide.

S'appuyant tantôt sur les Hereros, tantôt sur les Hottentots pour battre l'autre groupe tribal malgré de trop faibles effectifs militaires, les gouverneurs favorisent le recrutement de volontaires au sein de la communauté allemande installée dans les exploitations agricoles. Des mesures collectives de clémence et le recrutement d'auxiliaires indigènes parmi les anciens rebelles permettent d'apaiser les esprits. Lorsqu'il se rend aux Alle-

1. Le seul Cecil Rhodes (1854-1902), député de Kimberley à partir de 1881 et homme fort du Cap au milieu des années 1880, fonde successivement la *De Beers Consolidated*, la *Gold Fields of South-Africa* puis la *British South-Africa Company*. En 1892 encore, la *South West African Company*, société anglo-allemande à capitaux britanniques, dispose de 200 millions de marks pour développer l'exploitation des mines du Damaraland.

2. En juillet 1889, certains journaux répandent le bruit que l'Allemagne, déçue par le manque de rentabilité de la colonie, négocie avec Londres la cession du Sud-Ouest africain. Le Cabinet impérial doit faire publier un démenti formel pour couper court à cette rumeur.

mands après avoir tenu le bush pendant plus de dix ans, Witbooi aurait eu ce mot prémonitoire à l'adresse du major Leutwein : *« Bientôt, les soldats allemands auront à se battre contre des ennemis intérieurs et extérieurs bien plus forts »*. Sa reddition assure un retour relatif à la paix à partir de 1896, et, si certaines tribus orientales s'agitent en 1896 puis en 1898, un calme trompeur règne sur la colonie.

La situation se dégrade en octobre 1903 lorsque, dans les districts du sud, les tribus hottentotes des Bondelszwarts se soulèvent. La colonie est alors peuplée de 200.000 indigènes environ, dont 86.000 Hereros, et 4.800 Européens, dont 2.500 Allemands. Pour venir à bout de la révolte, le colonel Leutwein engage plus des deux-tiers de son effectif, dégarnissant gravement les provinces du nord[1]. Profitant de cette situation, les Hereros s'insurgent le 12 janvier, attaquent les fermes isolés et hameaux, tuent les habitants et enlevent le bétail. Les voies de communication sont coupées et les principales communes sont menacées en quelques jours. Le conflit s'étend rapidement. Il n'est définitivement maîtrisé qu'au printemps 1907, lorsque la voie ferrée Swakopmund-Windhoek, jusque-là réservée aux transports militaires, est à nouveau ouverte au trafic civil.

Plus au Nord, Gustav Nachtigall, négociant, explorateur et ancien consul général à Tunis, commissaire impérial à bord de la *Möwe*, débarque sur la Côte des Esclaves à l'été 1884, entre la Côte de l'Or britannique et le Dahomey français. Les commerçants allemands installés depuis 1878 autour de Petit-Popo ont déjà bénéficié, en février, de l'appui ponctuel de la cannonnière *Sophia*, mais Nachtigall a désormais une lettre officielle du cabinet impérial pour soutenir son action. Après de brèves escarmouches et quelques négociations musclées avec le

1. La Schutztruppe compte alors 4 compagnies et 1 batterie d'artillerie de montagne. Quelques centaines de policiers autochtones et d'auxiliaires « Witbooi » complètent l'effectif. Les 1ère (capitaine von Fiedler), 2e (capitaine Franke) et 4e compagnies (capitaine von Koppy) étant engagées contre les Bondelszwarts, il ne reste que la 4e compagnie (capitaine Kliefoth) pour tenir plus de 150.000 km² au nord de la colonie.

monarque local[1], il hisse les couleurs impériales le 5 juillet à *Bagida* et le 6 à Lomé, fondant officiellement la colonie du Togo, territoire sur lequel résident depuis 1847 des missionnaires allemands. Le 23 août, il écrit au Cabinet impérial: *« Je viens de conclure des traités de protectorat avec le roi du Togo et ses vassaux, pour la région située à l'Est des possessions anglaises jusqu'à Petit-Popo. Bagida et Lome sont les centres de population les plus importants »*[2]. Henri Randad est nommé consul provisoire malgré les timides prétentions françaises ou britanniques.

Les Allemands se préoccupent d'abord de pacifier l'étroite bande côtière et de développer les *factories*, selon le terme en usage à l'époque, puis se lancent dans l'exploration de l'intérieur.

Du fait de la multiplication des expéditions organisées pour atteindre le Haut-Niger, l'opposition entre les principales puissances menace de tourner à l'affrontement armé, nécessitant à plusieurs reprises la levée de contingents auxiliaires indigènes.

En 1888, Curt von François rejoint au nord-ouest le territoire Mossi, tandis que Ludwig Wolf fonde Bismarckburg et remonte vers le Niger. La convention anglo-allemande de 1888 délimite à l'ouest les zones d'influence entre le *Togoland* et la *Gold Coast* britannique, créant une zone neutre de 200 kilomètres à cheval sur les deux colonies entre les 8e et 10e degrés de latitude Nord, à partir du confluent de la Volta et de la Daka. Le tracé définitif de la frontière au sud de cette zone neutre intervient en 1890 mais le processus est plus long pour la partie septentrionale.

Reconnues et acceptées à l'est et à l'ouest de la colonie, les frontières restent largement ouvertes vers le nord. Les Allemands, avec les colonnes Grüner-von Carnap et celle du capitaine Kling à partir de Lomé; les Français, avec le commandant Decœur

---

1. Premier traité de défense signé à Bagida le 5 juillet 1884 entre Gustav Nachtigall et Mlapa, « roi du Togo ».
2. Cité dans « Les possessions coloniales de l'Allemagne », in *Revue Militaire de l'Étranger*, juillet 1889, p.40.

appuyé par Ballot, gouverneur du Dahomey ; les Anglais, confiant leurs intérêts de la *Royal Niger Company* au major Lugard, cherchent à s'implanter entre la Volta et le Niger.

En 1889 et en 1891, lorsque le gouverneur du Togo tente de faire reconnaître le cours du fleuve, il se heurte aux intérêts britanniques puis français. À partir du territoire côtier de la *Gold Coast*, l'armée anglaise mène trois dures campagnes contre le royaume d'Ashanti et dans les Territoires du Nord avant de pouvoir y faire flotter l'*Union Jack* en 1901,... et bloquer l'extension du Togo. Les Allemands se trouvent également devancés par les Français, installés au Dahomey voisin. L'expédition Gruner-von Carnap atteint Sansanne-Mango mais ne peut pousser plus loin la prise de contrôle de la partie méridionale du Haut Sénégal-Niger. Paris réunit ses colonies du Dahomey et de Côte-d'Ivoire. La délimitation des frontières dans les derniers secteurs litigieux n'intervient toutefois qu'en septembre 1912.

Nachtigall renouvelle son geste dès le 14 juillet à Douala et proclame la prise de possession du Cameroun[1] par l'Empire, après avoir signé des traités de protectorat avec les chefs indigènes Bell, Akwa et Deido. Depuis les années 1860, les Chambres de commerce allemandes s'intéressent à ce territoire et développent des relations économiques régulières avec les souverains locaux à partir de 1868, date à laquelle est créée à Douala la première représentation permanente d'une compagnie allemande. Associées depuis 1874, les sociétés Woërmann et Jantzen attirent l'essentiel du trafic commercial à l'embouchure du Wouri dès 1880. En 1883, la compagnie Woërmann, omniprésente dans l'aventure africaine de l'Allemagne, acquiert une vaste concession dans la région de Malimba, mais il y a urgence.

1. Cameroun, ou *Kamerun*, vient du premier nom donné à cette partie de la côte africaine, sur l'embouchure du fleuve Wouri, par son découvreur portugais au XVe siècle : *Rios de Camaroes* (rivière des crevettes, ou des crabes). Le traité a été signé le 12 juillet 1884 entre le souverain de l'embouchure du fleuve Wouri et les représentants de la société C. Woermann et Jantzen & Thormählen de Hambourg.

Le docteur Max Büchner est nommé consul d'Allemagne le 14 juillet et les compagnies privées transmettent leurs pouvoirs au gouvernement de Berlin le 16. Venus du *Nigéria* voisin, le consul britannique Herwett se présente le 19 pour obtenir la signature de traités de protectorat avec les rois indigènes au nom de la *Royal Niger Company*: les Allemands sont installés et Herwett y gagne le surnom de *« Too late Consul »*. Les Anglais conservent Victoria et Rio del Rey, villages côtiers à partir desquels ils expriment leurs revendications.

Le combat livré le 24 décembre 1884 par les unités débarquées des navires *Bismarck* et *Olga* conforte cette première installation allemande. Le climat favorable au développement de l'agriculture entre la côte et le mont Cameroun fait rapidement de cette région le lieu privilégié d'installation des grandes plantations concessionnaires[1]. Un accord frontalier signé entre les deux pays le 15 novembre 1893 confirme, neuf ans plus tard, la pleine souveraineté allemande et l'administration anglaise évacue définitivement les deux villages restés occupés.

L'installation des premiers services publics s'effectue sous le signe de l'empirisme, en fonction des ressources humaines et matérielles disponibles. Lorsque le gouverneur von Soden veut faire ouvrir le 1er février 1887 la première agence postale allemande permanente du continent africain, il n'a d'autre solution que de nommer... son jardinier, Friedrich Gochter, pour un emploi à mi-temps.

La façade maritime du Cameroun ne dépasse pas 350 kilomètres, mais offre à la marine marchande et à la flotte de guerre allemande, avec le port de Douala, la maîtrise de l'une

---

1. *« L'acquisition de la dite région s'impose tout particulièrement pour la raison qu'elle se prête très bien à l'installation des plantations. La richesse de la brousse en épices, caoutchouc, café, etc. donne un témoignage indéniable de la fertilité des sols »*, Chambre de commerce de Hambourg, mémoire n° 8271 du 6 juillet 1883, cité par Marc Michel, « Les plantations allemandes du Mont Cameroun, 1885-1914 », *Revue française d'histoire d'outre-mer*, 2e trimestre 1970, pp. 183-211, p. 185.

des meilleures rades naturelles de la côte africaine entre la frontière marocaine et la colonie du Cap. Entre 1885 et 1894[1], d'importantes expéditions sont organisées pour reconnaître l'intérieur des terres, où le plateau central tempéré est favorable à l'installation des Européens, puis l'ancien massif montagneux volcanique qui au Nord et au Nord-est dépasse souvent 2.000 mètres d'altitude. Il se termine par une barre rocheuse qui surplombe la plaine fertile de la Bénoué, légèrement ondulée, et le massif de moyenne montagne du Mandara jusqu'au lac Tchad.

La pénétration effective commence avec la création d'un poste permanent à Yaoudé en 1889, suivie par celles de Kaiser Wilhelmsburg puis de Baliburg. En 1891, pour écraser les 10.000 guerriers Bafout qui s'opposent à la progression allemande, Zintgraff recrute et arme 2.000 combattants Bali et nomme leur chef traditionnel commandant supérieur du territoire enjeu de la lutte, en faisant la première autorité indigène traditionnelle à exercer une responsabilité majeure dans la colonie.

Porte des sultanats musulmans du Nord, N'gaoundéré est placé sous protectorat allemand en janvier 1894, marquant la fin de la grande période de découverte et cédant la place à celle de l'organisation et de la mise en valeur.

Il faut toujours, sur la côte, tenir en respect l'importante tribu des Duallas qui fait régner l'insécurité. Le gouverneur ne dispose alors que d'une faible force de police indigène et de l'appui d'une canonnière : le création d'un corps de protection, d'une *Schutztruppe* inspirée de celle qui existe en Afrique orientale, s'impose. Avant que le territoire ne connaisse une longue période de paix publique, le *Deutschlands Koloniale Wehrmacht* liste quatorze expéditions punitives conduites entre 1902 et 1905.

---

1. Expéditions de Schwartz, von Prittwitz et Knutson en 1885-1886, de Kund, Tappenbeck et Weissenborn en 1887-1888, de Morgen et Zenker en 1890, de Zintgraff et Zeuner à la même époque, colonne du capitaine von Gravenreuth et du lieutenant von Stetten en 1891, expéditions de Passarge, Uchtritz, Vohsen, Fritsch et Staudinger en 1892-1894.

Entre les premiers traités germano-britanniques de 1893[1], l'arrangement franco-allemand de 1894, la convention de 1908 relative au « bec de canard » et l'accord entre Paris et Berlin de 1911, les frontières extérieures du *Kamerun* évoluent à plusieurs reprises, vers le sud-est, le nord et l'est du territoire.

Les documents annexés à l'arrangement de 1894 relatif à la définition des frontières et des zones d'influence au sud et au sud-est du lac Tchad montrent que la partie centrale de l'Afrique est encore en cours d'exploration : le tracé porté sur la carte de référence est *« établi d'après les données géographiques actuellement connues et admises de part et d'autre »*, et *« les deux gouvernements admettent qu'il y aura lieu, dans l'avenir, de substituer progressivement aux lignes idéales qui ont servi à déterminer la frontière... un tracé déterminé par la configuration naturelle du terrain et jalonné par des points exactement reconnus »*. Entre 1899 et 1902, les principautés islamisées de l'extrême Nord sont soumises par von Kamptz, von Clausbruch, Radke et Dominik, puis une colonne conduite par le lieutenant Pavel atteint, peu après les Britanniques et les Français[2], le lac Tchad. La frontière septentrionale du pays y est fixée par une étroite bande de territoire entre Garoua, où est installé le *Resident der Deutschen Tchadseeländer* (Résident des pays allemands du lac Tchad), et Makari, par la vallée du Mayo et la rive occidentale du Logone. Une vingtaine de petits sultans paient tribut dans cette région à l'administration de la colonie.

Dans l'océan Indien et à Zanzibar, la présence allemande se manifeste presque parallèlement en trois points distincts de la côte africaine.

---

1. *« L'Angleterre s'accorda contre nous avec l'Allemagne. Le traité du 15 novembre 1893 prolongea jusqu'au Tchad la ligne de démarcation du Cameroun et des territoires de la Compagnie britannique »*, in *Renseignements coloniaux*, n° 1 et 2, supplément au *Bulletin de l'Afrique française*, janvier-février 1915, p. 10.
2. La continuité territoriale des territoires africains de la France est assurée lorsque, en 1900, les colonnes Foureau-Lamy (venant d'Algérie au Nord), Loalland-Meynier (venant du Sénégal à l'Ouest) et Gentil (venant du Congo au Sud) convergent vers le lac Tchad puis écrasent à Kousseri la résistance de Rabah.

Sur le sultanat insulaire de Zanzibar, officiellement soumis depuis 1862 à un protectorat franco-britannique, les négociants allemands ont progressivement pris la place des Français, tandis que les Anglais, dont le consul exerce quasiment les fonctions de Premier ministre, s'assurent le contrôle politique de l'archipel considéré comme *« la tête de ligne qui commande les voies d'accès sur le Nil et le Haut Soudan, la métropole commerciale et politique de l'Est-Africain »*[1].

La brève histoire du Wituland illustre les contradictions de la politique coloniale allemande. Sur le continent, le sultan Achmed s'efforce de trouver un allié contre les multiples incursions de son grand voisin insulaire, le sultan Saïd Bargashi de Zanzibar. Il cède, en avril 1885, environ 25 km^2 de territoire en bord de mer aux frères Clemens et Gustav Denhardt, et place l'ensemble de ses terres sous protection allemande.

À l'instigation du consul britannique dans l'archipel, Sir John Kirk, peu désireux de voir se développer une colonie allemande en Afrique orientale, le sultan de Zanzibar tente de s'opposer par la force à cette manifestation d'autonomie de son ancien vassal[2]. Un contingent zanzibarien, sous le commandement du général anglais Mathews, est engagé sur le continent entre Witu et la région du Kilimandjaro. Berlin envoie alors vers l'embouchure du fleuve Tana le S.M.S. *Gneisenau* qui, après avoir tiré quelques coups de canon, débarque un petit contingent de 3 officiers et 30 hommes. Ils atteignent Witu après trois jours de marche dans la brousse et proclament le 27 mai 1885 le protectorat allemand. Devant l'hostilité persistante du sultan de Zanzibar, une escadre allemande de cinq navires menace à nouveau sa capitale en août de la même année.

Les frères Denhardt fondent la société *Deutsche Witu Gesell-*

1. J. Darcy, *Conquête de l'Afrique*.
2. Les Britanniques sont présents à Zanzibar depuis la première moitié des années 1820, par le biais de leur implantation dans la corne arabique, sur la route des Indes. Lors de la division du Sultanat d'Oman entre la branche de Mascate et la branche de Zanzibar en 1856, ils consolident leur influence dans la région.

schaft[1] et font du territoire une quasi-principauté personnelle. Alors que le soutien de Berlin se limite à quelques cadeaux personnels destinés au Sultan et au bref passage de maigres détachements militaires, ils développent les plantations et le commerce. Bientôt, Clemens Denhardt est nommé ministre des Affaires extérieures et intérieures du Sultan et son frère Gustav directeur des Douanes et des Postes. Aucun argent public ne vient compléter les efforts des frères Denhardt : les investissements sont financés par la *Deutsche Witu Gesellschaft* et la *Deutsche Ost Afrikanische Gesellschaft*.

Le gouvernement de Berlin semble ne pas s'intéresser à une possession que ses ressortissants lui offrent sur un plateau pendant plus de cinq ans. Les Britanniques, dans le même temps, développent une inlassable activité et en 1889, lorsque Peters tente de rejoindre au cœur de l'Afrique Emin Pacha parti du Soudan, deux croiseurs anglais arraisonnent près de l'île de Lamu le bateau loué par l'expédition allemande, pour le contraindre à faire demi-tour et le désarmer.

Une véritable course de vitesse se joue au tournant des années 1890 entre les deux puissances, du Soudan à la corne de l'Afrique et aux Grands Lacs. Tentant toujours d'acquérir un comptoir plus riche, une concession plus favorable dans une rade naturelle ou à l'embouchure d'un fleuve, les deux concurrents cherchent, avec l'appui rémunéré des potentats locaux, à s'établir sur les meilleurs points de la côte tout en tournant leur adversaire par les arrières. À ce rythme, l'exploration de l'intérieur progresse rapidement mais, tandis que les initiatives allemandes sont conduites par quelques individualités disposant des moyens limités de sociétés privées, la colonisation britannique est appuyée par les ressources d'un dense réseau consulaire, de puissantes compagnies à charte[2] et les moyens de l'Empire.

1. La compagnie dispose symboliquement de deux sièges : Berlin et Lamu, île voisine de la côte de Witu.
2. La *British East African Association* est fondée en 1887 et devient l'année suivante, par l'octroi d'une charte royale, l'*Imperial British East Africa Company*.

En 1890, le Chancelier Caprivi négocie avec la Grande-Bretagne un échange de territoires connu sous le nom de Traité Helgoland-Zanzibar. Le développement de la marine impériale, basée à l'embouchure de l'Elbe et de la Weser, justifie aux yeux de Berlin l'importance stratégique d'Helgoland. Signé le 1er juillet 1890, il fixe en douze articles les frontières et les zones d'influence en Afrique orientale et australe et le retour de l'île à l'Allemagne. Quatre points concernent directement le domaine colonial :

- Les deux nations reconnaissent les frontières jusqu'alors provisoires de l'Afrique Orientale Allemande (art. 1).
- L'Allemagne reconnaît la prééminence britannique en Ouganda, au Bechuanaland, sur la côte somalienne[1] et le territoire de Witu (art. 2).
- Le Royaume-Uni concède une bande de territoire orientée Ouest-Est à partir de la frontière orientale du Sud-Ouest Africain Allemand en direction du Zambèze mais conserve la pleine propriété de la rade de Walvis Bay (art. 3).
- Zanzibar est placé sous protectorat britannique et le traité impute purement et simplement au sultan les compensations territoriales à céder à l'Allemagne sur le continent (art. 11).

Témoignage de la complexité croisée des relations coloniales entre les grandes puissances, le Royaume-Uni s'empresse, dès le traité signé avec l'Allemagne en juillet, de faire confirmer ses droits par Paris. Par déclarations parallèles échangées et signées le 5 août à Londres, la France *« consent à modifier l'arrangement du 10 mars 1862 en ce qui touche le sultan de Zanzibar… et à reconnaître le protectorat britannique sur les îles de Zanzibar et de Pemba »*, tandis que la Grande-Bretagne *« reconnaît le protectorat de la France sur l'île de Madagascar…* [et] *au sud de ses possessions méditerranéennes, jusqu'à une ligne de Say sur le Niger à Barrua sur le lac Tchad »*.

---

1. Qui se souvient des prétentions coloniales allemandes sur la côte somalienne ? Pourtant, sous ce nom, entre le cap Guardafui et le fleuve Webi, l'implantation de plusieurs comptoirs actifs permet aux Allemands de revendiquer un vaste protectorat dans la région avant que ne soit définitivement reconnue la primauté britannique.

Dans la mémoire publique, il s'agit d'un échange entre Helgoland et Zanzibar.

Dans les faits, malgré l'opposition du sultan de Witu qui refuse la présence britannique et tente de s'y opposer par les armes, Berlin échange Helgoland contre de vagues prétentions sur les rives de l'océan Indien, une bande de terre désolée et non défendable en Afrique australe et une colonie, le *Wituland*, dont les titres et les infrastructures relèvent de financements privés et dont les élites locales souhaitent rester sous protection allemande. Les milieux africanistes protestent : « *La baie de Wahlfish, dénuée de valeur pour les Anglais, est le meilleur mouillage du Damaraland et nous avons omis de la revendiquer. D'autre part, nous avons cédé Vitu et la côte des Somalis ; partout nous nous retirons... L'Angleterre, accoutumée aux bonnes affaires, vient d'en faire une meilleure qu'aucune autre et Stanley, qui est bien à même d'apprécier, la juge en disant qu'en échange d'un bouton de culotte, l'Angleterre se fait donner un costume complet* », affirme à Cologne le journaliste Fabri[1].

Le jeune *Kaiser* souligne dans ses *Mémoires* que « *si Helgoland avait été acquise alors que le prince Bismarck était chancelier, cette conquête, sans doute, aurait été saluée avec allégresse. Mais, avec Caprivi, ce fut la critique qui entra en danse. Ce n'était, hélas ! que l'usurpateur Caprivi, celui qui avait eu l'audace de s'asseoir sur le siège du chancelier, et ce n'était que le jeune souverain "versatile", "ingrat", "impulsif" qui avaient mené à bien cette entreprise* ». Caprivi s'attire l'hostilité des milieux colonialistes en affirmant que « *moins nous possèderons de territoires en Afrique, et mieux cela vaudra pour nous* ».

Pourchassé par l'armée anglaise et des contingents de Zanzibar pendant près de six mois, fait prisonnier, le sultan Fumo Bakari de Witu, successeur d'Achmed, est déchu puis empoisonné. Le Sud du futur Kenya britannique est conquis[2]. Indemnisés à hau-

1. D'où le surnom de « *Hosen-Knopfvertrag* » (« Traité de bouton de culotte »), donné à cet accord par les colonialistes allemands.
2. La première assemblée générale de la Société britannique d'Afrique orientale se tient le 6 juin 1889, son capital est porté en quelques mois de 250.000 £ à 1.000.000 £ et, à partir du port de Mombassa, les Anglais espère pouvoir relier l'océan Indien au lac Victoria.

teur de 150.000 marks, les frères Denhardt n'oublient pas jusqu'à leur décès, en 1917 pour Gustav et en 1929 pour Clemens, ce marchandage et cette trahison de la part d'un gouvernement qu'ils pensaient servir.

Plus au Sud, mandaté par la puissante Société pour la colonisation allemande, Carl Peters négocie avec les autorités locales à partir de septembre 1884 et plusieurs traités sont signés à la fin de la même année[1]. Il prend ainsi possession durant l'hiver 1884-1885, avec le docteur Jütlke, M. Otto et le comte Pfeil, d'un territoire qui passe de 12.000 à plus de 100.000 km^2 dans les régions de Ngourou, de l'Oukami et de l'Oussangara. Il compose habilement avec les différents chefs de tribus et obtient, malgré les Britanniques, de vastes espaces à l'intérieur des terres, dont la gestion est confiée à la *Deutsche Ostafrikanische Gesellschaft*, compagnie à charte placée par lettre de protection impériale du 7 février 1884 sous le haut patronage de l'Empereur.

La compagnie peine à réunir les fonds nécessaires à la mise en valeur de ce domaine. Par ailleurs, si elle s'étend profondément vers la région des Grands Lacs[2], le sultan de Zanzibar reste souverain d'une longue bande côtière qui interdit aux Allemands de disposer en toute propriété d'un accès aisé à l'océan, ce qui nécessite soit de transiter par le Wituland et l'île de Lamu au sud de la future Afrique Orientale Britannique, soit de payer à l'occasion de chaque mouvement des droits de douane considérables. L'envoi d'une escadre navale aux ordres de l'amiral Knorr incite le sultan de Zanzibar à faire preuve de davantage de mesure et le traité octroyant des privilèges exceptionnels à la société allemande, est signé le 20 décembre 1885 à bord du *Bismarck*.

Une gestion approximative de la colonie et un rapide accroissement des charges imposées aux indigènes provoquent en 1888 l'insurrection d'une grande partie des populations autochtones,

---

1. Les principaux sont signés entre le 8 octobre et le 17 décembre 1884. Le premier d'entre eux engage Carl Peters et le sultan d'Usagara.
2. Victoria, Kivu, Tanganyika et Nyassa, à partir des rives desquels seront fixées les frontières des colonies britanniques, allemande, belge et portugaise.

travaillées en sous-main par les imans et négociants musulmans qui sentent leurs intérêts menacés. Au nom de la lutte contre la traite esclavagiste, une escadre internationale constituée de bâtiments allemands, anglais, italiens et portugais croise le long des côtes en 1889.

Sur le continent, la *Deutsche Ostafrikanische Gesellschaft* ne dispose que de quelques gardes pour assurer la sécurité immédiate de ses plantations et magasins et, face à la révolte générale indirectement confortée par la cupidité et l'inefficacité des représentants de la compagnie, elle ne contrôle bientôt plus que les ports de Bagamayo et de Dar-es-Salaam. Elle doit se résoudre à demander l'aide de l'État, sous peine de voir l'ensemble de ses investissements détruits.

Il faut deux ans au major Wissmann, nommé Commissaire impérial, pour venir à bout de la révolte dans des conditions difficiles. En effet, le gouvernement de Berlin n'apporte son soutien qu'avec réticence, fait croiser un navire à proximité des côtes du Sultanat mais déconseille dans le même temps à Wissmann de *« faire concourir les équipages aux combats livrés à terre »*, se contentant d'autoriser le recrutement de volontaires[1] et d'assurer le financement d'une partie de la campagne par le vote d'un crédit initial de deux millions de marks, renouvelé une première fois, puis porté à quatre millions et demi.

La petite armée privée de Wissmann est constituée d'anciens militaires d'active pour les grades d'officiers et de sous-officiers, et d'indigènes pour la troupe[2]. La *Revue Militaire de l'Étranger* précise : *« Les Soudanais, passés au service du major Wissmann lors du licenciement de l'armée égyptienne au printemps 1889, formaient l'élément le plus solide. Soldats de profession, il avaient rapidement appris à manœuvrer aux commandements allemands... Les Zoulous*

1. Les hommes sont mis à la disposition de Wissmann à la suite de l'attribution d'un congé spécial renouvelable.
2. 20 officiers ou médecins et 40 sous-officiers constituent l'encadrement initial de la *Schutztruppe* d'Afrique orientale, dont les effectifs indigènes se montent à 1.400 hommes.

formaient un élément bien différent : rebelles aux idées de discipline et aux principes de hiérarchie, ils ne peuvent faire que de médiocres soldats... Quant aux Somalis, leur orgueil farouche et leur fanatisme musulman les rendent moins maniables encore... Enfin, les Askaris, recrutés parmi les tribus Suahelis, ne sont de bons soldats qu'au combat ». Formée à Bagamoyo le 2 mai 1889, cette première *Schutztruppe* est soldée par la Compagnie grâce au concours financier de l'Empire, dotée de 12 pièces légères de campagne et comprend même une flottille de quatre petits bâtiments armés et quelques baleinières. Avec cet effectif, Wissmann multiplie pendant deux ans les expéditions contre les chefs rebelles et parvient à imposer un calme relatif. Le commerce des esclaves, trafic endémique fort lucratif pour les souverains locaux, s'en trouve fortement diminué et les nations européennes appuient, par le discours au moins, les initiatives allemandes.

Ces dépenses affaiblissent les comptes de la Compagnie au point que l'intervention directe de Berlin devient régulière.

En 1891, les agressions et les soulèvements reprennent, revêtant le caractère « *de représailles exercées par des bandes contre les Européens représentant, à leurs yeux, la répression de la traite des esclaves* ». Le rétablissement progressif de l'ordre intérieur correspond à la fixation des frontières internationales, engagée depuis le traité germano-britannique de juillet 1887. Les expéditions toujours plus importantes se multiplient vers le nord-ouest du territoire : Baumann reconnaît le Burundi en 1892, Goetzen le Ruanda en 1894, Kandt les sources du Nil en 1898.

À partir de janvier 1891, l'État assure les responsabilités administratives dans la colonie. En juin, la compagnie à charte de l'Est Africain Allemand est dans l'incapacité d'honorer ses engagements financiers vis-à-vis du gouvernement impérial et de procéder au moindre investissement dans le protectorat. Le 1er juillet, elle se transforme en simple compagnie commerciale et remet à l'Empire la totalité de ses droits souverains.

Initialement divisé en 15 circonscriptions administratives, dont 7 côtières et 8 intérieures, le pays est organisé en 19 cercles en 1897. Entre 1904 et 1910, les frontières définitives sont fixées avec les voisins britanniques, belges et portugais. La colonie s'étend désormais sur près d'un million de kilomètres carrés, soit le double de la superficie de la métropole européenne.

Au cours des cinq à dix premières années de colonisation allemande en Asie, dans le Pacifique et en Afrique, le gouvernement de Berlin paraît ne jamais vouloir se donner les moyens de développer une véritable politique outre-mer : les acquisitions territoriales sont le fait de compagnies privées, la présence de l'administration officielle est la plus discrète possible, les effectifs militaires ne sont engagés, lorsqu'ils le sont, qu'en nombre insuffisant. La règle pourrait être, contrairement au principe britannique qui place le politique au premier plan, et *« le » négociant d'abord, l'administrateur ensuite, le militaire en dernier recours »*. L'observateur en vient à se demander s'il existe une véritable ambition, un dessein politique, ou si la naissance de cet empire n'est pas simplement le fait *« du hasard et de la volonté des hommes »*, résultat hétérogène d'actions conduites en divers points du globe par des personnalités exceptionnelles dont les autorités impériales se contentent de recueillir les fruits lorsqu'elles y sont contraintes...

Constatant que *« la question d'économiser les forces allemandes pour une guerre européenne est la seule entrave réelle au développement des possessions africaines et océaniennes de l'Allemagne »*, le 2e bureau français ne dresse à aucun moment avant 1914 un tableau inquiétant du potentiel militaire allemand outre-mer. Cette politique s'explique par la priorité que les autorités impériales fixent au développement de la puissance allemande en Europe, mais aussi par l'héritage culturel des grandes compagnies hanséatiques. Il contraste particulièrement avec l'attitude déterminée de la France entre le Congo, le Niger et le Tchad, et les entreprises résolument hardies de la Grande-Bretagne en Afrique australe et orientale.

Espoirs et oppositions entre les grandes puissances

Après *« l'année terrible »* 1870-1871, qui voit à Versailles la proclamation du *IIe Reich* allemand, Bismarck se révèle favorable à la constitution d'un nouveau domaine colonial par la IIIe République naissante et encourage les initiatives ultramarines du Parti colonial français, dont Eugène Étienne, premier sous-secrétaire d'État aux Colonies, est l'ardent promoteur[1]. Après l'avènement de Guillaume II au trône impérial, s'ouvre une seconde période de rapprochement franco-allemand, également favorable à la politique coloniale.

Il n'y a là aucune grandeur d'âme: pragmatique, Bismarck souhaite détourner l'attention de l'opinion publique et des parlementaires des provinces perdues d'Alsace-Lorraine et éviter qu'une alliance entre la France et la Russie ne menace l'Allemagne d'encerclement. Enfin, sans doute préfère-t-il fixer hors d'Europe les centres d'intérêt de l'état-major et une partie des moyens militaires français. Comme l'écrit Jacques de Dampierre, Bismarck espère s'entendre *« avec Lord Salisbury pour laisser le coq gaulois gratter dans les sables du Sahara »* en Tunisie. Dans le même temps, il peut, en soutenant la France, équilibrer les ambitions ultramarines du Royaume-Uni.

Pendant plusieurs années, la situation lui est relativement favorable: à Paris colonialistes et continentaux s'opposent dans la presse et à l'Assemblée à propos du Tonkin, de Madagascar ou de l'Afrique du Nord avec d'autant plus de vigueur que la question divise les principaux courants politiques, de la gauche à la droite de l'échiquier parlementaire. Président du conseil, Jules Ferry justifie l'expansion outre-mer et se trouve être, paradoxalement, l'un des chefs de gouvernement français à bénéficier du soutien diplomatique de l'Allemagne impériale, mais il se heurte, comme les ministères Brisson et Freycinet, à la fronde d'un nombre important de députés[2] dès

1. Selon Colette Dubois, *Le prix d'une guerre. Deux colonies pendant la Première Guerre mondiale (Gabon – Oubangui-Chari), 1911-1913*, la presse « coloniale » française compte 269 publications, journaux, revues, bulletins et périodiques en 1913, sur plus de 6.000 titres, dont deux quotidiens à la diffusion limitée. L'Union coloniale française, du négociant marseillais Mante, publie le quotidien *La politique coloniale* et le magazine *La Quinzaine coloniale* (p. 247).
2. Clemenceau lui reproche par ailleurs de s'aliéner l'appui de la plupart des capitales européennes et le « parti de la revanche » condamne une politique conduite de concert avec l'Allemagne.

qu'il s'agit de voter les crédits nécessaires à la conquête et à la pacification des territoires asiatiques, africains et malgaches. Jusqu'à la fin du XIXe siècle, les débats publics se succèdent sur l'importance, l'intérêt ou le coût de la politique coloniale.

À Londres, le gouvernement britannique sous la ferme impulsion de Disraeli ne connaît pas les mêmes hésitations. La politique d'expansion impériale est un quasi-axiome : l'achat des actions égyptiennes du Canal de Suez en 1875, la proclamation de l'Empire des Indes en 1877, l'acquisition de Chypre en 1878 et l'occupation de l'Égypte en 1882 marquent quelques-unes des étapes de cette politique, exaltée par Carlyle et popularisée par Kipling. Les fêtes du jubilé de la reine Victoria en 1897 en marquent l'apogée.

L'exemple particulier de l'Égypte, qui reste sous suzeraineté théorique du Sultan de Constantinople mais où se développent d'éminents intérêts britanniques, intéresse au plus au point les dirigeants allemands. L'évolution du pays vers un état de quasi-colonie ne constitue-t-il pas un cas d'école original transposable en Chine, en Turquie ou au Maroc, territoires qui voient les industriels allemands investir massivement ?

Lord Grey raconte dans ses souvenirs le chantage diplomatique exercé par Berlin : *« Vint de Berlin une sorte d'ultimatum, nous sommant de cesser toute concurrence à l'égard des concessions de chemins de fer en Turquie que briguaient les Allemands et déclarant que, faute de nous y conformer, le consul allemand au Caire retirerait son appui à l'administration britannique en Égypte... Un télégramme désespéré de Lord Cromer* [faisait] *ressortir qu'en vue de l'opposition française et russe, il lui serait impossible, sans le soutien de l'Allemagne, de mener à bien son œuvre en Égypte »*[1]. L'inspiration intellectuelle ne se matérialise pas au plan politique. Alors que pour l'Empire britannique, selon la formule de Kipling, « *Trade follows the flag* » (le com-

1. Edward Grey, *Mémoires*, Paris, Payot, 1927, 597 pages, pp. 26-27.

merce suit le drapeau)[1], l'Allemagne ne concrétise pas ses ambitions orientales.

À l'apogée de l'ère victorienne naît la doctrine du *Two Powers Standard* : le potentiel de la flotte britannique doit être supérieur à la somme des deux plus puissantes flottes étrangères. Les initiatives navales de l'Allemagne inquiètent. La politique de développement de la Flotte, défendue par tous les partis politiques et approuvée par la grande majorité de la population, est activement poursuivie : en 1906 le Royaume-Uni lance le premier *Dreadnought* (cuirassé moderne).

L'activisme envahissant de l'Association internationale africaine, placée sous la présidence du roi des Belges, de Ferdinand de Lesseps et du cardinal Lavigerie, suscite de nombreuses difficultés entre les différentes capitales qui voient leurs intérêts menacés[2].

Entre 1880 et 1884, tandis que le souverain belge manœuvre habilement pour se voir reconnaître la propriété du Congo, les nations européennes s'opposent en de nombreux points du globe : Allemands et Britanniques dans le Pacifique ; Français et Britanniques en Égypte ; Français et Italiens en Tunisie ; Français, Allemands, Portugais et Belges en Afrique équatoriale, etc. Le Chancelier Bismarck soucieux de préserver la stabilité en Europe et de satisfaire les projets ultramarins de la France, tout en contenant les ambitions britanniques et en donnant satifaction à une

1. Influence politique et expansion commerciale vont de pair depuis le XIIIe siècle avec les *Merchants of the Staple* qui commercent avec les Flandres sous Henri III. Processus accentué avec la naissance de la *Mercers & Drapers Company of Bristol* au XIVe, des *Muskovy Company*, *Turkey Company* et *Venice Company* au XVIe siècle, en surtout de l'*East India Company* en 1600. En 1661, le général Monk affirme à l'ambassadeur des Pays-Bas : *« Il faut, coûte que coûte, que la nation anglaise étende son commerce ou la paix ne durera pas »*.

2. Dès son indépendance reconnue, le royaume de Belgique tente avec persévérance d'acquérir ou de conquérir, en Amérique, en Afrique ou en Asie, un domaine colonial. Cette étonnante histoire, méconnue, est rapidement présentée dans « Précurseurs et artisans de l'expansion belge », Albert Duchesne, in *Revue internationale d'histoire militaire*, 1959, n° 20, pp. 616-629.

partie de son opinion publique par la pose des premières pierres d'un domaine colonial allemand, propose l'organisation d'une conférence internationale visant à régler diplomatiquement les différents.

Le congrès de Berlin et les luttes économiques

Du 15 novembre 1884 au 26 février 1885, se tient à Berlin la conférence internationale sur l'Afrique, convoquée pour apporter une réponse à la crise suscitée en particulier par la question du bassin navigable du Congo. En effet, le traité anglo-portugais du 24 février 1884 menace de priver l'Association internationale de tout accès à la mer et donc de ne lui laisser qu'un territoire soumis aux prétentions des autres puissances. Il s'agit de régler *« les affaires d'Afrique occidentale et d'aviser aux moyens de faciliter à toutes les nations l'abord de l'intérieur de l'Afrique »*.

Le texte final, ratifié par les représentants des quatorze nations participantes[1], soit la plupart des États souverains de l'époque à l'exception notable de l'Amérique du Sud, condamne l'esclavage, généralise à l'Afrique centrale le principe de la Porte ouverte, organise la liberté de commerce entre les nations européennes, proclame celle de navigation sur le Congo, le Niger et leurs affluents, confirme la souveraineté de l'État indépendant né d'une association de droit privé[2], et reconnaît son pavillon bleu étoilé d'or *« comme le drapeau d'un gouvernement ami »*. La France,

1. Autriche-Hongrie, Belgique, Danemark, Empire allemand, Empire ottoman, Espagne, États-Unis, France, Italie, Pays-Bas, Portugal, Royaume-Uni, Russie, Suède.

2. En 1876, l'assemblée générale de la Conférence géographique convoquée à Bruxelles par Léopold II décide de la création d'une *Association internationale pour l'exploration de l'Afrique centrale*, puis *Association internationale du Congo*, au nom desquelles Stanley parvient à acquérir de vastes territoires. Reconnu par le traité de Berlin, l'État indépendant du Congo devient propriété du roi Léopold qui, pressé par de graves difficultés financières, lègue à la Belgique, par testament public du 2 août 1890, tous ses droits souverains. La dureté du régime appliqué à ce territoire fait naître dans la presse (anglo-saxonne en particulier) le terme « Horreur du Congo » et l'on estime que plus de cinq millions d'autochtones décèdent. Sous la pression de la communauté internationale indignée, le territoire de l'État libre revient totalement à la Belgique en 1908.

qui revendique des droits anciens dans cette région, fait accepter le principe d'un *« privilège de préférence pour le cas où l'Association serait amenée, par des circonstances imprévues, à réaliser un jour ses possessions »*[1]. La fixation des frontières peut ainsi intervenir en février 1885, par convention directe entre le gouvernement de la République française et l'association internationale du Congo.

L'Acte général de la conférence précise qu'une puissance européenne qui revendique la propriété d'un territoire doit y être effectivement installée et l'administrer[2]. Or, les États colonisateurs ne disposent souvent jusqu'à cette date que de points d'appui côtiers à partir desquels ils traitent avec les souverains locaux[3]. Ils doivent désormais signifier immédiatement aux autres gouvernements toute nouvelle prise de possession afin de connaître les objections éventuelles et d'en négocier le règlement. Ils se lancent dans une politique volontariste d'exploration : territoires sud-sahariens, bassins du Niger et du Congo, sources du Nil et région des Grands Lacs. Il s'agit de pousser le plus loin et le plus rapidement possible vers le cœur du continent, sans se soucier de la reconnaissance, et encore moins du contrôle effectif de tous les territoires traversés : en direction des sources du Nil ou du lac Tchad, l'appétit de conquête des grandes puissances suscite d'in-

1. Prétention reconnue par l'Association internationale du Congo en la personne de son président, monsieur Strauch : *« L'Association, désirant donner une nouvelle preuve de ses sentiments amicaux pour la France, s'engage à lui donner le droit de préférence, si, par des circonstances imprévues, l'Association était amenée un jour à réaliser ses possessions »*, lettre du 23 avril 1884 à Jules Ferry, président du Conseil.

2. Cette exigence de principe est opposée aux tiers en cas de conflit frontalier, mais reste longtemps en grande partie théorique pour chaque gouvernement. En 1909, le gouverneur de l'A.E.F. estime que la moitié des habitants du territoire théoriquement administré par Paris ne connaît pas encore la présence française. En 1912 encore, il reconnaît devant le conseil de gouvernement « [qu'] *il reste encore 40 % des régions où notre administration n'exerce en réalité qu'une faible influence et dans lesquelles 20 % représentent des régions encore impénétrées* », in *Bulletin de l'Afrique Française*, n° 1, janvier 1913, p. 44.

3. En 1876, 10 % environ du continent africain est formellement sous statut colonial. En 1902, les puissances européennes se seront partagées 90 % du continent.

nombrables difficultés diplomatiques et autant de rancœurs pour les déçus.

Intitulé « *Déclaration relative à la neutralité des territoires compris dans le bassin conventionnel du Congo* », le chapitre III de l'Acte de Berlin définit le statut général de ces régions d'Afrique équatoriale et centrale (art. 10) : « *Afin de donner une garantie nouvelle de sécurité au commerce et à l'industrie et de favoriser, par le maintien de la paix, le développement de la civilisation [...] les Hautes Parties signataires du présent Acte, et celles qui y adhèreront par la suite, s'engagent à respecter la neutralité des territoires, ou parties de territoires, dépendant desdites contrées, y compris les eaux territoriales* », ainsi que leur évolution dans l'hypothèse d'un conflit européen (art. 11) : « *Les Hautes Parties signataires du présent Acte et celles qui y adhèreront par la suite s'engagent à prêter leurs bons offices pour que les territoires appartenant à cette puissance* [en guerre, en Europe] *et compris dans la zone conventionnelle de la liberté commerciale soient... placés pour la durée de la guerre sous le régime de la neutralité et considérés comme appartenant à un État non-belligérant* ».

Pour donner quelques satisfactions à une partie influente de son opinion publique, Bismarck fait accepter par les puissances coloniales le principe de la souveraineté de Berlin sur les territoires africains où sont installés les comptoirs de sociétés germaniques et sur lesquels ont été récemment hissées les couleurs allemandes.

À partir de la conclusion de la Conférence de Berlin en février 1885, dont l'Acte final constitue le texte fondateur de la colonisation et du partage de l'Afrique, l'organisation des systèmes d'alliance en Europe même doit beaucoup aux rivalités exotiques et aux intérêts ultramarins. Ce partage colonial, aboutissement d'un demi-siècle d'évolutions, marque une profonde rupture dans l'organisation géopolitique de la planète : la Grande-Bretagne et la France se taillent la part du lion, l'Espagne est exclue du jeu, le Portugal tente de préserver l'essentiel de son empire, l'Italie doit limiter ses ambitions à la Corne de l'Afrique et à la Tripolitaine, la

Russie se tourne vers l'Asie, l'Extrême-Orient et les Balkans où elle se heurte à l'Autriche-Hongrie qui perd son statut de grande puissance, l'Allemagne affirme ses prétentions et aspire désormais à passer du statut d'empire continental à celui de puissance mondiale[1].

Dans la continuité de la conférence, un protocole *« concernant les possessions françaises et allemandes à la côte occidentale d'Afrique et en Océanie »* est signé à Berlin le 24 décembre 1885, conduisant au bornage effectif des frontières sur la Côte des Esclaves (Dahomey-Togo) en 1887.

Quelques années plus tard, en 1890, la conférence de Bruxelles fixe les principes à respecter à l'égard des populations indigènes : lutte active contre la traite des esclaves, interdiction de l'importation commerciale des armes à feu et du trafic de l'alcool, refus du portage. La révision de ces textes n'intervient qu'après la Première Guerre mondiale, lorsque le 10 septembre 1919 trois nouvelles conventions sont signées[2] à Saint-Germain et annexées aux Traités de Paix.

Nouveau venu sur la scène internationale à la fin du XIXe siècle, les États-Unis développent un véritable activisme militant au nom de principes généreux mais porteurs de contradic-

1. Trois ensembles constituent l'empire colonial britannique en Afrique autour de l'Égypte, de l'Union Sud-Africaine et du golfe de Guinée ; la France possède l'important ensemble bénéficiant de la continuité territoriale formé par l'Afrique du Nord, l'A.O.F. et l'A.E.F., auquel il convient d'ajouter la « Grande Île », la Réunion, Obock et leurs dépendances ; l'Italie n'obtient que la Somalia, l'Erythrée et des ambitions en Tripolitaine et Cyrénaïque ; le Portugal conserve un empire de quelque deux millions de kilomètres carrés, mais très peu développé ; l'empire espagnol est réduit à quelque postes et îlots ; l'Allemagne se voit reconnaître quatre colonies importantes mais isolées.

2. Les deux premières lient la Belgique, l'Empire britannique, les États-Unis, la France, l'Italie, le Japon et le Portugal. La troisième, relative au contrôle des ventes et trafics d'armement, est entérinée par 23 gouvernements « alliés » vainqueurs du conflit mondial (Belgique, Bolivie, Chine, Cuba, Équateur, Empire britannique, États-Unis, France, Grèce, Guatemala, Haïti, Hedjaz, Italie, Japon, Nicaragua, Panama, Pérou, Pologne, Portugal, Roumanie, Royaume Serbo-Croate-Slovène, Siam, Tchéco-Slovaquie).

tions. Depuis l'achat de l'Alaska à la Russie pour 7,2 millions de dollars en 1867, les tendances impérialistes s'expriment parallèlement au renforcement de la doctrine Monroe[1].

En 1895, la présence de volontaires américains aux côtés des insurgés cubains permet à la presse nord-américaine (groupes Pulitzer et Hearst) de déchaîner dans l'opinion publique, au nom de la liberté bien sûr, une vague nationaliste et anti-européenne exacerbée par l'incident du *Maine*[2]. La victoire de Washington dans la guerre contre l'Espagne en 1898, sanctionnée par le traité de Paris, permet aux U.S.A. de s'installer à Porto-Rico, au cœur des Antilles, et à Guam, à égale distance de l'Australie, du Japon et de la Chine dans le Pacifique-Ouest. MacKinley décrète, la même année, l'annexion des Philippines et de l'archipel des îles Hawaii, tandis que Roosevelt, Taft et Wilson multiplient les pressions et les menaces d'intervention en Amérique Centrale. Les centres d'intérêts des États-Unis se reportent déjà d'Europe vers l'Asie et le Pacifique. La concurrence commerciale avec l'Allemagne se manifeste en Amérique latine, en Chine ou à l'occasion de la division entre ces deux puissances de l'archipel des Samoa en 1899 : les relations diplomatiques jusqu'à normales, sinon excellentes, entre Washington et Berlin connaissent un net refroidissement.

L'opposition économique entre les intérêts divergents des

1. Énoncée en 1823 par le président Monroe, elle repose sur six principes : non-ingérence des États-Unis dans les questions européennes, refus de l'extension des états européens sur le continent américain, opposition à toute tentative de colonisation européenne dans les Amériques, refus de l'ingérence européenne en Amérique latine, non-intervention américaine dans les colonies européennes existant déjà sur le continent américain et liberté des anciennes colonies européennes. Elle constitue une tendance forte de la politique étrangère américaine et s'appuie sur des règles antérieures (Jefferson, 1793 ; Washington, 1796 ; John Adams, 1797 ; Quincy Adams 1820), ultérieurement confirmées (Polk, 1848 ; Cass, 1858 ; Grant, 1870) : *« Notre première maxime, notre maxime fondamentale doit être de ne jamais nous mêler dans les imbroglios européens ; notre seconde, de ne jamais laisser l'Europe s'immiscer dans les affaires cis-atlantiques »* (ancien président Jefferson).

2. Explosion immédiatement qualifiée de « criminelle » de ce navire de ligne américain.

grandes puissances est particulièrement nette en Extrême-Orient. La Chine ne conserve plus que l'apparence de la souveraineté depuis qu'à l'issue de la première guerre de l'Opium et du traité de Nankin (1842) les Britanniques ont obtenus l'ouverture avec privilèges commerciaux de cinq ports[1]. Au terme de la deuxième guerre de l'Opium, les alliés[2] contraignent le gouvernement de Pékin à accepter l'ouverture au commerce international et à l'influence occidentale de onze nouveaux ports. La présence allemande est officialisée à Shanghai le 16 août 1886 lorsque le paquebot *Oder*, parti de Bremerhaven six semaines plus tôt, inaugure la nouvelle ligne d'Extrême-Orient. Elle se développe rapidement : quinze bureaux allemands sont ouverts entre 1886 et 1904[3].

Le déclenchement de l'insurrection des *Boxers*[4] et l'assassinat le 20 juin 1900 de Klemens Freiherr von Ketteler, représentant allemand à Pékin, permet au *Reich* d'exiger pour le comte Waldersee le commandement nominal de la force multinationale engagée en Extrême-Orient[5]. La presse allemande se fait largement l'écho à partir de la mi-juin des excès commis par les insur-

1. Canton, Amoy, Fou-Tchéou, Ningbo et Shanghai.
2. La Grande-Bretagne a été rejointe par la France, les États-Unis et la Russie. Ces trois dernières puissances ne semblent présentes que pour contrôler et si possible limiter les ambitions britanniques en Chine continentale. Bientôt, les Allemands, les Autrichiens, les Italiens, les Japonais et les Belges même s'efforcent d'obtenir des concessions favorables de l'Empire du Milieu.
3. Par ordre d'ancienneté de création, dans les villes de Shanghai, Tientsin, Tschifu, Hankau, Futschau, Péking, Tongku, Schanhaikuan, Tschinkiang, Chingwangtau, Canton, Amoy, Nankin, Itschang et Swatau. Ils sont tous fermés en mars 1917, à la suite de la déclaration de guerre de la Chine à l'Allemagne.
4. Nom donné par les Européens aux membres de la société secrète du Lotus Blanc, xénophobe et traditionaliste, qui refuse l'ouverture du pays et lance un violent mouvement insurrectionnel en 1900. La Grande-Bretagne, la Russie, les États-Unis, la France, l'Italie, l'Autriche-Hongrie et le Japon participent aux côtés de l'Allemagne impériale à cette expédition.
5. Le contingent du Royaume-Uni est composé de 1.065 officiers, sous-officers et soldats britanniques, 16.426 indigènes (essentiellement hindous), 8.806 domestiques et conducteurs, 4.000 coolies. L'Allemagne et le Japon fournissent chacun 22.000 hommes, la Russie 18.000 soldats, les États-Unis 13.000 marins et soldats, l'Italie 2.250, l'Autriche-Hongrie 140 marins. Notons pour mémoire que Waldersee n'arrive que tardivement sur le territoire chinois et n'est pas en mesure d'exercer son commandement avant la fin des opérations actives.

gés, puis des déclarations du *Kaiser* début juillet, suscitant une très forte adhésion nationale autour de l'envoi de contingents.

Au terme de la brève et violente campagne engagée contre les milices villageoises levées par la secte, le Corps expéditionnaire allemand stationne pendant plus de six mois dans diverses localités avant d'être en partie rapatrié à la fin du mois d'août 1901. L'Allemagne peut ainsi déployer des troupes dans plusieurs villes d'importance stratégique[1], au nom de la défense et de la protection des Européens, dont Shanghai, place forte traditionnelle de l'influence anglaise désormais menacée dans la vallée du Yang Tsé : une canonnière allemande patrouille sur le fleuve, le service postal allemand ouvre de nouveaux bureaux, des consuls sont nommés.

Les Allemands ont pourtant longtemps été les alliés objectifs des Britanniques dans la région. Tandis que les Russes développent au Nord leurs activités industrielles et commerciales à travers le Transmandchourien, la banque russo-chinoise de Pékin et grâce aux investissements français, la *British Bank of China* s'est associée à la *Deutsch-Asiatische Bank* pour financer toutes les infrastructures gouvernementales chinoises dont le marché pourrait être obtenu. Cet arrangement financier, approuvé par le *Foreign Office*, fonctionne pendant quelques années à la satisfaction des deux parties, mais bientôt la présence des intérêts allemands devient de plus en plus influente, certains disent arrogante. Elle dérange dans la vallée du Fleuve Jaune les positions acquises. Des négociations gouvernementales sont ouvertes entre Londres et Berlin en 1899-1901, mais les conventions formellement signées ne se traduisent par aucune application concrète : les fortes positions britanniques en Chine du Nord sont de plus en plus ouvertement remises en question.

Quelques années avant le déclenchement de la Première Guerre mondiale, les trois puissances traditionnellement présentes en Chine voient leurs intérêts parallèlement menacés :

1. Par ordre alphabétique : Fouping, Kaiping, Paotingfou, Peithaho, Pékin, Shanghai, Shanhaikuan, Taku, Tientsin, Tingtchou, Tongku, Yangtsun.

les consuls allemands diffusent à l'attention des populations musulmanes une proclamation faisant du *Kaiser*, au nom du Sultan de Constantinople, le protecteur de tous les mahométans de l'Empire ce qui inquiète Russes et Britanniques ; et distribuent dans le même temps des passeports aux chrétiens, jusqu'alors protégés par la France. Le Japon lui-même, depuis la reconnaissance *« d'intérêts particuliers »* en Chine du Nord, Corée et Mandchourie par le traité de Portsmouth, voit ses possibilités d'expension bloquées par l'active présence allemande. Les États-Unis, soucieux de développer leur propre implantation commerciale, appuient les demandes allemandes ou recherchent un soutien de Berlin. En 1908-1909, l'opposition entre Américains et Japonais se cristallise autour des droits des immigrants nippons en Californie, et la question jaune empoisonne à la fois les relations entre Washington et les États fédérés de l'Ouest, mais aussi entre les U.S.A. et le Japon. En 1910, constatant que le principe de la Porte ouverte est bafoué en Mandchourie par les Russes au Nord et par les Japonais au Sud, ils tentent sans succès d'obtenir l'appui du *Reich* pour l'internationalisation du Transmandchourien.

Projets et difficultés

Les autorités allemandes affichent, depuis le milieu des années 1890, parallèlement aux ambitions manifestées en Afrique noire et en Asie, un intérêt particulier pour le monde musulman et favorisent l'implantation des entreprises d'outre-Rhin sur le territoire de deux États en déshérence, le Maroc et la Turquie. Le commerce allemand, activement appuyé par la *Wilhelmstrasse*, s'assure un vaste champ d'expansion dont certains pensent pouvoir dériver une autorité politique. À la suite du voyage largement médiatisé par la presse de l'époque de Guillaume II en Turquie et en Terre Sainte en 1898, le gouvernement de Berlin ne dissimule plus ses ambitions dans l'Empire ottoman.

Sans que la France, la Grande-Bretagne, l'Espagne et l'Italie, nations directement intéressées par les évolutions de l'équilibre méditerranéen, n'aient pu le prévenir, l'Allemagne s'invite au partage des dépouilles de la puissance ottomane.

De Fachoda à la crise marocaine

La mission Marchand, qui veut joindre d'Ouest en Est les immensités subsahariennes à Obock et Djibouti, se heurte malgré son succès à la progression perpendiculaire des Britanniques vers le Sud à partir de l'Égypte, dans une logique Nord-Sud du Caire au Cap, et ouvre en 1898 la crise de Fachoda.

Pour le gouvernement anglais, les droits égyptiens sur le Soudan interdisent à toute autre nation d'élever dans la région des prétentions coloniales. Paris est averti dès 1895 : « *L'avance d'une expédition française se dirigeant vers l'autre extrémité de l'Afrique, avec instructions secrètes, sur un territoire sur lequel nos revendications sont dès longtemps connues, ne serait pas seulement une action inconséquente et inattendue, mais le gouvernement français doit en outre savoir pertinemment que ce serait un acte inamical et considéré comme tel par l'Angleterre* »[1].

Le général Kitchener peut donc, en toute légitimité, exiger le retrait immédiat de la colonne française. Le maigre contingent ne compte d'ailleurs que 8 officiers européens et 120 Tirailleurs sénégalais, dont 98 valides, avec lesquels il serait tout aussi présomptueux d'envisager occuper cette immense région que de vouloir s'opposer à l'armée de plus de 20.000 hommes du Sirdar[2]. Pendant plusieurs semaines, les relations sont extrêmement tendues entre les deux gouvernements : la fierté nationale blessée exige réparation. Mais la noble et ferme attitude de Kitchener, qui pourvoit aux besoins des Français démunis de tout sans transiger sur aucun point politique, contraint Paris à s'incliner : « *M. Marchand a besoin de munitions et de ravitaillement et ce qui pourrait lui être envoyé mettrait plusieurs mois à lui parvenir. Il est coupé de l'intérieur et est mal ravitaillé en eau potable. Plus encore, il ne dispose d'aucun soutien dans la région et n'aurait pas pu empêcher que son expédition soit détruite par les rebelles Derviches* », écrit le commandant en chef britannique à son gouvernement. De part et d'autre de la Manche,

---

1. Lord Grey, *Op. cit.*, pp. 35.
2. Titre donné à l'officier général britannique commandant l'armée égyptienne du Khédive.

les journaux populaires multiplient les titres provocateurs. L'habile politique de compromis de Delcassé, ministre des Affaires étrangères, permet de désamorcer la crise. Le 11 décembre 1898, le gouvernement français donne l'ordre à Marchand d'évacuer le territoire et l'accord franco-britannique du 21 mars 1899 reconnaît la prééminence anglo-égyptienne sur le Soudan.

L'accession au trône du roi Edouard VII, particulièrement intéressé par les questions internationales et qui apprécie la France, prépare l'Entente Cordiale.

Signé en avril 1904, cet accord bilatéral regroupe un ensemble de conventions et déclarations, présenté à Londres dans une longue lettre de lord Lansdowne (8 avril 1904) et à Paris par une circulaire du ministre des Affaires étrangères (12 avril 1904), mais ne prévoit ni planification commune entre les états-majors, ni même automaticité d'une alliance militaire franco-britannique. Les sujets traités concernent l'usage de la côte de Terre Neuve (*French Shore*), des concessions réciproques sur l'Égypte (au bénéfice du Royaume-Uni) et le Maroc (au bénéfice de la France[1]), le refus réciproque de toute annexion au Siam partagé en zones d'infuence, un accord monétaire et douanier pour Madagascar, la mise en place d'une juridiction commune pour les Européens des Nouvelles-Hébrides : les difficultés coloniales les plus aigües entre les deux puissances sont apaisées, mais rien n'est prévu en cas de conflit européen. Pour certains dirigeants politiques britanniques même, *« la France et la Russie étaient alliées : notre point de départ était de nous protéger contre leurs flottes réunies »*[2]. Cette convention est *« approuvée de façon générale »* sans enthousiasme et l'on sou-

1. L'article 8 de l'accord précise toutefois que *« les deux gouvernements, s'inspirant de leurs sentiments sincèrement amicaux pour l'Espagne, prennent en particulière considération les intérêts qu'elle tient de sa position géographique et de ses possessions territoriales sur la côte marocaine de la Méditerranée, et au sujet desquels le gouvernement français se concertera avec le gouvernement espagnol »*. Il s'agit alors de ne pas blesser l'amour-propre espagnol et de ne pas inciter Madrid à se rapprocher de la Triple Entente, comme cela avait été le cas avec l'Italie à propos de la Tunisie. Toujours l'influence des questions coloniales sur les alliances européennes.
2. Lord Grey, *Op. cit.*, pp. 60.

ligne volontiers que *« nous avons abandonné nos légitimes prétentions sur l'Égypte pour obtenir de l'Angleterre notre liberté d'action au Maroc »*[1]. Le texte n'est ratifié par les députés français que l'année suivante : nombreux sont ceux qui, à Paris, se déclarent insatisfaits des concessions faites à Londres.

Si quelques conversations militaires et surtout navales sont entamées à partir de 1905, lord Grey reconnaît dans ses *Mémoires* en juin 1914 : *« Nous nous étions, il est vrai, préparés à l'éventualité d'une agression allemande, tout en restant même dans ce cas libres de tout engagement »*, et le 2 août 1914 encore l'entrée en guerre de l'Angleterre sur le continent n'est pas acquise, comme en témoigne le télégramme que Paul Cambon, ambassadeur de France à Londres, adresse au ministre des Affaires étrangères[2] : *« Dans le Conseil de ce matin on a discuté l'envoi éventuel d'une force anglaise sur le continent. La majorité des ministres a été d'avis qu'étant donné la situation aux Indes et en Égypte, l'Angleterre ne pouvait se démunir de ses forces militaires. En me rendant compte de cette décision, sir Edward Grey m'a dit qu'elle n'impliquait pas un refus absolu d'intervenir à terre, mais que le gouvernement se réservait de revenir sur la question suivant le développement du conflit »*.

En réglant, par contre, les différents coloniaux en suspens entre Paris et Londres, comprenant en particulier la reconnaissance par la France des droits anglais sur l'Égypte et l'abandon par le Royaume-Uni de toute prétention sur le Maroc[3], cet accord pro-

1. « L'arrangement franco-anglais », René Goblet, in *Revue politique et parlementaire*, mai 1904, pp. 229-240, p. 239.
2. Télégramme « très confidentiel » n° 178, 2 août 1914. Cité dans *D.D.F. 1914*, document n° 5, pp. 3-4.
3. La reconnaissance formelle toutefois n'intervient définitivement qu'après le déclenchement de la Première Guerre mondiale lorsque Londres modifie unilatéralement le statut de sa présence en Égypte et, par la note britannique du 17 décembre 1914 relative à l'adhésion de l'Angleterre au traité franco-marocain du 30 mars 1912 et au statut de Tanger. Cette adhésion *« est la contrepartie de la reconnaissance par la France du protectorat que la Grande-Bretagne vient de proclamer sur l'Égypte »*. Les États-Unis, en regrettant l'usage de la violence, reconnaissent le protectorat britannique sur l'Égypte tout en affirmant les sympathies *« du président et du peuple américain pour les aspirations légitimes du peuple égyptien en vue d'une extension de son autonomie »* (22 avril 1919).

duit une impression considérable sur toutes les Chancelleries. Il intéresse en effet l'équilibre européen dans son ensemble : « *Maintenant, sans doute n'y a-t-il pas d'alliance entre la France et l'Angleterre ; mais leurs relations réciproques sont telles, et telles aussi leurs relations réciproques avec l'Italie, que toute l'Europe en éprouvera l'effet, et que certaines puissances en sentiront puissamment l'attraction… Le temps est passé où l'Angleterre pouvait donner prétexte aux Allemands de croire qu'elle suivait la Triple-Alliance et qu'elle permettait de penser qu'on attachait peu de poids à l'attitude de la France* »[1].

L'Italie, consolée de son échec en Tunisie en 1896 par l'obtention d'un statut privilégié pour ses ressortissants dans la Régence, se rapproche de la France et, en novembre 1902, reconnaît sa situation prépondérante au Maroc en échange de la neutralité française à l'égard de ses ambitions en Libye. La signature entre Paris et Rome des traités d'arbitrage (janvier 1904) et de travail (mai 1904) témoigne du réchauffement des relations entre les deux capitales, symbolisé par le voyage du président de la République française reçu par le roi d'Italie : « *L'Italie et la France, en réglant leurs intérêts dans la Méditerranée ont apporté une nouvelle contribution à la paix de l'Europe* ». S'éloigner de la Triplice et équilibrer parallèlement ses relations internationales, comme l'exprime le ministre des Affaires étrangères devant le Parlement de la péninsule le 19 mai 1904, permet à Rome de « *maintenir et consolider la Triple-Alliance, maintenir et consolider l'amitié avec la France et l'Angleterre* ». Un esprit trop cartésien pourrait parler de marchandage indigne d'une puissance moyenne vendant son alliance au plus offrant ; un diplomate plus subtil évoquera la recherche d'un équilibre continental favorisant la paix entre les nations…

L'Allemagne s'émeut de l'accord franco-britannique. Après avoir offert en 1894 à la France de conduire en Afrique une action concertée, elle a signé avec leRoyaume-Uni un accord de partage colonial en 1898.

---

1. Cité par F. de Saint-Charles, « L'accord franco-anglais et l'Europe », *Revue d'histoire diplomatique*, n° 2/1904 (juillet-décembre), pp. 454-475, p. 461.

Le chancelier von Bülow doit intervenir à deux reprises devant le *Reichstag*. Le 13 avril, il affirme que *« nous n'avons aucun motif d'admettre que cette convention soit dirigée contre une puissance quelconque »*, tout en regrettant que l'Empire n'ait pas été associé à la négociation ; le 15 avril il explique que l'Allemagne *« est trop puissante pour qu'on ne recherchât pas son alliance »* et qu'elle ne risquait pas l'isolement né d'un échec diplomatique[1].

Les milieux pangermanistes, colonialistes, financiers et industriels allemands tournent alors leurs regards dans de multiples directions, suscitant pour le moins les interrogations de toutes les Chancelleries.

En Amérique Latine, l'instabilité gouvernementale chronique semble menacer les importants intérêts allemands et peut inciter les autorités de Berlin à intervenir activement dans la vie politique intérieure des pays concernés, au grand émoi des U.S.A. et du Royaume-Uni. Il est ainsi nécessaire, lorsque le Vénézuéla se trouve en quasi état de faillite en 1901, que Washington pèse de tout son poids pour prévenir une ingérence allemande. Des tentatives sont conduites pour obtenir des concessions de l'Espagne sur l'île de Fernando Po (1907), et du Portugal à Madère (1910) : la recherche de ports et points d'avitaillement pour la flotte pousse à l'interventionnisme sur tous les territoires. Au Maroc et en Turquie, le développement des investissements germaniques laisse craindre une mainmise accrue du *Reich*, ce qui alarme la France et la Grande-Bretagne. Les groupes de pressions coloniaux allemands protestent contre ce qu'ils appellent « l'abandon » du Maroc à la France, et dans le même temps la France craint que l'Espagne ne cède à l'Allemagne tout ou partie de ses droits sur la côte marocaine, comme elle l'a fait aux Carolines.

Enfin, les Pays-Bas et la Belgique s'inquiètent des visées exprimées outre-Rhin sur les Indes néerlandaises et le Congo, colonies jugées *« disproportionnées aux capacités et aux ressources de ces deux petits pays »*. Dès 1886, *« Treitschke offrait à la petite*

1. Cité par F. de Saint-Charles, « L'accord franco-anglais et l'Europe », *Op. cit.*, p. 471-472.

Néerlande... de lui garantir pour ses colonies une protection militaire que sa propre puissance navale ne lui assure plus »[1].

La Belgique fait l'objet, depuis la fin du XIXe siècle, de vives critiques pour certains comportements de ses représentants à l'égard des populations indigènes du Congo[2]. Les pétitions se multiplient, les campagnes de presse se succèdent, le père de Sherlock Holmes, Conan Doyle, publie un violent pamphlet anti-belge, *Le crime du Congo*... Quand la morale vient au secours des intérêts matériels : de nombreux intellectuels et différentes autorités morales mènent au Royaume Uni et dans l'Empire allemand une vigoureuse campagne de presse dont les justifications humanitaires ne sont pas exemptes de préoccupations intéressées. Le gouvernement de Bruxelles doit longuement se défendre et multiplier les initiatives après que Léopold II ait légué à la Belgique *« ses droits souverains sur l'État indépendant »* (la contradiction ne choque alors personne). Le Portugal, quatrième puissance coloniale, n'est pas épargné : *« Anglais et Allemands se livrent dans ce pays, à l'heure actuelle, à un combat acharné : avec d'autant plus d'ardeur, semble-t-il, que le Portugal – dont les domaines sont immenses et d'une grande richesse – est lui-même très faible »*[3].

Sud-Ouest Africain : la guerre des Hereros

En Europe, l'image de la colonisation allemande est ternie par la répression de la révolte des tribus Hereros, dont il convient de rappeler brièvement ici les principales étapes.

Des milliers d'armes individuelles illicites circulent au début du XXe siècle dans la colonie du Sud-Ouest Africain : la guerre des Boers, en territoire désormais britannique de l'autre côté du fleuve Orange, n'est terminée que depuis quelques

---

1. Henri hauser, *La guerre européenne et le problème colonial*, Paris, Chapelot, 1915, 111 pages, p. 44-45.
2. Voir sur ce sujet le débat par presse interposée entre le français Etienne et le britannique Sir Dilke dans les colonnes de la *Revue politique et parlementaire*, n° de novembre 1903, janvier et février 1904.
3. Angel Marvaud, « La rivalité anglo-allemande et la situation internationale du Portugal », *revue politique et parlementaire*, n° 180, juin 1909, pp. 517-537, p. 518.

années et les Allemands accusent à plusieurs reprises des agents anglais de vendre d'importantes quantités d'armement, y compris des fusils modernes, aux rebelles indigènes. L'attitude pour le moins ambiguë des Britanniques est soulignée dans la presse française: *« L'Empire d'Allemagne* [est] *exposé, dans le Damaraland, à des insurrections continuelles que la Colonie du Cap encourageait en sous main »*[1]. La révolte générale éclate le 12 janvier 1904. Sentant la situation se dégrader, le gouverneur par intérim a convoqué, quelques jours plus tôt, tous les Allemands mobilisables. Il peut compter sur près de 800 hommes, renforcés par un détachement de 3 officiers, 81 soldats, 3 canons-revolvers et 2 mitrailleuses débarqués de la canonnière *Habicht* rameutée du Cap. Menacés d'être submergés par près de 6.000 combattants Hereros parfois mieux armés qu'eux, cédant toujours davantage de terrain, les soldats de la *Schutztruppe* et les réservistes voient avec soulagement arriver les premiers renforts de la métropole: 226 hommes initialement destinés à assurer la relève ordinaire des troupes de la colonie débarquent le 3 février. À Berlin, le récit des massacres perpétrés contre la population européenne inquiète: 123 colons européens ont été tués dès le premier jour de l'insurrection, chiffre considérable au regard de la faible densité de population blanche sur le territoire. Un premier corps expéditionnaire de la marine impériale est promptement mis sur pied et aussitôt diligenté vers le Sud-Ouest Africain, où il débarque le 9 février[2]. La rébellion s'est entre-temps étendue à l'est du territoire.

Disposant de 2.500 hommes environ, le colonel Leutwein lance une première contre-offensive qui lui permet, à la fin du mois de mars, de dégager les principales agglomérations et de

1. René Millet, « l'accord franco-allemand », *Revue politique et parlementaire*, n° 177, mars 1909, pp. 433-455, p. 449.
2. Ce corps expéditionnaire est constitué en 72 heures et aussitôt embarqué sur le *Darmstadt*. Il comprend un bataillon d'infanterie de marine à quatre compagnies, 8 canons-revolvers, une colonne sanitaire, un dépôt des subsistances, un détachement des troupes de chemin de fer, un contingent de marins et quelques officiers connaissant bien la colonie dont le major von Estorff.

contrôler, dans des conditions périlleuses, quelques axes de circulation. Même avec l'aide des supplétifs hottentots de Witboi, qui par haine ancestrale des Hereros s'allient aux Allemands, il n'est pas en mesure d'affronter les masses révoltées qui tiennent les campagnes et demande des renforts à Berlin[1]. Le typhus, les échecs de la colonne von Glasenapp en avril et les pertes subies contre un ennemi très supérieur en nombre et insaisissable dans la brousse incitent la métropole à prendre des mesures énergiques.

Le 16 mai 1904, Guillaume II désigne, contre l'avis du Chancelier impérial, le général Lothar von Trotha[2] au commandement en chef de toutes les forces allemandes engagées dans la lutte contre les Hereros et le grand état-major constitue un corps expéditionnaire homogène, articulé autour d'une brigade mixte à deux régiments d'infanterie et doté de nombreux services[3]. Il ne s'agit plus d'une campagne coloniale, mais d'une guerre à l'européenne : les effectifs sont renforcés à plusieurs reprises en juillet, août et septembre, pour atteindre 9.000, puis 16.000 soldats accompagnés de leur logistique et au 1er août 1905, l'Allemagne a perdu près de 2.000 hommes, tués ou blessés. Six mois ont été nécessaires aux Allemands pour reprendre l'initiative.

Au cours de la dernière semaine de juillet, von Trotha termine la mise en place de son dispositif : six détachements cernent sur 450 kilomètres de circonférence près de 10.000 Hereros, dont 5 à

1. Les 25 et 30 mars, et 7 et 16 avril 1904, deux bataillons d'infanterie de marine à trois compagnies, 1.200 chevaux, 12 pièces d'artillerie avec leurs voitures, 10 médecins militaires et 110 personnels d'intendance et de soutien embarquent dans les ports d'Allemagne du Nord à destination de la colonie.

2. Né en 1848 à Magdebourg, Adrian Dietrich Lothar von Trotha a une solide expérience des expéditions lointaines. Il a commandé comme lieutenant-colonel, de mai 1895 à août 1897, la force de protection de la colonie d'Afrique Orientale et a été nommé à la tête d'une brigade du corps expéditionnaire allemand en Chine.

3. Le détachement d'approvisionnement (*Proviamt Kolonnen-Abteilung)* compte à lui seul initialement 881 officiers, sous-officiers et soldats (intendance et ravitaillement, hôpitaux d'étapes et de campagne, dépôts d'artillerie, de l'habillement, des équipements, remonte, etc.). Ses effectifs ne cessent d'augmenter au fur et à mesure de l'extension de la zone d'opérations.

6.000 armés de fusils modernes, sur le vaste plateau du Waterberg, entre Windhoek et Otavi. Le cercle d'investissement est ramené à 250 kilomètres aux premiers jours d'août, la progression générale des colonnes accélérée entre le 7 et le 10 août. Le 11, l'assaut général est ordonné. Les différents engagements connus sous le nom de « bataille de Waterberg » marquent l'arrêt de l'extension de la révolte, mais les bandes rebelles ne sont pas écrasées : grâce à leur connaissance du terrain, profitant des couverts, les Hereros parviennent à s'exfiltrer entre les colonnes Mueller et von der Heyde en direction du sud-est.

Le 2 octobre 1904, von Trotha lance, sous le titre *Appel au peuple des Herero*, un texte effrayant, généralement considéré comme un ordre d'extermination (*Vernichtungsbefehl*), une exhortation au massacre des indigènes et qui entre dans le champ des plus primaires actions de guerre psychologique, promettant la faim, l'exil et la mort à toute la communauté, hommes, femmes et enfants : *« Les Hereros ne sont plus des sujets allemands... Chaque prisonnier ennemi remis à l'un de mes postes sera payé 1.000 marks... Le peuple des Hereros doit quitter le pays... Tout Herero qui tentera de franchir la frontière, armé ou non armé, avec ou sans troupeau, sera abattu... Je n'autorise plus le séjour des femmes et des enfants qui pourront être abattus s'ils ne rejoignent pas les leurs ».*

La violence de cette proclamation mérite cependant d'être (en partie) tempérée par la lettre d'accompagnement confidentielle, jointe à l'attention des officiers de la *Schutztruppe*, qui en relativise la mise en œuvre et que l'on oublie souvent de mettre en parallèle. Tout en précisant qu'il faut tirer *« au-dessus de la tête des femmes et des enfants pour les forcer à s'enfuir »*, von Trotha ajoute : *« Je suppose que ce décret ne permettra pas de faire beaucoup plus de prisonniers mâles, mais les actes cruels contre les femmes et les enfants ne doivent en aucun cas dégénérer... Les troupes doivent rester maîtresses d'elles-mêmes, conformément à la bonne réputation du soldat allemand »*. Ce texte est par ailleurs peu compatible avec le règlement de la *Schutztruppe* qui instaure une sévère sélection et précise que, parmi les conditions requises pour qu'un officier puisse être détaché dans les Troupes de Protection, l'intéressé doit avoir *« toujours témoigné d'une excellente conduite »*, faire preuve

« de sang-froid », *« d'intelligence dans la conduite des subordonnés »* et *« d'un large esprit d'initiative »*. Il s'agit donc, par la diffusion de cette proclamation hâtivement et maladroitement rédigée, d'obtenir un effet indirect sur les communautés rebelles, de causer la peur et la frayeur au sein des tribus à un niveau tel que les hommes soient contraints par leurs propres familles de déposer les armes.

Ce texte suscite, dès qu'il y est connu, une véritable colère dans l'opinion publique, la presse et jusqu'au Parlement impérial. Le prince von Bülow, Chancelier de l'Empire, qui était déjà intervenu en faveur de l'utilisation de procédés plus humains vis-à-vis des populations indigènes, considère qu'il s'agit *« d'une atteinte aux règles du droit des gens, mais aussi des principes de la discipline militaire »*. Mais l'autorité impériale, encore fragile et contestée sur le continent africain, peut d'autant moins prendre le risque de laisser la rébellion s'étendre que d'une part les massacres avérés initialement commis par les Hereros ont ému, au-delà de l'Allemagne, une grande partie de l'Europe et d'autre part que les crédits coloniaux sont de plus en plus difficilement votés par le *Reichstag*.

Progressivement rejetés à partir de novembre 1904 de tous leurs points d'appui, les Hereros sont contraints soit de chercher refuge en territoire britannique[1], soit de se laisser repousser dans le désert du Sandfeld par le mouvement enveloppant des colonnes allemandes. Les familles qui ne quittent pas le pays sont décimées par les rigueurs conjuguées du climat et de la répression. Durant l'hiver 1904-1905, la découverte régulière de cadavres de plus en plus nombreux d'hommes, de femmes, de bétail morts de soif et d'épuisement témoigne de l'inhumanité de la situation et brise l'insurrection[2]. Rapportées par quelques témoins, ces scènes enta-

1. Dont le chef principal de l'insurrection, Samuel Maharer, et un fort contingent. Ils sont désarmés par les autorités britanniques, mais laissés libres de leurs mouvements.

2. Le bouclage du désert est levé en mars 1905, le haut commandement allemand considérant alors que les bandes rebelles résiduelles sont parvenues à regagner d'autres régions de la colonie.

chent durablement la réputation de la colonisation allemande et nuisent à l'image de l'Empire.

La paix ne revient pas pour autant aussitôt. Depuis le 18 octobre 1904, au Sud du pays, les Hottentots de Morenga et de Witbooi, ennemis héréditaires des Hereros et servant pour certains d'entre eux comme supplétifs de l'armée allemande, se sont à leur tour soulevés. Le général von Trotha prélève alors des contingents sur les troupes engagées au Nord et à l'Est du territoire, et en prend lui-même le commandement pour réduire ce second soulèvement.

La campagne est d'autant plus difficile que les Hottentots, à la différence des Hereros, n'affrontent pas frontalement les soldats allemands avec des effectifs importants, mais pratiquent une guérilla de petits groupes isolés, longtemps insaisissables. Les mois qui suivent se passent en opérations de ratissage, patrouilles et poursuites contre les derniers irréductibles, de plus en plus isolés et démunis.

Par ordonnances de Guillaume II publiées durant l'automne et l'hiver 1905, tous les biens des tribus révoltées sont saisis. Dans le *Rapport sur la politique suivie à l'égard des indigènes et la rébellion des Hereros*, déposé au *Reichstag* lors de la clôture du budget 1905, les autorités allemandes négligent le rôle essentiel joué, là comme ailleurs, par les empiètements des fermiers sur les terres indigènes et l'influence néfaste des marchands, aventuriers, usuriers et escrocs dans le déclenchement de la révolte. Elles l'attribuent à la fierté des Hereros, *« auxquels la domination croissante des Allemands était devenue insupportable »*.

Dès le début de la Première Guerre mondiale, différents auteurs français et britanniques, dans le cadre des actions de propagande, soulignent à loisir l'ignominie de von Trotha et la férocité, la cruauté de la répression : *« Cette campagne, probablement en tous points de vue la plus sanglante et la plus féroce guerre d'extermination qui se soit jamais produite en Afrique, fut entièrement due aux méthodes d'administration allemandes »* écrit après bien d'autres Evans Lewin en 1918. La plupart des faits sont avérés, mais nul ne s'interroge alors sur les difficultés rencontrées, et les réponses apportées, par les Britanniques aux Indes, par les Français en Afrique du Nord et Occidentale[1] ou par les Italiens en Libye…

La guerre est officiellement terminée le 31 mars 1907. Elle a coûté à l'Empire plus de 250 millions de marks sur cinq exercices budgétaires. Dès le 1er avril, le gouverneur autorise à nouveau l'utilisation du réseau ferroviaire, jusqu'à cette date strictement réservée aux transports et aux patrouilles militaires, au trafic civil. En mai, le *Reichstag* vote à Berlin une indemnité de 5 millions de marks pour les colons victimes des combats : l'heure est au développement, à la mise en valeur agricole et minière du territoire[2].

Vaincus mais insoumis, quelques groupes Hottentots tentent sans succès à plusieurs reprises jusqu'en 1908 de reprendre les armes. À la suite de la disparition de Witbooi en 1905, son successeur, Simon Copper, est contraint de retraiter et de se réfugier dans le Kalahari, puis au Béchuanaland britannique où il meurt dans un accrochage contre une patrouille anglaise. Pendant toute l'année 1907, le capitaine von Erckert, figure de légende, lui donne la chasse, pénétrant de plus en plus profondément dans le désert à la tête de son escadron méhariste, seule unité régulière de l'armée allemande montée à chameau et au commandement de laquelle il meurt, le 16 mars 1908.

Toujours le Maroc

Dès le début du XXe siècle, les noms de Tanger, Algésiras, Casablanca, Fez et Agadir sont aussi souvent cités dans la presse d'outre-Rhin que sur les bords de Seine. La question marocaine cristallise les oppositions franco-allemandes.

1. À la même époque, dans la *Revue politique et parlementaire*, Albert Duchêne use d'un délicat euphémisme et écrit à propos de la répression des troubles en Mauritanie, au Niger et au Tchad : *« Sans qu'il soit nécessaire, le plus souvent, de recourir à l'une de ces "opérations de police un peu forte", dont la France continentale, hélas !, n'a jamais eu le monopole »* (« L'Afrique Occidentale Française », in n° 133, juillet 1905, pp. 67-83, p. 71.

2. L'Empereur Guillaume II lui-même se porte acquéreur de deux fermes d'élevage extensif dans la région de Gibéon au centre du territoire.

« L'année 1904 aura marqué un tournant dans l'histoire de l'Empire Chérifien »[1], puisque la déclaration de Londres du 8 avril et la déclaration franco-espagnole du 3 octobre permettent à la France de s'engager plus avant, avec l'accord de ses voisins, au Maroc. Mais les Allemands, dont les intérêts sont devenus importants dans le Sultanat, s'inquiètent. La situation intérieure du pays facilite toutes les combinaisons : *« Le Sultan, à peu près sans ressources, n'a que peu de troupes autour de lui. Ces troupes sont trop faiblement organisées pour pouvoir rétablir l'autorité du Makhzen et percevoir l'impôt »* et *« le parti français a perdu du terrain à la cour chérifienne »*[2].

Le 31 mars 1905, le discours menaçant de Guillaume II, connu sous le nom de « coup de Tanger », provoque l'inquiétude des autorités françaises, le Parlement et la presse s'émeuvent d'un risque de conflit majeur avec l'Allemagne alors qu'outre-Rhin *« se manifestèrent bien nettement les dispositions pacifiques de l'immense majorité du peuple allemand et l'on put voir que tout au plus quelques milieux chauvins très restreints – comme c'est le cas dans les autres pays – aiment à faire sonner leur sabre et à tenir de grands discours dits patriotiques »*[3]. L'empereur se pose en champion de l'indépendance marocaine[4] et invite le sultan Abd-el-Aziz à rejeter les projets de réformes proposés par Paris, alors que pour la France *« la façon la plus certaine d'obtenir* [des] *résultats serait de donner le commandement des bataillons à des officiers français, assistés de gradés indigènes algériens, et de faire réserver des sommes suffisantes pour que la solde des troupes soit toujours payée en temps voulu. C'est le procédé employé par les Anglais en Égypte »*[5].

---

1. Voir en particulier Jean Rosten, « Le Maroc à la fin de 1904 », *Revue politique et parlementaire*, n° 128, février 1905, pp. 278-293.
2. Jean Rosten, *op. cit.*, p. 285.
3. Dr. Kronenberg, « Chronique politique et parlementaire », *Revue politique et parlementaire*, n° 135, septembre 1905, p. 588.
4. Virtuellement maintenue, relevons-le, par les accords de 1904. L'article 7 de la déclaration franco-britannique du 8 avril précise en effet que la France *« respectera l'intégrité de l'Empire marocain sous la souveraineté du Sultan »*.
5. Jean Rosten, *op. cit.*, p. 289.

Le *Kaiser* explique dans ses *Mémoires*, rédigées après la guerre, avoir effectué ce déplacement contre son gré, à la demande pressante du chancelier von Bülow, *« insistant pour que je tinsse compte de l'opinion aussi bien du peuple que du Reichstag »*. L'auto-justification tardive semble peu plausible, d'autant que l'ensemble de l'ouvrage est de la même eau, donnant systématiquement l'image d'un souverain dont les justes vues personnelles n'auraient jamais pu s'exprimer du fait de la cécité ou de l'étroitesse d'esprit de ses ministres... Sidney Bradshaw Fay cite toutefois[1] les télégrammes échangés entre l'empereur et son chancelier (*« Mon débarquement n'est rien moins que certain,... je voyage simplement en touriste... ; en conséquence, ni audiences, ni réceptions »*).

Guillaume II renouvelle en novembre 1905 devant le *Reichstag* ses inquiétants propos, mais il s'agit alors de s'attirer les sympathies d'une majorité peu soucieuse de voter sans discuter les crédits militaires.

L'explication la plus plausible pourrait être trouvée dans la volonté de montrer la puissance de l'Empire et d'offrir, à usage politique interne, l'image richement colorée d'une détermination politique. À court terme, le résultat obtenu est satisfaisant. Mission à Fez du comte de Tattenbach, départ de Delcassé du gouvernement, affaire des « déserteurs de Casablanca » protégés par la légation d'Allemagne : confronté à une situation de plus en plus tendue, Paris accepte le principe de négociations directes.

Lors de la conférence d'Algésiras[2], l'Allemagne impériale accepte la *« situation exceptionnelle »* de la France au Maroc mais obtient que ses intérêts particuliers soient reconnus. L'accord du 8 février 1909, signé par le baron von Schoen et Jules Cambon, en confirme les termes et renforce le rôle économique de l'Allemagne par rapport aux autres puis-

1. Sidney Bradshaw Fay, *Les origines de la guerre mondiale*, vol. 1, Paris, éditions Rieder, 1930, 495 pages, pp. 176 et suivantes.

2. L'Allemagne et le sultan du Maroc souhaitent que la conférence se tienne à Tanger, Paris privilégie une réunion dans une ville de la zone espagnole. Finalement, Algésiras, ville de la zone d'influence espagnole la plus proche de Tanger, est choisie. Le texte des accords est publié dans la *Revue politique et parlementaire*, octobre 1905, p. 207.

sances[1] : « *Le gouvernement de la République française, attaché au maintien de l'intégrité et de l'indépendance de l'Empire chérifien, résolu à y sauvegarder l'égalité économique et, par suite, à ne pas y entraver les intérêts commerciaux et industriels allemands. Et le gouvernement impérial allemand, ne poursuivant que des intérêts économiques au Maroc, reconnaissant, d'autre part, que les intérêts politiques de la France y sont étroitement liés à la consolidation de l'ordre et de la paix intérieure, et décidé à ne pas entraver ces intérêts. Déclarent...* ». L'organisation de la police, la surveillance et la répression de la contrebande, la réforme financière et fiscale, la mise en œuvre des principes de liberté économique et commerciale font l'objet de conversations parallèles. Tout n'est pas réglé entre la France et l'Allemagne, mais pour René Millet, dans la *Revue politique et parlementaire* de mars 1909 « *un traité, comme toute œuvre d'art, a besoin de la patine du temps. L'arrangement a été bien accueilli des deux côtés de la frontière. Les deux peuples se sentaient engagés dans une sorte d'impasse. On leur ouvre une issue ; ils poussent un soupir de soulagement* ». Cet apaisement des relations franco-allemandes se double d'une détérioration des relations germano-britanniques depuis que « *les Anglais, ou du moins certains milieux anglais influents, verraient avec une inquiétude et une jalousie croissantes les progrès incessants de l'Allemagne dans le domaine économique et aussi l'accroissement de la flotte allemande* »[2].

Successeur d'Abd-el-Aziz, le sultan Moulay-Hafid est dans l'impossibilité de rétablir l'ordre intérieur. Sous la pression des responsables d'Afrique du Nord, la conquête des confins algéro-marocains à partir de 1907 favorise l'implantation française dans l'Est, parallèlement aux efforts poursuivis sur la côte atlantique du Sultanat[3].

---

1. Analyse fouillée de la situation des deux puissances au Maroc dans *Le mystère d'Agadir*, André Tardieu, Paris, Calmann-Lévy, 1912, 619 pages.
2. Dr. Kronenberg, *op. cit.*, p. 590.
3. Lire « Les débuts de l'intervention militaire française au Maroc : l'occupation d'Oujda en mars 1907 », Pierre Guillen, in *Histoire d'outre-mer. Mélanges en l'honneur de jean-Louis Miège*, 2 volumes, Institut d'histoire des pays d'outremer, publications de l'université de provence, 2e trimestre 1992, 715 pages. Relevons que les troupes françaises interviennent initialement au Maroc oriental pour « *assurer la sécurité de la frontière algérienne* » en vertu du droit de suite contre les tribus pillardes autorisé par le traité de 1845.

L'accord de février 1909, ultérieurement qualifié de *« fallacieux et équivoque »*, confirme le rôle de la France au plan politique mais conserve aux intérêts commerciaux allemands toute liberté de se développer au Maroc. Tandis que Paris intervient militairement pour protéger ses ressortissants, l'Allemagne s'inquiète des progrès de la présence française et est officieusement informée que le Royaume-Uni, bien que résolument hostile à une implantation territoriale allemande sur le sol marocain, *« ne peut trouver rien à redire à cela »*. Alfred Fabre-Luce parle de *« torts partagés »* et de *« liquidation inévitable d'une situation fausse créée par les accords précédents »*[1] : l'agressivité allemande, si souvent évoquée à partir d'août 1914, n'est plus aussi évidente.

L'accord franco-allemand reste pourtant vide de réalisations concrètes du fait des atermoiements de Paris qui privilégie la prise de contrôle de l'appareil politique et administratif du Sultanat. Les responsables politiques multiplient les discours mais se dispensent de toute négociation avec leurs homologues d'outre-Rhin sur les questions pratiques. Bientôt, pour l'Allemagne, la mauvaise volonté répétée des autorités françaises à engager une coopération économique ne laisse plus de doute. Le *Reich* soumet à Paris, en décembre 1910, un mémorandum sur la question des chemins de fer du Maroc, puis fait savoir en février 1911 qu'il s'agit d'un point clef pour la mise en œuvre de l'accord de 1909. Les propositions de négociations du gouvernement allemand se font plus pressantes, les Français temporisent.

En 1906, une grande partie de la presse allemande mène campagne contre le gaspillage et les abus commis aux colonies, parlant *« d'une débâcle sans précédent dans l'histoire de l'administration prusienne et impériale »*. L'importance prise par les questions relatives au développement des territoires ultramarins dans la politique intérieure allemande se traduit par la dissolution du *Reichstag* le 13 décembre 1906. Les élections générales de 1907 se

1. Alfred Fabre-Luce, *La Victoire*, Paris, éditons de la Nouvelle Revue Française, 1924, 428 pages, p. 122.

jouent sur ce thème[1], au point qu'elles restent connues dans l'histoire politique de l'Allemagne sous le sobriquet « [d'] *élections hottentots* ». Si les cercles gouvernementaux et une partie de l'opinion publique se rallient au principe de constitution d'un empire outremer, les idées coloniales peinent à pénétrer les milieux parlementaires : en 1900 le Parlement ne vote les budgets des colonies qu'à une très courte majorité ; en 1901 il refuse encore 3,5 millions de marks nécessaires pour poursuivre la construction du réseau ferroviaire.

La récente révolte des Hereros dans la colonie du Sud-Ouest Africain, le coût global de cette guerre et une succession de scandales jettent le trouble en métropole et contraignent l'Empire à réorganiser l'administration de son domaine colonial.

Bernhard Dernburg fait campagne pour une « *croisade d'éducation coloniale* » et affirme que l'Allemagne peut ainsi s'affranchir des dépenses liées à l'achat, auprès de la France ou du Royaume-Uni, des « *denrées alimentaires et matières premières tropicales* »[2]. La victoire de la coalition des conservateurs, nationaux et libéraux permet de le confirmer à la tête de son département ministériel et d'engager une politique à la fois plus ambitieuse et plus rationnelle.

La question marocaine suscite toujours de part et d'autre du Rhin de multiples polémiques que les accords de 1909 ne calment pas. Le chef d'état-major impérial écrit alors : « *Je commence à en avoir par-dessus la tête de cette triste histoire*

1. La dissolution du Parlement intervient en 1906 après le refus par les députés de voter les crédits du Sud-Ouest Africain destinés à assurer le coût de la construction de la ligne de chemin de fer Lüderitzbucht – Keetmannshoop et des frais de guerre. Les discours contre les partis du Centre et pour l'utilité des colonies et les ambitions coloniales de l'Empire monopolisent l'attention lors des élections générales de 1907.

2. Vraie dans son principe, cette affirmation n'est pas encore traduite dans les faits en 1913, l'Allemagne s'engageant plus tardivement que les autres nations européennes dans la mise en valeur de son domaine colonial. Selon le *Kolonial Zeitung*, sur 5 milliards de marks d'importation annuelle de matières premières en 1913, l'apport direct des colonies allemandes n'est encore que de 53 millions.

marocaine. Si nous nous en tirons de nouveau (comme en 1906) la queue basse, si nous n'imposons pas nos exigences, si nous ne sommes pas prêts à avoir recours à l'épée pour les obtenir, alors je désespère de l'avenir de l'Allemagne. Alors je m'en vais »[1]. Dans les sphères gouvernementales, militaires, politiques et parlementaires, à Paris comme à Berlin, colombes et faucons s'accomodent mal d'un fragile équilibre toujours remis en cause.

La deuxième crise marocaine

L'année 1911 est fertile en événements liés aux questions coloniales et ayant des répercussions sur les relations entre les grandes puissances.

En mai, le roi d'Espagne, auquel a été soumis l'arbitrage relatif à la délimitation définitive de frontière entre la colonie allemande du Sud Ouest Africain et l'enclave britannique de Walfish Bay, rend sa décision. En juillet, le traité d'alliance entre Londres et Tokyo est prorogé avec une clause dérogatoire, précisant que le Royaume-Uni n'est pas tenu d'intervenir en cas de conflit entre le Japon et les U.S.A., qui laisse déjà augurer de l'évolution des rapports entre ces deux derniers États dans le Pacifique. Les États-Unis, préoccupés par l'activisme allemand sur « *la route américaine du Pacifique* », sont déjà extrêmement circonspects à l'égard de l'Empire du Soleil-Levant

En septembre, profitant de l'incident d'Agadir, l'Italie pose officiellement la question de la Tripolitaine. L'intervention militaire entraîne l'Italie dans une guerre contre la Turquie. L'armée turque est battue en un mois mais plusieurs dizaines de milliers d'Arabes levés et armés par la confrérie des Senoussis se révoltent. Le traité ne peut être signé que le 18 octobre 1912 à Lausanne et ne sanctionne pas une victoire totale de

1. Helmuth von Moltke, *Erinnerungen*, p. 362, cité par Fritz Fischer, *Les buts de guerre de l'Allemagne impériale, 1914-1918*, Paris, éditions de Trévise, 1970, 653 pages, p. 41.

Rome, qui refuse d'évacuer les îles du Dodécanèse. Il lui reconnaît la souveraineté sur la Tripolitaine et la Cyrénaïque, mais l'Italie doit verser au Trésor ottoman une rente annuelle correspondant à la moyenne des impôts payés par ces provinces au cours des trois années précédentes. La région relève toujours de l'autorité spirituelle du Sultan, l'agitation senoussiste reste active et les tribus musulmanes combattent sur trois fronts (contre les Italiens au Nord, les Français au Sud-Ouest, les Anglais à l'Est) jusqu'à la Première Guerre mondiale. L'expérience acquise par les jeunes officiers turcs au cours de ces combats leur est particulièrement utile deux ans plus tard lorsque la Sublime Porte s'engage dans la guerre aux côtés de l'Allemagne. À l'occasion des conversations secrètes de 1915 encore, Rome tente toujours de pousser plus au sud vers le Tchad la délimitation des frontières entre colonies italiennes et françaises.

La stricte chronologie des événements marocains ne permet pas d'imputer à la seule Allemagne, comme cela a si souvent été fait après août 1914, la responsabilité des événements de 1911.

La France envoie ses premiers renforts militaires à Casablanca le 11 mars et, le lendemain 12 mars, le ministre des Affaires étrangères allemand accepte le principe d'une escale de la *Panther* dans un port du Sultanat. Elle se présente le 1er juillet devant Agadir, alors que les troupes françaises sont à Fez. Dans les faits, l'Allemagne, qui n'a aucune raison objective de laisser Paris évoluer à sa guise, réagit aux décisions françaises.

L'occupation de Fez, ville impériale, par les troupes françaises est le facteur déclenchant de la deuxième crise marocaine. Comme pour la première, Guillaume II se prétend presque étranger au dossier : « *Le ministère des Affaires étrangères m'ayant fait savoir qu'il avait l'intention d'envoyer le Panther au Maroc, j'élevais de fortes objections. Mais devant les représentations pressantes des Affaires étrangères, je dus les retirer* ».

L'épisode du *Panther* à Agadir, port fermé du Maroc, ouvre une période de troubles qui dure jusqu'en novembre. Il souligne au moins que le gouvernement allemand a soigneusement choisi le lieu de sa manifestation guerrière, au nom de la protection de ses ressortissants et de leurs intérêts économiques: meilleure rade de la région sur la côte Atlantique, le port dispose de certaines infrastructures et pourrait être aménagé en forte place navale. La ville et son marché constituent le débouché naturel des ressources agricoles et minières d'une vaste région et l'ensemble pourrait donner à une implantation territoriale germanique limitée une audience régionale importante.

Il ne faut pas, toutefois, grossir démesurément la menace allemande. L'envoi du *Panther* fait suite au passage dans les mêmes eaux, quelques mois plus tôt, de navires de guerre français et la note remise par l'ambassadeur d'Allemagne au ministre français des Affaires étrangères stipule que lorsque *« l'ordre et la tranquillité seront revenus au Maroc, le navire chargé de cette mission protectrice quittera le port d'Agadir »*. Les piètres qualités militaires de l'embarcation donnent à cette affaire l'allure d'un bluff. Navire déjà ancien, le *Panther* jauge 1.000 tonneaux et embarque au total 125 hommes: il n'est en mesure ni de débarquer un contingent significatif, ni de s'opposer à une action déterminée de la marine française.

De nombreuses études ont été publiées, dès avant le déclenchement de la Première Guerre mondiale, pour tenter de déterminer si les revendications allemandes sur le Maroc correspondent à un objectif majeur de la politique coloniale de Berlin, ou s'il ne s'agit que d'un moyen de pression sur Paris pour obtenir ailleurs des avantages substantiels. L'évolution aujourd'hui connue des relations quadrangulaires Paris-Berlin-Londres-Constantinople incite à privilégier la seconde hypothèse. Au cours des négociations, outre l'avenir du Togo ou de Tahiti, les intérêts réciproques des deux nations dans l'Empire ottoman sont mis dans la balance. La convention franco-allemande du 4 novembre 1911, qui prévoit une rectification générale de la frontière entre le Congo français et le *Kamerun* allemand[1], permet de repousser la menace de guerre un instant agitée.

Signé à Berlin par von Kiderlen-Waechter[2], ministre impérial des Affaires étrangères, et par Jules Cambon, ambassadeur de France, ce texte de dix-sept articles précise en introduction qu'il s'agit de déterminer les « *compensations* » qui doivent revenir à l'Allemagne sous la forme d'agrandissements territoriaux en Afrique équatoriale, après sa reconnaissance des « *droits particuliers de protection* » de Paris sur le royaume Chérifien. La France est autorisée à intervenir militairement au Maroc, à occuper les régions soumises, à procéder à la modernisation administrative du Sultanat et à le représenter auprès des grandes puissances[3]. Les Allemands n'en conserve pas moins un statut particulier et les négociations se poursuivent jusqu'au déclenchement de la guerre dans les domaines économiques, financiers et administratifs. Au *Kamerun*, les frontières fixées depuis l'accord franco-allemand de mars 1894 sont révisées en faveur de Berlin. Le traité fait explicitement référence dans ses articles 12 et 16 à l'Acte international de 1885 sur le bassin conventionnel du Congo, dont relève la plus grande partie des territoires nouvellement acquis, et organise la

1. André Tardieu cite de nombreux exemples de sociétés commerciales allemandes illégalement installées « *de 1899 à 1908, sur toute la frontière méridionale du Cameroun,* [au] *Congo français, sur une superficie de plus de trois millions d'hectares, simple prolongement de la colonie allemande* » et rappelle que l'hypothèse de « *dédommagements* » allemands au Congo est régulièrement évoquée entre les deux pays depuis 1905. In *Le mystère d'Agadir*, op. cit., pp. 170 et suivantes.
2. Particulièrement apprécié des diplomates en poste à Berlin, von Kiderlen joue un rôle actif dans le dénouement pacifique de toutes les crises européennes d'avant-guerre. Dans ses mémoires, le baron Beyens, ambassadeur de Belgique, regrette sa disparition subite « *quand la mort a frappé subitement, pour le malheur de l'Europe, un homme d'État qui n'avait pu jouer encore tout le rôle auquel il semblait destiné* ». D'après Jules Cambon, « *s'il eût vécu,* [il] *eût pu en 1914 empêcher la guerre* ».
3. Paris s'emploie rapidement à consolider sa position militaire au Maroc. En 1913, 76.000 hommes sont en service dans le Sultanat (dont 5.500 métropolitains, 13.900 Marocains, 11.600 Sénégalais, 17.000 indigènes algériens et plus de 28.000 coloniaux, zouaves et légionnaires).

liberté de circulation ferroviaire et fluviale entre le Congo français et le Cameroun allemand.

La mise en œuvre de l'accord est progressive. En octobre-novembre 1912 une bande de terre entre Libreville et le Rio Muni revient à l'Allemagne, enclavant la colonie espagnole. À partir du 1er février 1913, deux districts situés à l'est de l'ancien Cameroun permettent à Berlin d'atteindre d'une part le cours du Congo par la vallée de la Sangha et d'autre part l'Oubangui à Zingua, au sud de Bangui. Le dernier poste français évacué du *Neue Kamerun* l'est en juin 1913 : la colonie allemande a été agrandie de 278.000 km^2 et les possessions françaises d'Afrique équatoriale perdent leur continuité territoriale. L'occupation effective du territoire exige de la *Schutztruppe* la conduite de plusieurs opérations importantes contre des tribus toujours insoumises. Au sud-est, dans les districts de Sembe et de Nolla, la campagne ne cesse que lorsque le capitaine von Puttkamer reçoit la soumission du roi Nguku en mars 1914.

À partir de 1911, la France dispose d'une presque totale liberté d'action politique et militaire au Maroc, tandis que le *Kamerun* se trouve agrandi dans des proportions considérables. On parle désormais, à Paris comme à Berlin, de « *Vieux Cameroun* » (celui de la colonisation allemande initiale) et de « *Nouveau Cameroun* » (territoires orientaux reçus de la France).

Le texte ne fait pas l'unanimité. À Berlin, le ministre von Lindequist démissionne. À Paris, le monde politique est divisé : Caillaux et ses alliés se réjouissent, Lebrun est prudemment réservé tandis que Déroulède parle de « *reddition sans sommation* » et que Clemenceau lance un des mots dont il a le secret : « *Les Allemands ne seront pas contents ? Eh bien ! Ils ne seront pas contents...* »[1]. L'accord repousse vers l'Est la frontière du pays, permettant ainsi à Berlin de s'inviter à la table des négociations pour tous les dossiers relatifs à l'Afrique centrale.

La double question du statut ancien des « *protégés allemands* » par rapport à la nouvelle législation française au Maroc et de la mise en concurrence des grands dossiers de construction et d'aménagements d'infrastructure (installations portuaires, réseau ferroviaire, voirie, usines de production d'énergie ou de traitement des eaux, etc.) entre les sociétés françaises et allemandes provoque des tensions régulières, suscite de nombreuses interventions parlementaires et conduit à entretenir des négociations permanentes.

En Allemagne, les milieux pangermanistes et colonialistes radicaux considèrent que le traité de novembre 1911 constitue un lâche abandon et que « *depuis soixante années, nul gouvernement à Berlin n'a subi une défaite approximativement comparable à celle qui est maintenant visible* »[2]. À Paris, Robert de Caix souligne

1. Cités par le baron Jehan de Witte, *Les deux Congo*, Paris, Plon, 1913, 408 pages, pp. 196-197.
2. Maximilien Harden, *Zukunft* du 2 décembre 1911, cité par Raymond Ronze, *La question d'Afrique*, Paris, Librairie Félix Alcan, 1918, 391 pages, p. 349.

la persistance de ces rapports de force et de leur influence sur la politique française dans le dernier numéro du temps de paix du *Bulletin du comité de l'Afrique française*: « *Ce qu'elle* [l'Allemagne] *a en vue maintenant, comme en 1911 et déjà en 1905, c'est d'user du Maroc comme d'un moyen de pression pour nous arracher des concessions ou bien, ce qu'elle préférerait sans doute, mais qui serait bien pire, domestiquer notre politique dans une cohabitation démoralisante* »[1]. La question marocaine ne sera définitivement réglée qu'avec les traités de paix de 1919-1920 entre l'Entente et les Puissances Centrales.

L'intérêt porté au Congo belge est suffisamment important outre-Rhin pour que la presse allemande se fasse ponctuellement l'écho de l'idée d'un rachat partiel éventuel à la Belgique de sa colonie.

Le fait que l'Angleterre, longtemps hostile à la politique coloniale belge, n'abandonne qu'en juin 1913 ses nombreuses réserves, peut favoriser ces espoirs. L'accroissement considérable du déficit budgétaire et de la dette flottante de la colonie entre 1911 et 1913[2] favorise la diffusion de ces rumeurs et suscite l'inquiétude à Bruxelles: « *Des convoitises rôdent autour de notre colonie. Des mesures d'urgence s'imposent* ». La question est régulièrement évoquée dès les premières années du XXe siècle et le baron Beyens le rappelle à plusieurs reprises dans ses souvenirs diplomatiques[3].

Le rôle et la place de la France en Afrique équatoriale interdisent que ces projets puissent connaître un début de réalisation sans la participation de Paris aux conversations préalables. En 1912, les rumeurs enflent au point que le lieutenant-général baron Donny, aide de camp honoraire du roi,

1. « L'Allemagne et le Maroc », *Bulletin du comité de l'Afrique française*, n° 6, juin 1914, p. 235.
2. 80 millions de francs ont été empruntés par le Congo belge (et garantis par la Belgique) à la fin novembre 1913, les 99 millions sont atteints en mars 1914 et le Trésor estime que le total doit être de l'ordre de 120 millions à la fin de l'année 1914.
3. Baron Beyens, *Deux années à Berlin 1912-1914*, vol. 1 (mai1912-août 1913), Paris, Plon, 1931.

publie un appel à l'union de tous les Belges *« afin que les convoitants de notre vaste domaine colonial ne puisse soutenir que d'autres feraient mieux et plus vite que nous et ne fassent état de notre insuffisance pour discuter la légitimité et la valeur de notre œuvre civilisatrice »*[1]. Différents journaux envisagent de plus en plus régulièrement au cours de l'hiver 1913-1914 et au printemps 1914 la cession des régions Nord et Nord-est du Congo à l'Allemagne, qu'il s'agisse de la presse belge (*Revue générale coloniale*) ou allemande (*Kolonial Zeintung*, *Deutsche Kolonialblatt*, mais aussi *Deutsche Tageszeitung*, *Tägliche Rundschau* par exemple). Le baron Beyens écrit en février 1914 : *« Pour la première fois, le Congo belge était assimilé ouvertement aux colonies portugaises ; pour la première fois, la Belgique, cette ruche laborieuse et opulente, était mise sur le même pied, dans le même sac, que le malheureux Portugal, appauvri, empêtré dans des embarras financiers par de continuelles insurrections. À l'une comme à l'autre de ces petites puissances on faisait savoir en douceur que l'Allemagne était prête à charger sur ses robustes échines et à exploiter à leur place les champs magnifiques qu'elles étaient incapables de féconder »*[2].

Parallèlement, des négociations avancées sont conduites à partir de décembre 1911 avec Londres à l'initiative de Berlin, pour obtenir des Britanniques au mieux un accord, au minimum une promesse de non intervention, en cas d'achat aux Portugais *« des droits économiques et de colonisation »* exclusifs sur l'Angola[3]. La situation dramatique des finances publiques portugaises laisse planer la menace d'une mainmise sur certains services publics ou la cession contrainte

1. Cité par le général de Heusch, « Les relations du Congo belge avec la mère Patrie », *La Belgique militaire*, 1er décembre 1912, p. 1486-1489.
2. Baron Beyens, *Op. cit.*, vol 2 (septembre 1913-août 1914), Paris, Plon, 1931, pp. 22
3. Déclarations du prince Lichnowski, ancien ambassadeur d'Allemagne à Londres, au *Münchner Post*, 26 mars-5 avril 1918. Le sujet est également évoqué dans les *Mémoires* d'Edward Grey et dans *Deux années à Berlin* du baron Beyens.

d'une partie de l'empire colonial. En 1898 déjà[1], les discussions similaires qui avaient eu lieu à l'initiative du Royaume-Uni trouvaient leur justification dans la situation financière très difficile du gouvernement de Lisbonne, *« au cas où* [le Portugal] *eût voulu réorganiser ses finances par un grand emprunt »*[2].

Les négociations germano-britanniques suscitent l'inquiétude à Lisbonne. Les chefs de gouvernements et ministres doivent intervenir à plusieurs reprises pour calmer les appréhensions de la représentation nationale et de la presse. Macieira, ministre des Affaires étrangères, soutient le 24 février 1912 : *« On a parlé de négociations particulières entre l'Angleterre et l'Allemagne seules, sur des sujets coloniaux qui nous intéressaient. J'oppose à ces fausses nouvelles, une fois de plus, le démenti le plus formel et le plus catégorique »*. À quelques mois du début de la guerre, le président du Conseil Bernardino Machado, tente à son tour de désamorcer la crise devant la Chambre des députés et le Sénat : *« Le gouvernement portugais est prêt à ouvrir largement ses colonies à toutes les initiatives étrangères bienveillantes... Qui décide souverainement de l'acceptation de ces concours et de la sphère d'action de ces initiatives ? Nous ! »*[3].

---

1. Dès 1898, Britanniques et Allemands s'entendent pour un partage (même si l'on parle de zones d'influence dans un premier temps) de l'empire colonial portugais. Deux conventions et une note secrète sont signées le 30 août à Londres. Voir sur ce point Nuno Severiano Teixeira, *L'entrée du Portugal dans la Grande Guerre, objectifs nationaux* et *stratégies politiques*, Paris, Economica, 1998, 392 pages, chap. IV, pp. 103 et suivantes.
2. Voir Angel Marvaud, *op. cit.*, p. 527. Soulignons par ailleurs que l'amitié traditionnelle entre Londres et Lisbonne en Europe trouve difficilement à s'exprimer à la fin du XIXe siècle en Afrique australe : face à la progression de la *British South-Africa Company* de Cécil Rhodes, les autorités portugaises tentent de résister aux frontières du Mozambique jusqu'aux opérations militaires de mars 1891. Leur défaite est sanctionnée par le traité du 11 juin 1891 qui attribue aux Britanniques les territoires contestés.
3. Débat parlementaire du 2 mars 1914 à la Chambre des députés.

La convention secrête est signé en août 1913, mais n'est pas mise en œuvre du fait de l'intense opposition diplomatique conduite par la France. Toutefois, les accords commerciaux négociés au printemps 1914 ouvrent largement les colonies portugaises, et l'Angola en particulier, à la pénétration allemande, réalité économique qui annonce une influence politique croissante. En juillet 1914 encore, Berlin demande à son ambassadeur à Londres de reprendre les négociations à propos des chemins de fer et des droits commerciaux.

Dans le même temps, les relations franco-allemandes semblent évoluer plus favorablement au Moyen-Orient.

À l'occasion des négociations visant à trouver un compromis satisfaisant dans l'affaire marocaine, Paris ouvre en novembre 1912, après que Britanniques et Allemands aient convenu d'un protocole favorable à Berlin pour la construction du *Bagdadbahn*, des conversations bilatérales au sujet du Levant. Les tractations durent plus d'un an et le gouvernement français, soucieux d'aboutir à une solution de consensus, informe Londres, Saint-Petersbourg et Rome de leur évolution. Le 15 février 1914, est signé à Berlin, à la satisfaction du gouvernement de Guillaume II qui se voit reconnu des droits et intérêts particuliers d'Anatolie en Mésopotamie, l'accord qui divise les territoires asiatiques de l'Empire ottoman en zones d'influence, traduction diplomatique de la réalité des investissements étrangers dans le pays. La prééminence allemande est confirmée et les intérêts particuliers de la France au Levant (Constantinople, Cappadoce et Liban-Syrie) affirmés. À l'ambassadeur de Belgique qui lui demande si cette convention va contribuer à améliorer les relations franco-allemande, le ministre de France à Berlin, *« d'un ton désabusé »*, répond pourtant : *« Les relations officielles, peut-être bien, dans une certaine mesure. Mais je ne pense pas que l'accord ait de l'influence sur les sentiments du gros public de chaque côté des Vosges [...] La majorité des Allemands, j'aime à le croire, désire néanmoins la paix, comme la majorité des Français »*[1].

---

1. Baron Beyens, Op. cit., vol. 2, pp. 137.

Dans le jeu politique et économique qui oppose Paris, Londres et Berlin, les années 1912-1914 sont ainsi ponctuées par une série d'accords qui conduisent à attribuer un rôle majeur à la France au Maroc, à la Grande-Bretagne en Égypte et à l'Allemagne en Turquie, tout en reconnaissant que des intérêts croisés existent toujours. Les principes, dont se prévalent les gouvernements intéressés, semblent acquis mais rares sont les questions pratiques effectivement réglées.

Quelques mois avant le début de la Première Guerre mondiale, il ne reste en Afrique que deux États indépendants, l'Éthiopie et le Libéria[1], tandis que deux territoires sont en cours de colonisation, le Maroc et la Tripolitaine.

Lorsqu'à partir de 1906-1907 le gouvernement britannique s'impose à Monrovia, Paris procède à l'occupation de divers villages frontaliers et proteste : *« Son gouvernement* [du Libéria] *peut être assuré de notre sympathie tant qu'il saura tenir dans les affaires du pays la balance égale entre nous et les Anglais, qui sont forcément nos rivaux dans cette partie de l'Afrique »*[2]. Si le Royaume-Uni et la France s'opposent sur le plan politique, les négociants allemands prennent le contrôle des flux commerciaux. En 1904, leur participation *« s'élève à 97,8 % pour les exportations et à 48,3 % pour les importations, soit 73,8 % de la totalité des échanges du Libéria »*[3] et la république noire constitue une escale privilégiée sur la route maritime du *Kamerun*.

1. Fondé en 1823 par une société philanthropique nord-américaine pour accueillir les esclaves libérés ou affranchis. En octobre 1914, à la suite de nouveaux incidents de frontière entre la Guinée française et le Libéria, Doumergue insiste encore sur l'importance de ménager les autorités de Monrovia du fait des *« susceptibilités des États-Unis dont les liens avec la république africaine demeurent très solides, encore que mal définis et intermittents »*.

2. Ambassadeur de France à Londres au ministre libérien en Grande-Bretagne, 18 juillet 1908, cité par Joëlle Lassissi-Pinto, « La France et le Libéria des origines jusqu'à la veille de la Première Guerre mondiale », *Relations Internationales*, été 1979, n° 18, pp. 131-147, p. 144.

3. Correspondances entre l'ambassade de France à Berlin et les Affaires étrangères, entre les Affaires étrangères et les Colonies, août 1904 – mars 1905, citées par Joëlle Lassissi-Pinto, « La France et le Libéria », *Op. cit.*, p. 140-141.

Dans ce contexte, la position dans le monde de l'Allemagne semble bien établie à partir de deux piliers distincts.

D'une part, les intérêts économiques et les influences politiques se conjuguent en Amérique du Sud, en Turquie, en Chine, aux frontières du Congo belge, dans certaines colonies hollandaises et portugaises pour assurer aux entreprises allemandes d'importants débouchés commerciaux et offrir au *Reich* un rôle éminent à l'échelle planétaire.

D'autre part, le strict domaine colonial relevant de la souveraineté allemande, explicitement reconnu par les autres puissances, est désormais entré dans une voie de progrès économique rapide.

Berlin se place, à la veille de la guerre, en seconde position loin devant la France pour le commerce international des marchandises et sa progression régulière menace sur de nombreux territoires les intérêts britanniques.

Commerce international des principales nations européennes (En millions de francs, 1912)[1]	
Grande-Bretagne	28.000
Allemagne	22.000
France	14.500
Belgique	7.000
Russie	7.000
Autriche-Hongrie	6.000

Comme en Asie, les communications internationales des *Schutzgebiete* africains sont longtemps restées sous influence étrangère : le Cameroun n'est racordé au réseau de câbles sous-marins internationaux que par un embranchement au départ de

1. Chiffre extraits de « L'effort militaire et le mouvement commercial des colonies », capitaine Fricout, *Revue des Troupes coloniales*, juillet-août 1920, n° 146, pp. 73-99, p. 80.

Bonny, au *Nigeria* britannique. Cette situation est générale. *La Revue du Pacifique*, présentant l'historique de l'évolution des réseaux de communication, le souligne en 1922 : « *C'est pour échapper à cette domination que l'Allemagne a cherché à s'affranchir par tous les moyens des voies britanniques… Nombre de correspondants, dont les intérêts commerciaux ont été plus ou moins lésés par la suite de retards ou d'erreurs dans leur correspondance télégraphique, ont accusé ouvertement les compagnies anglaises de s'associer à des manœuvres inspirées par un nationalisme trop exclusif* »[1]. La part représentée par chaque puissance dans l'ensemble de près de 440,000 km. de câbles en exploitation dans le monde en 1910 témoigne de la primauté du Royaume-Uni :

Place dans le réseau mondial des câbles sous-marins[2]	
Grande-Bretagne	242,300 km.
États-Unis	97,100 km.
France	42,200 km.
Allemagne	38,300 km.
Danemark	18,000 km.
Autres États	2,300 km.

À partir de cette date, le développement de réseaux télégraphiques propriétés de l'Allemagne est activement poussé, en tentant de limiter le coût des investissements. Pour s'affranchir des câbles anglais entre ses possessions du Pacifique et la métropole, Berlin négocie avec les États-Unis vers l'Est et avec les Pays-Bas vers l'Ouest des raccordements latéraux aux câbles trans-océaniens. Il suffit alors d'immerger des terminaux dans les différents archipels et de les raccorder à l'artère centrale en payant une redevance soit au concessionnaire américain, soit au concessionnaire hollandais.

1. « Les communications électriques du Pacifique », *Op. cit.*, p. 63.
2. Cité dans « Revue du mois : le réseau mondial des câbles sous-marins », *La Revue du Pacifique*, n° 6, juin 1923, p. 747.

Les progès rapide de la radiotélégraphie sans fil offre bientôt de nouvelles possibilités techniques et la *Deutsche Sudseegesellschaft für Drahtlose Telegraphie* reçoit en 1912 la concession de l'exploitation d'installations à construire. Plusieurs stations à grande puissance sont inaugurées entre 1912 et 1914. Guillaume II semble être parvenu à ses fins : la politique mondiale de l'Allemagne est devenue une réalité, sans qu'il ait été besoin de recourir pour cela à de longues actions militaires.

Évoquant la stratégie allemande d'implantation en divers points du globe à partir de 1890, Sir Harry Johnson en résume ainsi les différentes manifestations : *« Si elle ne peut avoir A, elle prend B. Quand elle ne peut pas obtenir de nous* [les Anglais] *la Nouvelle-Guinée britannique ou les îles Salomon, au moment de notre effort de guerre avec les Boers, elle se contente des Samoa »*. Nombre d'observateurs français du temps font alors la même observation.

BILANS DE TRENTE ANS D'EFFORTS DÉCOUSUS

L'empire colonial allemand en 1914

S'étant lancé dans l'aventure coloniale au début des années 1880 avec de modestes comptoirs commerciaux, l'Empire allemand règne trente ans plus tard sur près de 3.000.000 de km^2 de territoires ultramarins, dont la population s'élève, suivant les estimations, entre 12 et 14.000.000 d'habitants.

Relevant initialement du département politique du ministère des Affaires étrangères, les questions coloniales sont réunies au sein d'un Bureau impérial colonial autonome, puis d'un département des Colonies au sein de ce même ministère.

Créée en 1890, la *Kolonialabteilung* est placée sous les ordres du Dr. Paul Kayser et dispose, avec le décret du 9 juin de la même année, d'une quasi-autonomie au sein du ministère. Le 10 octobre est organisé un *Kolonialrath*, conseil consultatif de 19 membres, spécialistes et techniciens du commerce colonial. Devant l'importance prise par le sujet, l'incurie régnant dans certaines colonies et sans doute inquiété par la récente révolte des Hereros, Guillaume II décide de subordonner directement la gestion des territoires d'outre-mer à la plus haute autorité politique centrale, le Chancelier de l'Empire[1]. Von Bülow annonce ces évolutions politiques lors d'un discours au *Reichstag* le 11 décembre 1899 : *« Si les Anglais parlent d'une plus grande Angleterre, si les Français parlent d'une nouvelle France [...], nous aussi nous avons droit à une plus grande Allemagne »*. La responsabilité du commandement supérieur des forces de protection est également confiée à ce nouveau Secrétariat d'État impérial des Colonies, dont Dernburg[2] devient le 17 mai 1907 le premier titulaire[3]. L'Office impérial des Colonies est divisé en quatre départements dont trois traitent des questions civiles :

– Département A : Affaires politiques et administration générale
– Département B : Finances, commerce et questions techniques
– Département C : Personnel et dossiers individuels
– Département M : Administration militaire et commandement des forces de protection.

Dernburg peut être considéré comme le véritable créateur d'un empire colonial digne de ce nom. Il impose, avec l'autono-

1. Décrets impériaux du 17 mai et du 23 juin 1907. Dans l'organisation politico-administrative de l'Empire allemand, les ministres selon l'appellation française prennent le titre de *Staatssekretäre*, les ministères sont des *Reichsämter*.
2. Bernhard Dernburg, né en 1864, est d'abord un industriel et un négociant dont le succès dans les affaires en fait bientôt un acteur important du commerce international allemand et un représentant avisé des grandes compagnies coloniales. Directeur de la *Darmstadter Bank*, il est nommé à la tête de l'administration coloniale à l'automne 1906 en remplacement du prince de Hohenlohe-Langenburg et devient le premier sous-secrétaire d'État du nouveau département ministériel en 1907, portefeuille qu'il conserve pendant trois ans. Face à l'inexpérience, à l'improvisation, à l'incurie des premiers administrateurs coloniaux, il tente de définir une politique d'ensemble pour l'outre-mer allemand et impulse une vigoureuse action de développement et d'investissement qui commence à porter ses fruits dans l'immédiat avant-guerre. Ayant la réputation d'appartenir à l'aile libérale du gouvernement impérial, il réprouve les méthodes employées pour réprimer la révolte des Hereros et s'attache à limiter le travail forcé des indigènes.
3. Liste des directeurs et secrétaires d'État aux Colonies en annexe.

mie budgétaire de chaque colonie, de strictes règles financières ; affirme que *« les colonies prospéreront avec les indigènes, pour eux et non malgré eux, ni contre eux »* ; développe les conseils locaux et soutient que le libéralisme économique est le meilleur moteur du développement[1]. En difficulté politique devant la majorité conservatrice-cléricale du *Reichstag* au printemps 1910, attaqué en particulier par le député Erzberger qui dépose une proposition de loi visant à faire payer par les compagnies coloniales les frais de la guerre dans le Sud-Ouest Africain, Dernburg quitte le gouvernement lorsque von Bülow abandonne le poste de Chancelier d'Empire. Le prince note dans ses mémoires que *« pendant la gestion du Secrétaire d'État Dernburg, on réussit à faire franchir le point mort à notre politique coloniale »*. Il est remplacé par son adjoint, von Lindequist. À la veille de la guerre, l'administration centrale du ministère des Colonies compte environ 265 personnels civils et 14 officiers, dont 2 médecins militaires.

Des commissions, politiques ou économiques, spécialisées ou généralistes, sont progressivement mises en place après la modification du Conseil colonial par décret du 19 février 1908. Un Conseil agricole et un Conseil économique le remplacent, tandis qu'en 1911 une Commission économique permanente pour les questions coloniales voit le jour, sa composition et son rôle témoignent d'un souci d'ouverture et d'efficacité. Le nombre de membres, spécialistes et experts, passe de 13 à 25 en 1913 et les comptes rendus des débats sont publiés dans la presse.

Relevons une subtilité linguistique significative. Si l'administration centrale de l'Empire utilise le terme colonie au sens collectif (*Reichs-Kolonialamt*), le qualificatif employé pour chacune d'entre elles est protectorat (*Deutsche-Schutzgebiete*). À cet égard, leur situation administrative dans la structure étatique

1. Dernburg s'oppose ainsi aux agrariens coloniaux en imposant un statut du travailleur indigène, et aux protectionnistes en refusant la création d'un *Reichszollverein* : les colonies sont pour la métropole un territoire étranger et les produits allemands ne bénéficient d'aucune facilité douanière. Au moment de la déclaration de guerre, il est aux États-Unis et s'efforce de favoriser les courants de sympathie pour l'Allemagne dans la grande démocratie encore neutre.

n'est pas très éloignée de celle que connaît l'Alsace-Lorraine : ni États fédérés, ni membres de l'Empire, ils relèvent de l'autorité impériale déléguée au Chancelier.

Cette survivance rappelle que la volonté officielle fut longtemps de ne pas s'engager dans la conquête militaire, mais d'établir pacifiquement des protectorats contractuellement négociés avec les autorités locales. Elle pose un problème de fond auquel il n'est que progressivement répondu. Ne s'agit-il toujours que d'établir des zones d'influence, en assurant la protection lointaine de l'Empereur aux populations locales avec lesquelles traitent des compagnies privées ? Ou ambitionne-t-on d'intégrer réellement ces territoires dans un ensemble politique cohérent plus vaste ? L'impulsion donnée à la politique coloniale par von Dernburg survit à son départ du gouvernement en juin 1910. Von Lindequist, démissionne dix-huit mois plus tard pour manifester son opposition à l'accord franco-allemand de 1911 mais conserve les mêmes priorités pendant son bref mandat ministériel. Le Dr. Solf, gouverneur des Samoa, qui le remplace fait de même.

Enfin, on peut s'étonner des grandes différences qui existent, d'une colonie à l'autre, dans la permanence de la représentation impériale et parfois l'instabilité chronique qui touche le poste de gouverneur[1], dont le titre change au fil du temps, des statuts ou selon les territoires (commissaire impérial, chef du gouvernement provincial, gouverneur).

À l'exception notable du Dr. Wilhelm Heinrich Solf[2] qui conserve pendant plus de onze ans (1900-1911) ses fonctions

1. Liste de tous les gouverneurs (ou équivalent) des différentes colonies allemandes en annexe.

2. Diplomate, le Dr. Solf est affecté comme consul allemand à Calcutta après avoir étudié le sanscrit et l'hindou. Devenu spécialiste reconnu des questions extrême-orientales, il est nommé gouverneur des îles Samoa en mars 1900. Il occupe ce poste jusqu'en décembre 1911, date à laquelle il accède au soussecrétariat d'État aux Colonies. Il en reste titulaire jusqu'à la nomination le 31 décembre 1918 du comte von Brockdorff-Rantzau. Cette longévité exceptionnelle sur deux postes essentiels en fait à la fois l'un des meilleurs connaisseurs de la politique ultramarine et de l'administration coloniale allemandes et l'homme de confiance du Parti colonial en métropole.

aux Samoa, du Sud-Ouest Africain (8 gouverneurs en 30 ans), voire de l'Afrique orientale (11 gouverneurs en 33 ans), les autres colonies voient se succéder les hauts responsables à un rythme élevé: si l'on ne compte « que » 13 titulaires du poste en 30 ans au Togo, il faut constater que la charge est à trois reprises non honorée, pour une durée totale de 2 ans – et que parmi ceux-ci trois (Putkammer, Köhler et le comte Zech) honorent la charge pendant près de vingt ans. Au *Kamerun*, alors que les gouverneurs bénéficient d'une large autonomie interne, 41 hauts fonctionnaires occupent la magistrature suprême en 32 ans, soit une durée moyenne d'affectation inférieure à une année.

Quelques personnalités émergent, servant successivement sur l'un ou l'autre des territoires: le Dr. Theodor Seitz remplit quatre mandats à la tête du Cameroun allemand avant de devenir, à partir d'août 1910, le dernier gouverneur du Sud-Ouest Africain. Julius Freiherr von Soden sert successivement au Cameroun, au Togo et dans l'Est africain. Jesko von Puttkamer est en poste au *Kamerun* puis au Togo.

Pendant toute la première phase de la colonisation, l'administration des nouveaux territoires est confiée à des fonctionnaires métropolitains peu ou mal préparés à leur rôle et temporairement détachés: la méconnaissance des réalités locales se conjugue avec les habitudes de l'administration métropolitaine pour multiplier les gaspillages et provoquer plusieurs soulèvements indigènes.

Les administrateurs de district et les chefs de poste[1] s'appuient toutefois de plus en plus sur les élites locales traditionnelles et s'assurent le concours d'adjoints et accesseurs indigènes. À partir de 1901, des Conseils communaux sont créés dans le Sud-Ouest Africain; le Livre foncier qui protège les terres indigènes apparaît en 1902 au Togo; en 1903 naissent les Conseils consultatifs locaux dans les différentes colonies; en 1909 le Sud-Ouest Africain est doté d'un *Landrat* dont la moitié des membres sont élus par les colons; en 1911 apparaissent les Conseils de district. Absents lors

1. Respectivement nommés *Bezirksamtmänner* (ou *Bezirkshauptmannschafte* dans le Sud-Ouest Africain) et *Stationsvorsteher*.

de la création de ces institutions consultatives, les notables indigènes commencent à être représentés dans des structures intégrées.

Les conditions de recrutement et de vie des travailleurs locaux dans les grandes plantations, trop exclusivement laissées à l'initiative d'intérêts privés à la fin du XIXe siècle, sont particulièrement dures et suscitent les protestations de missionnaires, de commerçants et d'industriels. Devant le *Reichstag*, le député du Centre Erzberger évoque à plusieurs reprises *« l'exécrable système des plantations »*, véritable *« malédiction pour la politique coloniale allemande »*. Le déficit chronique en main-d'œuvre impose l'intervention de l'État, pour faire venir des *coolies* des Indes et assurer la protection des indigènes. Cette évolution s'accélère avec l'accession de Dernburg au poste de sous-secrétaire d'État et avec l'imposition par le gouvernement impérial d'une législation du travail aux colonies *« qui, par bien des côtés, fut, comme en Allemagne, en avance sur l'étranger »*[1]. Des Commissaires à l'indigénat sont nommés et la journée de travail est limitée par ordonnance à 10 heures.

À partir de 1907, les investissements institutionnels se développent, les structures sont rationalisées, les cadres européens sélectionnés : les effets positifs se font sentir à partir de 1912-1913 et les colonies allemandes deviennent des territoires paisibles, de plus en plus rentables. Ainsi, jusqu'à une époque très proche de la guerre, l'Allemagne n'a pas réussi à constituer un corps supérieur de fonctionnaires coloniaux *« comparable au célèbre Civil Service des Indes ou au Corps des administrateurs des colonies françaises »*, suffisant en nombre et en qualité pour honorer dans la durée la responsabilité de leurs fonctions. Les progrès sont trop tardifs.

Les colonies les plus vastes et les plus peuplées sont situées sur le continent africain : 7.511.000 indigènes en Afrique Orientale allemande, 2.537.400 au Cameroun, 1.003.000 environ au Togo, environ 200.000 pour le Sud-Ouest Africain allemand[2].

1. Marc Michel, « Les plantations allemandes du Mont Cameroun, 1885-1914 », *Op. cit.*, p. 202.
2. Le recensement ne donne que le chiffre de 91.311 indigènes, mais il exclu les tribu Ovambo et les populations de la région du Zambèze, approximativement évaluées entre 150 et 200.000 habitants.

Même si la population d'origine européenne a triplé en 10 ans (passant de 7.523 en 1902 à 24.389 en 1913), elle reste minoritaire. Les territoires océaniens et asiatiques constituent davantage des points d'appui économiques, des relais techniques (facilités portuaires et charbonnage, câbles sous-marins et radiotélégraphie) et des centres régionaux de rayonnement politique: les possessions de Nouvelle-Guinée dans leur ensemble ne comptent pas 600.000 natifs, ils sont moins de 61.000 à Tsing-Tao et 33.000 aux Samoa. Malgré la croissance démographique de la métropole et l'importance de l'émigration allemande dans le monde, la population d'origine européenne reste dans cet ensemble extrêmement faible, pour un total inférieur à 30.000 habitants. Le *IIe Reich* n'est pas parvenu à développer des colonies de peuplement, comme les Britanniques surent le faire dans les *Dominions* ou les Français en Afrique du Nord.

Dans le même temps, les échanges commerciaux entre l'Allemagne métropolitaine et son empire colonial passent, selon le directeur de la *Deutsche Bank*, de 13.750.000 millions de marks en 1898 à près de 130.000.000 en juin 1914, soit une multiplication par dix en quinze ans, ce qui témoigne de la vitalité et du dynamisme de toutes les sociétés et entreprises (de transport, minières, commerciales, bancaires, agricoles, etc.) engagées dans la mise en valeur de ces territoires. Le démarrage a été laborieux. Au Cameroun, ce n'est qu'en 1910 que sont sanctionnés les échecs des grandes compagnies du Nord-Ouest et du Sud, dont la première voit ses concessions révoquées et la seconde renonce à ses privilèges fonciers. La puissance publique ne pouvait matériellement pas, dans la meilleure des hypothèses, intervenir efficacement avant 1912.

La famille impériale ne connaît pas personnellement cet empire et les membres du gouvernement de Berlin eux-mêmes n'en ont souvent eux-mêmes aucune expérience, à l'exception tout à fait notable du Dr. Solf. C'est ainsi que le secrétaire d'État aux Colonies visite les établissements d'Afrique de l'Ouest à l'automne 1913, mais que le déplacement envisagé du *Kronprinz* en Afrique Orientale au printemps 1914 est repoussé sans explication. Les comptes-rendus publiés dans la presse éclairent les relations avec la métropole d'un jour moins caricatural que celui qui est proposé aux lecteurs des journaux de l'Entente quelques mois plus tard.

Le ministre Solf séjourne trois semaines au *Kamerun* en septembre 1913, *« le temps limité a été très bien employé et le programme préparé par le gouverneur Ebermaier suivi point par point »*[1]. Il visite l'ensemble de la colonie, s'entretient avec les autorités civiles et militaires comme avec les chefs d'entreprises et les fonctionnaires isolés. Parmi les principaux sujets qui figurent au cœur de ce déplacement, trois sont significatifs de la réalité de la colonisation allemande :

Le souci de la *« pacification du Nouveau Cameroun »*, désormais totalement cédé par Paris, indique en creux que les chefs indigènes étaient loin d'avoir accepté en 1911-1912 la présence française puisqu'un état de rébellion permanent y règne. Le manque de troupes pour assurer la sécurité de l'ensemble de la colonie est souligné à plusieurs reprises et le vice-président de la Société coloniale allemande, qui accompagne le ministre, déclare : *« Moins on emploiera la manière forte, et moins les indigènes seront tentés de céder aux sollicitations de leurs anciens maîtres »*. Ces observations relativisent les affirmations postérieures sur la militarisation des territoires ultramarins de l'Allemagne et les mauvais traitements systématiques dont auraient été victimes les indigènes.

Le *« développement rapide des voies de communication de toute sorte »* impose des choix majeurs entre nouvelles voies ferrées et infrastructures routières. Le projet d'un *Sudbahn* côtier est abandonné au bénéfice de la création de routes carrossables, et les *« premières priorités »* sont données aux lignes du Nord, vers Garua et le lac Tchad, du nord-est, vers Goré et Fort Archambault, du sud-est, vers Molundu et la vallée de la Sangha. Il s'agit de privilégier les pénétrantes stratégiques, d'assurer le développement économique de l'intérieur et de drainer vers le port de Douala les productions de l'Afrique équatoriale française entre Fort Lamy et Bangui.

---

1. *Bulletin de l'Afrique Française*, janvier 1914

Les difficultés économiques de certains secteurs commerciaux sont évoquées au sein du nouveau Comité économique colonial qui traite des questions agricoles, industrielles, portuaires, financières et budgétaires. On relève que l'État n'envisage pas d'assurer aux producteurs allemands de privilèges fiscaux, de mettre en place des mesures protectionnistes ou d'autoriser *« la réduction des salaires des porteurs »*. L'abandon de la monoculture est soutenu et les projets pour les années 1914-1920 s'articulent autour de profondes réorganisations de l'exploitation agricole et forestière, des réseaux commerciaux et de distribution, du développement de l'aide à l'agriculture indigène et d'innovations budgétaires avec l'étude d'une *« fiscalité flottante »*, dont le taux pourrait varier en fonction de l'évolution des cours mondiaux des matières premières.

Le *« faux départ du Kronprinz »* pour l'Afrique orientale, à l'occasion de l'inauguration de la voie ferrée trans-coloniale de Dar es-Salaam au lac Tanganyika en mars 1914, permet une présentation peu courante des relations entre la famille impériale et le parlement allemand.

Lorsque le parti du Centre propose au *Reichstag* de prendre en charge sur le budget les frais de ce voyage, *« cette proposition est fraîchement accueillie »* et les commissions parlementaires demandent *« que le voyage fût contrôlé ou tout au moins que le Kronprinz donnât l'assurance de se consacrer spécialement à l'étude des colonies et non pas seulement au sport ou à la chasse »*. Les réticences des députés conduisent à l'annulation de ce grand déplacement. Le *Vossische Zeitung* le regrette en des termes peu ambigus : *« Ç'aurait été certainement un grand bien si le prince héritier avait visité les colonies allemandes non pas pour rechercher des distractions, mais bien pour observer et apprendre, pour élargir son expérience »*[1]. Sur le fond comme dans la forme, ces commentaires témoignent de la liberté de ton qui règne dans la presse d'outre-Rhin mais aussi du relatif désintérêt des plus hautes autorités pour leurs colonies, car

1. Cité dans le *Bulletin du comité de l'Afrique française*, n° 4, avril 1914, p. 190.

personne ne songe à restaurer l'image du prince impérial ni à forcer l'accord du parlement.

Pour évaluer le niveau de développement et l'importance relative de chacun de ces territoires, l'étude de Maurice Besson, les bilans pour l'année budgétaire 1911-1912 du *Reichs-Kolonialamt* et les rapports des agents consulaires britanniques pour 1913 fournissent de précieuses indications. Toutes les informations convergent : la croissance est régulière à partir de 1906-1907 et s'accélère en 1911-1912.

Surnommé la *Musterkolonie* (la colonie modèle), le Togo compte une population atteignant à peine 1.500.000 habitants, dont 368 Européens parmi lesquels 320 Allemands. La haute administration territoriale est limitée au gouverneur, assisté d'un Conseil de la colonie, à un premier secrétaire (ou premier rapporteur), un directeur des finances, un directeur des travaux publics, un chef du cadastre et un inspecteur des douanes. Le pays est organisé en huit districts, dont celui de Lomé, la capitale[1]. La création d'un réseau routier de qualité en fait une voie de pénétration privilégiée vers le nord et la construction du wharf en 1904 (détruit par une tempête en 1912 et reconstruit la même année) permet de développer l'activité portuaire. En synthèse, le consul général Braithwaite Wallis estime qu'à l'exception de l'agriculture *« ce n'est pas un pays très riche, bien que le gouvernement allemand ait fait beaucoup pour développer ses ressources naturelles »*[2]. C'est, en 1913, la seule colonie allemande qui n'ait pas besoin de recourir à une subvention directe de l'Empire.

Peuplé de plus 2,5 millions d'habitants, le *Kamerun* est encore très largement sous-exploité et la présence de l'administration allemande à l'intérieur ne remonte souvent qu'à quelques mois.

---

1. Ces districts portent le nom de *kreis* (cercles) au sud : Lomé-ville, Lomé-district, Anécho, Atakpamé et Misahohe ; et de *posten* (postes) au nord : Kété-Kratschi, Sokodé-Bassari, Ssansanné-Mango.
2. Rapport sur la situation économique du Togoland allemand en 1913, présenté au Parlement britannique en juillet 1914 et publié dans les *Diplomatic and Consular Reports*, n° 5417.

Le gouverneur de la colonie dispose d'un chancelier et de deux secrétaires adjoints, tandis que le Conseil de la colonie représente les intérêts des compagnies et du commerce local. Le territoire est divisé en 14 districts, et trois *Résidences* administrent la province du Nord à partir de Mora, Garoua et N'gaoundéré. Le faible taux de population implique un manque chronique de travailleurs et le major Zimmermann propose en 1913 de transplanter les tribus indociles du Nouveau Cameroun vers l'intérieur agricole de la colonie. Toutefois, sa position géographique d'une part, ses ressources naturelles d'autre part ouvrent de très prometteuses perspectives de développement, dont témoigne la croissance des exportations multipliées par 7,5 entre 1902 et 1912. L'accroissement territorial de 1911-1913 se traduit par une augmentation sensible du nombre de fonctionnaires : aux 135 agents de l'État en poste sont ajoutés 82 nouveaux cadres européens en 1913 et 75 autres en 1914. La colonie reçoit toujours une subvention annuelle de plus de trois millions de marks de Berlin mais est, à partir de 1914, en mesure d'assurer sur son propre budget le remboursement de sa dette.

L'affaire de l'expropriation des Dualas, rendue nécessaire par les travaux de modernisation du grand port du Cameroun, est longuement évoquée en mai 1914 devant le *Reichstag* à l'occasion du vote du budget colonial. La gauche parlementaire soutient les avocats choisis à Berlin par les chefs de tribus, s'oppose vivement au secrétaire d'État et fait voter une résolution stipulant que les indigènes expropriés seront indemnisés *« en tenant compte des dommages économiques subis »*. Connaissant comme toutes les autres puissances européennes les aléas des progrès de la colonisation, le gouvernement impérial ne poursuit pas une politique moins honorable que celle de ses concurrents, dans ses méthodes et ses procédés.

Le Sud-Ouest Africain allemand est la colonie sur laquelle est installé, en proportion comme en chiffres absolus, le plus fort contingent européen : 14.816 personnes, dont 12.292 Allemands. Après les crises bovines et agricoles du début du siècle et la guerre contre les Hereros, la découverte de gisements de diamants en 1908 suscite un réel enthousiasme. Ses équipements d'infrastructure, miniers, industriels et agricoles se multiplient à la veille de la guerre en dépit de son caractère quasi-désertique : forages de puits, aménagements de digues et barrages, création d'une banque d'investissement agricole, d'un laboratoire d'agronomie et d'une ferme modèle, etc.

L'*Ost-Afrika* est la colonie qui dispose du plus fort potentiel de croissance. Dans la capitale du territoire siège un conseil local *« où domine l'élément élu, 15 membres sur 18 »*[1]. État guerrier féodal au nord-ouest de la colonie, sous domination tutsi, le Ruanda est un protectorat et le Résident allemand siège à Kigali. La région possède une densité de population et bénéficie de conditions climatiques et naturelles telles qu'elle peut envisager un rapide développement.

Relevant d'un statut administratif différent, le territoire de Tsing-Tao doit neanmoins être traité selon le mêmes règles. Le capitaine de vaisseau gouverneur de la colonie est assisté d'un Conseil de gouvernement qui regroupe les chefs des services administratifs et techniques et trois représentants de la société civile, dont deux élus par les négociants et les propriétaires fonciers. Malgré l'exercice imposé d'anti-germanisme induit par la guerre, Daniel Bellet doit admettre en 1915 « [qu'] *on avait laissé une certaine part* [de l'administration] *à l'élément indigène. Il faut reconnaître que l'administration était bien comprise : on avait constitué une série de conseils, commissions, comités, soit des écoles, soit des impôts, soit de la puissance publique* ». Il souligne « [qu'] *on ne saurait trop insister sur la méthode avec laquelle les Allemands ont mis en état leur belle colonie... Encore durant l'année 1913, il ne s'est pas bâti moins de 500 constructions de toute espèce sur le territoire de la ville de Tsing-Tao* »[2].

1. Maurice Besson, *op. cit.*, p. 41.
2. Daniel Bellet, « Tsing-Tao et la ruine de la culture allemande en Extrême-Orient », *Revue des Deux Mondes*, 1er mars 1915, pp. 121-149, p. 130 et 138.

Au Samoa, royaume sous protectorat, se superposent deux structures consultatives : un Conseil indigène dont les membres sont en partie élus et un Conseil de gouvernement représentant la population européenne et les notables locaux. Entre 1905 et 1912 par exemple, la production de cacao est presque multipliée par 30, tandis que le commerce extérieur passe de 2.536.250 à 6.305.000 marks.

Le groupe des colonies des Carolines, Palau, Mariannes et Marshall *« ne présente pas une grande valeur économique »* selon Russier, à l'exception des immenses plantations de cocotiers. La nacre et les phosphates voient leur production sensiblement augmenter. Son intérêt essentiel réside dans sa position stratégique, accrue par l'installation de très puissantes stations de télégraphie sans fil à Yap (Carolines), Naum (Marshall) et Angaur (Palau) qui mailllent le Pacifique.

Malgré l'immensité de ses territoires, la colonie de Nouvelle-Guinée allemande n'est encore que faiblement développée à la veille de la guerre. La mise en valeur de son riche potentiel est handicapée par l'insalubrité du climat et l'hostilité de tribus antropophages, mais le retard accumulé doit beaucoup à l'incohérence de la politique et l'incompétence des cadres de la compagnie privée trop longtemps en charge du territoire.

Bref aperçu des investissements allemands dans le monde

Il existe ainsi trois périodes successives dans l'histoire du développement économique colonial de l'Allemagne wilhelmienne, scandées par une incitation de plus en plus forte de la puissance publique et correspondant globalement aux principaux changements de gouvernements. Bismarck, von Bülow puis Bethmann-Hollweg tentent avec de plus en plus de conviction et de détermination d'amener les investisseurs privés à s'intéresser au domaine colonial.

Si l'Europe centrale, balkanique et russe reste la première destination des investissements privés, la part du domaine colonial devient moins marginale. Ce phénomène n'est d'ailleurs pas propre à l'Allemagne : *« À la veille de la Première Guerre mondiale, plus des deux tiers des capitaux placés à l'étranger par l'Allemagne, la France et l'Angleterre le sont en Europe et en Amérique. Les investissements dans les colonies sont très faibles »*[1]. En 1913, *« la France écoulait dans son empire colonial 13 % seulement de ses exportations et n'y trouvait que 9,4 % de ses importations »* constate Jacques Marseille[2]. Même s'il convient de relativiser certains chiffres au regard de critères géographiques ou productifs particuliers, il s'agit là d'une tendance lourde.

La création d'un important réseau d'infrastructure (routes, ponts, voies ferrées, ports modernes, etc.) est déjà engagée lorsque, à partir des années 1905-1907, les différentes chancelleries européennes constatent que les ingénieurs allemands, mandatés par de puissantes structures bancaires et protégés par le réseau consulaire de plus en plus dense du *IIe Reich*, sont présents en de multiples points du globe pour assurer la construction de lignes de chemin de fer stratégiques. Ces financements importants en Afrique occidentale, centrale ou orientale laissent espérer des profits intéressants à court terme. Banquiers et industriels allemands s'intéressent à l'outre-mer, comme leurs homologues français, lorsque la rentabilité des fonds investis devient significative.

Selon von Koenig, pour favoriser le développement de l'influence allemande *« le chemin de fer est plus puissant que le canon »*[3].

L'exemple le plus fameux est donné par le *Bagdadbahn*.

Puissance de second ordre, l'Empire turc doit consentir aux nations européennes divers avantages dérogatoires du droit commun dans les domaines des transports, des mines, des douanes,

---

1. Pierre Guillen, « Milieux d'affaires et impérialisme colonial », *Relations Internationales*, n° 1, mai 1974, pp. 57-69, p. 60.
2. Jacques Marseille, « Les relations commerciales entre la France et son domaine colonial de 1880 à 1913 », *Revue d'histoire moderne et contemporaine*, avril-juin 1984, pp. 286-307, p. 286.
3. Cité par Daniel Bellet, « Tsing-Tao… », *op. cit.*, p. 149.

des services postaux et financiers. L'Allemagne impériale, dont les exigences semblent au Sultan moins dangereuses à moyen terme que les menaces britanniques[1], bénéficie bientôt d'un accueil d'autant plus favorable que les officiers Jeunes Turcs prennent le pouvoir à Constantinople.

La *Deutsche Bank* obtient la concession d'une partie des chemins de fer à la suite de la visite de Guillaume II en 1898, dont le discours ambitieux de Damas provoque les inquiétudes anglaises, mais peine d'abord à réunir un consortium puissant autour de son projet. Véritable colonne vertébrale du commerce international entre l'Europe centrale et le Moyen-Orient, la construction du *Bagdadbahn* commence en 1903 et est presque achevée au début de la Première Guerre mondiale. Dans le même temps, l'Allemagne cherche à s'établir aux confins orientaux de l'Empire ottoman et négocie des concessions pétrolières en Mésopotamie : alors que l'armée turque est modernisée sous l'égide de von der Goltz, la Russie et la Grande-Bretagne se sentent menacées.

À partir de 1910, la seconde section de la ligne (840 kilomètres) est financée par un consortium de banques dont le siège est à Glaris en Suisse et dont la présidence est assurée par le directeur de la *Deustche Bank*. Certains journalistes français s'émeuvent : « *Le chemin de fer de Bagdad n'est pas une simple affaire économique ; c'est, au premier chef, une affaire politique et, par conséquent, le droit de contrôle et de surveillance du gouvernement sur elle doit demeurer entier. Il importe que nos financiers le sachent bien, pour éviter tout malentendu facheux* »[2]. À Constantinople, Alexandrie, Le Caire, Brousse, la *Deutsche Orientbank*, groupe financier regroupé autour de la *Dresdner Bank*, favorise l'implantation commerciale des Allemands. À quelques jours du début de la

1. Sur ses frontières orientales (Mésopotamie), méridionales (Arabie) et africaines (Sinaï/Égypte), la Sublime Porte est soumise aux pressions politiques, militaires et économiques de la Grande-Bretagne qui cherche à sécuriser ses voies de communication terrestres et maritimes entre Londres, Le Caire et l'Empire des Indes.

2. « La politique extérieure du mois », *Revue politique et parlementaire*, n° 185, janvier 1910, p. 186.

guerre, un dernier accord anglo-allemand organise le partage des provinces orientales et mésopotamiennes de l'Empire turc.

Hors d'Europe, les compagnies ferroviaires allemandes mobilisent, selon la *Koloniale Rundschau* de mars 1914, plus de 300 millions de marks en vingt ans, dont 127 millions pour les constructions encore en cours[1]. Ce développement s'accompagne de concentrations industrielles horizontales et de la création de puissants holdings. Pour ne prendre que l'exemple du territoire de Tsing-Tao, la compagnie des chemins de fer allemands du Chang-Toung absorbe en 1913 la société minière *Schantung Bergbau Gesellschafft* qui exploite les riches gisements de houille et de fer du Houng-Chan, et la *Deutsche Asiatische Bank*[2] contrôle la ligne de Tien-Tsin à Nankin, *« nominalement propriété du gouvernement chinois »*. Ouverte au public sur 435 km dès juin 1904, la ligne Tsing Tao-Tsinanfou facilite l'exportation de la production des mines de Pochan et se raccorde à l'ensemble du réseau intérieur chinois : *« Un prolongement projeté du chemin de fer allemand vers l'ouest devait mettre Tsing-Tao en communication directe avec le grand chemin de fer central Pékin-Hankeou et en faire le débouché d'une partie des riches provinces du Tcheli et du Chansi »*[3].

En Afrique, le réseau ferré allemand a une longueur totale de moins de 500 kilomètres en 1904, alors que dans le même temps la France exploite déjà plus de 5.000 kilomètres. En 1913, les compagnies de chemin de fer du domaine allemand mettent en œuvre plus de 4.100 kilomètres de voies, contre 7.600 pour l'ensemble des lignes françaises : l'Allemagne a multiplié par neuf ses

1. Parmi lesquels 75.000.000 de marks pour la seule *Shantung-Eisenbahn-Gesellschaft* qui construit et exploite ses lignes dans la zone d'influence du territoire de Tsing-Tao, ce qui traduit bien l'effort consenti par Berlin en Chine du Nord.
2. Créée en 1889 avec un capital de 25 millions de marks par un syndicat financier réuni autour de la *Discontogeseellschaft*, la *Deutsche Asiatische Bank* ouvre rapidement des succursales au Japon et à Singapour. En Chine, elle obtient le monopole de la défense des intérêts allemands.
3. Gaston Fidel, cité par Maurice Besson, *op. cit.*, p. 67.

infrastructures et en poursuit le développement à un rythme soutenu.

En mai 1906, la *Kamerun Eisenbahn Gesellschaft* reçoit la concession pour 90 ans de la voie de chemin de fer du Nord à construire et la ligne atteint N'kongsamba en 1911. Au printemps 1914, le gouvernement allemand tente d'obtenir de la France et de la Belgique un accès plus large au Congo par le seuil de Zenga[1] afin de pouvoir construire une ligne de chemin de fer, prolongement du *Mittelbahn* camerounais en direction du Congo supérieur[2]. Le 1er juin 1914, à quelques semaines du début du conflit, le *Deutsche Kolonialblatt* publie l'ambitieux programme ferroviaire du *Kamerun* visant à relier par voie ferrée le lac Tchad et Fort Lamy au Nord, le Congo par la vallée de la Sangha au Sud. La compagnie allemande des chemins de fer coloniaux est mandatée pour développer prioritairement la *Mittellandbahn*, dont une nouvelle section de plus de 130 kilomètres est à construire entre septembre 1914 et juillet 1916. Le financement doit être assuré par Berlin, *« le projet, préparé par le gouvernement, allait être soumis au Reichstag à la session d'automne 1914 »* souligne Maurice Besson.

À travers le désert namibien, à partir du port de Swakopmund, au Nord de l'enclave britannique de Walvis Bay, et de Karibib à l'intérieur des terres, les voies nouvelles rayonnent vers Windhoek au centre du pays, Tsumeb et Grootfontein au Nord-Est, Lüderitz sur la côte et Kalkfontein au Sud. Toutes les agglo-

1. Deuxième antenne du Nouveau Cameroun, sur l'Oubangui. Le fleuve est à cet endroit coupé de rapides qui interdisent la navigation fluviale pendant toute la saison sèche et Berlin souhaite élargir son accès au cours d'eau de 6 à 12 kilomètres afin de s'assurer toute l'année la possibilité de navigation et de franchissement.

2. Les travaux sont activement poussés. Lors de la déclaration de guerre, le *Mittelbahn « est ouvert à l'exploitation commerciale sur 173 km. jusqu'à Esseka, les terrassements effectués jusqu'au km. 193, les ouvrages d'art terminés jusqu'au km. 180 et en cours de construction sur 10 km., le piquetage est effectué jusqu'au km. 193,500 et les études définitives en cours jusqu'au km. 220,500 »*, in *Le Génie aux colonies*, *Op. cit.*, p. 217.

mérations de quelque importance, d'une extrémité à l'autre du territoire, sont ainsi réunies par un véritable cordon ombilical et le réseau compte plus de 2.100 kilomètres de lignes en 1914.

Au petit *Togoland* même, trois voies ferrées relient Lomé à Petit-Popo vers l'Est (« ligne des cocotiers », inaugurée en 1905), à Atakpamé au Nord (« ligne du coton », 1913) et à Palimé au Nord-Ouest (« ligne du cacao », 1907). La partie utile du territoire est ainsi très correctement desservie et les stations terminales septentrionales préparent la colonisation effective de l'*hinterland*. La construction de deux nouvelles lignes est envisagée : vers les mines de fer de Bassari et le nord-ouest d'une part, vers Tokpli et le nord-est d'autre part.

En Afrique orientale, si le réseau ferré est encore peu développé par rapport à l'immensité du territoire, il compte deux lignes importantes, la *Nordbahn* (354 kilomètres) et surtout la *Zentralbahn* (1.255 kilomètres), dont *« les travaux ont été conduits avec une telle activité que Tabora a été atteint plus de deux ans avant la date prévue »*. Pour l'ensemble de la ligne, les travaux commencés en février 1905 devaient être terminés en avril 1915 : le lac Tanganyika est atteint le 1er février 1914 et l'inauguration officielle organisée quelques semaines plus tard. Cette réalisation est économiquement essentielle : les observateurs estiment que l'achèvement de l'axe ferroviaire permet *« d'économiser l'emploi sur cette route de 40.000 à 60.000 porteurs »*, rendus disponibles pour être employés dans les plantations et les concessions. Un nouveau plan de construction est aussitôt engagé : à partir de Tabora un embranchement doit desservir, pour un coût de 50 millions de marks (dont 17 inscrits au budget dès 1914), les riches provinces du Nord-Ouest sous le nom de *Ruandabahn* ; tandis que commence l'étude de faisabilité d'un embranchement à partir de Kilossa, pour permettre au futur *Tanganykabahn* d'atteindre Bismarckburg, à la frontière de la Rhodésie britannique.

Les observateurs relèvent l'importance stratégique de cet ensemble d'axes de communication : *« On suppose que la ligne centrale allemande absorbera une bonne partie du trafic de la par-*

tie orientale du Congo et de la Rhodésia septentrionale. On espère aussi qu'elle attirera finalement dans sa sphère d'influence une partie du commerce du Katanga »[1].

Lorsque la *Zentralbahn* atteint Tabora puis le lac Tanganyika au printemps 1914, la Belgique décide d'accélérer la construction de ses lignes de Bukama et du Katanga. Soulignons que, quelques années plus tôt, ces vertueuses préoccupations ne préoccupent pas les futurs alliés occidentaux lorsque l'Empire britannique au Nord et au Sud (voies ferrées Mombassa-Victoria et ligne du Cap) et la Belgique à l'Ouest (voie commerciale du Congo) menacent d'asphyxier économiquement l'*Ost-Afrika*. Les préoccupations surgissent lorsque l'Allemagne vient en troisième place pour le commerce extérieur du Congo, derrière la Belgique et le Royaume-Uni, lorsque le nombre d'industriels et de négociants allemands installés dans la région passe de 55 en 1912 à 150 en 1914 et que les quatre cinquièmes du cuivre et la quasi-totalité de l'étain de la riche province minière du Sud transitent par l'Afrique Orientale allemande : « *Cette ligne est indispensable au point de vue politique et économique. Seule, en effet, elle peut empêcher que la voie allemande n'absorbe tout le trafic du Katanga* »[2]. Un programme d'investissement de 600 millions sur dix ans doit permettre de construire au Congo belge plus de 5.000 kilomètres de voies ferrées nouvelles.

La Belgique et la Grande-Bretagne s'inquiètent également que des capitaux allemands tentent d'acquérir les actions du syndicat anglo-portugais engagé dans la construction de la voie ferrée Lobito (Angola)-Kambowe (Congo belge), ce qui leur donnerait une place éminente pour le contrôle des débouchés des centres miniers méridionaux. On parle dans la presse d'un investissement de 60 millions de marks.

1. « Rapport pour les années 1912-1913 sur la situation de l'Afrique Orientale allemande », présenté au Parlement britannique en mai 1915 par le vice-consul Norman King, publié en 1916 par le Comité de l'Afrique Française.
2. Propos du ministre belge des Colonies, M. Renkin, rapportés dans le n° 6, juin 1914, du *Bulletin du comité de l'Afrique française*, p. 274.

La maîtrise des flux commerciaux en Afrique centrale par la possession des voies de chemin de fer suscite de nombreux débats à Paris, Londres, Berlin et Bruxelles. Le budget colonial allemand de 1914 prévoit de poursuivre à un rythme élevé les investissements afin de terminer les lignes principales et de créer plusieurs embranchements visant à désenclaver des régions excentrées : des trois pays riverains du lac Tanganyika (Belgique, Royaume-Uni, Allemagne), la ligne ferroviaire de l'Est africain est la première à atteindre cette véritable mer intérieure. *« Les Allemands viennent de forger un instrument qui, quoi qu'il arrive, apportera à la mise en valeur et au développement de la colonie belge le plus puissant concours »*[1]. Pierre-Alype constate que *« l'Allemagne devait dépenser, pendant cette année* [1914], *près de quatre fois plus que la France pour développer son réseau ferré »* et dresse le tableau suivant pour l'Afrique centrale :

Voies ferrées existantes en Afrique centrale en 1914[2]	
Territoires	Kilomètrage
Congo belge	1.235
British East Africa	1.080
Angola	1.036
Deutsch Ost Afrika et Kamerun	3.850

Les Alliés occidentaux de 1914 craignent que l'Allemagne ne s'impose économiquement entre l'Atlantique Sud et l'océan Indien par *« la réalisation complète prochaine d'un système de voies transéquatoriales affectant vaguement la forme d'un Y couché, dont la base serait à Dar es-Salaam et l'extrémité des deux branches sur l'Atlantique au Cameroun, d'une part, dans l'Angola, d'autre part »*.

1. In « L'Allemagne, l'Angleterre et la Belgique au Tanganika », *Le Mouvement géographique*, organe des intérêts belges au Congo, Bruxelles, 6 juillet 1913.
2. Pierre-Alype, *La provocation allemande aux colonies*, Paris-Nancy, librairie militaire Berger-Levrault, 1915, 244 pages, p. 83.

Pour Londres, que Washington, Tokyo et Paris appuient sur ce point, la menace est aussi maritime et navale.

La question de la marine de guerre est bien connue. Depuis la pose de la première pierre du canal de Kiel en 1887, les mises en construction de navires se succèdent. La revue navale de 1895 et la fondation de la *Ligue Maritime* contribuent à populariser le slogan *« L'avenir de l'Allemagne est sur mer ! »*. Le développement des flottes commerciale et militaire allemandes rend délicates les négociations bilatérales et compromet les efforts plusieurs fois engagés de rapprochement entre Londres et Berlin. Le soutien apporté par Guillaume II lui-même à la propagande du *Flottenverein* est relayé dans tous les États fédérés de l'Empire et traduit une volonté très largement partagée de reconnaissance internationale. Malgré la signature de l'accord naval germano-britannique qui sanctionne la supériorité de la Grande-Bretagne, ce discours reste diffusé en Allemagne par des nombreux organes de presse et cercles associatifs. Il inquiète au Royaume-Uni où l'on considère que le contrôle des voies maritimes est la condition première de la défense de l'Empire : la route des Indes doit être gardée pour rester libre. Lord Grey l'évoque dans ses *Mémoires* : *« L'Allemagne est, dans plus d'une partie du monde, à la recherche soit d'un port, soit de points de charbonnage : or, partout, nous faisons de l'obstruction... J'aimerais connaître sur ce point la véritable opinion de l'Amirauté ou de la Commission de la Défense »*[1].

Le rôle et la puissance des sociétés maritimes commerciales allemandes restent souvent méconnus. Les compagnies *Hamburg-Amerika* et *Norddeutscher Llyod Company* multiplient les constructions de navires modernes, les ouvertures d'escales et de lignes nouvelles. À la veille de la Première Guerre mondiale, les deux compagnies sont propriétaires de près de 650 cargos et paquebots, jaugeant au total près de 1.700.000 tonneaux et dépassant de 35 % l'ensemble des moyens français du même type. Pour le Royaume-Uni, les risques économiques, et donc politiques, sont d'autant

1. Lettre à Campbell-Bannerman du 9 janvier 1906, cité dans Lord Grey, *Op. cit.*, p. 120.

plus importants que les deux entreprises s'allient, coordonnent leurs efforts et se répartissent les zones géographiques.

L'annonce de la création, en février 1890, d'un service régulier entre Hambourg et Dar es-Salaam suscite l'inquiétude de Londres car la concurrence allemande conduit à détourner une proportion importante du tonnage transitant par Zanzibar, débouché maritime naturel du commerce en Afrique de l'Est. L'effort d'équipement portuaire est régulièrement entretenu par l'administration coloniale et en 1914 le budget de l'Est Africain allemand prévoit une dépense de 3.000.000 de marks pour l'aménagement du port et de la rade de sa capitale.

Aux îles Marshall, la Compagnie de Jaluit ouvre une ligne avec Sydney, puis en 1901 en direction de Hong-Kong. De même, lorsque la Compagnie de Nouvelle-Guinée fait l'acquisition, entre 1886 et 1888, de trois vapeurs pour assurer une liaison régulière directe avec Cooktown en Australie et Soerabaya en Indonésie afin de se raccorder aux grandes lignes transocéaniques, l'Angleterre comprend que cela annonce la naissance prochaine d'un service direct entre la Nouvelle-Guinée et l'Allemagne du Nord. La nouvelle ligne est effective en mai 1893 lorsque la *Norddeutscher Llyod* commence à desservir Singapour, l'Australie et les principaux ports d'Extrême-Orient, s'attaquant ainsi à un marché jusque-là dominé par les compagnies britanniques. Toutes les lignes extrême-orientales ne sont pas ouvertes avec un souci de rentabilité immédiate. Sylvette Boubin-Boyer souligne que la voie Japon-Australie par la Nouvelle-Guinée *« n'est jsutifiée ni par un trafic cargo ni par un trafic passager suffisant »*[1]. La volonté est politique et s'inscrit dans une perspective impériale à moyen et long terme.

La *Hamburg-Amerika* assure la ligne entre Hambourg et Tsing-Tao : *« On est encore bien loin du "Hong-Kong du Nord" rêvé par les pangermanistes et par les 1.300.000 membres de la Ligue Maritime ;*

1. Sylvette Boubin-Boyer, « La présence allemande dans le Pacifique durant la Première Guerre Mondiale », *Bulletin de l'Association des historiens et géographes de Polynésie française*, 2004.

mais on ne peut être que dans l'admiration des résultats obtenus en quinze ans».

Quelques exemples permettent d'illustrer l'évolution du trafic trans-Pacifique: la seule rade de Tsing-Tao, dotée d'un pont flottant de 16.000 tonnes et de grues de 150 tonnes, accueille annuellement à partir de 1911 plus de 600 cargos et navires à vapeur représentant 1.100.000 tonneaux; des lignes locales ou régionales régulières décuplent cette présence en direction de Shanghai, l'Indochine française, Bangkok, Singapour et le Japon; les ports de Nouvelle-Guinée allemande reçoivent à la même époque 350 navires par an, dont 250 à vapeur, pour 243.000 tonneaux de fret; 130 bâtiments font escale aux Carolines pour plus de 110.000 tonnes de matériaux transportés; jusqu'aux minuscules îles Marshall qui reçoivent 11 vapeurs transportant 11.300 tonneaux. Ce développement trouve sa traduction dans la progression des échanges commerciaux directs, de l'ordre de 110 millions de francs par an en moyenne avant la Première Guerre mondiale, entre l'Allemagne et son monde colonial d'Asie orientale.

En Afrique australe, la *Hamburg-Bremen Afrika* négocie entre février et mai 1914 avec les autorités coloniales angolaises et d'Afrique occidentale la cession de droits de transport et de privilèges d'escales dans les ports portugais, dont la mise en œuvre effective ne peut être réalisée du fait du déclenchement de la guerre.

Enfin, les Allemands procèdent à partir de 1910 à d'importants investissements visant à moderniser l'exploitation agricole et minière de leurs propres territoires, mais aussi dans les colonies d'autres puissances européennes et sur le sol d'États indépendants: ils sont présents au Siam, sur les frontières occidentales de l'Indochine française; au Libéria sur le golfe de Guinée entre le Sierra Leone britannique et la Côte-d'Ivoire; en Guinée portugaise, future Guinée-Bissau au Sud de la province sénégalaise de Casamance; au Congo lorsque la *Deutsche Bank* commence à investir dans des concessions à la demande du roi des Belges. S'appuyant sur le réseau de plus en plus dense des lignes maritimes, ils pratiquent une politique commerciale jugée *« agressive »* par Londres et Paris. Pour tenter de s'opposer à la compagnie *Woërmann* qui *« pratiquement avait le monopole du fret »* entre Bissau et l'Europe continentale, le gouvernement général de l'Afrique Occidentale Française subventionne sans succès l'ouverture par les *Messageries Maritimes* d'une ligne régulière entre la Guinée portugaise et Dakar[1]. Si les débuts ont été lents et difficiles au cours des vingt-cinq premières années de colonisation allemande[2], la croissance est rapide à partir de 1911-1912.

Au *Kamerun*, les principales sociétés à capitaux français opérant dans la zone transmise à l'Allemagne entre 1912 et 1913[3] négocient la rétrocession à la nouvelle administration des concessions acquises de Paris, en échange de droits de propriétés et d'exploitation contractuellement acceptés par les autorités allemandes. Elles versent désormais aux Douanes et au Trésor allemands plus de 5.000.000 de francs d'impôts, droits et taxes diverses. Cette somme paraît devoir croître rapidement avec l'amélioration des voies de communication et la rationalisation des grandes exploitations, invitées à diversifier leurs productions et à passer de l'exploitation extensive à l'exploitation intensive.

En juillet 1914, les quarante sept sociétés coloniales de premier rang cotées à la bourse de Berlin distribuent à leurs actionnaires au titre de l'exercice précédent des dividendes oscillant entre 40 et 175 marks par titre détenu et ont investi plus de

1. Long rapport du gouverneur général de l'Afrique Occidentale Française au ministre des Affaires étrangères sur l'implantation des capitaux allemands en Guinée portugaise et le rôle de la France, 19 janvier 1915. D.D.F. 1915-I, document 72, pp. 109-116.

2. En 1906, *« les colonies allemandes coûtent encore dix fois plus qu'elles ne rapportent »* à la métropole. In Raymond Poidevin, « Aspects de l'impérialisme allemand avant 1914 », *Relations Internationales*, n° 6, 1976, pp. 111-124, p. 122.

3. Compagnie commerciale de colonisation du Congo français, Sociétés Forestière Sangha-Oubanghi, Sangha Équatoriale, Ouahmé-Nana, Mambéré-Sangha, Sangha, N'Goko Sangha pour ne citer que les plus importantes.

155 millions de marks dans les différentes colonies du Reich[1]. Au centre du Togo, 6.000.000 d'arbres d'essences rares sont plantés en 1912-1913, couvrant plus de 2.000 hectares proches des voies ferrées, afin de préparer l'exploitation rationnelle de forêts artificielles. Au Cameroun, 7.000 hectares de kickxia et d'hévéa doivent permettre à l'Allemagne de s'affranchir des productions de caoutchouc d'Amérique du Sud et d'Extrême-Orient.

Ultimes soubresauts

Rêves impérialistes exprimés à titre personnel par les représentants radicaux des milieux colonialistes allemands ? Provocations volontaires tolérées par les autorités impériales ? Objectifs réels avoués du gouvernement de Berlin ? Ou plus prosaïquement menaces plus ou moins imaginaires agitées par certains intellectuels et parlementaires, français et anglais, pour attiser les braises de l'opposition franco-allemande ou germano-britannique ?

Il n'est pas possible d'apporter une réponse définitive à ces questions, mais il est clair que les revendications radicales, à l'échelle planétaire, du Golfe de Guinée à l'océan Indien et à l'Extrême-Orient, exprimées avant le conflit par les impérialistes germaniques les plus osés sont abondamment utilisées par les gouvernements de l'Entente après le déclanchement de la Première Guerre mondiale. Gardons nous donc de confondre les prises de position gouvernementales avant 1914, les hypothèses émises en 1917-1918 et l'action de groupes privés. Soulignons que les principales zones de frictions sont souvent constituées par des territoires dans lesquels les investissements germaniques sont importants mais sur lesquels le drapeau allemand ne flotte pas : Chine, Turquie, Maroc.

Le rêve colonial a acquis une réelle popularité en Allemagne métropolitaine dans les années qui précèdent 1914 et l'idée selon laquelle il existe *« une disproportion flagrante des pos-*

1. Chiffres cités dans le rapport sur les colonies allemandes, « état de la question à la date du 12 janvier 1919 », réalisé par le 2e bureau de l'état-major de l'armée. SHD-Terre, 14N21.

sessions coloniales entre la France et l'Angleterre d'une part, l'Allemagne d'autre part » est largement répandue, à tel point que les diplomates en poste à Berlin s'en font l'écho.

La célèbre carte de la Mittel-Afrika, prétendument initialement éditée par le secrétariat d'État allemand des Colonies et abondamment reproduite par tous les journaux ententistes, présente toutefois trop de similitudes avec d'autres productions des services de (dés)information pour être totalement crédible. La confusion la plus grande règne dans les revendications réelles ou supposées des pangermanistes coloniaux : le Maroc, le *Nigeria* ou l'Angola figure tour à tour dans cette liste à la Prévert aux côtés de tout ou partie du Congo belge, voire du Sénégal… La Méditerranée, la mer Rouge ou l'océan Indien sont alternativement présentés comme les futures façades maritimes de l'Empire ultramarin du *Reich*. Aucun gouvernement responsable, d'évidence, n'a pu porter crédit à ces revendications fantaisistes. Mais le succès d'auteurs comme les journalistes Mohr (*Grosstaat und Weltpolitik*, « Grande puissance et politique mondiale », septembre 1910), Hartmann (*Krieg oder Frieden mit England*, « Guerre ou paix avec l'Angleterre », avril 1912) ou le général von Bernhardi[1] (*Deutschland und der nächste Krieg*, « L'Allemagne et la prochaine guerre », reédité à six reprises entre 1912 et 1913) traduit à la fois l'existence d'un réel courant d'opinion et la puissance d'un groupe de pression qui inquiètent les démocraties occidentales.

La rectification de frontière franco-allemande de novembre 1911 entre le *Kamerun* et l'Afrique équatoriale, au bénéfice de la colonie allemande, est parfois présentée par les éditorialistes parisiens comme le prélude à la constitution de cette

---

1. Parmi les trois facteurs constitutifs de la puissance mondiale de l'Allemagne, le général von Bernhardi prône l'acquisition de nouvelles colonies : « *Il ne s'agit pas aujourd'hui d'un système d'États européens, mais d'un système mondial d'États dont l'équilibre est fondé sur la puissance. Celle-ci ne pourrait être assurée que par de propres territoires coloniaux et une influence politique prépondérante dans les pays consommateurs* ».

Mittel-Afrika aux frontières bien imprécises, réunissant Douala à Dar-es-Salaam par le bassin du Congo. Le rôle des quotidiens populaires, extrêmement puissants et influents avant la Première Guerre mondiale dans toutes les nations européennes, n'est pas neutre à tel point que Fay souligne qu'à de nombreuses reprises les initiatives amicales ou pacifiques des gouvernements sont gênées, voire annihilées, par la presse et parle « [d'] *empoisonnement de l'opinion publique par les journaux* »[1]. À Paris en particulier, *« l'opinion française a été induite en erreur par une altération systématique des faits »*[2] et une étude comparée des titres des journaux aux plus forts tirages, en France et en Allemagne, lors des principales crises qui précèdent le conflit serait sans doute extrêmement instructive.

L'activité de certains cadres militaires allemands dans la région ne manque pas de fournir des arguments à leurs adversaires occidentaux.

Wissmann, parmi les plus connus, est un officier prussien formé à l'école des Cadets, en service au 90e régiment d'infanterie de Rostock avant que de se lancer en 1881-1882 dans une traversée Ouest-Est de l'Afrique australe à partir de Luanda, puis en 1883-1885 de reconnaître, au service du roi Léopold II, le bassin intérieur du Congo et de rejoindre l'embouchure du Zambèze. Au titre de ses doubles compétences d'officier d'active et d'explorateur, il est nommé Commissaire impérial dans l'Est Africain allemand en 1899, recrute face à la révolte arabe les premiers *Askaris* au Soudan et au Mozambique puis développe la force d'autodéfense de la colonie[3]. Il est à nouveau affecté sur le territoire en 1895 pour réduire une rebellion des tribus du Sud-Est. Qualifié par les Français de *« seul grand offi-*

1. Sidney Bradshaw Fay, op. Cit., p. 60.
2. Alfred Fabre-Luce, *Op. cit.*, p. 128.
3. Il est également l'auteur entre 1885 et 1907 de plusieurs ouvrages à succès relatant ses expéditions. Parmi ceux-ci, *« Sous le drapeau allemand à travers l'Afrique d'Ouest en Est »* connaît huit rééditions successives à Berlin en cinq ans.

cier colonial allemand », il explique à ses subordonnés que le moyen de s'attacher la fidélité des recrues indigènes est « *de les traiter avec une justice et une impartialité absolue* ».

Paul Graetz représente un autre type d'officier allemand, explorateur et aventurier. En service au régiment royal saxon d'infanterie n° 106, il choisit de rejoindre les troupes de protection de l'Est africain au tournant du siècle. En 1902 et 1903, il trace plusieurs centaines de kilomètres de routes dans la région de Lindi, au sud de la colonie, puis commande successivement différents districts militaires. À la suite de son stage à l'école de Guerre en Allemagne, il achète une Opel-Darracq et, avec ce véhicule rudimentaire équipée d'un moteur d'un seul cylindre, traverse toute l'Afrique australe d'Est en Ouest, de Dar-es-Salaam à Swakopmund, entre août 1907 et mai 1909, puis rejoint l'Afrique orientale par les voies navigables intérieures.

Le capitaine Hans Dominik enfin constitue le prototype de l'officier colonial allemand. Ayant rejoint la *Schutztruppe* du Cameroun comme jeune lieutenant en 1894, il participe pendant son séjour aux principales expéditions de découverte et de maintien de l'ordre et aux opérations de bornage aux frontières. Il s'empare par surprise de Buéa, future capitale administrative de la colonie, et y fonde un premier poste. En 1902, il installe la première garnison permanente à Garoua et entame la pacification des territoires du Nord où il fortifie la fameuse position naturelle de Mora : « *De 1904 à 1910, le major Dominik, avec le capitaine Zimmermann et le capitaine Schlosser, fut occupé à soumettre ces populations cannibales, turbulentes et pillardes*... [Il] *exerça de 1907 à 1910, date de sa mort, une autorité à peu près absolue sur ces régions* »[1]. Il réprime à de nombreuses reprises les exactions de bandes de pillards : les Britanniques dès 1902 colportent sur son compte les plus effroyables récits, repris par la presse française et certains députés socialistes en Allemagne même. À la veille de son retour définitif en métropole, après plus de seize ans de service actif sur le territoire dont il est l'un des meilleurs

1. *Renseignements coloniaux*, n° 1 et 2, *op. cit.*, p. 10.

connaisseurs, il décède le 16 décembre 1910 et est enterré à Yaoundé.

La presse française se fait régulièrement l'écho des inquiétudes suscitées par les expéditions de ces officiers allemands. Au-delà des seuls effets attendus sur la cohésion politique nationale, l'agiter publiquement conduit également à impressionner les opinions publiques britannique, belge et éventuellement portugaise. Ces débats toutefois ne doivent pas être exagérément grossis. Plus rationnellement, d'autres chroniqueurs envisagent sereinement des modifications de frontières négociées, pour donner plus de cohérence à des empires coloniaux taillés au hasard des campagnes successives: *« Lorsqu'à la fièvre de prendre succèdera, en Afrique, le besoin d'ordonner, les diverses nations France, Angleterre, Allemagne, Portugal, procèderont à des remaniements, et pour cela à des échanges qui leur permettront de modeler des formes moins bizarres. C'est là une opération indispensable, à laquelle même il serait sage de procéder avant que ne se développe dans les diverses possessions l'esprit de nationalité »*[1].

L'Allemagne dans son ensemble, qu'il s'agisse des élites gouvernementales, des intellectuels, du monde industriel ou de la population urbaine, adhère très largement à la veille de la guerre aux principes de la politique coloniale du *Reich*, mais ne semble pas avoir mesuré le prix du développement de ces territoires pour la métropole.

Gerhardt Hildebrand, du parti social démocrate, souligne en 1912 dans *« Politique étrangère socialiste »* le déséquilibre existant selon lui en défaveur de l'Allemagne et justifie au nom *« de sa population et de son développement industriel »* les prétentions élevées sur tel ou tel territoire français, portugais ou belge: *« Que l'on compare ici les rôles. Possèdent en Afrique: l'Angleterre, directement 5.774.864 km² et en Égypte 2.970.275 km², soit 8.765.119 km²;*

1. Joseph Chailley-Bert, « La France et la plus grande France, essai de programme », *Revue politique et parlementaire*, n° 98, août 1902, pp. 230-262, p. 234.

la France, directement 6.072.882 km² et au Maroc 456.000 km², soit 6.528.882 km²; le Portugal, 2.969.951 km²; l'Allemagne, 2.412.900 km²».

Un pamphlet anonyme publié en 1913, *Deutsche Weltpolitik und kein Krieg*[1], préconise pour l'Allemagne la pénétration économique systématique des colonies des autres puissances, afin d'en recueillir un jour lointain les fruits mûrs. Il s'agit toujours de placer au premier rang les groupes financiers et industriels pour que l'État puisse, ultérieurement, revendiquer la prise de possession d'un territoire déjà rentable.

Alors que l'Empire colonial du *Reich* a été conquis par une poignée d'aventuriers, marchands et explorateurs, et conservé grâce à quelques rares militaires, on constate à la veille de la guerre un attachement quasi-sentimental, romantique, de la métropole à ses possessions exotiques, d'autant plus étonnant qu'il est à la fois récent et massif. Durant l'été 1914, quelques hommes politiques et journalistes en viennent à présenter la guerre européenne comme une lutte de libération de la tutelle injustifiée que les Français et les Britanniques imposent à la politique allemande en Orient, en Afrique et en Asie. De constitution récente, cet agglomérat de zones d'influence et de colonies est en plein essor mais présente, malgré son apparente puissance, deux failles majeures que les Alliés sauront rapidement exploiter:

Il s'agit d'un ensemble disparate d'intérêts épars qui ne peuvent pas s'appuyer sur une base territoriale suffisante. À la différence de la Grande-Bretagne solidement implantée sur les vastes étendues continentales du Canada, des Indes, des *Dominions* d'Océanie et de ses possessions africaines contiguës, ou de la France qui dispose avec le couple A.O.F./A.E.F. en Afrique d'une réelle profondeur stratégique, l'Allemagne règne sur une poussière d'intérêts et des territoires sans cohérence.

1. Ouvrage attribué soit à un haut fonctionnaire de la *Wilhelmstrasse*, soit à un responsable de l'ambassade allemande de Londres. Sur le thème de la propagande coloniale, voir *Le pangermanisme, ses plans d'expansion allemande dans le monde*, et *Le pangermanisme colonial de Guillaume II* du professeur Andler, sachant néanmoins que le parti pris de l'auteur est total.

Le domaine colonial *stricto sensu* de Berlin est encore en voie d'organisation et de développement. La défense militaire des différentes colonies, toutes entourées de voisins irrités ou inquiets, n'est assurée que par des effectifs limités qui suffisent à peine à maintenir l'ordre intérieur. Dans l'hypothèse où les liaisons maritimes seraient compromises, Berlin n'a aucun moyen de venir en aide à des colonies aux frontières difficilement défendables et qui sont dans l'impossibilité de s'appuyer mutuellement.

État des forces militaires allemandes outre-mer en 1914

Les colonies allemandes figurent généralement parmi les moins bien dotées de toutes les colonies européennes au plan militaire. Leur dispersion générale à la surface du globe, le faible pourcentage de ressortissants allemands au sein de la population et l'étroitesse de certains territoires l'expliquent aisément. Il s'agit d'une succession de cas particuliers allant des Samoa, où n'existe qu'une très modeste police indigène, à l'Est Africain, où sont créées les compagnies *Askaris*[1], et à Tsing-Tao qui bénéficie d'une garnison de l'armée d'active[2] et de la présence des équipages de la Flotte.

Tous ces territoires sont largement ouverts sur l'extérieur. Les gouverneurs des colonies insulaires ne peuvent ni surveiller leurs eaux territoriales, ni assurer le contrôle régulier des centaines de baies, anses et rades naturelles susceptibles d'accueillir un débarquement ennemi ; tandis que les autorités locales des colonies africaines doivent envisager, en l'absence de frontières naturelles sûres, dès la préparation des plans de défense, l'abandon de vastes étendues de territoire pour se limiter à protéger un réduit stratégique.

---

1. Les Askaris (soldats en langue vernaculaire arabisée) constituent, à partir de 1889, à l'initiative de Wissmann qui enrôle plus de 1.000 hommes au Soudan et au Mozambique pour servir en Afrique Orientale Allemande, les unités d'active de la *Schutztruppe* (Force de protection) à base de recrutement indigène. Par extension, le terme a parfois été abusivement étendu à toutes les formations militaires indigènes de l'Empire allemand en Afrique.
2. Le premier bataillon d'infanterie de marine stationné à Tsing-Tao quitte Wilhelmshafen en décembre 1897 sur le *Darmstadt*. Pour la première fois, une unité organique de l'armée métropolitaine va tenir garnison dans une colonie.

À la différence de la France, l'Allemagne distingue nettement infanterie de marine (*Seebataillon*) et troupes coloniales (*Schutztruppen*).

La première est normalement stationnée sur le territoire métropolitain de l'Empire avec deux missions : à terre, elle assure la protection des côtes et des ports ; embarquée, elle constitue ponctuellement des compagnies de débarquement.

Les deuxièmes assurent exclusivement la défense du domaine colonial du *Reich*. Constituées de recrues indigènes, elles agissent dans leur colonie d'appartenance.

Jusqu'en 1891, le gouvernement de l'Empire refuse de distraire de façon permanente des forces de l'armée métropolitaine et de créer des corps de troupe coloniaux spécialisés : « *Les sociétés ou compagnies, dont les agents et les capitaux avaient créé les premières compagnies allemandes, étaient, en réalité, abandonnées à leurs seules ressources* » constate l'État-major français.

Les *Schutztruppen*, ou forces de protection, ne constituent une réalité militaire qu'au Cameroun, dans le Sud-Ouest africain et en Afrique Orientale allemande[1]. Par la loi du 22 mars 1891, les unités deviennent officiellement des « *troupes impériales de protectorat* » (*Kaiserliche Schutztruppen*), décomptées dans les états officiels au titre de l'Office impérial de la Marine. Cette loi régularise leur existence et offre une reconnaissance aux cadres européens. Les unités créées en Afrique Orientale par Wissmann sont constituées d'hommes recrutés par contrat individuel conclu directement avec l'intéressé, les cadres allemands devant au préalable quitter l'armée d'active par démission ou mise à la retraite.

Désormais, la *Schutztruppen* se compose d'officiers et sous-officiers, ou spécialistes assimilés, volontaires, détachés temporairement sur leur demande dans les territoires afri-

1. Liste des commandants des forces de protection sur ces territoires en annexe.

cains, et de soldats indigènes enrôlés localement. Les grades et salaires sont calqués sur ceux en vigueur dans la marine impériale et la loi prévoit diverses primes et compensations liées à l'éloignement, à l'isolement ou aux conditions sanitaires spécifiques. Sur le même schéma, la loi du 9 juin 1895 crée les troupes de protection du Cameroun et du Sud-Ouest africain.

Leurs règles générales d'organisation et d'emploi sont définies par la loi et le décret impérial du 12 décembre 1895 et du 7 juillet 1896 qui subordonnent le commandant militaire au gouverneur civil.

Placé sous l'autorité suprême de l'Empereur, leur commandement organique appartient au 4e département du *Reichskolonialamt*, toutefois leur recrutement et leur entretien restent toujours imputés au budget de la colonie concernée. À quelques évolutions mineures près, l'organisation définitive des troupes de protection est fixée par le règlement du 25 juillet 1898 qui précise qu'elles *« assurent la sécurité et le maintien de l'ordre public dans les colonies et doivent combattre la traite des esclaves »*. Les structures de détail et l'organisation peuvent varier d'un territoire à l'autre selon l'importance des questions militaires dans la colonie. La *Schutztruppe* est placée sous les ordres du Commandement supérieur des troupes coloniales (*Oberkomando der Schutztruppen*), état-major installé à Berlin et relevant du Chancelier impérial.

Sur chaque territoire, elle dépend du gouverneur; est placée aux ordres du commandant des forces de protection (assisté de quelques officiers, estafettes, et des représentants des services) et constituée de compagnies organiques en nombre variable réunissant chacune 2 officiers et 3 sous-officiers allemands, 1 officier et 4 sous-officiers indigènes et 150 hommes de troupe indigènes.

Les cadres européens venus de la marine ou l'armée continentale d'active sont détachés pour une durée variable suivant les colonies[1]. Au terme de leur séjour, sous réserve

1. Engagement pour 2 ans au Cameroun, 2 ans 1/2 en Afrique Orientale, 3 ans 1/2 au Sud-Ouest africain.

d'aptitude physique, ils sont réintégrés dans l'armée métropolitaine régulière avec leur grade et leur ancienneté. Les soldats européens ne peuvent pas être subordonnés à des recrues indigènes et deux statuts parallèles se chevauchent, l'un pour les volontaires d'origine européenne (officiers, sous-officiers, médecins, infirmiers, vétérinaires, intendants, spécialistes de l'armement et fonctionnaires) et l'autre pour les engagés autochtones (officiers subalternes – nommés *Effendi* –, sous-officiers et totalité de la troupe, sauf dans le Sud-Ouest africain).

En temps de paix, leur mission est le maintien de l'ordre intérieur. Les compagnies de protection sont pour emploi aux ordres du gouverneur qui peut les utiliser, en fonction des besoins du territoire, à des tâches civiles diverses après consultation de l'officier supérieur commandant les unités de la colonie. Les pouvoirs propres du commandant des troupes sont limités (instruction, administration, service courant, discipline), mais il assure la responsabilité entière de la gestion et du suivi des recrues indigènes, dont il règle l'avancement et qu'il peut nommer officiers. Ce manque d'autonomie dans l'emploi des contingents peut susciter, en période de conflit, de graves tensions entre le gouverneur et l'autorité militaire. Si le différent n'est pas être résolu localement, la question doit être tranchée par le sous-secrétaire d'État aux Colonies, voire le Chancelier lui-même.

Entre 1891 et 1914, les effectifs de la *Schutztruppe* progressent lentement. Il ne faut pas y voir une militarisation croissante des colonies allemandes : au fur et à mesure que l'exploration de l'intérieur du continent africain se développe, que le nombre de postes éloignés augmente, que les frontières sont définitivement fixées entre les différentes puissances, de nouveaux besoins se font sentir, pour l'administration allemande comme pour ses homologues française et britannique.

À la veille de la guerre, la ressource disponible pour l'encadrement européen des unités locales augmente à la suite de l'adoption de la loi du 22 juillet 1913. Jusqu'à cette date, les réservistes allemands établis dans les colonies pouvaient être *« convoqués en cas de danger par décret impérial »*. Désormais, tous les ressortissants allemands résidant sur un territoire ultramarin de l'Empire peuvent accomplir volontairement leur service militaire et leurs périodes de réserve dans la colonie concernée, et le doivent s'ils sont requis par les autorités locales[1]. L'article 10 de cette loi prévoit la formation d'un *« Beurlaubtenstand »*[2] des troupes coloniales, assimilant sa réserve à l'infanterie de la *landwehr* de l'armée métropolitaine.

La situation des recrues indigènes est au moins équivalente à ce qui existe dans les unités coloniales des autres puissances.

Chaque indigène reçoit une ration complète et une solde qui lui permet de s'offrir les services d'un *« boy qui lui nettoie ses effets, fait sa cuisine, prépare son abri et s'occupe de tout »*. La situation matérielle et financière qui est faite aux Tirailleurs coloniaux allemands les valorise aux yeux de la population locale et leur assure un statut appréciable au sein de leurs communautés.

La discipline, très largement inspirée des règles traditionnelles de *dressage* selon le terme employé à l'époque, est en contrepartie rigoureuse, mais elle se rapproche rapidement des règles en vigueur dans les autres armées européennes. L'adoption, en mars 1914, d'une nouvelle réglementation pour les engagés indigènes, plus favorable et plus humaine en particulier dans le domaine des punitions[3], doit favoriser le recru-

1. Mesure adoptée dès le 21 février 1914 par le gouverneur du Sud-Ouest africain, la défense de ce territoire s'appuyant en grande partie sur la population européenne.
2. Ensemble des catégories de la réserve, permettant de disposer en cas de mobilisation de réservistes instruits.
3. Le règlement précise en particulier que les peines infligées ne doivent en aucun cas porter atteinte à la santé des hommes, que les punis sont autorisés à faire usage de nattes et couvertures, que la peine de fouet ne doit pas être infligée en public et qu'un officier (ou sous-officier) du Service de santé doit assister à la flagellation et s'y opposer si l'état de santé du puni l'exige.

tement local et contribuer à l'amélioration des effectifs. Le chroniqueur de la *Revue Militaire de l'Étranger* note en 1912, à propos de l'équipement des recrues locales au Cameroun, que « [l'] *on s'efforce de donner bonne tournure aux soldats indigènes par le moyen d'un uniforme khaki bien ajusté, avec parements et pattes d'épaule rouges, de bandes molletières en étoffe de coton bleu sombre, de chaussures lacées et d'un fez plat en drap rouge avec un aigle impérial en métal argenté* ». L'Allemagne, dans les années qui précèdent le déclenchement de la Première Guerre mondiale, manifeste le souci d'une amélioration régulière de la qualité individuelle et collective de ses troupes coloniales.

Les indigènes, au terme de leur contrat, ne sont pas astreints à des obligations de réserve, contrairement à ce que les Alliés, ultérieurement repris par de nombreux historiens français en particulier[1], proclament à partir de 1914. Leur rappel sous les drapeaux en cas de conflit n'est pas réglementairement prévu. Dans les grandes colonies africaines, les premières tentatives de regroupement sous forme d'associations ou d'amicales des anciens Tirailleurs rendus à la vie civile n'apparaissent qu'au début de l'année 1914, trop tardivement pour qu'une mobilisation, au sens que l'on donne alors à ce mot en Europe, puisse être rapidement organisée en cas de conflit majeur.

L'armement individuel des cadres européens, y compris les officiers, est basé sur le fusil moderne, modèle 1888 ou 1898, possédant une bonne vitesse initiale et un fort pouvoir de pénétration, tandis que la dotation des recrues indigènes reste constituée par l'ancienne carabine modèle 1871, le *Jägerbüchse*, désormais désuète et qui produit beaucoup de fumée lors de chaque tir, suffisante pour réprimer quelques tribus révoltées et dont il existe toujours d'importants stocks de munitions.

---

1. « *La mobilisation des réservistes européens et indigènes avait été mise parfaitement au point grâce à la solide administration coloniale allemande* », lieutenant-colonel Jouin, « les campagnes d'Afrique 1914-1918 », *Revue Historique des Armées*, n° 3/1964, pp. 143-155, p. 148.

Sur tous les territoires, enfin, le *Sanitätsdienst* (Service de santé) fait l'objet d'une organisation particulière. Les médecins et infirmiers militaires sont, proportionnellement, surreprésentés dans les effectifs d'officiers et sous-officiers déployés aux colonies. La présence endémique du paludisme, de la fièvre jaune ou de la maladie du sommeil justifie cet effort : on ne compte pas moins de 14 médecins (dont 11 officiers et 3 de recrutement civil) et 34 sous-officiers infirmiers (dont 20 indigènes) parmi les cadres de la *Schutztruppe* du Cameroun jusqu'en 1911 et 20 autres sont affectés sur le territoire en 1913-1914 après l'accord colonial avec la France. Leur action s'exerce en faveur du contingent, bien sûr, mais aussi dans une très large mesure au bénéfice de la population autochtone : l'hôpital militaire de Tsing-Tao assure 1.500 consultations mensuelles au profit de la population chinoise en 1912 et les *Stabsartz* du golfe de Guinée vaccinent systématiquement les travailleurs des plantations.

L'évolution des effectifs et les droits budgétaires ouverts du temps de paix dans les principales colonies illustrent la disparité des situations :

— En Afrique Orientale Allemande, la *Schutztruppe* est organisée en 1900 en 12 compagnies, pour un effectif de 1.744 hommes dont 12 capitaines et 29 lieutenants et sous-lieutenants. En 1914, elle compte 14 compagnies, un corps d'artillerie coloniale[1], un dépôt des engagés et un détachement de Signaleurs (Communications/Transmissions) pour un total de 2.724 hommes, mais la colonie a cependant perdu 9 officiers et 60 soldats indigènes en 1913 par suite de la dissolution d'unités de mitrailleuses. L'encadrement européen est constitué par 2 officiers d'état-major, 17 capitaines, 49 lieutenants et sous-lieutenants, 60 sous-officiers pour 2.472 recrues indigènes. L'effort le plus significatif est mis sur le Service de santé, avec 42 officiers et 66 sous-officiers, tandis qu'une vingtaine de spécialistes complètent l'effectif.

1. Quelques pièces de campagne modèle 1873, canons à tir rapide, canons-revolvers et artillerie de montagne.

La police du territoire a connu une croissance plus importante du fait du développement économique de la colonie. Implantée sur 12 sites avec 500 hommes en 1900, elle compte en 1914 vingt postes principaux à l'intérieur des terres, pour un effectif total de 2.140 hommes et 45 cadres européens, que le colonel von Lettow-Vorbeck juge dès son arrivée de piètre qualité militaire. Comme dans les autres colonies allemandes, des clubs de tir[1], encouragés par le gouvernement local, réunissent les Européens, offrant un vivier de réservistes formés *« qui rendraient de grands services en cas de soulèvement des indigènes »*[2]. À la veille de la guerre, la colonie consacre une proportion croissante de ses ressources aux questions militaires, car si le budget impérial accorde une aide financière pour l'entretien de la *Schutztruppe*, *« cette subvention a été successivement abaissée, au point de n'être, pour 1914, guère plus de la moitié »* des sommes allouées les années précédentes[3].

– Les Forces de Protection du Sud-Ouest africain bénéficient d'une législation adaptée qui permet aux simples soldats de l'armée continentale de servir comme volontaires outre-mer et surtout aux jeunes Allemands résidant dans la colonie d'effectuer sur place leur service militaire. Alignées à l'effectif de 14 officiers et 540 hommes en 1894, elles comptent 34 officiers, 143 sous-officiers et 548 soldats en 1900. Les chiffres augmentent entre 1904 et 1907 puis décroissent à la veille de la guerre, passant de 2.171 hommes en 1912 à 1.819 en 1913, réunis en 9 compagnies, 3 batteries d'artillerie et 2 trains militaires partiellement blindés. Pour moins de 1.450 hommes de troupe, le taux d'encadrement,

1. Relevons que cette pratique, inspirée des réorganisations de l'armée prussienne entre 1809 et 1813, influence durablement la pensée militaire allemande : pendant toute la période de la « Guerre froide » encore, dans les *Kreis* orientaux de la République fédérale, face à l'Est, Bonn subventionne les « clubs de tir » et les « Associations de radioamateurs », afin d'infuser l'esprit de défense au sein de la société civile et de disposer, le cas échéant, d'autant de citoyens formés et instruits.
2. « Rapport pour les années 1912-1913 sur la situation de l'Afrique Orientale Allemande », déjà cité.
3. Idem.

héritage de la récente campagne contre les Hottentos et conséquence de la présence sur le territoire d'un nombre proportionnellement plus important d'Européens, est supérieur à ce qui existe dans les autres colonies : 6 officiers d'état-major, 13 capitaines, 70 lieutenants et sous-lieutenants, 342 sous-officiers.

La présence de nombreux simples soldats allemands fils de fermiers constitue également une originalité par rapport aux autres colonies où la troupe n'est composée que d'indigènes. Enfin, les techniciens sont proportionnellement plus nombreux : 73 officiers d'administration et médecins, sous-officiers, soldats, secrétaires, ouvriers et spécialistes de l'armement sont inscrits sur les rôles de contrôle. On peut noter que 25 à 30 % des membres de la *Schutztruppe* du Sud-Ouest africain originaire d'Europe dégagés de leurs obligations militaires choisissent chaque année de ne pas rentrer en Allemagne et de s'installer sur le territoire, ce qui permet au gouverneur de disposer localement d'une ressource significative en réservistes formés et instruits. Les compagnies, enfin, participent à la mise en valeur du territoire par le forage de puits ou l'aménagement du réseau ferroviaire.

À partir de 1913, les dépenses cumulées de la *Schutztruppe* et de la *Polizeitruppe* sont financées par l'Empire et par la colonie dans la proportion des deux tiers pour Berlin et d'un tiers pour Windhoeck. Elles s'élèvent au total à plus de 13.800.000 marks au budget prévisionnel de 1914. Le rapport du consul britannique E. Muller sur la situation économique de la colonie en 1913 souligne comme principales causes des modifications dans la répartition de la population d'origine européenne *« la réduction et une répartition nouvelle des troupes de la garnison »*, ce que les Alliés nient à partir de l'été 1914.

– Au Cameroun, la police locale n'atteint pas l'effectif d'une demi-compagnie en 1885, et les Forces de Protection du territoire, dont l'effectif a été progressivement porté de 200 à 300, puis 400 hommes entre 1894 et 1899, sont alignées à 32 officiers et sous-officiers européens pour 454 hommes de troupe indigènes en 1900. Elles totalisent en 1914 plus de 1.700 hommes, dont 199 Allemands et 1.550 soldats recrutés localement, qu'il est possible de renforcer en cas de conflit avec les 1.300 membres, dont

40 Allemands, de la police de la colonie, peu instruits au plan militaire

Le recrutement de la composante indigène de la *Schutztruppe* présente la particularité de pouvoir être effectué pour 50 % de l'effectif au sein de tribus résidant sur le territoire camerounais, et pour 50 % parmi les tribus des pays voisins : on trouve ainsi des contingents venus du *Sierra Leone*, du *Nigeria* ou du Liberia indépendant. À l'issue de leur temps de service, retournant dans leurs villages d'origine, ils sont autant d'agents de communication de l'Empire allemand et de rayonnement du commerce germanique en dehors de ses frontières. À la fin du mois de juillet 1914, quelques recrutements sont en cours au Congo belge.

La mission essentielle des 8 compagnies d'infanterie[1], portées à 12 à la suite de l'acquisition du Nouveau Cameroun, consiste à protéger dans les districts où elles sont stationnées les principaux bâtiments publics, les grandes exploitations forestières et les plantations créées dans le centre et le Nord. Les compagnies numérotées 2, 3, 4, 5, 7 et 8, dites *Feldkompagnien*, ne se consacrent qu'à cette mission de sécurité générale, tandis que les compagnies n° 6 et 9, dites *Bereitschaftstruppe für Expeditionen* (ou « Troupe disponible pour les expéditions ») sont prêtes à fournir en permanence des détachements armés pour réprimer les révoltes tribales, la 9e compagnie orientée vers le Nord du territoire, la 6e vers le Sud.

L'extension des frontières extérieures du *Kamerun* allemand au Nord et à l'Est entre 1900 et 1913 explique aisément cette évolution des chiffres. Sur le budget de 1914 qui prévoit environ 15 millions de marks de dépenses, 3 millions doivent être consacrés à l'administration militaire.

– Sur l'étroit territoire de Tsing-Tao, administré par le ministère de la Marine, le gouverneur, capitaine de vaisseau ayant sous son autorité les forces terrestres et navales, dispose (hors marine)

1. Il existe également une compagnie de dépôt (compagnie n° 1), un détachement d'artillerie (dix mitrailleuses, deux pièces à tir rapide de 37 mm., deux pièces de montagne de 60 mm.) et quelques personnels des services, en garnison à Douala.

pour assurer la sécurité de la place en temps de paix de moins de 1.500 hommes, auxquels 62 policiers chinois prêtent leur concours pour maintenir l'ordre intérieur. La garnison est constituée[1] sur la base du 3e bataillon d'infanterie de marine (*Bataillon de Kiautchou*) ; d'une compagnie indigène chinoise avec cadres allemands[2] ; d'un bataillon de canonniers marins (*Matrosenartillerieabteilung*), porté à l'effectif de quatre compagnies quelques années avant la guerre et aligné à 8 officiers et 750 hommes ; et d'une direction du Génie, dont l'officier ingénieur en chef est directement subordonné au gouverneur.

Environ 15 % du budget de la colonie est consacré à des dépenses à caractère militaire, mais l'essentiel de l'effort est constitué par les crédits attribués de Berlin pour construire les forts et aménager les organisations défensives du port et de la rade : cet investissement est évalué à plus de 10 millions de francs par an.

– Au Togo, il n'existe en 1914 qu'une police de recrutement local dont l'encadrement européen permanent forme l'ossature des compagnies du temps de guerre constituées sur la base des ressortissants allemands mobilisés. Le projet, plusieurs fois évoqué à partir de 1899, de créer dès le temps de paix une Force de Protection d'active a toujours été repoussé : la colonie ne connaît aucun trouble et les tribus sont calmes. Il n'existe en 1900 que cinq postes militaires en dehors de Lomé[3] et la force de police permanente ne compte encore que 11 officiers et sous-officiers européens pour 250 indigènes.

En 1914, elle est divisée en une compagnie de dépôt et d'instruction à Lomé, et des détachements de l'intérieur (*Bezirkstruppen*) chargés de tenir les différents postes. Comparant cette police locale aux troupes coloniales françaises, le général Maroix écrit en 1938 : « *Elle était moins solidement encadrée. Elle était entretenue par le budget local de la colonie et utilisée par l'admi-*

---

1. Par ordre du cabinet impérial en date du 31 mai 1905.
2. Créée en 1900, avec 11 officiers et sous-officiers allemands, 100 fantassins et 20 cavaliers chinois. L'effectif est complété par 8 interprètes et élèves-interprètes.
3. Bismarckburg, Kété-Kratji, Misahöhe, Sanssanné-Mangou et Sebbé.

nistration civile »[1]. Son effectif total du temps de paix n'atteint pas 570 hommes. Son entretien représente 15 % du budget togolais.

– Sur le territoire de la colonie de Nouvelle-Guinée allemande, de constitution récente et composée de différents sous-ensembles insulaires, la création d'une force de police gouvernementale n'est entamée qu'en juillet 1911 et la première compagnie n'est opérationnelle qu'au début de l'année 1912. Les douanes et le contrôle des côtes[2] d'une part, les expéditions de reconnaissance et de découverte vers l'intérieur d'autre part constituent les missions majeures de ce maigre contingent en cours de formation.

L'archipel des Samoa, isolé et peu peuplé, ne dispose que de quelques policiers indigènes. La sécurité générale des territoires et archipels allemands dans la région est assurée par les visites des navires de la flotte du Pacifique. Le *Cormoran* et le *Condor* relâchent ainsi régulièrement à Apia.

Même si ses préoccupations militaires sont essentiellement européennes, l'armée allemande n'est pas pour autant exclue des questions liées à la défense des colonies. À l'état-major général de Berlin, à partir de 1889-1890, une Section des Colonies est progressivement créée sous l'autorité d'un officier supérieur expérimenté et chaque territoire est suivi par un officier traitant. Pour ces spécialistes, la situation peut rapidement devenir inquiétante dans l'hypothèse d'un conflit généralisé : tout est organisé pour venir à bout d'une révolte indigène d'une certaine ampleur, mais rien n'est prévu dans l'hypothèse d'un conflit entre puissances occidentales. Mais la réalité est toujours complexe et pour autant les territoires ne sont pas totalement abandonnés à eux-mêmes. Si l'artillerie est quasiment inexistante en dehors de l'Afrique orientale et du Sud-Ouest africain, la dotation en mitrailleuses est effective et s'accompagne de la mise en

1. Général Maroix, *Le Togo, pays d'influence française*, Paris, Larose éditeurs, 1938, 132 pages, p. 45.
2. Une petite flotille, articulée autour des vapeurs *Seestern*, *Komet* et *Delphin* assure l'essentiel de la présence militaire navale.

place de quelques moyens modernes comme les fusées éclairantes.

Le colonel von Lettow-Vorbeck, chargé des problèmes militaires coloniaux au sein de l'état-major allemand, durant l'hiver 1913-1914, l'exprime après avoir relevé les différentes carences (effectifs et matériels) dans une intervention devant le *Generalstab*[1] : « *Dans l'état actuel des choses, il ne saurait être question, dans quelque territoire que ce soit, de faire face à une attaque venant de l'extérieur disposant de moyens d'artillerie et de troupes européennes* ». Dans le Sud-Ouest africain, compte tenu des conditions locales, le major Schwabe est, au même moment, tout aussi clair : « *L'éventualité la plus redoutable serait une guerre étrangère avec la colonie du Cap, si l'Allemagne cessait d'avoir la maîtrise de la mer* ». La doctrine en vigueur dans les cercles du pouvoir, où l'on espère la mise en application de la clause de neutralisation du bassin du Congo, et pour les autorités militaires reste que « *les colonies sont défendues en mer du Nord* », et ne peuvent compter que sur elles-mêmes, ce qui laisse peu d'espoir d'amélioration à court terme aux gouverneurs et commandants locaux de la *Schutztruppe*. Le rapport, parfois qualifié de secret, souvent cité avec des traductions proches, du 19 mars 1913, l'exprime clairement « *Il n'y a pas à s'inquiéter du sort des colonies. Le résultat final en Europe le règlera pour elles* ».

1. Cité dans *Le safari du Kaiser*, Bernard Lugan et Arnaud de Lagrange, Paris, La Table Ronde, 1987, 231 pages, p. 31.

Les alliés ouvre la chasse au yacht impérial

Pour marquer le caractère particulier de la puissance coloniale allemande, Berlin décide à l'été 1900 de doter chaque colonie de timbres particuliers, comme la Grande-Bretagne et la France l'ont fait avant elle. Mais au lieu de choisir une représentation allégorique générale ou un site géographique spécifique pour à chaque territoire, toutes les séries sont illustrées d'une gravure représentant le yacht impérial *Hohenzollern*. De Kiao Tchéou en Nouvelle-Guinée, des îles Marshall aux Samoa, du Cameroun aux Mariannes et en Afrique orientale, du Togo au Sud-Ouest africain et aux Carolines la puissance de la dynastie régnante s'impose aux populations.

Si la période de la conquête a été marquée, comme pour tous les empires coloniaux, par quelques opérations militaires et la répression sévère de révoltes locales, les années 1907-1914 laissent, en particulier dans le Pacifique, le souvenir d'une période de stabilité, comme aux Samoa sous *« l'autorité libérale »* du *« légendaire gouverneur Wilhelm Solf »* par comparaison avec l'attitude ultérieure des autorités néo-zélandaises.

Il ne s'agit pas d'une règle absolue au regard des soulèvements indigènes dans le Sud-Ouest africain et l'Afrique orientale, mais le style particulier de la colonisation allemande est souvent souligné : dans la mesure où les populations et élites locales font preuve de fidélité à l'Empire, la large autonomie dont bénéficie chaque colonie favorise le respect des coutumes. Pour P. Molt, de l'université de Trêves, *« l'image de l'Allemagne* [en Afrique] *est presque toujours positive. Le passé colonial allemand est parfois idéalisé alors qu'il n'a pas été plus altruiste et plus favorable au développement que les autres »*. Concernant le Cameroun allemand, au sujet duquel sont publiés à l'époque les témoignages les plus sombres, le *Bulletin du comité de l'Afrique française*, pourtant partisan, reconnaît que *« des règlements détaillés prévoyaient les clauses des contrats à souscrire par les employeurs* [pour la main-d'œuvre indigène]. *La durée de l'engagement ne devait pas dépasser en principe deux ans, les soldes et salaires minima étaient fixés, les chefs d'entreprise étaient soumis à de multiples charges en matière de logement, nourriture, soins sanitaires… Ils étaient assujettis à des inspections de commissaires du travail… Des formalités nombreuses étaient rendues obligatoires pour les employeurs qui, en cas de contravention, étaient passibles de pénalités* »[1]. Par comparaison avec la réglementation en vigueur dans les colonies des autres puissances à la même époque, voilà qui nous mène loin des poncifs souvent repris sur la dureté de la politique coloniale allemande.

À la veille de la Grande Guerre, le processus de conquête est terminé. Chaque puissance semble trouver sa place dans un précaire équilibre général. Deux facteurs, pourtant, fragilisent cette construction diplomatique : d'une part les intérêts commerciaux britanniques et français s'opposent en de nombreux points à ceux des Puissances insatisfaites dans leurs ambitions, d'autre part les alliances européennes poursuivent des objectifs continentaux, différents des réalités coloniales.

Dès les premiers jours d'août 1914, les préoccupations des gouvernements britannique, américain, japonais et des puissants *Dominions* de l'Union sud-africaine, d'Australie et de Nouvelle-Zélande, sont directement liées à la saisie de gages territoriaux et au contrôle des flux commerciaux dans leurs zones d'influence respectives. Stratégies indirectes, manœuvres diplomatiques et engagements militaires contre le domaine colonial allemand se comprennent à la lumière des ambitions régionales de chacun des grands Alliés, parfois si mal nommés.

Nombre de journalistes et d'auteurs éprouvent quelques difficultés intellectuelles pour sortir d'une difficile contradiction dialectique : l'Allemagne aurait méthodiquement organisé une « *puissance militaire coloniale* » redoutable tandis que « *celle des Alliés laissait beaucoup à désirer* », même s'il faut bien recon-

1. « Le régime allemand de la main d'œuvre au Cameroun », in *Bulletin du comité de l'Afrique française*, janvier 1919, p. 49.

naître *« leur supériorité en moyens de toute nature »*. Que l'augmentation des effectifs militaires allemands aux colonies n'ait pas été supérieure à ce qui est entrepris par la Grande-Bretagne ou la France ne trouble personne à partir d'août 1914. Que pour assurer convenablement la pacification de vastes territoires des effectifs plus importants aient été nécessaires ne semble effleurer aucun chroniqueur. Pourtant, ce n'est pas le Togo qui occupe le Dahomey, ni le Cameroun qui conquiert le Congo…

Grâce à leur maîtrise des voies maritimes dès les premières semaines de guerre, à la destruction ou à la prise de contrôle des câbles sous-marins et des stations radiotélégraphiques de l'ennemi, les Occidentaux interdisent à Berlin d'être informé de l'évolution des situations locales, de coordonner les actions militaires de ses troupes coloniales désormais non ravitaillées. On assiste donc à une succession d'engagements isolés d'intensité variable selon l'importance des moyens de défense du territoire concerné, dans le cadre desquels le rapport des forces engagées contre le commandement allemand local présente toujours une très forte disproportion en faveur de l'Entente.

La neutralisation du bassin du Congo et la question belge

La question de la neutralisation des colonies africaines et asiatiques se pose à différents niveaux dès les déclarations de guerre en Europe.

Le gouverneur allemand du Togo paraît être le premier à exprimer officiellement, le 3 août, cette demande à ses homologues des colonies françaises et britannique voisines. En *Ost Afrika*, les résidents allemands du Ruanda-Urundi sont informés de *« ne pas ouvrir le feu sur les forts belges voisins »* et le gouverneur d'Afrique orientale, le Dr. Schnee, tente d'entrer en relation avec les autorités britanniques. Selon des sources japonaises, autour du 10 août, le ministre allemand à Pékin aurait conduit des tractations en direction du gouvernement chinois, propositions auxquelles le Quai d'Orsay demande à l'ambassadeur de France de s'opposer *« en vous mettant d'accord avec vos collègues anglais et russe* »[1]. Plusieurs autorités locales s'efforcent ainsi initialement, à leur niveau, de prévenir l'extension des combats.

Cette question de la neutralisation des territoires coloniaux pendant que commence la guerre européenne se pose à une époque où le principe même de neutralité, particulièrement en vogue au XIXe siècle dans le cadre du développement des échanges et du commerce, est remis en cause.

À l'occasion des nombreuses conversations germano-britanniques qui se déroulent en 1911-1912, Kiderlen-Wächter tente sans succès de faire accepter par Londres le principe d'une neutralisation générale des colonies : « *Que chacun des contractants s'engage, dans le cas où il se retrouverait impliqué dans une guerre contre une ou plusieurs puissances, à observer au moins une neutralité bienveillante et à s'efforcer de localiser le conflit* »[2]. Malgré la multiplication des conventions internationales jusqu'à la deuxième conférence de La Haye[3], la notion de neutralité relève en août 1914 de deux régimes différents : en Europe, la neutralité belge est garantie par les Puissances et ne se discute pas, en Afrique équatoriale la neutralisation des territoires coloniaux peut être proposée, mais sa mise en œuvre reste soumise à l'approbation ultime de chaque belligérant.

La réalité du statut de neutre tend à s'effacer devant la théorie de la guerre juste et l'extension des préoccupations stratégiques. La Première Guerre mondiale s'annonce comme une guerre totale, absolue, sans limitation géographique ou thématique du champ des opérations.

---

1. Télégramme chiffré du ministre des Affaires Étrangères à M. Conty, n° 50, 17 août 1914. Cité dans les *D.D.F. 1914*, document n° 76, p. 66.
2. Cité par Friitz Fischer, *Op. cit.*, p. 43.
3. Six des treize conventions rédigées lors de la 2e conférence de La Haye en 1907 traitent de la neutralité (en particulier dans le domaine naval), des droits et des devoirs des différents belligérants en la matière. On note que dès cette époque le Royaume-Uni ne ratifie ni la convention V (« Droits et devoirs des Puissances et des personnes neutres dans la guerre sur terre »), ni la convention XIII (« Droits et devoirs des Puissances et des personnes neutres dans la guerre sur mer »).

Au niveau gouvernemental, hormis la tentative faite par la Chine début août auprès des U.S.A. pour tenter d'obtenir la neutralisation de l'Extrême-Orient, l'initiative revient au gouvernement belge qui souhaite, conformément à l'Acte final de la conférence de Berlin, que soit reconnue par les belligérants la neutralisation du bassin conventionnel du Congo. Le 6 août 1914, le gouvernement belge télégraphie à son gouverneur : *« Armée allemande envahit territoire belge 4 août. Belgique désire ne pas porter guerre en Afrique »*. Londres et Paris sont informés. Le 7, Bruxelles exprime officiellement sa demande.

Dans les jours qui suivent, l'évolution de la situation relève de part et d'autre de l'hypocrisie. La presse de l'Entente revient ultérieurement à de nombreuses reprises sur l'attaque allemande perpétrée le 22 août sur les rives du lac Tanganyika, mais le 13 août déjà le Royaume-Uni a officiellement demandé au Portugal l'autorisation de faire transiter des troupes britanniques par le Mozambique et la France s'inquiète de la disponibilité de la voie ferroviaire belge Matadi-Kinshassa : neutralité en Europe, guerre en Afrique ? Le troisième "*Livres gris* belges" date du 15 août 1914 la violation de la frontière du Congo par les Allemands (lettre du vice-gouverneur général de la province orientale) tandis que Français et Britanniques multiplient les exemples plus ou moins avérés de violation par l'ennemi des règles de la neutralité au cours des deux premières semaines de la guerre, mais oublient l'offensive contre le Togo ou le bombardement de Dar-es-Salaam.

Depuis le décret du 5 août 1888 du roi Léopold, pris à la suite de la conférence de Berlin, la *Force Publique*[1] du Congo belge a peu de missions à caractère militaire. En raison de la neutralité proclamée du territoire, elle a des responsabilités de police et aucune mesure n'est explicitement prévue pour la défense des

1. Les forces de sécurité et les troupes du Congo belge conservent cette appellation jusqu'à l'ordonnance de 1926 du gouverneur général qui fixe le nom de Troupes coloniales. Pendant la Première Guerre mondiale, les unités engagées en Afrique Orientale allemande sont désignées comme Troupes de l'Est.

frontières extérieures de la colonie. Placée sous le commandement de l'autorité civile à l'échelon central (Gouverneur général) comme dans les districts administratifs (Commissaires de district et Chefs de zone), elle est constituée de compagnies actives en charge de l'occupation du territoire et du maintien de l'ordre, de dépôts et centres d'instruction, et d'un corps de réserve[1].

Son effectif, malgré une croissance rapide à partir de la fin du XIXe siècle, est à peine suffisant pour affirmer la présence européenne : de 3.000 hommes initialement, il passe à 14.000 à l'issue de la campagne arabe contre la traite négrière dans l'Est de la colonie, pour atteindre un peu moins de 18.000 engagés à la veille de la Première Guerre mondiale. Relevons que les chiffres, dans ce domaine également, sont variables selon que l'on puise dans les sources alliées ou allemandes, avant ou après la guerre.

À l'issue d'une importante opération de pacification difficilement conduite en 1911-1912 dans l'Uété, le gouvernement de Bruxelles émet de sérieuses réserves sur l'efficacité opérationnelle de la *Force publique*. De graves déficiences sont relevées en matière d'instruction et de commandement, aggravées par l'extrême dispersion des postes et la discipline toute relative de certains contingents[2]. Après deux années d'études et de propositions, un décret réorganisant totalement la présence militaire belge au Congo doit être adopté à l'automne 1914 : l'effectif total serait de 18.000 hommes, dont un corps de police de 6.000 hommes restant sous l'autorité de l'administration civile, et un corps de troupes coloniales de 12.000 hommes, sous le commandement d'officiers détachés de l'armée métropolitaine.

Lorsque la menace de guerre se précise, le gouvernement de

1. Le corps de réserve est administré par une compagnie-cadre stationnée dans le Bas-Congo et est constitué de miliciens placés en congé illimité, susceptibles d'être rappelés par le gouverneur général en cas de graves difficultés avec les tribus de l'intérieur, la traite ou la contrebande.

2. Présidée par le lieutenant général baron Wahis, gouverneur général honoraire du Congo, la commission comprend le gouverneur en titre, M. Fuchs, les trois vice-gouverneurs, MM. Wangermée, Lantonnois et Henri, le major Stassin, et le capitaine Bradfer.

Bruxelles et le gouverneur général savent que la colonie est non seulement incapable de conduire immédiatement la moindre action offensive mais surtout qu'elle est à peine en mesure d'assurer sa propre défense, même si en apparence un effectif militaire total de 18.000 hommes semble représenter une force considérable à l'échelle des autres contingents.

Tenter d'obtenir la neutralisation du bassin du Congo, prévu par l'Acte final de la conférence de Berlin et ses annexes et confirmé depuis à l'occasion des différents traités et accords régionaux entre les puissances coloniales, est donc pour la Belgique, de première importance.

La demande de Bruxelles est émise le 7 août 1914. Deux correspondances sont adressées parallèlement par le ministre belge des Affaires étrangères aux ambassadeurs de son pays à Paris et à Londres. Le premier télégramme prie les gouvernements occidentaux *« de faire savoir si* [leur] *intention est de proclamer la neutralité »*, la seconde lettre est plus explicite : *« Le gouvernement belge désire ne pas étendre le champ des hostilités à l'Afrique centrale. Il ne prendra donc point l'initiative… Les forces qu'il y possède n'entreront en action que dans le cas où elles devraient repousser une attaque directe. J'attacherais du prix à savoir si le gouvernement de la République* [ou de Sa Majesté britannique] *partage cette manière de voir et, le cas échéant, s'il entre dans ses intentions, à l'occasion du conflit actuel, de se prévaloir de l'article 11 de l'Acte général de Berlin pour placer sous le régime de la neutralité celles de ses colonies qui sont comprises dans le bassin conventionnel du Congo »*[1].

Le gouvernement français hésite et le baron Guillaume, ambassadeur de Belgique en France, répond à son ministre : *« On avait demandé à réfléchir avant de me répondre… M. Poincaré m'a promis de parler de cette question au ministre des Colonies. À première vue, il ne verrait guère d'inconvénient à proclamer la neutralité du Congo français, mais il réserve cependant sa réponse »*. Le 9, Paris se déclare *« très disposé à proclamer la neutralité des possessions du*

1. *Livres gris* belges, documents n° 58 et 59.

bassin conventionnel du Congo», demande par câblogramme au gouverneur de l'A.E.F. de n'engager aucune opération contre les territoires du Cameroun compris dans cette zone, tente une médiation par l'intermédiaire de l'Espagne et interroge Londres, qui affirme *«étudier la question»* et n'avoir *«pris encore aucune décision»*.

À la même date, le croiseur britannique *Pegasus* bombarde la capitale de l'Afrique Orientale allemande.

Le 16 août, plus d'une semaine après le premier télégramme belge, l'ambassadeur de Belgique télégraphie « [qu'] *il paraît que celle-ci* [l'Angleterre] *continue de ne pas donner de réponse. M. de Margerie estime qu'en présence de la situation actuelle, il importe de frapper l'Allemagne partout où on peut l'atteindre; il croît que telle est aussi l'opinion de l'Angleterre qui aura des prétentions à faire valoir»*[1]. Londres propose à Paris, dans le même temps, *«d'exercer avec lui une action commune au Cameroun»*[2], tandis que le gouverneur du Gabon télégraphie qu'il se prépare à prendre l'offensive *«sans que la neutralité du Congo belge soit violée»*. Le refus conjoint des Français et des Britanniques d'accepter la neutralisation des colonies d'Afrique centrale, considérée comme *«inopportune et impraticable»*, parvient en Belgique le 18 août et Paris promet le 24 à Bruxelles d'agir en prenant *«toutes les précautions possibles»* pour permettre au gouvernement belge « [d'] *arguer de sa bonne foi»*...

Après avoir affirmé que la neutralité du Congo belge est *«reconnue par toutes les Puissances signataires de l'Acte de Berlin»*, mais *«n'est actuellement garantie par aucune d'entre elles»*, le gouvernement français accélère ses préparatifs militaires tout en promettant au gouvernement du roi Albert son concours *«si dans la guerre actuelle, l'Allemagne se croyait autorisée à méconnaître la neutralité du Congo belge»*[3].

1. Idem, document n° 74.

2. Télégramme urgent n° 95 du ministre des Affaires étrangères à l'ambassadeur de France à Bruxelles, 13 août 1914. Cité dans les *D.D.F. 1914*, document n° 58, pp. 51-52.

3. Télégramme chiffré n° 156 du ministre des Affaires étrangères à l'ambassadeur de France à Bruxelles, 24 août 1914. Cité dans les *D.D.F. 1914*, document n° 114, pp. 102-103.

Le juridisme de la démonstration est digne des efforts des conseillers de Philippe le Bel : la neutralisation prévue au chapitre III de l'Acte de Berlin est facultative, « *subordonnée au consentement des parties belligérentes, voire même à leur accord préalable* », elle ne s'impose donc à aucun des belligérants. Alors que les opérations ont commencé depuis près de trois semaines, les Alliés tirent argument de l'attaque, le 22 août, du port belge de Lukaga sur le lac Tanganyika pour affirmer que les Allemands ont violé la neutralité du bassin conventionnel du Congo.

Ils repoussent donc immédiatement la seconde demande, transmise le 23 août par le gouvernement impérial allemand via les États-Unis, qui embrasse une aire géographique plus étendue.

La veille, les Allemands se replient après le combat de Chra au Togo et la colonie allemande est virtuellement conquise : les Alliés n'ont plus de raison d'accepter une suspension des hostilités. Les États-Unis ne manifestent aucun enthousiasme à l'idée d'être impliqués dans ce dossier colonial. Une semaine après avoir reçu la note allemande, l'ambassadeur des U.S.A. à Berlin répond au secrétaire d'État Zimmermann : « *Les États-Unis n'ayant pas ratifié l'Acte du Congo du 26 février 1885 relatif à la neutralisation des colonies africaines…, ne peuvent pas être considérés comme étant partie à cette convention. En conséquence, le gouvernement américain n'est pas en mesure d'accéder au désir du gouvernement impérial et d'obtenir le consentement des autres belligérants à la neutralisation de [celles de] leurs colonies* »[1]. L'échange de correspondances se poursuit sans succès jusqu'au refus définitif des Occidentaux de donner suite à la proposition allemande, à la fin du mois de novembre 1914.

Les diplomates français et les gentlemen britanniques repoussent la proposition belge du 7 août, s'activent dans l'ombre pour pousser à la guerre en Afrique, tout en conservant le bénéfice d'un respect apparent des règles de droit.

1. « Mémoire sur l'origine de la guerre en Afrique », *Gazette de l'Allemagne du Nord*, 25 mars 1915.

Les autorités belges prennent les premières mesures nécessaires à la défense des frontières internationales du Congo : le gouverneur Fuchs, d'origine allemande, est remplacé par Henrys qui rappelle les réservistes, augmente les volumes de recrutement annuel afin de constituer à brève échéance sur la frontière orientale une petite armée de campagne tandis que des officiers et sous-officiers de l'armée métropolitaine sont envoyés au Congo pour encadrer les unités en cours de création. Ils sont au total près de 700 à rejoindre l'Afrique entre 1915 et 1917. Les stocks de matériels augmentent dans les mêmes proportions : 15.000 fusils, une centaine de mitrailleuses, 16 canons de campagne modernes à tir rapide. Pour assurer la progression et le ravitaillement des troupes, 5.000 porteurs sont recrutés et le gouvernement de la colonie britannique d'Ouganda s'engage à en fournir autant.

Victoire sans gloire des Alliés en Océanie

Durant l'été 1914, les gouvernements d'Australie et de Nouvelle-Zélande sont tenus informés au jour le jour par Londres de la dégradation de la situation diplomatique en Europe, des mobilisations successives et de la proclamation de l'état de guerre[1].

Le 6 août 1914 au soir, le secrétaire d'État du gouvernement du roi George V télégraphie en des termes similaires aux autorités de Welllington et de Canberra que la saisie des stations de radiocommunication allemandes des Samoa et du Pacifique Occidental serait d'une *« grande et urgente utilité pour l'Empire »*. Pour Londres, il faut interdire les liaisons radio entre Berlin, les colonies et la flotte allemande de haute mer et, au plan politique, tenir compte des inquiétudes des *Dominions* du Pacifique qui verraient *« avec une réelle appréhension la substitution du Japon à l'Allemagne »*[2].

Le même message précise aussitôt que tout territoire ennemi conquis dans le cadre d'opérations militaires à venir est automatiquement remis à la disposition du gouvernement impérial dans

1. Alors que la Nouvelle-Calédonie n'est officiellement informée que le 5 août et que Tahiti ne reçoit que le 29 août les correspondances gouvernementales.
2. Lord Grey, *Op. cit.*, p. 400.

l'attente des pourparlers de paix à la fin des hostilités. Le 18 août, alors que les opérations sont engagées par le contingent néo-zélandais et que le corps expéditionnaire australien se prépare, un nouveau télégramme rappelle que *« le drapeau britannique doit être hissé sur tous les territoires occupés »*. Si une organisation temporaire de l'administration peut être localement mise en place, *« aucune proclamation formelle d'annexion ne doit être effectuée, sans conversation préalable et accord du gouvernement de Sa Majesté »*. Alors que les premières unités de la *British Expeditionary Force* débarquent dans les ports français pour être engagées sur le front du Nord-Est, le Royaume-Uni n'oublie pas les nécessités de la politique impériale et se préoccupe d'assurer ses positions dans la perspective des futures négociations.

Généralement connues sous l'acronyme d'*ANZAC*[1], les forces militaires australiennes et néo-zélandaises engagés au cours de la Première Guerre mondiale ne reçoivent ce nom qu'à partir de l'engagement en 1915 de grandes unités constituées dans l'opération des Dardanelles.

Depuis la fin du XIXe siècle les relations dans le domaine militaire, en particulier naval, sont nombreuses entre les deux colonies britanniques, distantes de 1.200 miles marins, qui accèdent au *self-government* et au statut de *Dominion*. Au tournant du siècle, elles participent côte-à-côte avec l'armée anglaise à la campagne sud-africaine contre les républiques boers, puis se félicitent de la création d'un état-major impérial au sein duquel leur rôle est reconnu. À partir de 1912, les contacts deviennent plus étroits entre les ministres de la Défense des deux territoires, et le Premier ministre australien, Andrew Fisher, appelle à une coopération renforcée. Les marines militaires naissantes de ces deux puissances émergentes sont automatiquement placées en temps de guerre sous commandement britannique. La formation, les statuts, les soldes des militaires sont identiques à Canberra comme à Wellington.

1. *Australian and New Zealand Army Corps*, réuni en Australie, transféré en Égypte et engagé dans les Détroits.

Dès avant le début de la guerre, les autorités militaires des deux pays, les généraux Godley et Gordon, s'accordent sur un partage des zones de responsabilité dans l'hypothèse d'un conflit contre l'Allemagne : aux Néo-Zélandais l'archipel des Samoa, aux Australiens la Nouvelle-Guinée allemande.

Les opérations neo-zélandaises

Les forces armées néo-zélandaises, malgré leur effectif limité du temps de paix, sont constituées de soldats solides et, sous l'impulsion du colonel Allen, ministre de la Défense, la participation d'un corps expéditionnaire à l'effort de guerre britannique a été négocié avec les autorités impériales avant le début du conflit. En juillet 1914, la colonie a acquis en propre son premier croiseur, le *Philomel*, dont l'emploi opérationnel est subordonné à l'Amirauté britannique.

Le gouverneur de Nouvelle-Zélande télégraphie le 7 août à Londres en confirmant sa volonté de s'emparer des îles Samoa mais, inquiet du mouillage éventuel d'un bâtiment de guerre allemand sur place et informé de la présence du *Scharnhorst* et du *Gneisenau* dans le Pacifique Sud, sollicite la mise à disposition d'une escorte navale. Les Alliés ignorent en effet la position de l'escadre de l'amiral von Spee : « *Autorités navales Honk-Kong sont sans renseignements récents précis sur amiral allemand et ses deux grands croiseurs. On pense sont dans sud-est île Marshall dirigeant côte américaine. On envisage néanmoins possibilité fasse détour pour rallier Tsing-Tao* »[1]. Le gouverneur renouvelle sa demande le 8 août en précisant que, dans l'hypothèse d'un accord immédiat, une force expéditionnaire adaptée pourrait être déployée dès le 11 août. L'appui des trois petits croiseurs légers[2] qui constituent la ressource militaire navale de Londres dans la région est accordé.

Le processus est engagé : 1.300 hommes, soit un bataillon d'infanterie, une compagnie de sapeurs, quelques artilleurs et

1. Télégramme de Hong-Kong n°12 du 21 août 1914, cité par Sylvette Boubin-Boyer, « La présence allemande… », *op. cit.*
2. Le *Psyche*, le *Pyramus* et le *Philomel*, chacun jaugeant 2.100 tonneaux, filant 20 nœuds et armés de 16 canons (dont 8 de 102 mm.) et 2 tubes lance-torpilles.

leurs canons de montagne, des transmetteurs et une station de télégraphie sans fil, du personnel médical et des services sont embarqués le 14 août, dans le port de Wellington, sur deux navires de transport de l'*Union Compagny*, le *Monowai* et le *Moreiki*. La mobilisation se poursuit : le colonel Allen fait préparer dix autres vapeurs pour embarquer de nouveaux contingents.

Durant la même période, le Dr. Schlutz, gouverneur allemand de l'archipel, n'est pas resté inactif. Entre le 2 et le 5 août, les messages reçus de métropole grâce à la nouvelle station de radiotélégraphie à grande puissance inaugurée le 1er août[1] lui apprennent le déclenchement de l'état de guerre. Il ne dispose que de la modeste force de police locale recrutée parmi les indigènes, fait donc armer les ressortissants allemands mobilisables et tente d'organiser la défense rapprochée des principales installations administratives et techniques. Il semble surtout craindre des désordres publics au sein des communautés autochtones et chinoises et s'installe dans les locaux de la station de T.S.F de Tafaigata, protégée par un détachement équipé d'armes individuelles.

Ses moyens militaires extrêmement limités ne lui permettent pas de résister à une action combinée navale et terrestre de quelque importance : lors d'un Conseil de guerre réuni le 5 août, les autorités allemandes décident de se rendre sans opposer de résistance en cas d'attaque si la *Kriegsmarine* ne peut leur apporter aucun secours.

La flotille alliée est rejointe les 20 et 21 août dans la baie de Nouméa par les navires de guerre *Australia* et *Melbourne* et par le croiseur français *Montcalm*[2]. Sous le commandement de l'amiral

---

1. Les Samoa ne sont pas reliées à cette époque au réseau international de câbles télégraphiques et, en dehors des liaisons maritimes (rapidement compromises en cas de conflit), la nouvelle station de radio constitue le seul lien du territoire avec le monde extérieur.

2. La division navale française d'Extrême-Orient et du Pacifique totalise en 1914 huit navires : *Montcalm* (25 officiers, 580 marins), *Dupleix* (18 officiers, 525 marins), *Herville* (8 officiers, 134 marins), *Décidée* (7 officiers, 91 marins), *Doudard de Lagrée* (5 officiers, 52 marins), *Argus* (2 officiers, 46 marins), *Vigilante* (2 officiers, 46 marins), *Vei-Ho* (2 officiers, 30 marins).

Patey et du colonel Logan, elle poursuit sa route vers l'archipel des Fidji où elle s'approvisionne en charbon le 27. L'escadre franco-britannique se présente le 29 août au large de l'île d'Upolu, célèbre pour avoir abrité le romancier Robert Louis Stevenson. Les Alliés alignent 30 navires de guerre et de transport, les Allemands ne disposent d'aucun bateau dans la zone : la disproportion des forces est totale.

L'amiral Patey exige une capitulation sans condition dans la demi-heure : *« J'ai l'honneur de vous informer que je stationne devant le port d'Apia avec une force de débarquement à mon bord et, dans le but d'éviter toute perte de sang inutile, je n'ouvrirai pas le feu si vous vous rendez immédiatement »*. En l'absence du gouverneur qui a rejoint la station de T.S.F. son adjoint se soumet à l'ultimatum et accepte de rendre la ville. Le contingent néo-zélandais débarque en milieu de journée, occupe sans combat les bâtiments officiels, hisse le pavillon britannique et prend possession du territoire au nom du roi George V. Le gouverneur allemand, ses fonctionnaires, les commerçants et planteurs sont arrêtés dans les jours qui suivent.

Le départ des ressortissants allemands est entouré de divers témoignages de respect, voire d'amitié. Le roi Tamasese, auquel le colonel Logan explique qu'il est indispensable d'interner dans des camps de prisonniers proches de Wellington et d'Auckland les colons et administrateurs impériaux, déclare : *« C'est inutile, les Allemands sont sous la protection des Samoans »*[1]. Parmi la population européenne non allemande du territoire, 93 ressortissants britanniques, français et belges signent une pétition remise au commandant néo-zélandais, attestant que le gouverneur et les fonctionnaires les ont traités *« avec amabilité et courtoisie »* depuis le début de la guerre et souhaitant que *« le Dr. Schultz et les résidents allemands bénéficient désormais de la*

1. Propos rapporté pendant sa détention sur l'île néo-zélandaise de Motuihi par le gouverneur Schultz et cités par Félix von Luckner, *Le dernier corsaire*, Paris, Payot, 1926, 252 pages, p. 214.

même considération que celle dont nous avons bénéficié »[1]. La mesquinerie néo-zélandaise, dont témoignent les récits ultérieurs, laisse dubitatif sur l'absence d'esprit chevaleresque des autorités de Wellington.

La seconde victoire de l'Entente[2] est ainsi acquise le 30 août 1914 lorsque le colonel Logan, commandant le corps expéditionnaire, occupe les Samoa allemandes. Une administration provisoire est mise en place avec la ressource du contingent néo-zélandais. Les premiers fonctionnaires alliés nommés aux différents postes de responsabilité (Justice, administration publique, services officiels) au lieu et place des Allemands sont des militaires, tels ce sous-officier promu directeur des Douanes.

Au cours des semaines qui suivent, la menace des navires allemands *Scharnhorst*, *Gneisenau*, *Dresden* et *Nürnberg* absorbe toutes les énergies des volontaires de la *Home Defence* aux Samoa comme aux îles Fiji, Ellice ou Gilbert. Le 20 septembre, l'escadre alliée est en partie mise à la disposition de l'expédition qui doit s'emparer de la Nouvelle-Guinée allemande.

L'Australie en guerre dans le Pacifique

À réception des premiers télégrammes de Londres, le gouverneur-général Fergusson, à Canberra, consacre quarante-huit heures à consulter ses ministres et à organiser le corps expéditionnaire australien. Il doit préparer la conquête de la Nouvelle-Guinée, très faiblement défendue.

Les forces militaires australiennes sont structurées, depuis le 1er janvier 1911, sur la base de l'*Act* du 1er décembre précédent dont la mise en œuvre s'étend sur huit ans. Le texte prévoit que tous les citoyens mâles âgés de 14 ans doivent être recensés et que la durée des services dans la milice compte 12 ans, plus deux années préparatoires :

---

1. Cité par John H. Harris, *Germany's lost colonial empire & the essentials of reconstruction*, 1917, 88 pages, p. 77.
2. Les Alliés se sont emparés de la colonie allemande du Togo le 27 août.

Milice australienne			
Appellation	Tranches d'âge	Durée des services	Instruction (Volume horaire annuel)
Juniors Cadets	12 – 14	2 ans	90 heures/an (Formation préparatoire)
Seniors Cadets	14 – 18	4 ans	64 h./an (minimum légal)
Force Civique	18 – 26	8 ans	16 journées (complètes) (25 pour l'Artillerie, le Génie et la Marine)

Au regard du volume de la population d'origine britannique et du nombre total d'exemptions diverses, la ressource (92.000 *Seniors Cadets* en 1913) permet de prévoir l'organisation à terme de près de 200 formations parmi lesquelles une centaine de bataillons d'infanterie, dont le personnel est contrôlé par fractions à l'occasion de rallyes et concours annuels. Il s'agit d'une armée de milice dont les cadres sont entraînés en temps de paix lors de stages spécialisés d'une durée d'une à quatre semaines. En temps de guerre, les 120 à 130.000 hommes disponibles sont renforcés par l'intégration de tous les citoyens instruits rappelés et l'effectif total se trouve porté en quelques semaines à 200.000 hommes.

Dès le premier jour, les volontaires sont nombreux et enthousiastes dans les centres urbanisés, agricoles ou miniers, à répondre à l'appel du gouvernement et les effectifs de l'*Australian Imperial Force* peuvent rapidement s'appuyer sur un dense réseau caritatif d'aide et de soutien.

Le commandement de la force navale et terrestre australienne est confié au colonel W. Holmes avec pour mission de s'emparer des archipels de la Nouvelle-Guinée allemande, dont le gouverneur réside à Herbertshohe.

Le 18 août, une première escadre procède à une manœuvre d'intimidation le long des côtes de la colonie allemande, dont les autorités se replient vers la station de radio. Les Australiens débarquent à *Blanche Bay*, sur la côte orientale de la péninsule de la Gazelle le 10 septembre. Dès le lendemain, la station de T.S.F., située à moins de dix kilomètres à l'Ouest, est attaquée. La défense du site de Bikakapa repose sur la modeste force de police et sur les cinquante hommes environ, encadrés par quatorze européens qui ont été mobilisés à la déclaration de guerre. Malgré les travaux sommaires de défense organisés depuis un mois, les autorités allemandes ne peuvent pas résister aux tirs de l'artillerie embarquée des navires alliés et au débarquement des Australiens. En quelques heures, le *Commander* Beresford reçoit la capitulation de la garnison.

Le 13, Rabaul est facilement pris après quelques escarmouches avec la police locale à laquelle les Alliés opposent 2.300 hommes, dont 1.800 volontaires, tandis que le colonel Holmes est nommé gouverneur des territoires conquis. Du 22 au 24 septembre, la progression méthodique se poursuit, les Australiens ne prenant aucun risque et Friedrich Wilhelmshafen est occupé sans opposition.

Toutes garnisons et postes confondus, les Allemands ne mettent en ligne que moins de 500 soldats, européens et papous, le plus souvent de qualité moyenne et dont le nombre est trop faible pour résister aux débarquements successifs. En quelques jours, Toma et Herbertshohe passent successivement sous le contrôle des Alliés et le Dr. Haber, gouverneur par intérim du territoire, se rend avec ses adjoints et officiers, après que les soldats australiens aient débarqué et que le navire français *Montcalm* ait tiré quelques coups de canon.

La colonie capitule le 24 septembre. Au cours des trois mois qui suivent, tour à tour, les différents centres de colonisation allemands de la région voient quelques navires australiens jeter l'ancre devant leurs installations portuaires et prendre possession des îles et îlots.

Avant que les pertes massives subies à Gallipoli ou sur le front de France n'endeuillent de très nombreuses familles, les opérations conduites contre les colonies allemandes du Pacifique confortent de nombreux jeunes Australiens dans l'idée que la guerre reste un sport. Alan D. Gilbert cite plusieurs lettres de volontaires originaires du Sutherland Shire, au sud de Sydney : « *J'ai participé à quelques merveilleux événements, j'ai tiré au fusil et j'ai aussi vu notre flotte en action. Cela a été pour moi une grande expérience [...] Les premières nuits de garde sous les cocotiers ont été très excitantes* » écrit de Rabaul Jack McGeechan en novembre[1].

Cette « victoire » militaire, sur un ennemi dont les maigres effectifs sont quasiment désarmés, présente-t-elle le moindre mérite ?

La capitulation de la colonie fait une victime inattendue.

Depuis plusieurs mois, une expédition conduite par le capitaine Detzner a pénétré très profondément dans la grande île pour identifier et borner la frontière avec le territoire britannique voisin, cartographier l'intérieur et prendre contact avec les tribus isolées. Surpris par le déclenchement du conflit qu'il n'apprend que tardivement, il est contraint à un long périple dans des territoires vierges avec une très faible escorte. Il parcourt pendant quatre ans les immensités inconnues de Nouvelle-Guinée, échappe à ses poursuivants australiens, accomplit une véritable œuvre d'ethnologue, tente de rejoindre la colonie hollandaise neutre voisine. Il se rend le 22 novembre 1918, rejoint par cabotage Rabaul, terme de son aventure atteint le 5 janvier 1919. Il est transféré en Australie quelques semaines plus tard et ses carnets, photos et bagages sont saisis par le commandement australien. Ce n'est qu'en 1989 qu'une traduction française de ses notes tenues au jour le jour peut être proposée aux lecteurs français[2].

---

1. Alan D. Gilbert, « Rumour and reality : The Impact of the Great War in the Sutherland Shire », *Revue internationale d'histoire militaire*, n° 72, 1990, p. 97-111, p. 100.
2. *Les Papous du Kaiser*, carnets du capitaine Hermann Detzner, texte présenté par Philippe Conrad, éditions du Rocher, 1989, 375 pages.

Valeurs fiduciaires et expression de la volonté de la puissance publique, les timbres portent la marque de la prise de possession par les *Dominions*, au nom de l'Empire britannique, des colonies allemandes d'Océanie : en octobre 1914 en Nouvelle-Guinée et dans les archipels voisins, en décembre aux Iles Marshall et aux Samoa, les stocks de timbres allemands retrouvés par les Anglo-Saxons sont surchargés « G.R.I. », pour *Georgius Rex Imperator*.

Parallèlement, les marines japonaise et britannique s'assurent le contrôle des îles et archipels non défendus. Le 3 octobre, les Japonais saisissent Jaluit et les Marshall, tandis que le *Hampshire* et le *Minotaur* s'emparent des Carolines pour l'Angleterre. Le gouvernement britannique, par la voix de Lord R. Cecil, confirme la situation de fait provisoire devant la Chambre des Communes le 17 juillet 1916 et la place prise par le Japon : *« Les îles Carolines et Marshall, à l'exception de l'île Nauru, sont administrées par le gouvernement japonais comme le district de Kiao-Tchéou »*.

Dans le Pacifique, les croiseurs-cuirassés *Scharnhorst* et *Gneisenau* de l'amiral von Spee suscitent toutes les inquiétudes. Ne pouvant revenir vers Tsing-Tao[1], ils croisent d'archipel en archipel, mènent des actions contre les établissements alliés et tentent de rejoindre l'Atlantique en embarquant autant que possible au passage, dans les ports neutres, expatriés et mobilisés.

Ils avitaillent à Bora-Bora le 2 septembre, se faisant passer pour des navires britanniques, et se dirigent vers les territoires français de Polynésie.

L'amiral von Spee a-t-il l'intention de faire débarquer des troupes ? Rien n'est moins sûr, mais les autorités de Tahiti le redoutent. Le lieutenant de vaisseau Destremeau fait saboter les phares et balises, détruire le dépôt de charbon, organise la défense.

1. L'escadre a quitté Tsing-Tao le 20 juin pour une vaste tournée des colonies allemandes du Pacifique devant durer plusieurs mois. L'amiral von Spee est informé par radio le 31 juillet du *« danger de guerre »* alors qu'il se trouve aux Carolines, et reçoit le 2 août l'ordre de mobilisation.

Le bombardement de Papeete, le 22 septembre, par les navires allemands n'entraîne que des dégats minimes[1], mais marque l'imaginaire local non préparé aux tirs de l'artillerie embarquée. L'amiral allemand aurait pu mettre à terre sans grande difficulté un corps d'occupation, mais il choisit de poursuivre sa route, laissant l'officier français et le gouverneur du territoire à leurs querelles.

Le parcours de l'escadre von Spee[2], ses prises de guerre, les batailles navales du Coronel et des Falklands n'entrent pas dans le cadre de cette étude, mais la menace qu'elle fait peser sur les lignes de communication alliées pousse le Royaume-Uni à demander l'aide du Japon, dont les rapides conquêtes inquiètent bientôt les Anglo-Saxons.

Seuls les Français contribuent à ces opérations navales sans en retirer d'avantage territorial: les colonies allemandes sont saisies par les Japonais, les Australiens et les Néo-Zélandais sans même que la participation de Paris ne soit évoquée...

Victoire attendue en Chine

Depuis la fin du XIXe siècle et son ouverture au monde extérieur, l'Empire du Japon affirme ses prétentions en Chine du Nord. Le traité de Portsmouth, en 1905, sanctionne la défaite militaire de la Russie et reconnaît à Tokyo, dans son article 2, des droits particuliers dans la région, tout en maintenant la fiction d'une souveraineté chinoise battue en brèche par le régime des concessions et des territoires à bail.

Allié avec la Grande-Bretagne depuis le traité de 1902, le Japon ne peut pas engager seul d'importantes opérations militaires sur le territoire chinois, au risque de bouleverser le fragile équi-

1. Destruction de deux navires, dont un Allemand saisi dans le port, et incendie du marché de Papeete. La colonie déplore trois morts.
2. En réunissant progressivement autour de lui les bâtiments de guerre allemands qui croisent dans le Pacifique, l'amiral von Spee dispose d'une puissance de feu impressionnante: deux croiseurs cuirassés (*Scharnhorst* et *Gneisenau*), trois croiseurs légers (*Leipzig*, *Nurnberg*, *PrinzEitel Friedrich*, puis *Dreden*) et leurs navires d'accompagnement et de soutien.

libre instauré entre les grandes puissances. En août 1914, se déclarer neutre pourrait accentuer les inimitiés que les Anglo-Saxons professent à son égard autour du Pacifique, mais intervenir trop massivement pourrait tout autant froisser les Néo-Zélandais, les Australiens ou les Américains. La prise de possession du territoire allemand du Kiao Tcheou[1] et de son port, sur les bords de la mer Jaune, peut lui permettre d'accroître substantiellement et sans risque son influence régionale, tout en vengeant l'affront de l'alliance germano-chinoise de 1895 : *« Quelle est la nation occidentale qui, avec une population à laquelle des débouchés territoriaux étaient nécessaires, en eût usé avec plus, ou même autant, de discrétion ? »*, commente lord Grey, avec un humour tout britannique, après la guerre. Pour un investissement militaire limité, le rapport est extrêmement intéressant.

La Chine, objet de toutes les ambitions

Lors de la déclaration de guerre en Europe, la situation de la Chine est particulièrement difficile.

Depuis la « bataille des concessions » en 1898, l'expédition internationale de 1900, l'effondrement final de la dynastie mandchoue en 1912, le pays est en proie aux désordres les plus violents. Les Seigneurs de la Guerre s'approprient l'autorité publique. Le radicalisme ambiguë du mouvement nationaliste conduit par Sun Yat-Tsen dans la région de Canton, la corruption de tous les secteurs administratifs, l'absence de volonté centrale conduisent de nombreux représentants des élites nationales à considérer que seul un gouvernement autoritaire peut sauver la Chine de l'implosion, de la banqueroute et de l'occupation étrangère.

En 1913, le général Yuan Shih-K'ai, vice-roi de Chihli à la fin de la période mandchoue et premier président de la République chinoise, décide de gouverner sans rechercher l'appui

1. À l'entrée du golfe de Pechili, la péninsule sous influence allemande du Shantung fait face au Sud, à Port Arthur et à la péninsule de Liaodong au Nord concédés à Tokyo depuis 1905. L'Empire du Soleil-Levant pourrait ainsi contrôler l'ensemble des mouvements maritimes en direction de Tientsin, de Pékin et de toute la région continentale.

d'un Parlement fantoche : il prononce la dissolution du Kuo-min-tang et remplace la constitution provisoire par les travaux d'une conférence administrative dont il désigne les membres. Il promulgue en avril 1914 une nouvelle constitution taillée à sa mesure, aux termes de laquelle il concentre entre ses mains l'essentiel du pouvoir et qui lui assure une autorité totale sur les forces armées et les finances publiques. Il s'efforce de restaurer l'autorité de l'État dans les différentes provinces en nommant gouverneurs ses propres représentants, relevant uniquement de lui à travers le ministère de la Guerre. Il procède enfin à une première réforme fiscale au profit du gouvernement central.

L'essentiel de l'ancienne organisation impériale chinoise semble disparaître et les dérives de la période révolutionnaire sont contenues. Nombreux sont ceux, parmi les diplomates européens comme parmi les mandarins, qui envisagent que le général Yuan Shih-K'ai, *« après avoir gouverné la Chine comme Cromwell l'Angleterre »*, puisse restaurer à son profit l'institution monarchique.

Le 6 août 1914, la Chine proclame sa neutralité dans le conflit mais les représentants militaires des puissances européennes poursuivent les déplacements de troupes et les mouvements de matériels militaires entre leurs concessions. Commentant cette impunité, l'ambassadeur Conty écrit à Doumergue : *« Nous pouvons donc agir à peu près à notre guise pourvu que nous nous abstenions d'une excessive ostentation. Le gouvernement chinois m'a promis de fermer les yeux, je me garderai seulement de les lui crever »*[1]. Seul le monde anglo-saxon, à travers les intérêts croisés de l'Empire britannique et des États-Unis paraît en mesure de favoriser une relative stabilité, *« with the sympathetic cooperation of Japan »* précise le *Times* sans imaginer toute l'importance de cette réserve. Désormais, en effet, l'Empire du Soleil-Levant dispose à la fois d'une volonté, d'une opportunité et des moyens nécessaires pour tenter d'imposer sa loi à la Chine continentale.

1. Télégramme n° 305 de Conty, ministre de France à Pékin, à Doumergue, ministre des Affaires étrangères, 13 août 1914. Cité par les *D.D.F. 1914*, document 64, pp. 55-58.

Le Japon entre en guerre

Malgré ses difficultés intérieures[1], l'empire nippon saisi rapidement la chance que lui offre le déclenchement de la guerre en Europe et manœuvre habilement avant de dévoiler ses intentions[2]. Dès le 8 août, les navires japonais à l'ancre à Tsing-Tao quittent le port allemand et la 18e division reçoit le 16 août son ordre de mobilisation.

Les rumeurs bruissent à Pékin dans le quartier des légations étrangères.

L'Allemagne peut légitimement supposer que le Japon va chercher à profiter de ce que la Russie est en guerre sur sa frontière occidentale pour menacer la Province maritime ou s'imposer en Sibérie méridionale. Jusqu'au 5 août, le baron Kato fait savoir que le Japon n'interviendra au titre de son alliance avec la Grande-Bretagne que si *« des faits de guerre se produisent en Extrême-Orient »* et si le Royaume-Uni le demande officiellement, mais reconnaît le 7 qu'une intervention contre Kiao-Tchéou *« peut être effectuée rapidement en raison des préparatifs japonais »*. L'ambassadeur de France à Tokyo suggère aussitôt la participation de contingents des différentes nations alliées à une opération unique contre la concession allemande, laisser *« les Japonais intervenir seuls, c'était, par l'effet produit, placer Pékin sous leur influence et faciliter extrêmement* [une] *sorte de protectorat moral sur une grande partie de la Chine »*[3]. Dans la nuit du 12 au 13 août, le ministre de France à Pékin télégraphie à Paris : *« D'après des informations sûres et secrètes, il paraît certain que les Japonais vont prendre l'initiative d'une attaque sur Kiao-Tchéou. D'autre part les Chinois prétendent que le chargé d'af-*

1. Le Japon connaît simultanément au printemps 1914 un grave déficit de ses finances publiques et une crise politique qui entraîne la démission du gouvernement Yamamoto. L'arrivée au pouvoir du Premier ministre Okuma, appuyé par le baron Kato aux Affaires étrangères, se traduit par un regain d'activités extérieures pour renforcer la cohésion nationale en s'appuyant sur la politique étrangère.
2. Dès avant la guerre, les rapports allemands soulignent que les Japonais introduisent illégalement des armes et des munitions dans leur colonie des Carolines. Cité par Maurice Besson, *op. cit.*, p. 28.
3. Télégramme chiffré n° 20 de l'ambassadeur de France à Tokyo au ministre des Affaires Etrangères, 8 août 1914. Cité par les *D.D.F. 1914*, document n° 32, p. 23.

faires d'Allemagne les a fait approcher en vue de la restitution de Kiao-Tchéou à la Chine, de la neutralisation de cette place, du désarmement d'un commun accord des bâtiments de guerre et des troupes qui y sont »[1]. Le 15, Tokyo adresse à Berlin un ultimatum demandant de *« retirer immédiatement ses vaisseaux des eaux japonaises et chinoises et de livrer aux autorités japonaises avant le 15 septembre 1914 le territoire cédé à bail de Kiao-Tchéou »*. Jouant déjà de la fibre pan-asiatique et pour se prémunir de toute revendication d'une puissance occidentale, il prétend vouloir étudier sa restitution *« éventuelle »* ultérieure à la Chine !

Les Alliés occidentaux s'opposent à ce que Pékin puisse déployer des troupes aux limites de Tsing-Tao pour garantir sa neutralité, craignant qu'une restitution directe de la base navale par Berlin ne froisse le Japon. Ce chapitre pourrait être sous-titré « Monument inconnu élevé à la gloire de l'hypocrisie diplomatique » : *« L'offre allemande, faite à un pareil moment, loin de constituer une preuve de bienveillance allemande pour la Chine, ne marque que sa faiblesse, et serait certainement d'autre part interprétée comme un appui indirect donné à l'Allemagne et un manquement à la neutralité, qui, en excitant l'opinion publique japonaise, toujours si impressionnable, pourrait amener les plus graves conséquences pour la Chine »*[2].

En l'absence de réponse dans le délai de huit jours fixé par l'ultimatum (le gouvernement allemand a fait savoir qu'il ne répondrait pas à la note japonaise), Tokyo déclare la guerre à l'Allemagne le 23 août[3], sans que son action militaire en Chine n'ait

---

1. Télégramme « secret » n° 96 de M. Conty à M. Doumergue, ministre des Affaires étrangères. Cité par les *D.D.F. 1914*, document n° 59, p. 52.
2. Télégramme chiffré n° 50 déjà cité. *D.D.F. 1914*.
3. *« Nous, par la grâce du ciel, empereur du Japon, siégeant sur le trône occupé par la même dynastie depuis un temps immémorial,… Nous déclarons la guerre à l'Allemagne et commandons à notre armée et à notre marine de conduire les hostilités avec toutes leurs forces contre cet empire. Depuis le début de la guerre actuelle, dont nous avons vu en Europe les effets calamiteux avec un grave souci, nous avions nourri l'espoir de sauvegarder la paix en Extrême-Orient par le maintien d'une neutralité stricte. Mais la conduite de l'Allemagne a obligé l'Angleterre, notre alliée, à ouvrir les hostilités contre ce pays. A Kiao-Tchéou, l'Allemagne fait ouvertement des préparatifs de guerre, tandis que ses navires armés croisent dans les mers de l'Asie orientale, menaçant notre commerce et celui de notre alliée »* proclame le *Mikako* le 24 août.

été coordonnée avec celle des autres puissances du fait de l'ambiguïté de la position britannique, de la faiblesse française et de l'antagonisme russo-nippon.

Les Occidentaux s'inquiètent des conséquences de la situation nouvelle pour leurs propres concessions. Raybaud demande à Doumergue si la participation du régiment d'infanterie coloniale de Tien-Tsin et de deux bataillons venus d'Indochine à la prise de Kiao-Tchéou aux côtés de l'armée japonaise *« nous permettrait d'obtenir, en échange, des avantages et des compensations sur la frontière d'Indochine »* ? Menaces japonaises et ambitions européennes. Le marché envisagé sur le dos de la Chine est d'autant plus sordide que Paris résonne de proclamations enflammées sur le thème de l'agression ourdie par l'Allemagne contre la liberté des peuples.

Devant le refus japonais de solliciter une quelconque aide occidentale à l'exception de la caution britannique, le projet est abandonné par la France qui non seulement a, en ce mois de septembre 1914, de plus urgentes préoccupations militaires, mais va bientôt rechercher elle-même l'aide du Japon pour renforcer le front du Nord-Est.

Le siège et la chute de Tsing-Tao

Le 27 août, quatre jours après l'échéance de l'ultimatum, les trois premières escadres de la flotte japonaise organisent le blocus du port de Tsing-Tao, assurent la relève des champs de mines immergés par la marine allemande et commencent l'occupation des petites îles proches du continent, bases des futures opérations contre la cité fortifiée. Elles reçoivent le renfort des navires de guerre britanniques *Triumph*, *Aster* et *Usk* de l'amiral Jerome[1], immédiatement placés sous commandement opérationnel de l'amiral Tomoraburo Kato.

1. Dès le 22 août, le contre-torpilleur anglais *Kennet* a perdu devant la rade de Tsing-Tao un engagement naval contre le torpilleur allemand *S 90*. In Rapport du lieutenant de vaisseau von Brunner, publié par le *Berliner Tageblatt* du 30 mars 1915.

Le gouverneur allemand, Meyer-Waldeck[1], dispose d'environ 5.000 hommes, fantassins et artilleurs, renforcés par le contingent austro-hongrois d'Extrême-Orient (3 compagnies à Pékin) et les marins des navires désormais bloqués dans la rade : le croiseur léger *Kormoran* armé par 162 hommes et équipé de 8 pièces de 105 ; les canonnières *Iltis*, *Jaguar*, *Tiger* et *Luchs* avec 130 hommes d'équipage chacune et 5 pièces de 105 ; le croiseur autrichien *Elisabeth* avec 350 hommes et 8 canons de 150, quelques contre-torpilleurs et un mouilleur de mines[2]. Il compte surtout sur l'artillerie lourde des forts qui protègent la place : une première ligne de six batteries redoutes sur le front de terre et quatre batteries de 240 mm sur le front de mer. La ligne principale, proche du port, est organisée autour de trois massifs fortifiés : Iltisberg, Bismarckberg et Moltkeberg[3].

Les Alliés lui opposent plus de 31.000 hommes[4], 150 pièces d'artillerie à terre et plusieurs dizaines de bâtiments de guerre

1. Né en 1864 à Saint Pétersbourg (Russie), Alfred Meyer-Waldeck entre à l'École navale en 1884 et poursuit pendant plus de 26 ans une carrière d'officier de la Marine impériale allemande. Nommé gouverneur de Tsing-Tao en 1911, il reçoit le 15 août l'ultimatum japonais. Incarcéré au Japon jusqu'en 1920 après la capitulation de la place, il est promu vice-amiral avec effet rétroactif lors de son retour en Allemagne.

2. L'essentiel de l'escadre allemande d'Extrême-Orient ne se trouve pas dans la rade : le *Scharnhorst* et le *Gneisenau* approchent de l'île de Ponape, le *Leipzig* et le *Nürnberg* longent les côtes américaines, l'*Emden* est dans les eaux japonaises.

3. En octobre encore, la presse de métropole présente les capacités défensives de la place : *« La disposition de ces forts est telle qu'ils peuvent agir complètement indépendamment les uns des autres. Des machines placées dans chaque fort fournissent la lumière, la force, la vapeur dont il a besoin. Des salles de repos pour les artilleurs sont placées auprès de chaque canon. Chaque fort possède une quantité de provisions suffisante pour faire supporter à ses occupants un long siège. Point très important, la houille, se trouvant sur place, n'a pas besoin d'être importée. Etc. »*. In *Neue Preuss-Kreuzzeitung*, cité par *L'Illustration*, n° 3914 du 9 mars 1918.

4. Les Japonais engagent à terre 29.980 soldats, sous-officiers et officiers (18e division, 23e, 24e et 29e brigades, partie de la garnison de Port Arthur, régiments de cavalerie et d'artillerie de campagne non endivisionnés, corps d'artillerie lourde) tandis que le corps expéditionnaire britannique, dont la présence est plus politique que militaire, se monte à 1.370 hommes.

armés par des milliers de matelots et d'officiers. Une véritable armada navale accompagne, transporte et soutien l'expédition: 13 bâtiments cuirassés, 13 dragueurs de mines, 40 canots à vapeur, 10 navires ravitailleurs, 9 navires charbonniers, etc.

En réponse au message du *Kaiser* lui demandant *« de tenir jusqu'à la dernière extrémité »*, Meyer-Waldeck adresse à l'empereur Guillaume II son fameux télégramme par lequel il se porte garant que *« chacun accomplira son devoir jusqu'au bout »* et fait afficher en ville une proclamation affirmant: *« Nous ne consentirons jamais à abandonner, ne fut-ce qu'une infime partie d'une terre que le drapeau de l'Empire couvre de ses plis respectés… S'il* [notre ennemi] *veut Tsing-Tao, qu'il vienne le prendre. Il nous trouvera à nos postes de combat »*.

Dès le 2 septembre, les premières troupes sont débarquées dans la péninsule. L'aviation militaire japonaise effectue plusieurs reconnaissances au-dessus de la rade et de la ville, larguant même quelques bombes dont l'effet est plus psychologique que militaire. Les généraux nippons n'envisagent pas de prendre le moindre risque militaire ou politique et consacrent plusieurs semaines à réunir des moyens humains et matériels toujours plus importants. Au cours du mois de septembre, les grandes unités japonaises sont mises à terre en trois vagues successives réunissant 15, puis 14 et enfin 20 navires de transport. Le dragage des eaux est méthodiquement réalisé à partir du 16 septembre, de la baie de Laoshan à l'île de Maitau, et assure aux Japonais une quasi-totale sécurité de navigation.

Pour défendre au moins symboliquement ses intérêts en Chine, le Royaume-Uni n'entend pas laisser à son seul allié le bénéfice d'une intervention militaire contre la concession allemande. À partir des forces stationnées en Asie, un petit corps expéditionnaire est constitué, sans avertir Paris, sous les ordres du général Barnardiston. Composé d'éléments épars prélevés dans les

1. Compagnies fournies par le *1st South Wales Borderers*, le *36th Sikh* et le *Duke of Cornwall Light Infantry* et une batterie d'artillerie.

concessions britanniques, à Hong-Kong et aux Indes[1], son engagement est surtout politique, renforcé par la participation des navires anglais aux opérations navales. Il rejoint le 23 septembre les forces nippones débarquées dans le Kiao-Tchéou et est placé le 1er octobre sous les ordres du général Mitsuomi Kamio, commandant en chef.

Le gouvernement français n'apprend sa présence sur le terrain que le 28, s'étonne de l'envoi de ce contingent et interroge son ambassadeur. De Londres, Paul Cambon adresse au ministre des Affaires étrangères une leçon de relations internationales appliquées : *« Votre Excellence n'ignore ni l'intérêt que les États-Unis portent aux affaires chinoises, ni leur souci de l'expansion japonaise, ni les appréhensions que le moindre signe de mécontentement à Washington inspire au Foreign Office… Que nous ayons ou non un détachement à Kiao-Tchéou notre situation sera la même et il suffit de notre participation à l'action navale pour sauvegarder nos intérêts et notre influence »*[1]. L'influence croissante des États-Unis dans le Pacifique et en Chine impose à Londres, dans la perspective de renforcer les liens transatlantiques en faveur de l'Entente, d'adopter en Extrême-Orient un profil bas, tandis que le commandement japonais ne souhaite pas devoir compter avec un allié témoin et acteur. Le petit corps expéditionnaire britannique se voit confié un secteur réduit, peu actif, et n'est engagé que dans des missions de second ordre.

Pendant le mois de septembre, les forces japonaises progressent très lentement car des pluies diluviennes s'abattent sur la région, retardent les travaux d'aménagement du terrain, de construction du chemin de fer de campagne et de constitution des dépôts. Quelques progrès sont effectués entre le 13 et le 15 septembre : Tsing-Tao est coupé du monde lorsque la voie ferrée du Chantoung est occupée par l'armée nippone dont les éléments avancés de cavalerie entre dans la concession. Les opérations sont activement engagées à partir du 26 dans un double cadre :

---

1. Télégramme chiffré n° 739 de Paul Cambon à Delcassé, 30 septembre 1914. *D.D.F. 1914*, document 346, pp. 292-293.

– interarmées, avec la progression des troupes au sol renseignées par l'aviation et appuyées par l'artillerie embarquée des navires de guerre ;

– interallié, car le rôle militaire marginal du contingent britannique dans les opérations n'enlève rien au fait politique de sa présence.

S'appuyant méthodiquement sur le terrain, manœuvre procédurière efficace héritée de la guerre russo-japonaise de 1904-1905, les troupes nipponnes s'emparent des protections naturelles qui protègent à quelques kilomètres au Nord-Est la ville fortifiée : la rivière Paï-Cha (frontière de la concession), un plateau mollement ondulé puis la rivière Litsun sont successivement enlevés, les défenses extérieures de la citadelle assiégée tombent le 27. Dans le même temps, des troupes sont poussées malgré les protestations de Pékin jusqu'à 150 km à l'ouest du Kiao-Tchéou.

Les navires allemands à l'ancre dans le port de Tsing-Tao et les bâtiments japonais qui assurent le blocus de la baie ne restent pas inactifs. Grâce à leur artillerie embarquée, les premiers prennent à partie l'aile droite du corps expéditionnaire japonais, l'obligent à ralentir sa progression et inquiètent parfois pendant quelques heures le commandement allié. Les seconds bombardent les ouvrages défensifs, en particulier l'Iltisberg, le Bismarckberg, Hsiaochanshan et les batteries du front de mer.

L'action de l'aviation japonaise, maîtresse du ciel, est soutenue. Aux quelques appareils de l'aéronavale engagés dans des missions d'observation et de bombardement à partir du 5 septembre succèdent dès le 24 les escadrilles de l'armée. Les Allemands ne disposent pas de défense anti-aérienne et apprécient mal les capacités réelles des aéronefs alliés. La marine du *Kaiser* cesse ses premières interventions énergiques, se contentant de tirs de harcèlement.

À partir du 28 septembre avec le bombardement général de la place par l'escadre navale, et du 29 avec le débarquement de nouvelles troupes, la pression japonaise se fait plus impérieuse.

Les combats sont particulièrement intenses le 30 septembre. Au cours de la même journée, tandis que les Japonais réussissent à couler ou immobiliser plusieurs navires allemands, les assiégés tentent de desserrer l'étreinte qui les enserre sur le continent. En dépit de leur infériorité numérique, fantassins, marins et artilleurs allemands contre-attaquent mais doivent céder sous le nombre : le communiqué japonais annonce la prise des hauteurs dominant la principale ligne de résistance *« malgré une résistance acharnée et un feu très meurtrier des forces adverses de terre et de mer »*.

Afin de limiter les pertes, le commandement japonais profite de la nouvelle situation tactique pour déployer son artillerie de siège sur les collines qu'il occupe désormais. Les Allemands ne cèdent pas : *« Le 2 octobre, vers huit heures du soir, la 3e compagnie du détachement de marins attaqua vigoureusement les nouvelles positions japonaises. Surpris, nos alliés reculèrent, abandonnant les collines conquises le 28 septembre, mais une énergique contre-attaque conduite dès le lendemain rétablissait la situation aussitôt »*, écrit Félix Ecary dans *L'Illustration*. De repli partiel en décrochage tactique, les Allemands se trouvent bientôt dos à la mer. Les navires, les implantations militaires et les installations portuaires allemandes sont sous le feu croisé de l'artillerie de marine et batteries japonaises d'artillerie lourde. Tsing-Tao tient de plus en plus difficilement.

Le 8 octobre, les Japonais lancent la dernière phase de l'assaut général contre la rade fortifiée. Le premier objectif intermédiaire, la colline du Prince Henri, est conquis dans la journée. La perte de cette hauteur qui domine la ville place la garnison de Tsing-Tao sous les tirs directs de l'artillerie lourde japonaise qui y est rapidement installée. La riposte allemande semble alors avoir manqué de coordination et de vigueur, et les contre-feux des batteries lourdes sont peu efficaces.

Après avoir autorisé les non-combattants à quitter la ville et constitué d'importants stocks d'obus, le général Kamio ordonne pour le 16 octobre le début du bombardement méthodique des principaux bâtiments de la concession et des infrastructures militaires. L'action de l'artillerie navale et celle de l'artillerie de campagne se complètent : tandis que les casernes, lieux de rassemblement et dépôts sont attaqués à partir des batteries à terre, les pièces lourdes embarquées bombardent les forts *Kaiser* et *Iltis*. Les assiégés sont dans une situation d'autant plus critique que les Japonais contrôlent désormais les réservoirs qui permettent d'alimenter la ville en eau potable. Au cours de ces engagements, l'action de l'infanterie est marginale et les pertes japonaises sont infimes[1].

Le 31 octobre, jour anniversaire du *Mikado*, l'offensive s'intensifie : l'artillerie multiplie les tirs et les navires japonais et britanniques attaquent les dernières défenses lourdes[2]. Le *Kaiserin Elizabeth* et le *Tiger* sont coulés, l'usine électrique est détruite, le stock de pétrole incendié, l'ouvrage de Pumpstrasse pris. Appuyés par les tirs de leurs batteries, les fantassins japonais poursuivent leur progression méthodique tandis que le génie d'assaut aménage les tranchées et les défenses de campagne. Durant la seule journée du 3 novembre, le communiqué militaire de Tokyo affirme que 800 prisonniers et 26 canons ennemis ont été pris. Pourtant, dans la nuit, l'infanterie de marine allemande contre-attaque une nouvelle fois.

Après plusieurs semaines de siège, le rôle essentiel revient à l'infanterie le 6 novembre. Les combats sont brefs : les dernières redoutes tombent, conquises puis perdues à plusieurs reprises ; les forts *Iltis*, *Moltke* et *Bismarck* épuisent leurs réserves de munitions : « *Les efforts désespérés des Allemands pour réparer les dommages causés aux fortifications et aux batteries par les obus japonais étaient réduits à néant par le bombardement furieux qui se continuait… Les batteries ennemies ne*

1. Au total, pour l'ensemble de la campagne, les pertes britanniques s'élèvent à 12 morts et 61 blessés, tandis que les Japonais déplorent 236 tués et 1.280 blessés pour les troupes terrestres, auxquels il faut ajouter les pertes de la marine (environ 300 hommes).
2. Le cuirassé anglais *Triomph* réussit ainsi à réduire au silence en sept coups au but le fort *Bismarck*.

répondaient presque plus »[1]. Le lendemain, 7 novembre, à 6h45, le drapeau blanc est hissé sur les ruines de la forteresse et le gouverneur sollicite du commandement japonais un arrêt des combats.

Peu avant 20 heures, l'acte de capitulation est signé. Plus de 4.400 hommes, dont 222 officiers, se rendent et sont transférés comme prisonniers de guerre au Japon. À l'exception de quelques Alsaciens-Lorrains, versés dans une unité de Zouaves en Indochine, leur captivité dure jusqu'en 1920.

Les soldats de Guillaume II se sont défendus opiniâtrement, mais face au déséquilibre du rapport de force, le sacrifice demandé et promis n'a pas lieu... Trente fois moins nombreuse que ses assaillants, coupée de l'arrière-pays, soumise au blocus et au bombardement naval, la garnison allemande n'avait objectivement pas les moyens de tenir plus longtemps. Le 5 décembre 1914, le baron Funackehi, nouveau gouverneur japonais de la ville, prend ses fonctions.

« Les yeux de Tsing-Tao »

Durant la dernière journée de siège, Gunther Plüschow, *« le pilote de Tsing-Tao »*, parvient à quitter la ville sur ordre du gouverneur. Son épopée mérite d'être rappelée.

Né en 1866 à Munich, il entre à l'école des Cadets de Plön en 1896. À partir de 1910, après avoir servi sur différents bâtiments de la marine impériale, il s'intéresse à l'usage militaire de l'aviation naissante. Il passe son brevet de pilote à Berlin au début de l'année 1914. Lorsque la guerre éclate, il vogue depuis quelques jours vers Tsing-Tao, à bord du dernier navire qui parvient à rejoindre la concession allemande avant la mise en place du blocus japonais : il y est affecté, avec son camarade le lieutenant pilote Müllerskowsky, comme aviateur militaire et leurs deux aéroplanes effectuent le voyage en caisses.

À leur arrivée dans la colonie, dont ils constituent les seules forces aériennes, les avions sont remontés et employés à des mis-

1. In « La campagne japonaise de 1914 », *L'Illustration*, op. cit.

sions de reconnaissance. Dès le premier vol, le lieutenant Müllerskowsky se crashe à l'atterrissage et est blessé : Plüschow est désormais, pour la durée du siège, le seul aviateur de la place.

Dans un environnement militaire difficile, sans protection au sol et seul au manche de son unique appareil, il lui revient d'annoncer le débarquement des forces japonaises, de surveiller leurs lignes et de rendre compte de leur progression. Son avion, qui subit quelques avaries lors d'un atterrissage plus brutal que les autres, est réparé sur place avec des moyens de fortune et pendant deux mois reprend ses missions quotidiennes[1]. Surnommé *« les yeux de Tsing-Tao »*, il fait face à la fois aux tirs des armes collectives et à l'aviation nipponne toujours plus nombreuse. Armé de son seul pistolet *Parabellum*, il engage à plusieurs reprises le combat individuel contre des appareils japonais qu'il contraint à se poser.

Le 5 novembre, Plüschow reçoit l'ordre du gouverneur Meyer-Waldeck de se préparer à quitter la forteresse assiégée dès que l'infanterie japonaise lancera son dernier assaut. Dans la nuit du 6, quelques heures avant la capitulation de la ville, il quitte Tsing-Tao en emportant les rapports du gouverneur, le journal d'opérations de la garnison et diverses archives confidentielles. Il se pose le 7 novembre dans les environs de Haidschou, sabote son avion et fait remettre les documents qui lui ont été confiés aux services consulaires allemands.

Commence alors un périple transcontinental au cours duquel il tente de rejoindre Berlin. Sous différents déguisements, il passe par les États-Unis alors neutres à la recherche d'un navire à destination de l'Europe. Il s'embarque avec une fausse identité sur un cargo japonais, est arrêté, remis aux autorités britanniques de Gibraltar, transféré au Royaume-Uni en juin 1915. Il s'évade

1. *« Il faut remarquer combien l'aviation fut active pendant les opérations de cette courte campagne de Tsing-Tao. Le seul avion ennemi qui fut à Tsing-Tao sera signalé à plusieurs reprises planant au-dessus des lignes ou des navires de nos alliés. Le 19 septembre, il réussissait à jeter une bombe sur un groupe de japonais, causant quelques pertes à ceux-ci. Lers avions nippons répondaient aussitôt à cet exploit… »*, in « La campagne japonaise de 1914 », *L'Illustration*, op. cit.

quelques jours plus tard de Donington Hall et la presse anglaise publie un long avis de recherche accompagné de son signalement : *« Les autorités espèrent retrouver la trace du lieutenant Gunther Plüschow, de la marine allemande, grâce au Dragon chinois. Ce dragon est tatoué sur le bras gauche du fugitif dans un style oriental et a probablement été réalisé par un artiste local. Agé de 29 ans, Plüschow a connu une carrière aventureuse dans la marine impériale… Il envisage probablement de s'enrôler comme marin sur un navire neutre et une attention particulière doit être portée à tous les engagements suspects dans les ports britanniques. Il peut se faire passer pour un ressortissant hollandais, mais ne peut pas effacer le Dragon chinois de son bras gauche »*. Il parvient néanmoins à échapper aux recherches et à rejoindre Schwerin, en Allemagne de Nord, le 13 juillet 1915, au terme d'une extraordinaire odyssée de plus de huit mois. Il reprend immédiatement le service actif dans l'aéronavale, termine la guerre comme commandant d'escadrille et quitte l'armée en 1919[1].

Le Japon dans la guerre après Tsing-Tao

« Établissement modèle de la culture allemande dans les mers lointaines », selon les termes de Guillaume II dans son message au *Reichstag* à la suite de la chute de la colonie, Tsing-Tao avait été surnommé la perle d'Extrême-Orient. À la fois port stratégique, centre industriel et relais d'influence, sa perte est durement ressentie par les élites allemandes. L'empereur précise dans ses *Mémoires* : *« Quand Hong-Kong aura subi le même sort, l'Angleterre pourra se repentir. Quand le Japon aura réalisé son programme : "l'Asie aux Asiatiques" et qu'il aura rangé sous sa domination la Chine et les Indes, l'Angleterre pourra chercher des yeux l'Allemagne et sa flotte ! »*. La prise de la métropole germanique ne signe pas pour autant la fin des opérations japonaises, la disparition d'activités militaires, paramilitaires et illicites du *Reich* à partir du territoire chinois ou le retour de la paix en Chine.

1. Après la guerre, Plüschow se lance dans la conquête de nouveaux espaces aériens au-dessus de l'Atlantique et en Amérique du Sud. Il sillonne l'Argentine australe, la Terre de Feu et la Cordillère, publie deux ouvrages de souvenirs dans les années 1920 et meurt en janvier 1931 dans un accident d'avion.

L'importante flotte de haute mer de l'Empire nippon[1] participe durant l'automne et l'hiver 1914 à la prise de contrôle et à la protection par les Alliés de diverses îles océaniennes, à la poursuite de l'escadre de l'amiral von Spee et des navires allemands ou saisis militarisés lors de la déclaration de guerre[2].

Alors que les intérêts régionaux des grandes puissances sont divergents, voire opposés, les navires alliés manœuvrent de concert, obligent l'escadre allemande à quitter le Pacifique par le détroit de Magellan, préparant la victoire navale britannique de décembre 1914 au large des Malouines. Les bâtiments de guerre japonais coopèrent également avec les flottes alliées dans le cadre de la chasse au corsaire *Emden*, après que ce navire allemand ait coulé le croiseur australien *Sydney* à proximité des côtes des îles Cocos-Keeling en novembre 1914. Ils contribuent ensuite, sans grand risque, à garantir la liberté de navigation dans le Pacifique-Ouest, jusqu'en Malaisie et au large de l'Indochine.

Ils collaborent également à la protection anti-sous-marine des convois de cargos et de transports de troupes qui circulent entre l'Extrême-Orient et les ports méditerranéens pendant toute la durée de la guerre et quelques bâtiments battant pavillon impérial nippon croisent entre Malte et Chypre à la recherche des *U-Boot*.

Evoquée au début du mois de septembre 1914, puis éludée dans l'attente de la fin des hostilités contre la concession allemande, la question de l'envoi en Europe d'un corps expéditionnaire japonais est un des « serpents de mer » de la Première Guerre mondiale. Elle est à nouveau étudiée à partir de la fin de 1914, puis en 1915, en 1916, et en 1917 encore lorsque l'effondrement militaire russe fait planer sur le front Ouest la menace d'une supériorité allemande significative.

---

1. La marine de guerre japonaise compte parmi ses plus importantes unités 18 cuirassés et 34 croiseurs.
2. Le vapeur russe *Rezan* est transformé en croiseur auxiliaire et rebaptisé *Cormoran*, comme le cargo *Prinz Eitel Friedrich* armé grâce à des matériels prélevés sur les dotations des autres navires.

Selon l'évolution de la situation militaire en France, ce dossier suscite l'échange de dépêches entre Paris et Tokyo ou tombe temporairement dans l'oubli.

Le Japon fait rapidement savoir qu'il n'envisage pas d'envoyer une armée se battre en Champagne ou en Flandres, mais Paris revient régulièrement à la charge avec une étonnante naïveté. Avant la bataille de la Marne, les Anglais eux-mêmes y sont hostiles et le font savoir ; le 17 septembre, Delcassé télégraphie aux représentants de la France à Tokyo et à Londres *« qu'il ne* [lui] *paraît pas que cette armée puisse être inférieure à cent mille hommes »*, mais que *« si la guerre continue dans les mêmes conditions favorables, le corps expéditionnaire japonais arrivera en Europe au moment où selon toute probabilité c'est en Allemagne que se dérouleront les opérations militaires »*[1]. L'armée japonaise ne se bat ni en 1914 ni les années suivantes sur le front de France car cette hypothèse ne correspond à aucun choix politique du gouvernement impérial : ayant les mains libres en Chine pendant que l'Europe se déchire, le Japon se préoccupe de gérer ses difficultés intérieures, d'asseoir son influence régionale et d'organiser ses nouveaux territoires.

Comment le Premier ministre pourrait-il imposer la création de ce corps expéditionnaire alors qu'en décembre 1914 la Diète refuse d'autoriser la création de deux nouvelles divisions pour le corps d'occupation en Corée, provoquant la dissolution de l'assemblée par l'Empereur ? Les autorités de Tokyo déclinent même l'extension dans un nouveau traité d'alliance du champ d'application des conventions signées entre 1902 et 1914 avec les Alliés, et en particulier l'Angleterre. Quel gouvernement prendrait le risque d'envoyer à l'autre bout du monde une armée significative (on parle en 1916 de 500 à 800.000 hommes) dont les voies de commandement, de communication et les approvisionnements n'offriraient aucune sécurité ? En des termes choisis, le Premier ministre et le ministre des Affaires étrangères japonais mettent en avant d'une part le soutien matériel actif apporté à l'armée russe, d'autre part des considérations de sécurité régionale, enfin un

1. Télégramme chiffré n° 10, et n° 135. 81. *D.D.F. 1914*, documents 266 et 267, pp. 228-229.

problème juridique et de déontologie lié à l'emploi constitutionnel des soldats appelés nippons *« pour la défense de la patrie »*.

Ce n'est qu'en 1918, avec l'effondrement de la puissance russe en Extrême-Orient, que Tokyo lance une ultime opération militaire, aux côtés des Américains, dans la région de Vladivostock. L'espoir rapidement déçu de s'assurer une large zone d'influence en Sibérie orientale explique le rembarquement discret de son armée. Il n'en conserve pas moins pendant quelques années la mainmise sur l'ensemble de l'île de Sakhaline, aux riches ressources pétrolières et houillères.

Lorsque s'ouvre la Conférence de paix de Versailles, le Japon est, parmi les Alliés, celui *« qui a le moins donné de son sang, le moins dépensé de son or. Il a perdu bien peu de ses enfants ; loin de s'appauvrir, il s'est considérablement enrichi »* constate Félicien Challaye.

La présence allemande en Extrême-Orient jusqu'en 1917

Dès le début de la guerre, les autorités françaises et britanniques affirment devoir faire face, en tel ou tel point de leurs colonies asiatiques, aux activités illégales d'agents allemands.

En Indochine, en novembre 1914, l'attaque du poste laotien de Samneua, l'assassinat de l'administrateur des colonies Lambert et les incidents de Sonla perpétrés par des pirates chinois sont présentés comme étant suscités par *« les agents allemands en Chine »*, qui font *« passer des armes et de l'argent aux rebelles »*. Les difficultés qui émaillent les années 1915, 1916 et 1917 dans la colonie française[1] sont également attribuées aux *« excitations des Allemands et des révolutionnaires annamites de Chine »*[2], discours qui devient récurrent mais manque de crédibilité après la fin des opérations actives, la fermeture des consulats et la disparition des derniers navires corsaires allemands.

---

1. Agitation aux frontières du Yunnan, incidents de Cochinchine et de Poulo-Condor, manifestations de Kompomchnang au Cambodge, déposition du roi Duy-Tân en 1916 ; rébellion de Thaïnguyen en 1917.
2. M. Landry, député, rapporteur du budget des Colonies, document Chambre des députés, 1919, n° 5447.

Les Alliés s'inquiètent des menaces qui pèsent sur les populations musulmanes d'Extrême-Orient, aux Indes néerlandaises (révolte de Batavia en mars 1916) et au Bornéo britannique. Ils restent préoccupés par les manquements à la neutralité qu'ils observent dans les ports de la colonie hollandaise, accusée de *« conserver secrètement une attitude bienveillante vis-à-vis de l'Allemagne »*.

En Chine, de nombreuses concessions sont entretenues par les puissances européennes, administrées, gérées et protégées par elles[1]. Jusqu'en 1917, tant que la Chine conserve officiellement son statut de neutralité, les différentes communautés nationales se croisent, se suspectent, se surveillent. Les concessions germaniques voient leur population augmenter, à partir d'août 1914, de tous les Austro-Allemands expulsés des États voisins ou fuyant les colonies alliées ; tandis que les zones sous contrôle britannique et français se vident des adultes mobilisés ou engagés volontaires.

Pour prévenir un éventuel dérapage de la situation vers un processus de harcèlement urbain, dans l'hypothèse où les ressortissants allemands envisageraient de semer le trouble dans les quartiers européens, les Anglais font venir quelques contingents des Indes et de Hong-Kong et les Français se renforcent en enrôlant des ressortissants étrangers volontaires et mettant en place des unités de miliciens indochinois. La situation reste tendue et, en janvier-février 1917 encore, lorsque la concession française de Tien-Tsin connaît de violents incidents, la presse parle de méfaits *« subventionnés par les Allemands dans le but d'entraver le recrutement des travailleurs chinois pour les usines de France »*.

Les autorités allemandes disposent de vingt postes consulaires à travers le pays et tentent à plusieurs reprises de profiter de l'état d'affaiblissement de la Chine et de l'alliance avec la Turquie pour soulever les populations musulmanes sur les arrières des Puissances de l'Entente. Ils diffusent des journaux de langue allemande ou anglaise favorables aux Puissances centrales (dont

1. En 1912, le nombre de ressortissants des grandes puissances en Chine est évalué à : 75.210 Japonais, 45.900 Russes, 8.700 Britanniques, 3.900 Américains, 3.200 Français et 2.800 Allemands.

le *Te-Khona-Bao* de Moukden selon plusieurs sources), voire en lancent de nouveaux: *Deutsche Zeintung für China* en complément de *l'Ostasiatischer Lloyd* en Chine, *Die Umschau* au Siam, des hebdomadaires ou mensuels similaires aux Philippines et aux Indes néerlandaises. Pour les Français, que la complexité des affaires intérieures chinoises déroute souvent: *« L'argent allemand ruisselait sur la Chine »* à partir d'août 1914 et *« suivant un plan organisé, nos adversaires s'assurèrent les dévouements et les concours des groupes extrêmes, d'un côté dans le parti Peï-Yang des vieux mandarins attachés encore aux traditions monarchistes, de l'autre dans le parti Kuo-Min-Tang des démocrates les plus audacieux et des révolutionnaires les plus hostiles à l'impérialisme »*.

À l'automne 1914, le capitaine Pappenheim, attaché militaire à la légation allemande de Pékin, est pris dans une embuscade par une bande de pillards mongols alors qu'il tente avec quelques hommes d'acheminer vers le Nord, pour attaquer la voie ferrée russe du Transsibérien, une caravane chargée d'explosifs. À la même époque, les journaux de l'Entente voient la main de l'Allemagne derrière la tentative de révolte réprimée par les Britanniques à Lahore, mais le *Bulletin de l'Asie française*, plus prudent, se contente d'écrire du chef de la rebellion « [qu'] *il semble qu'il ait reçu quelques encouragements de source allemande* ».

Au printemps 1915, Otto von Hentig, véritable aventurier, s'efforce avec un effectif réduit mais des moyens financiers significatifs de rejoindre l'Afghanistan puis les provinces musulmanes russes pour susciter des révoltes. Si son voyage se solde par un échec aux frontières des Indes britanniques, il parvient à créer l'instabilité en Asie centrale, obligeant les troupes russes à exercer une féroce répression, en particulier à l'encontre des Kirghizes. Von Hentig accompagné d'un parent de l'Émir de Bokhara est, quelques mois plus tard, de retour au consulat allemand de Hankow à partir duquel il peut enfin rentrer en Europe. Les bruits les plus fous courent alors sur les menées allemandes supposées en Inde, au Siam, en Afghanistan, en Perse ou aux Philippines. Qu'un consul allemand se déplace ou qu'une tribu indigène se manifeste et les plus noirs projets sont aussitôt attribués à Berlin.

L'année suivante, en mai 1916, une tentative similaire est conduite à la frontière des Indes et de l'Afghanistan par le commandant Winkelman, ancien conseiller militaire allemand auprès des autorités chinoises. Empruntant la route du Pamir, il rejoint la frontière indienne avant d'être arrêté en possession de fortes sommes d'argent.

Ces ultimes soubresauts périphériques aux marches des empires chinois, ottoman, russe et anglais témoignent que jusqu'à la déclaration formelle de guerre de Pékin à l'Allemagne, à la saisie des concessions et à la fermeture des locaux consulaires, les Allemands ne renoncent pas à utiliser les points d'appui dont ils disposent dans la région, autant que l'état de délabrement de la Chine peut le permettre. Ils illustrent aussi le fait que malgré les affirmations de la presse alliée ces tentatives manquent singulièrement d'ampleur, de moyens et de coordination.

Si son action s'exerce par d'autres moyens, il est indispensable de citer, parmi les officiers allemands dont la menace plane le plus longtemps dans la région, le comte Félix von Luckner, commandant le croiseur auxiliaire *Seeadler*[1]. Après avoir écumé l'Atlantique et saisi 13 navires alliés ou neutres au printemps 1917, il franchit le cap Horn et poursuit sa chasse dans le Pacifique.

Il raconte dans ses mémoires cette anecdote, qui témoigne de l'inquiétude que les quelques navires corsaires allemands inspirent. Fin avril 1917, un radiotélégramme britannique annonce officiellement que son navire a été coulé : « *L'Anglais ne ment pas sans motif… Les bateaux chargés attendaient pour prendre la mer que les croiseurs lancés à notre recherche eussent arrêtés notre course. Les primes d'assurance montaient. L'Anglais avait envoyé ce radio pour*

1. Les souvenirs du comte félix von Luckner ont été publiés en France sous le titre *Le dernier corsaire*, Paris, Payot, 1926, 252 pages.

les faire descendre. L'intérêt national lui a toujours été plus cher que la vérité. Mais à canaille, canaille et demie. Nous envoyâmes nous aussi un T.S.F. : "Au secours, sous-marin allemand". Le bruit se répandit que des sous-marins allemands croisaient dans le Pacifique. Les taux d'assurance recommencèrent à monter ».

Le 30 juillet, après plus de sept mois de guerre de course, il relâche sur l'îlot français de Mopélia, dans l'archipel de la Société, qui se trouve être ainsi le seul territoire allié du Pacifique temporairement occupé par une force militaire allemande. Victime d'une grave avarie le 2 août, il équipe avec des moyens de fortune un canot, baptisé *Kronprinzessin Cecilie*, sur lequel il quitte Mopélia avec 5 hommes le 23 août. Ils rejoignent l'archipel britannique des îles Cook où ils tentent sans succès de s'emparer d'un navire, puis Niue où les indigènes les auraient accueillis avec joie avant de les ravitailler : « *Venez, Allemands, peuple héroïque, venez vous qui combattez contre le monde entier. Nous aussi nous sommes des guerriers* ». Le 14 septembre, ils atteignent les Fidji. Affaiblis par trois semaines de mer dans des conditions extrêmement dures, ils sont fait prisonniers alors qu'ils se préparent à saisir une « *merveilleuse goélette à moteur auxiliaire* », après avoir parcouru 2.300 milles en canot ouvert : « *À l'officier de police qui nous interroge, je me présente : "Commandant du Seeadler"... Blanc comme un linge, il n'osait approcher. Et cependant, affaiblis par le pain dur, l'eau saumâtre, l'immobilité, nous ne présentions pas un aspect bien redoutable* ».

Évadé puis repris dans des conditions rocambolesques quelques mois plus tard, il est le dernier officier allemand à conduire la guerre sous le pavillon impérial dans le Pacifique.

Tokyo pose ses conditions

Après la capitulation du gouverneur allemand de Tsing-Tao, le Japon reste d'autant moins inactif en Chine que le gouvernement Okuma veut pouvoir arguer de gains significatifs avant de se présenter aux élections générales. L'ancienne concession allemande est placée sous administration militaire et tous les secteurs de la vie économique sont réorganisés au profit de l'Empire du Soleil-Levant. Lors de la réception officielle accordée à Tokyo au général commandant le corps expéditionnaire britannique après la chute de la citadelle, les autorités ne se privent pas d'expliquer que le Japon est le seul vainqueur. Le 14 décembre, le baron Kato affirme devant le Parlement que *« le Japon n'a pris d'engagement envers aucune puissance en ce qui concerne la restitution de Kiao-Tchéou à la Chine »* et averti les Anglo-Américains que son pays *« se considère donc comme libre d'envisager la question à la fin de la guerre »*[1].

Le 18 janvier 1915, appuyant son argumentation sur sa victoire militaire et sur les intérêts particuliers dont il se prévaut, le gouvernement japonais soumet à Pékin un Protocole exposant ses revendications. Les négociations durent quatre mois, au cours desquels les deux pays s'opposent sur fond d'intrigues anglo-saxonnes et germaniques croisées. Le président chinois tente de résister, mais six des Vingt-et-une demandes japonaises doivent être acceptées à la fin du mois de mars. La marge de manœuvre du président Yuan Shih-Kaï est réduite car la poursuite de la guerre en Europe lui interdit de pratiquer la politique traditionnelle de Pékin, consistant à opposer l'une à l'autre les grandes puissances. Malgré l'intérêt croissant que les États-Unis manifestent pour l'intégrité territoriale et la souveraineté de la Chine[2], le Japon renforce ses troupes d'occupation du Chang-Toung et de Mandchourie. Pékin est contraint d'accepter l'ultimatum du 6 mai 1915.

Le Japon confirme son occupation des territoires conquis, consolide sa position en Mandchourie et en Mongolie Intérieure et se voit reconnu des droits particuliers ainsi qu'une

---

1. Télégramme chiffré n° 933 de Delcassé aux ambassadeurs de France en Grande-Bretagne, aux États-Unis, en Russie et en Chine. *D.D.F. 1914*, document 666, p. 648.
2. Échange de notes diplomatiques en février et mars 1915 en particulier entre Washington, Pékin et Tokyo et note de mai 1915 : *« le gouvernement des États-Unis a l'honneur de notifier au gouvernement de la République chinoise qu'il ne saurait reconnaître aucun accord ou engagement qui aurait été conclu entre les gouvernement de la Chine et du Japon, portant atteinte aux droits que les traités donnent aux États-Unis ou à leurs citoyens en Chine, à l'intégrité politique et territoriale de la République chinoise, ou à la politique internationale relative à la Chine et communément connue sous le nom de politique de la porte ouverte »*.

vaste zone d'influence sur les côtes méridionales de la mer de Chine.

L'échange de notes diplomatiques entre le vicomte Ishii, ambassadeur spécial de Tokyo, et Robert Lansing, secrétaire d'État des États-Unis, le 2 novembre 1917[1] constitue un compromis d'attente, chacun des deux partenaires campant sur ses positions et l'accord n'intervenant que sur des déclarations générales relatives à l'intégrité et à l'ouverture de la Chine. C'est d'ailleurs en référence à l'accord Ishii-Lansing qu'en 1919 Reinsch, ambassadeur américain à Pékin depuis 1913 et ardent défenseur de la cause chinoise, tente de limiter les empiètements successifs du Japon. Déçu et ayant un sentiment d'abandon après la signature du traité de Versailles, il donne sa démission en la motivant dans une longue lettre, ultérieurement rendue publique, au président Wilson.

Au cours du second semestre 1915, le gouvernement de Yuan Shih-Kai doit réprimer plusieurs révoltes suscitées par des officiels japonais. L'annonce de la restauration de l'Empire à son profit entraîne des rébellions en province entre décembre 1915 et mars 1916 : alors que les représentants américains sont de plus en plus présents, les influences contradictoires nouent le drame de la Chine. Entre potentats locaux à l'intérieur, Kuo-min-tang au Sud et agents japonais dans tout le pays, le général Li Yuan-Hung succède à Yuan comme président en titre de la république, puis est lui-même remplacé par le général Feng Kuo-Chang. Les gouvernements se suivent, impuissants. La France, dont les énergies sont tendues vers le front du Nord-Est, n'a pas les moyens de conduire une action diplomatique ou militaire originale et se rallie à la position britannique. Le mensuel *L'Asie française* le regrette : *« C'est un sujet qui, plus tard, s'imposera à ses préoccupations : il est clair que le Japon a jugé l'occasion de la guerre excellente pour pousser ses pions… Le chapitre de l'histoire de l'Extrême-*

1. Notes et correspondances publiées le 6 novembre 1917 dans le *Bulletin Officiel* du gouvernement américain.

Orient qui se déroule tandis que l'Occident est absorbé par la guerre se terminera nécessairement par un très grand progrès de l'action économique et de l'influence politique du Japon en Chine »[1].

Cette analyse est rapidement confirmée. Le Japon profite de ce que les difficultés européennes de ses alliés lui laissent les mains libres pour prendre politiquement et économiquement la place de l'Allemagne et de l'Autriche-Hongrie dans la société chinoise. En 1916, un accord secret russo-japonais reconnaît l'influence nippone contre une avance de 130 millions de dollars. En 1917, les nations européennes admettent la reprise par l'empire du Soleil-Levant des droits de l'Allemagne au Chantoung. L'interpénétration des économies prépare l'influence politique : dans la zone du chemin de fer, où sous administration allemande avant août 1914 étaient enregistrés 46 ressortissants japonais, ils sont 28.000 en 1922…[2]

1. « L'action japonaise en Chine pendant la guerre », *L'Asie française*, bulletin mensuel du comité de l'Asie française, n° 1-3, janvier-mars 1915, pp. 9-11.
2. Chiffres donnés par Augustin Léger pour la *Société d'études et d'informations économiques* et repris par Léon Archimbaud (« La question du Pacifique », *La Revue du Pacifique*, n° 1, mai 1922, pp. 3-17, p. 10) avant de citer M. Demangeon dans le *Déclin de l'Europe* : *« On pourra masquer la réalité dans la rédaction des titres de possession, mais en pratique on ne changera rien au fait économique ».*

PREMIERS SUCCÈS EN AFRIQUE

Les autorités allemandes ne semblent pas croire à la réalité d'une menace militaire contre leurs colonies. En Afrique, l'Allemagne s'appuie le chapitre III de l'Acte de Berlin de1885 et la convention secrète germano-britannique de 1898 pour considérer que la neutralisation est acquise. Le 3 août, le gouverneur intérimaire du Togo adresse à ses homologues du Dahomey et de la *Gold Coast* une première proposition. Le 22 août, le gouvernement de Berlin demande officiellement aux États-Unis d'obtenir des puissances de l'Entente la neutralisation du bassin du Congo. Mais ni Paris, ni surtout Londres ne souhaitent s'interdire la conquête de territoires facilement accessibles et les opérations commencent avant que la demande allemande ne parvienne aux Alliés.

Aspects de l'effort militaire de l'empire britannique

En Amérique Centrale et aux Caraïbes, en Afrique, en Asie et en Océanie, des forces autochtones de sécurité assurent, sous des statuts variables, la présence militaire de l'Empire aux côtés de détachements d'unités blanches. Avant la Première Guerre mondiale, à la différence de ce qui existe chez les autres puissances coloniales, le Royaume-Uni entretient peu de formations mixtes (gradés et sous-officiers européens, troupes indigènes). Si les volontaires britanniques sont très rapidement engagés sur les différents fronts, les unités constituées sur la base des populations locales ne sont développées qu'à partir de 1915. Le premier contingent fidjien, comptant exclusivement 60 Européens, est intégré au *King's Royal Rifles* au printemps 1915 et se bat dans le secteur d'Ypres.

La situation des Indes britanniques semble la plus simple : une autorité de tutelle unique, des moyens identifiés. La réalité est néanmoins plus subtile puisque les princes conservent une relative autonomie.

Vice-roi des Indes entre 1910 et 1916, lord Hardinge est l'un des promoteurs de l'active participation indienne à la guerre dont les effets se font surtout sentir contre l'Empire ottoman et sur les théâtres africains. Le vice-roi tient le pays d'une main de fer et entend faire jouer à la plus grande colonie britannique un rôle à sa mesure.

Le consul de France à Calcutta le souligne à l'attention de son ministre pour expliquer ses difficultés sur le territoire d'un allié: *« Les consuls, considérés ici comme de simples agents commerciaux, sont tenus soigneusement écartés de toutes les questions politiques et ne peuvent en converser avec les autorités anglaises et que, d'autre part, le gouvernement de l'Inde pour tout ce qui regarde ses relations extérieures s'est toujours ingénié à s'entourer de mystères et à ne laisser rien paraître de ses faits et gestes. Il y réussit, il faut bien l'avouer, plus que jamais. L'envoi d'un corps expéditionnaire indien en France n'a été connu dans l'Inde qu'après le départ du convoi… Maintenant que la guerre est déclarée, ou semble l'être du moins, entre les Alliés de la Triple Entente et la Turquie, et que le rôle de l'Inde peut devenir un facteur plus important de la lutte engagée contre l'Allemagne et l'Autriche, il me paraît plus nécessaire de faire part au Département de mes impressions et de lui communiquer les quelques informations que j'ai pu recueillir »*[1].

Lord Hardinge est l'un des premiers diplomates britanniques à avoir considéré que les ambitions allemandes à la fin du XIXe siècle justifiaient un rapprochement anglo-français, puis anglo-russe. Nommé à la tête du gouvernement indien, il adopte une attitude résolument conciliatrice vis-à-vis de l'Empire des Tsars, jusqu'alors considéré comme le premier adversaire de la présence anglaise dans la région, et s'inquiète des manifestations de plus en plus fréquentes de l'influence allemande. Celle-ci s'exprime sous deux aspects: d'une part, la présence directe, commerciale, financière et politique des Hohenzollern apparaît avec davantage d'acuité; d'autre part le discours de soutien du *Kaiser* au Sultan de Constantinople est dans son principe même menaçant pour les Indes britanniques, où extrémistes musulmans et nationalistes hindous oscillent entre le boycott des autorités anglaises et l'appel à la révolte.

---

1. Télégramme n° 12 du consul général de France à Calcutta au ministre des Affaires étrangères, 4 novembre 1914. *D.D.F. 1914*, document 474, pp. 461-462.

Dès les premiers mois de guerre, pour des causes tenant à la place tenue dans les opérations par les contingents indiens, aux effets de la propagande allemande et à l'effort général de mobilisation industrielle et économique de l'Empire, l'idée du *Home Rule* progresse. Lord Hardinge le regrette et s'y oppose une dernière fois au Conseil de la colonie avant son départ au printemps 1916 : « *Ces derniers mois, j'ai vu mentionner dans des discours et dans la presse le gouvernement autonome et une manière de Home Rule comme étant des réformes désirables pour l'Inde. Je me suis souvent demandé si ces orateurs et ces écrivains se sont bien rendus compte des conditions qui existent dans des Dominions comme le Canada ou l'Australie… En l'état actuel de l'Inde ce n'est pas de l'idéalisme qu'il faut, mais de la politique pratique… Ce serait retarder les choses, ralentir le progrès politique que de provoquer légèrement des espérances extravagantes et de satisfaire des demandes irréalisables* ».

La tentative de rébellion des Sikhs autoritairement rapatriés du Canada et des États-Unis durant l'hiver 1914-1915, la révolte du 5e *Light Infantry Regiment* à Singapour[1] dont les autorités britanniques mettent une semaine à venir à bout et l'insurrection d'une partie des troupes du Penjab, des Provinces-Unies et des Provinces du Nord-Ouest illustrent ces difficultés souvent passées sous silence. La presse évoque sans en fournir la preuve la fourniture d'argent et d'armes par les consuls allemands de Chine du Sud. Les insinuations sont significatives des procédés de la propagande, ce qui n'interdit pas que des agents allemands aient pu chercher à profiter de la situation : « *Il est très probable qu'un accord existait entre l'Allemagne et le chef des conspirateurs…* », « *Un des conspirateurs a déclaré qu'il avait entendu dire…* », « *Il n'est pas douteux que l'on trouve dans ces milieux un certain nombre de personnes qui sont en relation avec des agents de la politique allemande…* ». L'influence allemande supposée est sans doute bien supérieure à l'efficacité réelle des représentants de Berlin, de plus en plus isolés et surveillés.

1. Les Radjouts révoltés libèrent les 340 prisonniers allemands internés à Singapour, dont quelques-uns se joignent aux insurgés.

Lord Chelmsford, qui remplace Hardinge comme vice-roi en avril 1916, est confronté aux revers subis en Mésopotamie, tandis que l'agitation intérieure perdure et qu'en décembre 1917 le Congrès national indien rassemble 4.000 délégués à Calcutta pour exiger le *Home Rule*: *« L'Inde tient la main à l'Angleterre comme amie et non comme inférieure, pour coopérer et non pour obéir... C'est seulement dans une Inde libre et puissante que les intérêts orientaux de l'Angleterre peuvent trouver leur sécurité. Alors que l'empire se compose de Dominions libres, l'Inde ne peut pas rester une dépendance »*. La persistance des activités illicites allemandes aux frontières et dit-on sur le territoire même des Indes, ou au moins la menace qui en est agitée; les tentatives de rapprochement entre les Puissances Centrales (dont la Turquie) et les extrémistes musulmans l'incitent à décupler ses efforts: la participation à la lutte croît en proportion des risques qui pèsent, ou que Londres suppose peser, sur les Indes anglaises et sur les voies de communication entre la métropole et le fleuron de l'Empire, sans que l'on remette en cause l'organisation générale du système politique et les formes prises par la subordination de Delhi.

Outre les forts contingents de l'Union sud-africaine et les *West India & West Africa Regiments*, dont les états-majors sont installés au Sierra Leone, sur lesquels nous reviendrons du fait de leurs rôles, relevons d'autres exemples.

En Amérique Centrale et aux Antilles, la création du *British West Indies Regiment* doit tout à la Grande Guerre. Le *London Gazette* du 26 octobre 1915 l'annonce: *« Sa majesté le Roi approuve la formation d'un corps formé des contingents fournis par les habitants des îles des Indes occidentales, sous le nom de Britsih West Indies Regiment »*. Cette appellation ne limite pas le recrutement à la seule entité administrative des Indes occidentales britanniques: la Jamaïque, les Bahamas, Turks et Caïcos, Saint Kitts et Nevis, les îles Vierge, la Barbade, Trinidad et Tobago, Sainte-Lucie, la Dominique, Antigua, Saint-Vincent, Grenades et Grenadines, les îles Caymans fournissent des contingents, renforcés par la Guyane anglaise et le Honduras britannique. Transférés en Égypte au début de l'année 1916, ils reçoivent un complément d'instruction dans les camps installés autour d'Alexandrie et sont employés en Palestine, en Mésopotamie, sur le front de France ou en Afrique orientale.

La situation est identique pour l'ensemble baptisé *Pacific Islands*: les familles d'origine européenne, les travailleurs afro-asiatiques et les populations locales résident sur huit archipels éloignés et distincts (Salomon, Gilbert et Ellice, Tonga dit aussi *Friendly Isles*, Phoenix, Pitcairn, Fanning et les Nouvelles-Hébrides), dont l'un porte même le nom de *Miscellaneous Islands*, littéralement les Îles Diverses. Tous ces territoires contribuent, en proportion de leur population souvent réduite, à l'effort de l'Empire et l'aide apportée est plus souvent matérielle (contributions volontaires, productions accrues, dons divers) qu'humaine. Un certain nombre de ressortissants de ces territoires servent dans les forces armées de l'Australie et de la Nouvelle-Zélande et les quelques unités constituées à partir de ces possessions britanniques sont engagées sur le front ouest-européen.

Ceylan et Hong Kong adoptent une législation permettant aux autochtones de rejoindre volontairement, aux côtés des ressortissants d'origine européenne, les formations militaires britanniques. L'île Maurice et les Seychelles, dont la population totale est à peine suffisante pour assurer leur propre défense territoriale, lèvent des *Labour Corps* qui rendent de nombreux services dans l'Est Africain allemand.

Les *Straits Settlements*, enfin, recouvrent un ensemble disparate d'îles et de territoires variés avec Singapour, Labuan, les Cocos-Keeling Islands, les îles Christmas, Penang associé à la province de Wellesbey, à Malacca et au territoire de Dindings, la Fédération des États Malais et les États feudataires de Kelantan, Trengganu, Kedah et Perlis et l'État de Johore dont le Sultan est suzerain de la province de Muar. Leur participation relève pour l'essentiel de contributions financières, industrielles, minières et agricoles accrues à l'effort de guerre et de l'envoi sur les différents fronts d'unités de travailleurs.

Pour le gouvernement de Londres, le premier objectif est, en Afrique comme dans le Pacifique, de couper les câbles télégraphiques sous-marins allemands et de se saisir des stations de radiotélégraphie à grande puissance extrêmement modernes qui permettent de communiquer avec Berlin et servent de relais pour les navires allemands surpris en haute mer. Le câble atlantique entre le Cameroun et Monrovia est levé et coupé le 8 août au large de la *Gold Coast*. Avec la destruction de la station de Kamina, toute liaison directe entre Berlin et son Empire disparaît, ce qui, conjugué au blocus naval exercé par les marines alliées, coupe définitivement de la métropole les gouverneurs des différents territoires.

La France s'impose définitivement au Maroc

Dès la proclamation de l'état de guerre, les autorités françaises utilisent toutes les ressources de leur position originale au Maroc pour en chasser d'autant plus facilement les intérêts allemands[1] que 433 ressortissants du *Reich* à peine y résident, contre plus de 26.000 Français.

Bien que divisé entre plusieurs zones d'influence et soumis à un régime inégalitaire, le protectorat reste un État de droit international. Les effets de la proclamation de Moulay Youssef appelant la population musulmane à soutenir l'effort militaire de la France et acceptant l'envoi de troupes marocaines en Europe sont relayés et amplifiés par les *dahirs* suscités par le général Lyautey, agissant en qualité de ministre des Affaires étrangères du Sultan[2]. Le départ des contingents marocains pour le front européen est

---

1. *« Tandis qu'entre 1900 et 1910, la moyenne annuelle du commerce extérieur marocain oscillait entre 10 et 13 millions de francs, il avait progressé à 25.300.000 francs en 1911 et à 31 millions en 1912... Il est à remarquer qu'en 1912, les exportations des ports marocains vers l'Allemagne étaient supérieures aux exportations en France et aux exportations en Angleterre »*, Camille Fidel, *Op. cit.*, p. 73.

2. Dès le 5 août 1914, deux proclamations du Sultan précisent : *« En raison de l'état de guerre déclaré entre la France et l'Allemagne, état de guerre qui s'étend du fait de l'occupation française à la zone française de notre Empire, nous avons décidé de retirer à tous les consuls d'Allemagne... l'exequatur que nous avions accordé »* et *« En conséquence du retrait de l'exequatur des consuls d'Allemagne dans les ports et les villes de la zone française de notre Empire, tous les effets des capitulations existant entre l'Empire allemand et le Maroc sont supprimés dans la zone française »*.

régulièrement présenté comme un acte de souveraineté, plaçant le Maroc aux côtés de la France.

De rares incidents sont mis en exergue : un appel des frères Mannesman, industriels et négociants allemands installés de longue date au Maroc et réfugiés en Espagne ; quelques condamnations sévères pour *« complot contre la sécurité du Maroc et haute trahison »* devant le conseil de guerre de Casablanca ; l'énervement d'une poignée de légionnaires d'origine allemande à Taza et Meknès ; le renouveau de sympathie en faveur de l'ancien Sultan ; les déplacements de Raissouli… En réalité, une immédiate répression tue en germe toute action subversive.

Les mouvements sporadiques qui agitent le Nord ou le Sud du pays tiennent davantage à l'agitation chronique de tribus encore partiellement insoumises qu'à l'action subversive des agents de Berlin. Les proclamations à caractère religieux lancées au nom de Sultan de Constantinople, le passage avéré de quelques représentants allemands dans les territoires indociles, le versement de subsides aux rebelles ou la présence ponctuelle d'un sous-marin sur les côtes marocaines témoignent de quelques tentatives pour déstabiliser la présence française ; mais la menace n'a jamais eu l'ampleur complaisamment exposée dans les colonnes des journaux français.

Sur les 60 bataillons que la France entretient au Maroc avant le déclenchement de la guerre, il n'en reste que 23 à l'automne 1914, soumis à un rythme de mouvements d'autant plus élevé au cours d'une première période qu'il faut garantir la sécurité et l'ordre public. Ils sont bientôt renforcés par des Tirailleurs sénégalais, des colons réservistes rappelés et des bataillons de Territoriaux venus de métropole.

Cette diminution qualitative et quantitative acceptée de la présence militaire française témoigne que la menace n'est pas aussi grave que d'aucun l'affirme. Un remarquable travail de quadrillage du terrain par les officiers de renseignement, une surveillance active par tous les corps de police et les réactions sans faille du système militaro-judiciaire imposent définitivement la présence française, renforcée dans de nombreuses familles musulmanes par les combats que leurs fils conduisent en France dès la course à la mer.

Appelé au gouvernement comme ministre de la Guerre à la fin de 1916, Lyautey s'embarque pour Paris en laissant derrière lui un Maroc où le lien avec Paris n'est plus sérieusement remis en cause.

La rapide conquête du Togoland

Outre sa forme de trapèze[1] entre le Dahomey français et *Gold Coast* britannique, le Togo se caractérise d'une part par la répartition de sa population, qui passe de 90 habitants par kilomètre carré en certains points de la côte à 2 ou 3 dans les arrondissements septentrionaux, et d'autre part par l'existence de deux voies ferrées d'importance stratégique, dites voies de pénétration, l'une de 122 km orientée au nord-ouest reliant Lomé à Palimé près de la frontière britannique et l'autre de 167 km. orientée plein nord permettant d'atteindre Akakpamé, porte de l'intérieur[2]. Quatre zones géographiques se succèdent du sud au nord : la bande côtière et lagunaire puis le riche plateau côtier d'une altitude moyenne de 100 mètres, les régions montagneuses du Togo et du Kara d'une altitude de 500 à 1.000 mètres et orientées sud-ouest/nord-est, le fertile pré-plateau soudanais enfin. La saison des pluies s'étend du printemps en automne avec des pics en août et septembre.

Enclavé dans des territoires alliés plus puissants, le Togo est le territoire ultramarin du *Reich* dont la défense en cas d'agression extérieure est la plus problématique. Il ne peut matériellement pas résister longtemps à une intervention combinée : sa capitale, Lomé, se trouve à 25 km de la frontière occidentale, *« à portée de fusil »* des unités britanniques.

---

1. 520 kilomètres de profondeur, 50 kilomètres de base sur l'Atlantique, 110 kilomètres de large au Nord du territoire.
2. Le chemin de fer côtier Lomé – Petit Popo a essentiellement une vocation économique.

Un poste radiotélégraphique à grande puissance a été inauguré peu avant le déclenchement du conflit à Kamina, à 7 kilomètres d'Atakpamé. Le responsable de la construction, le baron Codelli, est d'ailleurs encore sur le territoire togolais et est arrêté par les Britanniques le 16 août. Une station secondaire est en cours de construction à Togblekové, près de Lomé, pour desservir essentiellement le Cameroun. Les principaux postes de la Force de Police sont reliés télégraphiquement à Lomé, sauf dans le nord de la colonie.

Commandée et encadrée par des officiers et sous-officiers métropolitains, la *Polizeitruppe* du Togo est la seule force de sécurité du territoire. Son organisation et son entraînement semblent supérieurs à ceux des forces de police d'autres colonies de l'Allemagne, mais restent ceux de simples contingents indigènes[1]. Déployée dans les différents districts du pays, elle aligne au printemps 1914 moins de 570 hommes : 2 officiers et 6 chefs de police (sous-officiers) européens et 560 policiers indigènes.

La mobilisation des Allemands résidant au Togo est prévue, sinon organisée. Quelques dizaines d'Européens complètent l'encadrement et les réservistes indigènes, policiers locaux libérés de leurs obligations et non punis ou condamnés, sont rappelés. L'armement individuel de base est le vieux fusil à poudre noire modèle *Mauser* 1871, dont il est possible d'armer un millier d'hommes environ. Quatre mitrailleuses *Maxim* constituent la seule dotation en armes collectives. Aucun véhicule automobile n'est à la disposition des militaires : il n'existe que deux voitures au Togo en 1914.

Théoriquement, la ressource totale pourrait s'élever à 1.500 hommes, y compris les 65 gardes frontières et douaniers. Mais, du fait de la brièveté de la campagne, il ne semble pas que l'effectif total réellement rassemblé sous les armes ait pu

1. Robert Cornevin précise (*Histoire du Togo*, op. cit., p. 170) que « *les officiers qui seront chargés des forces de police sont le plus souvent des individus d'élite* » et cite en particulier, outre von Doering, von Massow, von Seefried, de Mellin, Preil, Smend, Rierck, Freude, Trierenberg, Pfähler, Mans, Heilingbrunner et von Rentzell, tous bons connaisseurs du territoire et de ses populations.

dépasser 1.200 à 1.300 hommes, par ailleurs répartis en plusieurs sous-ensembles. Seuls les Européens du sud et du centre de la colonie sont effectivement touchés par les mesures de mobilisation. Les chiffres supérieurs parfois cités relèvent de la propagande ou d'une extrapolation hâtive d'effectifs théoriques.

La campagne ne dure qu'une vingtaine de jours, du 6 au 27 août. Il n'est toutefois pas inintéressant de suivre le déroulement des opérations, car plusieurs enseignements applicables sur de plus vastes échelles peuvent en être tirés. Elle présente par ailleurs la caractéristique d'être la première opération de la guerre justifiant une coordination franco-britannique, alors même que cette hypothèse n'a jamais été formellement envisagée par les deux gouvernements. La conquête s'articule en une phase de préparation, jusqu'au 6 août, et trois phases actives :

- L'occupation de la côte en soixante-douze heures, les 7, 8 et 9 août
- La marche vers la station radiotélégraphique de Kamina, du 14 au 26 août
- La conquête du Nord de la colonie, entre le 13 et le 26 août.

Carte renseignée des opérations au Togo

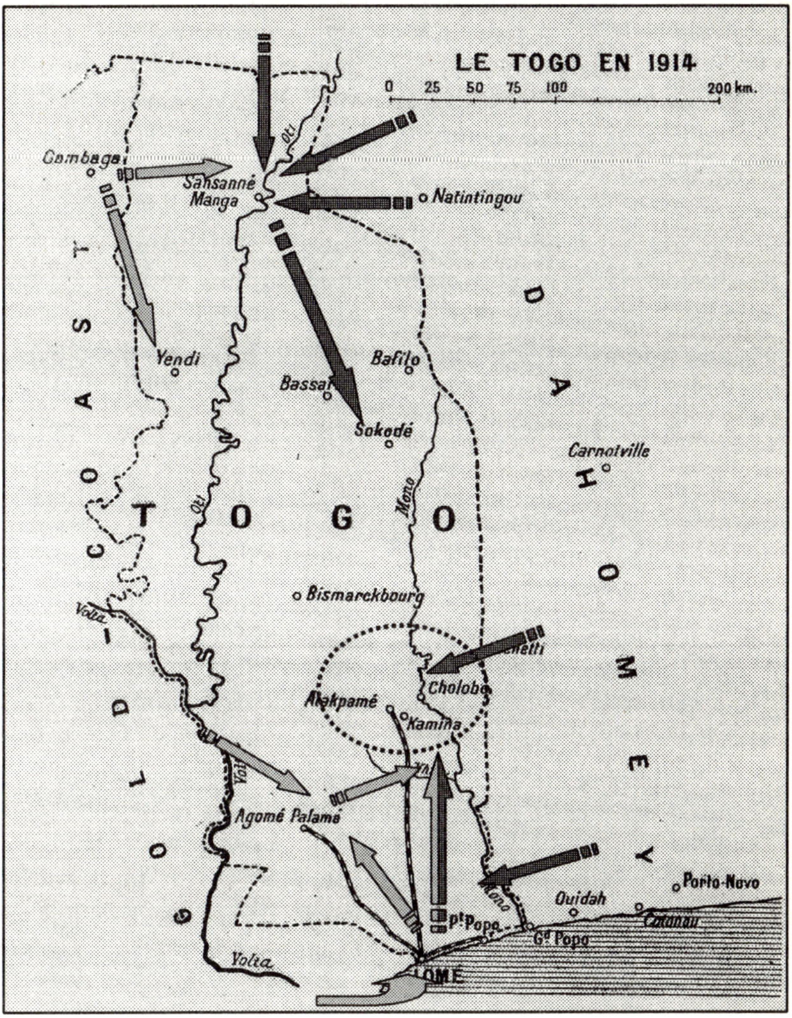

Colonnes britanniques

Colonnes françaises

Zone de regroupement
des unités allemandes

Premières opérations militaires

Le 3 août 1914 le commandant (e.r.) von Doering, gouverneur intérimaire du Togo[1] qui cumule les responsabilités civiles et militaires, adresse par radio aux gouverneurs britannique de la *Gold Coast*, Sir Hugh Clifford, de l'Afrique Occidentale Française, William Ponty et aux lieutenants-gouverneurs du Dahomey, du Haut-Sénégal et du Niger un télégramme proposant de maintenir une situation de neutralité armée entre les différentes colonies pendant la durée de la guerre en Europe. Anticipant sur la proposition officielle du gouvernement de Berlin, il s'appuie sur des mobiles humanitaires et la nécessité pour les peuples blancs de présenter aux colonisés noirs un front uni : il s'agit de ne pas offrir aux tribus africaines le spectacle d'Européens entraînant des indigènes à l'attaque d'autres Blancs.

La position de l'Angleterre, qui dans le même temps accélère ses préparatifs militaires et fait porter sur l'Allemagne la responsabilité des opérations, apparaît dans l'explication contradictoire que donne le *Times* en 1918[2] : *« Le jour suivant la déclaration de guerre en Europe, l'Afrique se réveille avec le début de quatre campagnes militaires distinctes sur ses côtes […] La première pensée du gouvernement* [de la colonie britannique] *est de prendre des mesures de défense contre une éventuelle attaque allemande »* (page 433) ; tout en ajoutant : *« Les Allemands n'étaient pas prêts à attaquer les colonies britanniques car il n'avaient pas planifié la guerre contre l'Angleterre »* (page 453). Le rapport rédigé par le lieutenant-colonel Bryant à la fin de la campagne ne laisse aucun doute sur les objectifs britanniques : *« Pour les intérêts de la colonie de la Côte d'Or, il était de la plus grande importance que la campagne contre*

1. Gouverneur titulaire, grand explorateur de l'Afrique centrale, le prince de Mecklembourg est un petit-neveu du duc d'Orléans. Il séjourne alors en Europe. Coupé de sa colonie, il sert pendant la durée de la guerre dans des unités métropolitaines allemandes et se distingue en conduisant un raid audacieux en Mésopotamie en 1916. Von Doering est depuis 21 ans en poste dans l'administration du territoire et porte le titre de *Erster Referent* (Premier rapporteur ou premier adjoint) avant d'assurer l'intérim.
2. « Equatorial Africa during the war », *The Times history and encyclopaedia of the war*, n° 208, vol. 16, 13 août 1918.

les Allemands au Togoland fût courte, violente et décisive»[1]. Les mêmes contradictions et contrevérités mêlées sont observées pour les autres théâtres.

En l'absence de Sir Clifford, gouvenreur en titre, Robertson fait prendre les premières mesures militaires dès réception à Accra, le 29 juillet 1914, du message demandant que *«les précautions soient prises en vue d'une possibilité prochaine d'état de guerre»* ; dans la journée du 30 le Conseil exécutif de la colonie adopte les mesures conservatoires et le 31 le rassemblement du régiment de la *Gold Coast* est pratiquement terminé[2]. Régiment indigène administré par le *Colonial Office*, il est d'une valeur militaire moyenne comme la plupart des unités coloniales avant-guerre et se distingue comme beaucoup de régiments ultramarins britanniques par la densité de son encadrement européen. Dans la colonie voisine de *Sierra Leone*, le régiment de l'Ouest africain relève du ministère britannique de la Guerre. Deux compagnies embarquées le 23 août en direction de Lomé n'arrivent sur le territoire qu'après la capitulation des Allemands.

Des vapeurs réquisitionnés assurent le transport des réservistes et des troupes entre les garnisons de l'Ouest et la frontière avec le *Togoland*, de sorte que le 5 août les compagnies du régiment de la *Gold Coast* sont en position sur la rivière Volta, en mesure d'être engagées. Le gouverneur britannique nomme lieutenant-colonel à titre temporaire le capitaine Bryant, auquel est confiée la colonne britannique devant envahir la colonie allemande, pour que l'Angleterre soit assurée d'obtenir le commandement interallié de la campagne. Il dispose de près de 2.600 hommes, dont 57 officiers, 535 sous-officiers et Tirailleurs et 2.000 porteurs.

La censure postale, télégraphique et de la presse est mise en œuvre dans la nuit du 2 août et les responsables des services de la

1. Cité par les *Renseignements coloniaux*, n° 5, mai 1915, p. 90.
1. La chronologie et le détail des mesures prises sont précisés dans le rapport final (29 août 1914) du lieutenant-colonel Bryant, publié par les *Renseignements coloniaux*, n° 5, mai 1915, pp. 90-94.

colonie investis, comme officiers de réserve, de doubles fonctions militaires et civiles. Le futur général Maroix souligne qu'ils *« rendirent de grands services au commandant des troupes anglaises »*[1]. Toutes les dispositions sont prises pour engager les opérations dans les meilleurs délais : les Britanniques n'envisagent à aucun moment de consentir à la neutralisation du territoire togolais qui permettrait à l'Allemagne de conserver l'usage de la station de Kamina.

Le lieutenant-gouverneur du Dahomey, pour sa part, ne prend pas la peine de répondre à son homologue du Togo et le 2 août signe un arrêté d'expulsion visant les Allemands résidant sur le territoire de la colonie, aussitôt arrêtés et transférés en *Nigeria* britannique. Il rend compte à Paris, qui prescrit à la fois de refuser la neutralisation et de s'abstenir de toute action offensive en premier. Mais, avant de recevoir ces directives le 10 août, il charge le 7 août le commandant Maroix, commandant supérieur des troupes de la colonie française, d'ouvrir les hostilités[2].

Troupes françaises engagées au Togo[3]		
Unités	**Effectif/Commandement**	**Obs.**
Zone Sud		
Troupes du Dahomey		
Brigade indigène	3 officiers, 8 sous-officiers européens, 197 indigènes (capitaine Durif)	
Détachement d'artillerie coloniale et du Génie	Capitaine Cauvin	Employé à la construction du chemin de fer du Dahomey

1. Général Maroix, *Le Togo*…, op. cit., p. 50.
2. Affecté au Sénégal, le commandant Maroix n'est présent que depuis peu au Dahomey, où il a été envoyé avec son bataillon pour réduire la rebellion des tribus Hollis et son séjour a été prolongé pour qu'il puisse participer avec ses hommes aux cérémonies du 14 juillet.
3. Chiffres cités par le général Maroix, *Le Togo*…, op. cit., annexe 1, pp. 123-125.

Services de l'Intendance et de Santé	Sous-intendant Kérourio et médecin major Spire	À partir de Cotonou et Porto-Novo
Brigade indigène de réserve	2 officiers, 7 sous-officiers européens, 180 indigènes (capitaine Friry)	Mise sur pied à la mobilisation
Compagnie de réservistes européen	Lieutenant Guillermain	Deux petits détachements à Cotonou et Porto-Novo
Supplétifs et divers	Gardes de cercle, goumiers, gardes frontières des douanes, commis des postes et télégraphes, etc.	Généralement équipés du fusil modèle 1874
En mission au Dahomey		
Brigade indigène de Côte-d'Ivoire	3 officiers et 7 sous-officiers européens, 180 indigènes (capitaine Castaing)	Pour combattre la rebellion des Hollis
Section d'artillerie de 80 de montagne	3 sous-officiers et 3 canonniers européens, 28 indigènes	Idem. Venue de Dakar
Zone Nord		
4e Brigade indigène du Haut-Sénégal et Niger	2 officiers, 1 médecin major, 3 sous-officiers européens, 118 indigènes, 500 Goumiers (capitaine Bouchez)	Arrive à la fin des opérations actives
Groupe de la province de Fada	2 cadres européens, 200 indigènes (administrateur Duranthon)	
Groupe de Ouagadougou	4 cadres européens, 205 indigènes (administrateur Darbousier)	
Détachement de Gaya (Niger)	1 officier, 2 sous-officiers européens, 80 Titailleurs et 100 gardes de cercle	

Au total, contre les 7 à 800 soldats allemands, la France engage 800 soldats des troupes coloniales et près de 1.000 auxiliaires tandis que la Grande-Bretagne place sous les ordres du lieutenant-colonel Bryand 6 compagnies d'infanterie, 2 pièces d'artillerie et de nombreux officiers d'état-major réservistes.

Pour les deux alliés, il s'agit d'abord d'occuper la bande côtière, afin d'interdire toute liaison maritime extérieure.

Les opérations sont engagées à l'initiative de Londres sans que Paris n'ait donné son accord, mais du fait d'un hasard heureux Maroix bénéficie d'une supériorité en hommes et en matériels.

Il dispose, avant même de mobiliser les réservistes européens (tous rejoignent le 3 août) d'un effectif d'active suffisant pour prendre l'initiative des opérations. Dès l'entrée en guerre de la Grande-Bretagne le 4 août, l'engagement de ces forces contre la colonie allemande est décidé et le général Lasserre, commandant à Dakar les troupes d'Afrique Occidentale Française, demande aux colonies du Haut-Sénégal et Niger d'y participer.

Le 7 août, une première unité française franchit la frontière entre les deux pays par la bande côtière et le lendemain le capitaine Marchand occupe sans combat Petit-Popo (Anecho) et Porto-Séguro, puis prend la commune de Togo. Dans le même temps, les Britanniques du lieutenant-colonel Bryant s'emparent de Lomé. La campagne commence donc à l'Est et à l'Ouest de la colonie allemande sans accord préalable entre les Alliés et sans que Paris ne donne de directive à ses représentants.

Dans la nuit du 7 au 8 août, les autorités du Dahomey et de la *Gold Coast* conviennent d'une *« coopération cordiale »* et le 8 surprennent, grâce à l'interception par le poste de Conakry d'un message de von Doering à Berlin, le plan de bataille allemand. Les troupes franco-britanniques agissent désormais en coordination, dont la qualité tient à la fois à l'étroitesse du territoire et à la brièveté de la campagne: sa conclusion rapide interdit que de graves divergences ne se manifestent entre les deux alliés.

Les Allemands, toutefois, semblent hésiter puis se retirent prudemment : ils évacuent leurs postes frontaliers du Dahomey le 2 août, les réoccupent le 4 avant de les abandonner sans combat le 6.

Le 5 août, en l'absence de réponse à la proposition de neutralisation des territoires coloniaux, l'état de siège est proclamé et les réservistes mobilisés en partie affectés à une compagnie européenne, dont le commandement est confié pendant quelques jours au capitaine von Roeben, puis au lieutenant Fraulin.

Bien qu'ayant rassemblés quelques forces sur la frontière orientale de leur colonie, ils sont en infériorité numérique. Lorsque le capitaine Barker se présente devant Lomé, le 6 août, pour obtenir la reddition du Togo, von Doering ne tente pas de résister. Il négocie, obtient un armistice de 24 heures et fait évacuer le 6 au soir et dans la matinée du 7 les garnisons de Petit-Popo, Zébé et les postes de douane sur la frontière franco-allemande, puis abandonne la capitale du territoire pour réunir l'essentiel de ses forces dans la région centrale, le contingent indigène autour de Kamina et la compagnie européenne vers Atakpamé. Le plan allemand semble peu réaliste : aménager quelques postes susceptibles de faciliter la résistance et se replier vers le centre du pays.

Les Britanniques entrent sans difficulté dans Lomé le 7 et reçoivent la capitulation de la ville, le commissaire de district laissé en arrière par von Doering étant habilité à annoncer que l'administration coloniale et la *Schutztruppe* se replient à 120 km de la côte. Le même jour, le *Colonial Office* de Londres transmet à Accra les instructions relatives au départ de deux nouvelles compagnies et de deux canons pour le Togo afin de préparer l'attaque de Kamina. Le lieutenant-colonel Bryant et le gros de ses troupes[1] débarquent dans le port de la capitale le 12 août.

1. 57 officiers et sous-officiers européens, 535 soldats indigènes et 2.000 porteurs constituent alors le contingent britannique de Lomé.

Conscient que la situation géographique du territoire dont il a la charge rend difficile sa défense face à des colonnes ennemies qui attaquent sur toutes ses frontières terrestres et sur sa façade maritime, von Doering se limite (maladroitement) à protéger la station radio dont Français et Britanniques font l'objectif de leur campagne militaire.

Le 10 août, quarante-huit heures après les conversations entre le gouverneur du Dahomey et celui de la *Gold Coast*, Paris et Londres conviennent *« d'une action commune »* au Cameroun et au Togo. Localement, dès le surlendemain du déclenchement de l'attaque, les actions offensives de deux pays ont été coordonnées. L'accord est d'autant plus facile à trouver qu'elles se trouvent être complémentaires.

Ce même 10 août, le commandant Maroix envoie le capitaine Castaing, rejoint par ses hommes le 14 à Gamé, prendre contact avec les autorités militaires britanniques de Lomé. Le même jour, le gouvernement français annonce avec un peu d'avance, que *« la coopération d'un croiseur anglais et de la garnison française de Grand-Popo vient d'assurer la possession du Togo allemand... Des mesures seront prises d'accord avec les autorités françaises et anglaises pour assurer l'occupation totale du Togo »*. Il n'y a pas commandement unique des troupes alliées au Togo, mais entente directe entre le lieutenant-colonel Bryant et le commandant Maroix.

Entre le 8 et le 12 août, les Anglais rassemblent les moyens d'entreprendre une opération d'envergure vers le Nord et transfèrent le matériel, les opérateurs indigènes et les cadres britanniques nécessaires à l'installation et au fonctionnement d'un réseau téléphonique et télégraphique de campagne. Les responsables à Accra des chemins de fer coloniaux, de la Poste, du Service de santé, des transports fluviaux et des Travaux publics sont déployés à Lomé pour assurer le soutien du corps expéditionnaire tandis qu'un contingent de 50 policiers anglais reçoit pour mission de maintenir l'ordre public dans les communes occupées.

Le 11, les Alliés conviennent de la suite des opérations. Tandis que le gouverneur de la *Gold Coast* assure les chefs de tribus de la protection désormais accordée par l'armée anglaise, il rend compte à Londres que *« les engagements deviennent trop nombreux pour qu'on puisse les utiliser et dépassent de beaucoup la quantité d'armes et d'équipement disponible »*[1], ce qui confirme la supériorité numérique des Alliés.

Peut-on sauver la station de Kamina ?

À quelques dizaines de kilomètres de la frontière du Dahomey, la construction de la puissante station radiotélégraphique de Kamina s'est effectuée dans une relative discrétion, tenant à la fois à l'importance stratégique du site et à son isolement naturel à l'intérieur des terres. Les Français prétendent que le secret était si bien gardé que les autorités coloniales *« n'étaient pas informées de son existence »*. Elle permet des relations quotidiennes directes avec la métropole et peut relayer les messages émis d'Allemagne vers les stations secondaires installées dans d'autres colonies.

Les Alliés en savent néanmoins assez pour vouloir s'en saisir dans les meilleurs délais. Deux colonnes convergent vers le site : le corps franco-britannique de Bryant progresse sur un axe sud-nord par le côté droit de la voie de chemin de fer et une colonne française aux ordres du commandant Maroix tire droit devant elle sur un axe est-ouest à partir de Tchetti où elle a été discrètement rassemblée.

Le major von Doering s'est placé dans une situation tactique et stratégique intenable.

En regroupant l'essentiel de ses forces dans la riche région agricole d'Atakpamé-Kamina dès le début des opérations militaires, il obéit sans aucun doute aux injonctions du gouvernement du *Reich*. Le *Journal* tenu durant cette campagne par le pasteur Spieth précise encore, à la date du 18 août, qu'il reçoit ce jour-là de Berlin à quatre reprises l'ordre de défendre à tout prix la station. Mais il se laisse encercler par des contingents deux à trois fois supérieurs progressant à partir des quatre points cardinaux.

1. Télégramme du gouverneur provisoire W.C.F. Robertson au secrétaire d'État aux Colonies, 26 août 1914. Publié par le Parlement britannique en avril 1915 sous *Correspondance relating to the military operations Togoland*, Cd 7872.

À la lecture d'une carte, du fait de la nature du terrain et du rapport des forces, il devait être contraint à la reddition sous de brefs délais face à l'avance convergente des Alliés.

Depuis le 8 août, von Doering commande à partir de Kamina la résistance des troupes allemandes. Il fait procéder par le lieutenant de réserve Laverenz, architecte officiel de la colonie, au sabotage de la station T.S.F. secondaire de Toglelekofe, à mi-chemin de la côte, et à diverses destructions sur la voie de chemin de fer du Nord (ponts sur la Scio, la Chra, l'Amou et l'Amoutchou en particulier) afin de retarder la progression des colonnes anglo-françaises[1].

Deux engagements opposent la colonne franco-britannique de Bryant à la *Polizeitruppe* de von Doering.

Les 15 et 16 août, tandis que les Allemands reprennent l'initiative vers le sud et procèdent au sabotage de la voie ferrée Lomé-Atakpamé, ils sont attaqués par un contingent anglais près de Agbélouvé, sur la rivière Lili. Malgré la présence d'un train blindé, l'assaut britannique emporte les résistances. Le capitaine Pfähler, 25 Européens et 200 policiers indigènes résistent quelques heures, mais sont finalement contraints de se replier lorsque le capitaine anglais Potter, marchant au bruit du canon, prend à revers (le général Georges précise *« très élégamment »* !) le dispositif allemand.

La *Polizeitruppe* perd 9 tués, dont 4 Européens, et une soixantaine de prisonniers, dont 19 Allemands. Elle doit abandonner un volume important de matériel dont un train complet chargé de munitions et de ravitaillement. Pour parer à toute surprise ultérieure, le lieutenant-colonel Bryant pousse vers l'avant son effectif et demande d'urgence à Accra la mise

1. Du matériel de campagne est rapidement mis en place par les Alliés pour permettre le franchissement des cours d'eau et la reprise d'un trafic minimal, mais les réparations définitives n'interviennent que plusieurs années après la guerre : le dernier pont sur la Scio, au kilomètre 17,600 après le départ de Lomé, n'est reconstruit qu'en 1926. In *Le génie aux colonies*, Les armées françaises d'outre-mer, Paris, imprimerie Lahure, 1931, 343 pages, p. 205.

à disposition des deux compagnies venues du *Sierra-Leone* afin d'assurer la garde de ses lignes de communication arrière.

Le 22 août se déroule à Chra le combat le plus significatif de la campagne.

Selon les Britanniques, les hommes de von Doering ont puisamment organisé le terrain. Quelque 60 Allemands et 400 tirailleurs indigènes renforcés par « *plusieurs mitrailleuses* »[1] barrent la route de la colonne franco-anglaise. La « brigade » Castaing reçoit la responsabilité de conduire l'assaut majeur sur le flanc gauche du dispositif ennemi, mais l'élan se brise face aux tirs repérés des Allemands. Le capitaine Mans, qui commande la défense établie sur une hauteur et camouflée par une végétation dense, s'appuie habilement sur la rivière. La colonne Bryant perd près de 17 % de l'effectif engagé (78 hommes dont 23 tués) et la compagnie française paye un lourd tribut avec 15 Tirailleurs morts. Deux Tirailleurs français[2] sont en particulier cités à l'ordre de l'armée pour avoir protégé un officier anglais. Les Allemands prétendront ensuite que les Anglo-Français « *en force supérieure* », ce qui est exact, disposaient « *de nombreux canons* », ce qui est manifestement exagéré. Les quelques pièces disponibles sont intensivement mais maladroitement utilisées.

Ces combats, au nord de Glei, décident du sort de la garnison allemande. Alors que l'échec essuyé par les Alliés peut lui permettre de renforcer ses positions, von Doering autorise dans la nuit le repli de ses hommes, désormais serrés au plus près : « *Cette retraite de l'ennemi, ou plutôt cette fuite, semble inexplicable à moins qu'il n'ait eu l'intention de se replier sur Kamina, qu'il paraissait vouloir défendre à tout prix* »[1]. Bryant temporise, fait occuper les gués, puis s'arrête.

1. Rappelons qu'il n'en existe que quatre pour l'ensemble de la colonie.
2. Citations identiques pour Alama Bamba (matricule G 1.3515) et N'Cata N'Ore (G 1.3671), du 3e R.T.S., pour être « *sur la ligne de feu, resté avec cet officier bien que huit de ses camarades aient été tuées ou blessés, jusqu'au moment où il est tombé grièvement atteint* ».

Le gouverneur allemand s'est-il affolé ? Certes, l'avance au Sud de la colonne Bryant est momentanément stoppée, mais l'approche de Maroix par l'Est est inquiétante.

Le 20 août, une patrouille allemande est envoyée dans le secteur de Tchetti pour évaluer le volume et les intentions de la colonne française. Aucune défense sérieuse n'est pourtant organisée et, malgré les difficultés topographiques et l'obstacle de la végétation, la progression française est rapide.

Depuis une semaine, l'ensemble des forces militaires françaises du Dahomey, à l'exception de la « brigade » Castaing, est progressivement concentré autour de ce poste frontière, à 80 km. à l'Est d'Atakpamé. Le commandant Maroix fait procéder par le capitaine Durif à des reconnaissances de plus en plus profondes en territoire togolais, rejoint ses troupes le 20 et commence sa marche vers l'ouest le 21. Les 22 et surtout 23 août, sur la rivière Mono, deux accrochages avec des patrouilles allemandes ralentissent les avant-gardes françaises et donnent l'alerte au major von Doering.

Robert Cornevin souligne que le lieutenant-colonel Bryant *« a été le premier surpris par la retraite allemande après le sanglant échec de Khra et il est certain qu'un commandement allemand plus manœuvrier eût pu tenir en échec les forces alliées »*[2] en s'appuyant sur les rivières en crues. Les 23 et 24 août, le corps expéditionnaire franco-britannique pousse en avant ses reconnaissances, fait évacuer les blessés et recompléter les dotations en munitions. Le même jour, von Doering câble à Berlin qu'il doit désormais faire face à la double action offensive de Bryant et Maroix et qu'il est contraint de détruire ses codes secrets.

Dans la nuit du 24 au 25, de violentes explosions retentissent : von Doering a donné l'ordre de saboter la station radio. Le capitaine von Roeben est désigné comme négociateur par le gouverneur allemand. Il tente sans succès d'obtenir les honneurs de

---

1. Journal *L'A.O.F.* de Dakar, cité par Pierre Perreau Pradier et Maurice Besson, *L'effort colonial des Alliés*, Nancy-Paris, Berger-Levrault, 1919, 182 pages, p. 7.
2. Robert Cornevin, *Histoire du Togo*, op. cit., p. 211.

la guerre et que la compagnie du capitaine von Hirshfeld, isolée au Nord, ne soit pas comprise dans les conditions de reddition. Bryant refuse. Parallèlement, la colonne française atteint Kamina le 26 en milieu de matinée et le commandant Maroix s'avance jusqu'à 600-800 mètres de la station T.S.F., d'où *« il aperçoit une quinzaine de drapeaux blancs – d'immenses draps de lit – flottant en signe de reddition »*[1]. Le gros des forces allemandes, soit 206 cadres européens et un peu plus de 800 recrues indigènes, est désormais prisonnier des Alliés qui se saisissent de trois mitrailleuses, 300.000 cartouches et d'un nombreux matériel.

Les deux télégrammes publiés à quelques heures d'intervalle par le *Colonial Office* le 26 août ne témoignent pas d'un souci excessif de la coopération interalliée : la participation française n'est même pas citée. À 15h45, Londres annonce que *« la station de télégraphie sans fil de Kamina a été détruite par l'ennemi et que celui-ci a envoyé un drapeau d'armistice, offrant de capituler moyennant les honneurs de la guerre et demandant des conditions spéciales »* ; puis fait savoir à 17 heures qu'il a été informé *« par l'officier commandant les troupes du Togoland que le Togoland s'est rendu sans conditions... Les forces anglaises engagées consistaient dans un détachement du Gold Coast Regiment de la West African Frontier Force »*. Que la force ait été franco-britannique et que la colonne du commandant Maroix ait joué un rôle décisif n'est pas évoqué.

L'importance stratégique de ce succès apparaît dans le télégramme de félicitations adressé le 2 septembre par l'Amirauté britannique au gouverneur de la *Gold Coast* : *« De l'avis des Lords commissaires de l'Amirauté, la prise de Kamina avec la destruction de son importante station de télégraphie sans fil a été une conclusion satisfaisante et un vigoureux travail »*.

La capitulation de von Doering offre l'opportunité d'une course à la reconnaissance de la part de Maroix dont la colonne franchit en moins de deux jours 50 kilomètres de terrain particulièrement difficile : apprenant du lieutenant-colonel Bryant la pro-

1. Général Maroix, *Le Togo...*, op. cit., p. 74.

chaine fin des hostilités, il obtient le 26 août que le gouverneur allemand lui soumette la demande de capitulation dans les mêmes termes qu'à son homologue britannique et fait son entrée le 27 par l'Est dans Kamina, à la même heure que les troupes britanniques progressant du Sud vers le Nord. Le général Lasserre souligne le 4 septembre « [qu'] *il semble résulter de la succession des événements que le gouverneur von Doering... préférait capituler entre les mains d'un officier anglais qu'entre les mains d'un officier français* »[1].

Le dernier incident à l'occasion de la prise de Kamina est relaté dans les mémoires des acteurs. Après sa reddition, le major von Doering refuse d'indiquer où ont été déposées les réserves monétaires de la colonie. Après enquête auprès des employés indigènes, les sapeurs anglais retrouvent au fond d'un puit une caisse contenant 281.883 marks, « *régulièrement pris en compte* » et utilisés pour couvrir « *les premiers frais administratifs d'occupation* ».

La conquête du nord et le partage du territoire

Parallèlement, le Nord de la colonie allemande est le théâtre de quelques affrontements opposant sans concertation initiale Français et Britanniques aux Allemands, avant que les responsables alliés locaux ne s'entendent entre eux. Dans son ouvrage publié en 1969, Cornevin rapporte quelques anecdotes savoureuses sur cette campagne particulière conduite par des détachements pittoresques : « *Le 13 août, un détachement comprenant M. Ponchon, brigadier des douaniers à Séméré ; Annet, agent spécial à Djougou ; et Fournier se porte sur la frontière de Djougou sur Bafilo où ils échangent quelques coups de feu avec le vétérinaire Sommerfeld arrivé la veille au soir* ».

Le contingent français, composé de Tirailleurs sénégalais et de troupes auxiliaires du Mossi, de Fada N'Gourma, de l'Atakora et du Djougou, compte au total 630 hommes qui agissent

1. Rapport du général Lasserre, commandant supérieur les troupes de l'A.O.F. « à l'appui d'une proposition pour l'inscription d'office au tableau d'avancement » du commandant Maroix, AOF/EM/Cabinet, Dakar, 4 septembre 1914 (dossier personnel du général Maroix, SHD-Terre, 13Yd288).

d'abord en colonnes distinctes puis sont réunis aux ordres du capitaine Bouchez et relevés par des troupes régulières. L'action majeure est conduite sur un axe nord/sud, complétée par celles de deux petites unités dahoméennes agissant isolément d'est en ouest à partir de Natitingou et de Djougou[1] ; tandis que la colonne britannique partie de Gambaga se compose d'une centaine d'indigènes autour de quelques officiers anglais.

Trois groupes principaux, réunis entre le 6 et le 7 août[2], constituent la troupe française :

- À Fada Ngourma, l'administrateur Duranthon rassemble 40 Gardes indigènes, 25 Gardes montés et 100 partisans à cheval puis s'élance plein Sud, par l'itinéraire le plus court, vers Sansanné-Mango, préfecture allemande du territoire du Nord, atteinte et occupée sans difficulté dix jours plus tard ;
- au Sud pacifié depuis peu, l'administrateur Bornèque lève *« de nombreux cavaliers indigènes »*, fait patrouiller ses gradés dans les villages frontaliers du Togo pour s'assurer la fidélité des chefs de tribus et rejoint avec le gros de son effectif la première colonne ;
- un *Goum*[3] de 180 cavaliers mossis, comprenant un peloton de guerriers Peuhls, encadré par 6 Gardes indigènes, est réuni à Ouagadougou par l'administrateur des colonies d'Arboussier secondé par du Roure, commis des affaires indigènes. Progressant en direction du sud-est via Tenkodogo, où sa colonne est renforcée par une dizaine de Gardes

1. Un contingent de 148 hommes (4 Européens, 34 Gardes de cercle et 110 partisans) sous le commandement de l'administrateur des colonies adjoint Pieussergue est réuni à Natitingou, tandis qu'une colonne de 158 hommes (6 Européens, 52 Gardes de cercle et 100 partisans) se rassemble à Djougu sous les ordres de l'administrateur des colonies adjoint Sarran.

2. Les administrateurs coloniaux français ont été pour la plupart avisés par télégraphe dès le 4 août de l'état de guerre entre la France et l'Empire d'Allemagne, et invités à prendre toutes les mesures nécessaires. Rappelons que le 3 août le gouverneur allemand du Togo a proposé la neutralisation des territoires coloniaux...

3. Nom donné en Afrique du Nord aux contingents fournis à l'armée par les tribus ralliées, ultérieurement utilisé dans l'ensemble de l'empire colonial africain.

et la troupe de l'administrateur Bornèque, d'Arboussier franchit la frontière du Togo le 18 août. Sachant que Duranthon occupe déjà Sansanné-Mango, il le rejoint par des itinéraires indirects, progressant de village en village pour obtenir la soumission des chefs locaux.

Les Britanniques interviennent à partir du Nord de la *Gold Coast*, avec une petite colonne rassemblée à Gambaga par le *Provincial Commissionner*, qui n'oublie pas de faire signer au chef traditionnel de Yendi un traité par lequel celui-ci demande *« à être pour toujours placé sous la protection anglaise »*. La zone frontalière est occupée sans combat par la police indigène du capitaine Marlow et, sous le commandement du lieutenant Bullon, 3 officiers européens, 20 cavaliers et 80 fantassins indigènes s'engagent sur un axe ouest/est. Progressant plus lentement, les Britanniques détachent à deux reprises auprès de la colonne française quelques personnels : le 14 août à Tenkodogo, d'Arboussier est rejoint par un sous-officier et des policiers indigènes ; le 22 août à Bogu, un sous-officier et vingt-cinq soldats du *Gold Coast Regiment* renforcent son effectif. Dans son *Journal de marche*[1], d'Arboussier précise la situation d'effectif de sa colonne ce 22 août au soir, après avoir renvoyé vers leurs villages d'origine tous les supplétifs de la région de Tenkodogo :

Colonne d'Arboussier, Nord-Togo, 22 août 1914		
	Français	Britanniques
Européens		
Administrateurs civils	3	
Sous-officier		1
Indigènes		
Interprète	1	
Infirmier et brancardiers	7	

1. Publié en avril 1915 dans le n° 4 des *Renseignements coloniaux*, supplément au *Bulletin de l'Afrique française*, pp. 49-55, p. 54.

Gardes-cercles	17	
Cavaliers mossis	121	
Autres Goumiers	9	
Agents politiques	14	
Soldats réguliers		25
Policiers anglais		5

Cette campagne ne donne lieu qu'à quelques affrontements mineurs.

La *Polizeitruppe* a évacué Sansanné-Mango entre le 9 et le 11 août pour se replier vers le sud dès que von Doering décide de regrouper ses forces autour de Kamina. Or les 350 à 400 hommes du capitaine Hirschfeld, commandant la garnison, auraient pu arrêter d'autant plus facilement la progression des Gardes indigènes et irréguliers, peu instruits et faiblement encadrés, que la position avait été défensivement organisée.

Les rares accrochages opposent Français ou Franco-Britanniques à une poignée d'indigènes allemands licenciés et déserteurs, et à quelques tribus de cette région encore mal pacifiée[1], frontalière des trois colonies du Togo, de l'A.O.F. et de la *Gold Coast*: *« Les soldats de Sansanné déserteurs se sont répandus par petits groupes dans les villages et déclarent que, les Blancs étant partis, chacun peut vivre à sa guise; ils incitent les jeunes gens au pillage »*. L'absence d'action ennemie donne à cette campagne l'aspect d'une promenade politico-militaire au cours de laquelle il s'agit de maintenir l'ordre: des responsables des pillages sont traduits en cour martiale et exécutés à Bassar et à Sokodé.

1. Un seul engagement significatif, mais confus, mérite d'être souligné. Le 18 août au matin dans la région de Poussiga, les Français sont ralentis par « une troupe nombreuse », armée d'arcs et de lances, comprenant « de nombreux sujets anglais ». Le soir même, les notables loaux font leur soumission.

L'essentiel de l'activité des administrateurs coloniaux français consiste en reconnaissance des villages isolés pour obtenir la soumission des autorités locales.

Le rapport de l'administrateur d'Arboussier signale que l'*Intelligence Officer* de la colonne britannique coopère *a minima* avec les autorités françaises et précise le moindre détachement de quelques cavaliers, envoyés à droite ou à gauche de la colonne en marche, donnant le détail de toutes les rencontres avec les chefs de tribus. Les mêmes expressions reviennent à chaque page, marquant le souci d'une implantation politique immédiate : « *Les villages allemands de Sarabogo et de Imkogo viennent faire leur soumission entre mes mains* », « *Très bonne réception par le village de Bougouré* », « *Palabre devant de très nombreux représentants des villages de Tamé et de quelques villages de Dipanga. Tous les chefs protestent de leur dévouement* », « *Palabre avec les notables de Bogu qui m'assurent de leurs bons sentiments* », etc.

Les témoignages oraux recueillis sur place par J.C. Barbier[1] permettent de penser que tous les ralliements ne sont pas spontanés : « *Plusieurs d'entre eux regrettent les Allemands qui ne tuaient personne… La discipline était dure mais semble avoir été acceptée. L'accent était mis sur la propreté…, sur la santé des populations et la prospérité de l'agriculture* ». D'ailleurs, pour Robert Conevin, « *la gestion allemande peut, à juste titre, être considérée comme une belle réussite technique* »[2]. Dans un premier temps, l'embryon de système administratif mis en place par les Allemands est conservé et les mêmes cadres traditionnels passent au service des Français : « *Samande, fils du chef Ouarga, sergent indigène à Sansanné-Mango,… connaît parfaitement bien le pays, en parle toutes les langues et peut rendre des services* », « *Jusqu'à nouvel ordre, je laisse le commandement au chef de canton nommé par les autorités allemandes, qui paraît intelligent et bien disposé* »,

1. J.C. Barbier, « L'histoire vécue : Sokodé, 1914. Les Allemands évacuent le Nord-Togo », *Revue française d'histoire d'outre-mer*, n° 278, 1988, p. 79-88, pp. 83 et suivantes.

2. Robert Cornevin, *Histoire du Togo*, Paris, Berger-Levrault, coll. Mondes d'outre-mer/Histoire, 1969, 554 pages, p. 169.

« L'Iman est très vieux, son fils a l'air intelligent et ouvert, il était au poste allemand comme agent politique. Je pense l'utiliser ».

Le 26 août, alors que von Doering capitule à Kamina et que le Nord du territoire est occupé, le capitaine Bouchez, à la tête d'une compagnie régulière de la 4e brigade indigène, rejoint à Sansanné-Mango les responsables français qui commencent à administrer la région. Il ne conserve, pour éclairer la progression de sa colonne, que 20 Gardes montés et 50 supplétifs mossis, renvoie les autres auxiliaires vers leurs villages et prend le 28 la direction du sud, vers Dassari et Sogodé. Le même jour, le capitaine Marlow occupe Yendi, puis la région reçoit l'appellation de *Northern Territories*, sous l'autorité du capitaine Armitage.

Au début du mois de septembre, le gouvernement britannique fait officiellement connaître à Paris sa satisfaction pour l'heureuse conclusion de la campagne du Togo et *« la vaillante conduite des troupes françaises qui y ont participé »* sous les ordres du commandant Maroix. Ce dernier est nommé le 3 juin 1915, jour anniversaire du roi George V, compagnon honoraire de l'ordre royal de Saint Michel et de Saint Georges.

Bryant et Maroix se partagent la colonie allemande dès le 27 août à Atakpamé, directement sur le terrain, au regard des régions effectivement conquises par l'un et par l'autre et de l'importance numérique des contingents. Paris et Londres, en la personne des gouverneurs du Dahomey et de la *Gold Coast*, confirment cette division et organisent l'administration provisoire du territoire par la convention de Lomé des 30-31 août 1914.

Le texte en est adopté au début du mois de septembre par les deux gouvernements. Cette répartition reste en vigueur jusqu'à sa modification par l'accord bilatéral du 10 juillet 1919. Les autorités coloniales britanniques assurent la responsabilité des districts de Lomé, Misahoehé, Kette-Kratéchi et du Dagomba dans la région de Sansanné-Mango ; tandis que le gouverneur du Dahomey administre les districts de Petit-Popo, Atakpamé,

Sokodé, Bassari et de Mangu-Yendi. Le *Bulletin de l'Afrique Française* prend soin de préciser qu'il *« ne s'agit point là d'un partage quelconque du Togo entre les deux nations alliées, les mesures prises ont uniquement pour but d'assurer l'administration provisoire de l'ancienne colonie allemande et ne préjugent en aucune façon des négociations à intervenir ultérieurement »*[1], ce qui résume bien la position française. Pierre Perreau Pradier et Maurice Besson soulignent que *« l'accord en question ne peut être que provisoire, car on ne saurait concevoir une exploitation rationnelle de cette colonie sans l'occupation de Lomé et du réseau ferré en entier »*[2].

Le cadre juridique est celui de l'administration par la puissance occupante *« en respectant, sauf empêchement absolu, les lois en vigueur dans le pays »*[3]. Trois cadres civils, prélevés sur le personnel de l'A.O.F., sont affectés à l'administration du secteur de Petit-Popo ; tandis que six militaires, dont trois officiers, prennent en charge les territoires de l'intérieur et du Nord. Le 2 février 1915, le commandant Maroix est nommé commandant militaire des territoires occupés du Togo par décret du gouverneur-général de l'A.O.F. et est investi le mois suivant de tous les pouvoirs de justice.

En intégrant, en novembre 1914, le trafic commercial au départ de Lomé à l'activité maritime de la *Gold Coast*, les autorités britanniques tentent de s'imposer au plan économique. Alors que le gouverneur de la *Gold Coast* bénéficie des revenus fiscaux et douaniers générés par le port et la circulation commerciale sur les deux lignes de chemin de fer placées en zone d'occupation britannique, il refuse au nom du *Colonial Office* d'autoriser les administrateurs français à prélever les anciens impôts directs précédemment perçus par les Allemands sur les populations indi-

1. Bulletin du Comité de l'Afrique française, janvier-février 1915, p. 10.
2. Pierre Perreau Pradier et Maurice Besson, *Op. cit.*, p. 8
3. Décisions prises en application de l'annexe à la convention IV de La Haye. L'administration de la zone française est organisée en vertu des décrets du 2 décembre 1910 (promulgation de la convention internationale), du 2 mars 1912 (occupation de territoires ennemis) et du 8 décembre 1913 (services de l'arrière des armées).

gènes, qui pourraient constituer la seule ressource de la zone d'occupation française essentiellement agricole. L'unité monétaire de référence reste celle de la *Gold Coast* et ce n'est qu'en mai 1921 que la Banque de l'Afrique Occidentale Française est autorisée à mettre en circulation des billets libellés en francs.

Conformément à l'article 40 de la convention IV de La Haye qui protège les biens des civils ennemis vaincus, les sociétés commerciales allemandes sont autorisées à poursuivre leurs activités jusqu'en janvier 1916. Les Anglais arrêtent et transfèrent alors au Royaume-Uni les civils commerçants allemands de la zone qu'ils occupent, au prétexte de mystérieuses *« menaces contre la sécurité des troupes »*. Les Français agissent de même quelques semaines plus tard et annoncent qu'ils souhaitent la reprise des activités commerciales par leurs ressortissants, comme le précise la note publiée au *Journal Officiel de l'Afrique Occidentale Française* : *« Les succursales des maisons de commerce allemandes installées au Togo ont été définitivement fermées. Il résulte de cette mesure une très sérieuse disponibilité du commerce et une situation exceptionnellement avantageuse pour nos nationaux... L'autorité supérieure est disposée à seconder les efforts qui seraient tentés au Togo par les commerçants français »*. Cette saisie quasi-illégale est régularisée en 1919 lorsque le traité de Versailles entérine la perte par l'Allemagne de tous ses biens outre-mer.

Un Commissaire de la République, relevant directement du ministre des Colonies et non du gouverneur général de l'Afrique Occidentale Française, est nommé le 4 septembre 1916 pour administrer la partie du territoire qui échoit à la France[1]. Les conversations se poursuivent avec les Britanniques, mais, lors du vote du budget 1919 encore, le rapporteur affirme : *« Si le partage de cette colonie devait être maintenu dans les conditions actuelles, il serait impossible de constituer la zone française en colonie indépen-*

1. Lieutenant-colonel Fourn, dont la nomination est annoncée par décret du ministre des Colonies publié au *Journal Officiel* du 9 septembre 1916. En 1909 et 1910, il a participé au bornage de la frontière entre le Dahomey et le Togo au sein d'une mission mixte franco-allemande.

dante... Le port, le wharf, les chemins de fer se trouvent dans la zone anglaise, procurant aux occupants des ressources appréciables ; tandis que dans la zone française attenante au Dahomey, les recettes sont minimes »[1]. Les ultimes négociations entre Français et Britanniques permettent d'élaborer un projet de division du territoire plus favorable à la France : le district de Lomé au Sud, une partie de celui de Misahoehé au Sud-Ouest et de celui de Sansanné-Mango au Nord sont placés en juillet 1919 sous administration française.

L'étonnante conquête du Sud Ouest Africain

À la lecture d'une carte, la conquête du Sud-Ouest Africain semble un objectif facile pour un adversaire supérieur en nombre.

L'effectif allemand mobilisé ne semble pas devoir dépasser 5 à 6.000 hommes dont une majorité de réservistes, ressortissants de Berlin mobilisés sur le territoire. Organisée en une quinzaine de compagnies, la *Schutztruppe* dispose de dotations suffisantes et des dépôts relativement importants ont été constitués, comme à Tsumeb. Lors de la prise de cette position au cours de la dernière phase des combats, les Sud-Africains affirment y avoir saisi de quoi équiper 20 à 25.000 hommes, ce qui semble nettement surévalué, sauf à considérer que le gouvernement de Berlin ait pu envisager dès le temps de paix d'engager la conquête de tout ou partie des territoires britanniques voisins. La presse de l'Entente parle alors d'un projet déjoué d'une véritable armée de 80 à 100.000 hommes... venus des États-Unis grâce aux navires de l'amiral von Spee !

Les frontières du Sud-Ouest Africain allemand offrent les plus grandes facilités de pénétration. À l'Ouest, la longue côte atlantique est, sur près de 1.500 kilomètres, en grande partie inhabitée et paraît susceptible de recevoir en de nombreux points un corps de débarquement. Au Sud, l'Orange matérialise la frontière avec la province du Cap et est aisément franchissable.

1. Rapport de M. Landry, 1919, document de la Chambre des députés, n° 5447.

Depuis le siècle précédent les fermiers se sont souvent implantés de part et d'autre. À l'Est, au Nord-est et au Nord, les frontières du territoire sont presque exclusivement artificielles : suivant de manière linéaire le 20e parallèle, elles délimitent une étroite bande de terre qui pénètre profondément vers le Zambèze, la bande de Caprivi[1], et rejoint la frontière de l'Angola portugais.

Cette faiblesse naturelle est partiellement compensée par la géographie physique et le climat.

La côte atlantique est difficile d'accès : inhospitalière, balayée par des vents violents ou noyée par le brouillard, elle est parsemée de bancs de sable et rochers immergés à marée haute. Elle n'offre en temps de paix qu'un havre relatif dans les rades de Swakopmund et de Lüderitzbucht et une opération navale de débarquement sur les côtes du Sud-Ouest Africain allemand reste donc plutôt une hypothèse d'école, du fait des difficultés liées au soutien du corps expéditionnaire. Seul le port britannique de Walfish Bay, protégé de l'océan par une digue naturelle, bénéficie d'installations suffisantes pour accueillir les navires de guerre et constitue une menace directe pour les autorités de Windhoek.

Dès qu'une étroite bande côtière est franchie, le voyageur (ou le militaire) se heurte à une nature ingrate puis au désert. Au fil des centaines de kilomètres de sable, une rare végétation survit dans quelques coupures sèches, anciennes rivières qui ne retrouvent un cours impétueux qu'exceptionnellement lorsque les pluies sont suffisantes à l'intérieur. Au sud, des massifs rocheux dénudés forment de véritables forteresses naturelles et la brousse fait place au désert.

Paix armée au *Damaraland*

À la veille de la guerre, l'attention des autorités de Windhoek reste fixée sur les turbulentes tribus indigènes et nul ne croit sérieusement à un conflit majeur avec les voisins sud-africains.

1. Cette région, officiellement acquise en 1890, n'est effectivement occupée qu'en 1908 lorsque le capitaine Streitwolf fonde le premier poste permanent sur le Zambèze, à Schukmannsburg.

L'implantation territoriale du temps de paix de la *Schutztruppe* est néanmoins adaptée à la double menace intérieure et extérieure : sur neuf compagnies permanentes, deux sont stationnées au Nord de la colonie (4e et 6e compagnies), une au Centre de la province (1ère compagnie) et six dans le tiers Sud du pays (2e, 3e, 5e, 7e, 8e et 9e compagnies). La compagnie de méharistes est basée dans la région de Gochas au sud du désert de Kalahari et les sections de mitrailleuses déployées pour un tiers au Nord avec la 4e compagnie et pour deux tiers au Sud avec la 3e compagnie[1]. Six nouvelles unités sont créées au début de la guerre.

Les gouvernements du Cap n'ont jamais réellement admis l'existence de la *Süd-West Afrika* sur leur frontière nord-ouest. L'attitude pour le moins ambiguë des agents britanniques pendant la guerre contre les Hereros en témoigne. Les investissements anglais sur le territoire dans les années qui précèdent la Première Guerre mondiale se font de plus en plus nombreux : l'exploitation des richesses naturelles et des gisements diamantifères suscite la création de compagnies à capitaux mixtes germano-britanniques. Dans le même temps, la politique de renouveau inspirée par le parti national sud-africain de Botha peut inquiéter les autorités allemandes.

Du fait de l'histoire récente du Sud Ouest Africain et de l'Union, les opérations dans la colonie allemande présentent la particularité par rapport aux autres campagnes africaines de rester une guerre entre Blancs. Ni les Allemands, ni les Sud-Africains n'ont confiance dans les tribus indigènes, les hommes de troupe sont de souche européenne et le recrutement de supplétifs locaux reste marginal.

1. Les implantations militaires du territoire, d'importance variable car il s'agit parfois de simples postes, sont situées dans les communes de Grootfontein in Damaraland, Franzfontein, Outyo, Omaruru, Okahandya, Swakopmund, Otyimbingwe, Windhoek, Gibeon, Keetmannsshoop, Otavifontein, Cap Cross, Okombahe, Gross Barmen, Halgamkhab, Ururas, Rehoboth, Grootfontein im Namaland, Koes, Lüderitzbucht, Uhabis, Warmbad, Ukamas, Marienthal, Khabus, Haaseuer.

L'organisation militaire de l'Union sud-africaine

Née en septembre 1909[1], l'Union sud-africaine compte une population d'environ 5.250.000 habitants sur un territoire de 1.225.000 km². Jusqu'en 1912-1913, la défense reste assurée par des unités britanniques et financée par le budget anglais : le transfert des compétences s'effectue progressivement et le pays adopte, comme les autres *Dominions* de peuplement blanc, un système mixte qui le rapproche du service militaire obligatoire. Quelque 11.500 officiers et soldats des forces royales et impériales stationnent toujours en Afrique australe, mais à partir du vote de la loi sur la Défense en mai 1912 la nouvelle Union organise ses propres unités sur la base des anciens contingents volontaires[2]. Il s'agit d'assurer la défense du territoire et de contribuer plus largement à celle de l'Empire.

Comme en Australie, le principe retenu est celui d'unités cadres permanentes étoffées par une réserve instruite. Les citoyens de l'Union entre 17 et 60 ans, à l'exclusion des habitants métis ou noirs, effectuent en temps de paix des périodes de formation militaire et sont tous mobilisés en temps de guerre. La désignation des hommes astreints au service militaire est effectuée par tirage au sort (*numerus clausus* par circonscription militaire).

Outre les forces chargées de la défense côtière et de la sécurité des installations portuaires, les troupes de campagne sont constituées par 5 régiments d'infanterie et de police montée, auxquels est adjoint une batterie d'artillerie, pour un effectif de

---

1. Par intégration dans un cadre fédéral, moins de dix ans après la victoire militaire britannique, des quatre colonies du Cap, du Natal, du Transvaal et de l'Orange. Comme le Canada, la Nouvelle-Zélande et l'Australie, l'*Union of South Africa* entretient avec Londres des rapports de complémentarité, de communauté et de fidélité à la maison royale.
2. Il existe en particulier dans la province du Cap les *Cape Mounted Riflemen* (574 h.), un corps de volontaires (3.724 h.), un corps de police montée (768 h.) ; au Natal un corps de police montée (729 h.) et une Milice (2.580 h.), au Transvall et dans l'État d'Orange quelques centaines de volontaires dans des unités de police, d'infanterie ou d'artillerie. (In « La défense de l'Union Sud-Africaine », *Revue militaire des armées étrangères*, n° 1015, juin 1912, pp. 441-462, p. 443).

2.500 h. par régiment, dont 102 officiers. La *Field Reserve* (Réserve de campagne) et la *Police Reserve* (Réserve de la police) permettent d'aligner ces unités à leur effectif de guerre, tandis que les trois éléments constitutifs de la milice nationale (*Active Citizen Force*, *Citizen Reserve Force* et *National Reserve*), organisés sur une base territoriale, offrent la ressource de 25 à 30.000 hommes instruits supplémentaires. La défense de l'Union est ainsi organisée en trois échelons :

- La première ligne, constituée par les *South African Mounted Riflmen*, l'*Active Citizen Force* et la *Coast Garrison Force.*
- La deuxième ligne, qui rassemble les réserves de campagne de éléments cités ci-dessus.
- La troisième ligne, au sein de laquelle on retrouve les citoyens âgés de 17 à 60 ans non intégrés dans les deux premiers échelons.

Les *Escadrons montés*, composés de paysans boers qui fournissent eux-mêmes leur cheval, permettent de lever en quelques jours 58 escadrons. Seuls restent à l'écart de la mobilisation éventuelle les *Cadets*, âgés de 13 à 17 ans, et les citoyens de plus de 30 ans retenus pour la réserve de la police.

Pour une population d'origine européenne de 1.275.000 âmes environ au début de la guerre, on admet que l'Union sud africaine peut lever une armée de 300.000 hommes environ, mais *« ces derniers ne seraient cependant pas disponibles pour faire la guerre au loin, car il faut toujours compter avec les possibilités d'un soulèvement indigène »*, souligne l'état-major français en 1915[1].

La force permanente et les deux premiers niveaux de la réserve peuvent être directement convoqués par le gouverneur général pour toute opération majeure de maintien de l'ordre ou pour répondre à une agression extérieure. Le parlement de l'Union doit être saisi immédiatement en période de session, dans un délai de 30 jours lorsqu'il n'est pas constitutionnellement réuni. Ces mesures entrent en application le 8 août 1914.

1. Note n° 32, Organisation militaire de l'Union Sud-Africaine, 7 mars 1915. SHD-Terre, 16N2967.

Échecs initiaux des Sud-Africains

Les 4 et 5 août, les messages annonçant l'état de guerre entre l'Allemagne d'une part, la Grande-Bretagne, la Russie et la France d'autre part, parviennent à Lüderitzbucht relayés par la station du Togo. Ils sont confirmés le 6 au matin par une exceptionnelle liaison directe avec Nauen, près de Berlin. Le 7 août, le gouverneur Seitz décrète la mobilisation générale sur l'ensemble du territoire. Les 1.600 hommes de l'armée régulière dans la colonie sont renforcés des réservistes blancs : l'effectif de la *Schutztruppe* atteint près de 6.000 combattants lors de l'entrée en campagne.

En Afrique australe, la nouvelle de l'entrée en guerre soulève peu d'enthousiasme, mais réveille bien des appétits.

Londres suggère le 7 août que l'Union pourrait *« s'emparer d'une partie du Sud-Ouest Africain allemand de façon à s'assurer le contrôle de Swakopmund, Lüderitzbucht et de la station de radio »*. Il s'agit toujours pour le Royaume-Uni d'isoler les colonies et les navires ennemis. La mobilisation est décrétée dès le lendemain 8 août dans le *Dominion* britannique et le 9 le Parlement est convoqué en session extraordinaire[1].

---

1. Dès les traités de paix signés entre l'Angleterre et les républiques boers (1902), le gouvernement britannique s'efforce de revenir à un fonctionnement normal de la vie publique (article 7 : *« L'administration militaire dans les colonies du Transvaal et d'Orange sera remplacée aussitôt que possible par un gouvernement civil, et, dès que les circonstances le permettront, par des institutions représentatives permettant l'exercice du libre gouvernement »*). En 1905, après le Natal et avant l'État d'Orange, le Transvaal bénéficie du *self government* au sein de l'Empire, les anciens Boers inscrits sur les listes électorales des républiques vaincues devenant électeurs sans aucune restriction : *« Cette réconciliation rapide entre les hommes des deux grandes races apparentées est le plus ferme désir de S.M. le Roi et de son gouvernement »*. L'autonomie des territoires britanniques d'Afrique australe est reconnue par Londres en 1906 et le mouvement fédératif s'achève en 1909 par l'union des quatre colonies, acceptée en juin par référendum populaire (au Natal) et votes des parlements locaux, puis en juillet par le gouvernement britannique.

Le général Beyers, chef des troupes sud-africaines et ancien commandant boer, prône l'adoption d'un statut de neutralité, fait savoir son hostilité à l'engagement militaire de son pays et démissionne. *« Sur la demande expresse de l'Angleterre »*, qui verse pour cela une subvention de 7.000.000 de £ à l'Union sud-africaine précise le consul général de France dans son rapport du 19 septembre 1914, le gouvernement du Cap est autorisé par les députés à opérer contre le Sud-Ouest Africain allemand avec un premier contingent de 20.000 hommes. L'Union s'engage dans la guerre le 11 août. Seuls 12 élus boers réunis autour du général Herzog, sur 104 parlementaires, s'opposent à la participation au conflit aux côtés de Londres.

Le vote du budget nécessaire à la construction d'une nouvelle voie ferrée permettant de relier Prieska à la colonie allemande est acquis au titre des crédits militaires avant la clôture de la session. Cette décision illustre l'hypocrisie de la situation puisque l'expédition prévue est jugée d'un *« effectif suffisant »* pour battre dans les meilleurs délais la *Schutztruppe*, alors que plusieurs mois sont nécessaires pour réaliser le prolongement de la ligne. Sa valeur, immédiatement comprise, réside dans son importance économique ultérieure plus que de son intérêt militaire immédiat.

L'ensemble de la Force de Défense est mobilisé le 19 août et le lendemain le gouvernement annonce au pays que l'armée allemande est entrée en territoire sud-africain à Nakob.

Le 28 septembre, dans un long discours adressé à la communauté afrikaners dont l'appui lui est indispensable, le général Botha[1] tente de jouer sur les sentiments de fidélité institution-

1. Né en 1862 dans le Natal, le futur général Botha est en 1896 élu au parlement de Prétoria où il appartient à la minorité modérée favorable à une coopération avec l'Angleterre, opposée au gouvernement du président Krüger. Au début de la guerre, il rejoint le commando de Vryheid, dont il devient le chef après la bataille de Ladysmith. Il combat sur les lignes de la Tugela puis retraite en direction du fleuve Orange. Désigné à la mort de Joubert pour assurer le commandement des commandos boers, il mène une guérilla active. Il appartient alors avec Smuts au groupe qui recherche, contre une minorité

nelle et présente une explication originale de l'engagement de l'Union dans la guerre : la France ayant été un allié plus fidèle que l'Allemagne des États libres boers pendant la guerre contre le Royaume-Uni, il convient aujourd'hui de se battre avec la France et l'Angleterre contre les Allemands.... Politiquement, sans doute s'agit-il aussi de contraindre les Boers les plus irréductibles à se déterminer par rapport à la nation sud-africaine naissante.

Les opérations militaires actives débutent par des offensives limitées des deux belligérants sur les installations portuaires ennemies et quelques escarmouches à la frontière de la province du Cap.

Le 10 septembre, une force allemande pénètre en territoire britannique et occupe sans difficulté le 11 l'enclave de Walfish Bay à quelques kilomètres au Sud de Swakopmund, que les Anglais ne peuvent matériellement pas mettre en état de défense.

Entre le 19 et le 22 septembre, la *Schutztruppe* prend également l'initiative au Sud. Une colonne franchit le fleuve Orange en plusieurs points et s'engage vers Upington. Ses succès initiaux (le 25 à Sandfontein, où le lieutenant-colonel von Heydebreck, commandant les troupes allemandes, fait plus de 200 prisonniers) restent sans lendemain.

Le 19 pourtant, les troupes britanniques débarquent à Lüderitzbucht et reçoivent la capitulation de la ville et du port. Quatre

---

radicale (Steyn, Hertzog, Beyers), un compromis avec l'Angleterre. Dans l'opposition jusqu'en 1906, il fait le choix d'une politique de collaboration active avec l'ennemi d'hier et devient premier ministre du Transvaal. Son gouvernement se heurte à la fois aux Anglais, méfiants, et aux Boers, hostiles. Rompant avec les uns et les autres, il crée le Parti de l'Union et souhaite fonder une nation blanche sud-africaine par rassemblement des immigrants britanniques et des fermiers boers : « *Une seule terre, un seul peuple* ». En 1914, il choisit de rallier l'Entente contre l'avis de ses anciens compagnons qui reprennent les armes. Il bat les révoltés, assure la conquête du Sud-Ouest Africain, participe à celle de l'Est-Africain et représente son pays à la conférence de Versailles. Il décède dans la nuit du 27 au 28 août 1919 à Prétoria.

jours plus tard, les premiers prisonniers allemands sont regroupés par les autorités britanniques dans les centres ouverts dans la région du Cap, présentés dans la presse allemande comme les nouveaux camps de concentration, hérités de la guerre des Boers.

Au début du mois d'octobre, les Sud-Africains, appuyés par la flotte britannique, reprennent pied à Walfish Bay et s'emparent au milieu du mois de Swakopmund. Ils contrôlent désormais les deux bases navales allemandes d'Afrique australe qui sont également, du fait du maillage territorial, les stations terminus des deux lignes de chemins de fer permettant de pénétrer vers l'intérieur. Ils peuvent organiser méthodiquement la montée en puissance de leur corps expéditionnaire. Ils se saisissent également de Ramansdrift, principal point de franchissement sur le fleuve Orange.

Rendant compte de ces événements au ministère des Affaires étrangères, le représentant de la France au Cap évoque *« quelques petites pertes ces derniers jours. Mais elles sont sans importance jusqu'à présent et de nouvelles troupes, entre 3 ou 4.000 hommes, viennent encore d'y être envoyées »*. Il reprend simplement dans son télégramme officiel au gouvernement les communiqués du Comité anglais d'information, selon lequel *« les troupes allemandes de cette colonie qui s'attendaient à cette guerre et s'y préparaient depuis longtemps »* disposeraient *« de canons plus nombreux et plus puissants que ceux de l'armée sud-africaine »*[1] !

Les 20.000 hommes engagés à la suite du vote du Parlement du Cap le 8 septembre ne parviennent pas à rompre la première ligne de résistance allemande, dont les effectifs totaux sont trois fois moins importants et alors que la *Schutztruppe* doit couvrir l'ensemble de ses frontières. Début octobre 1914, les Britanniques s'emparent de la bande de Caprivi.

1. Rapport de M. Jore, consul général de France au Cap, au ministre des Affaires étrangères, 3 octobre 1914. *D.D.F. 1914*, document 353, pp. 335-336.

Carte renseignée des opérations au Sud-Ouest Africain

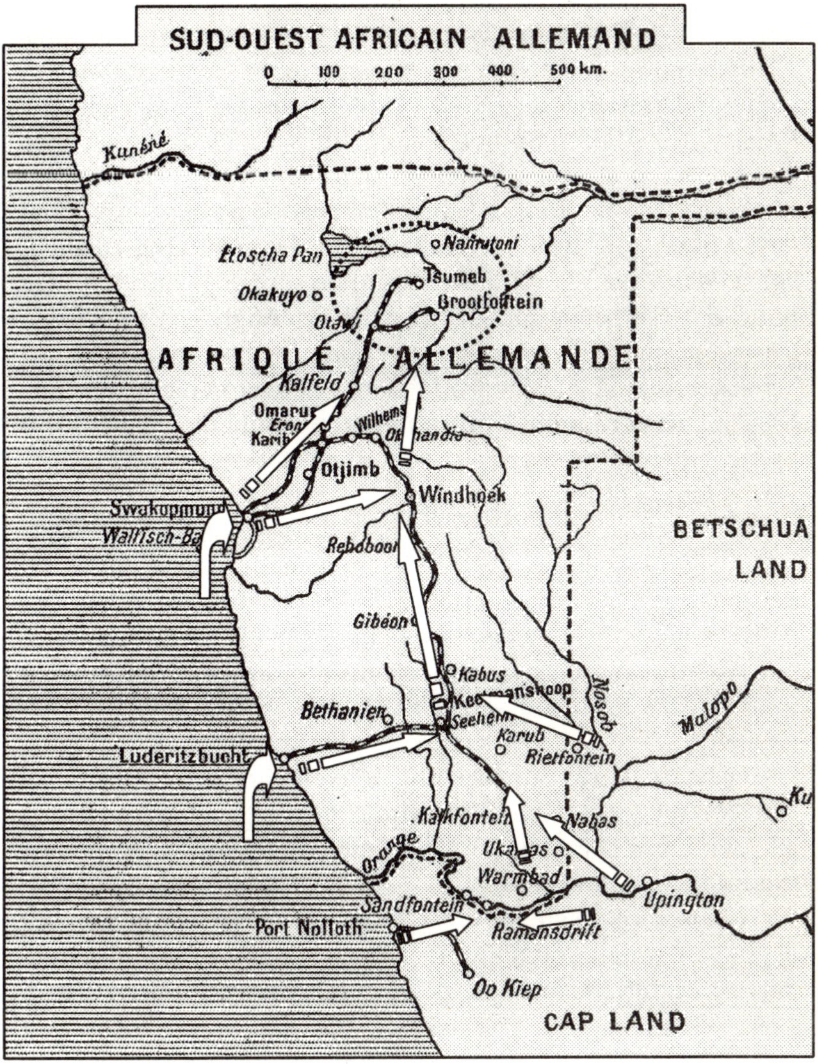

Colonnes sud-africaines

Zone de regroupement des unités allemandes

Dernière révolte des Boers

Les *Afrikaners* les plus intransigeants restent de cœur les fermiers rebelles à la Couronne qu'ils furent une douzaine d'années plus tôt. Leurs chefs charismatiques sont leurs anciens commandants : Herzog, Reitz, De Wet, de la Reys, Tielmann Roos, Spies, Malan, Beyers, leaders du parti Vieux-Boers. Bien que minoritaires au Parlement et dans les grands organes d'expression, ils sont toujours hostiles aux élites anglaises, dont lord Milner qui avait recommandé de les mater *« à coups de bâton dans le dos »*. Certains refusent de suivre le gouvernement Botha dans son engagement aux côtés de l'Angleterre *« pour soutenir la même vieille politique impérialiste »*. Ils considèrent que les intérêts de l'Union ne coïncident pas avec ceux de l'Empire britannique et aspirent à proclamer une république. Après avoir prôné la neutralité, ils choisissent de se soulever contre le gouvernement légitime.

À la mi-septembre, le décès du général de la Reys, héros des derniers combats de la guerre contre les Britanniques, jugé accidentel à la suite d'une enquête mais survenu dans des circonstances pour le moins curieuses puisque des policiers ouvrent *« par erreur »* le feu sur son véhicule, suscite une émotion d'autant plus grande que cette personnalité respectée et fort populaire vient de faire connaître une nouvelle fois son opposition à l'envoi d'un corps expéditionnaire contre le Sud-Ouest Africain allemand. Les Boers sont profondément divisés et sa mort ouvre une période de troubles.

La menace de guerre civile est particulièrement grave pour le gouvernement Botha qui ne peut pas engager ses forces militaires à l'extérieur tant que pèse un tel danger sur ses arrières.

Le 9 octobre 1914, un corps sud-africain boer, sous le commandement du lieutenant-colonel Maritz, chargé de préparer à partir de Kakamas l'invasion de la colonie allemande, quitte l'Union et passe au Sud-Ouest Africain en déclarant s'engager dans la guerre contre les Britanniques au nom d'une alliance globale avec la colonie allemande. Les soldats qui choisissent de rester fidèles au Cap sont désarmés et retenus prisonniers : il s'agit là d'un acte d'inqualifiable trahison qui contribue à discréditer le mouvement.

Dans les semaines qui suivent, plusieurs contingents rebelles prennent le maquis : Beyers, puis Claasson se mutinent dans l'Ouest du Transvaal tandis qu'un autre groupe se révolte à la fin du mois dans le Nord de la colonie d'Orange.

Ces différentes unités étant commandées par d'anciens chefs boers qui se connaissent bien, la tentative d'insurrection ne peut être que concertée. On peut toutefois s'étonner que ces maîtres de la guérilla se soient laissés aller à engager de si faibles effectifs en détachements isolés sur un vaste territoire dont l'armée est mobilisée. Sans doute espèrent-ils provoquer, dans une illusoire dérive romantique, des désertions massives et la rébellion d'une majorité de colons d'origine hollandaise afin de redonner vie aux républiques indépendantes. L'échec est cruel et la tentative échoue piteusement. La minorité allemande d'Afrique du Sud[1] elle-même, strictement contrôlée, ne peut pas soutenir ou protéger les rebelles.

Botha prend le commandement des troupes loyalistes engagées dans la repression et la révolte est écrasée au cours d'une campagne de deux mois. Le 1er décembre, le général de Wet est fait prisonnier à l'Ouest de Mafeking avec quelques dizaines de volontaires, dans une ferme de Waterburg. Une semaine plus tard, le général Beyers, ancien commandant en chef démissionnaire de l'armée de l'Union, est tué en tentant, avec quelques cavaliers, de franchir la rivière Waal en crue pour rejoindre l'État Libre d'Orange.

Leurs principaux chefs disparus, les groupes rebelles se rendent les uns après les autres. Le 24 janvier 1915, se déroule près d'Upington l'ultime combat entre les forces rebelles organique-

1. Au Transvaal, au Natal et dans l'État libre d'Orange en particulier, mais aussi sur l'ensemble du territoire de l'Union, se sont installés depuis la fin du XIXe siècle de nombreux ressortissants allemands, souvent appuyés sur sociétés missionnaires et évangéliques, qui disposent de leurs propres écoles et de leurs propres journaux.

ment constituées de Maritz et les troupes sud-africaines. Le dernier chef boer révolté, Kemp, est pris avec un carré de fidèles le 3 février 1915.

L'épilogue de cette tentative avortée revient à la justice. Le 22 juin 1915, le général de Wet est condamné par le tribunal de Bloemfontein à 6 ans de prison et 2.000 £ d'amende.

Alors que le Royaume-Uni a été dans l'obligation de déployer plusieurs dizaines de milliers d'hommes pendant les campagnes de 1899-1902, la révolte survenue douze ans plus tard est réduite en quelques semaines par l'Union sud-africaine elle-même. Si une grande partie de la population d'origine hollandaise reste réservée à l'égard de l'administration britannique, rares ont été les soutiens aux révoltés et plus rares encore ceux qui étaient prêts à s'engager personnellement. L'adoption d'une politique de compromis dans l'esprit des principes exposés par Botha recueille l'adhésion d'une active minorité face à la prudente indifférence du plus grand nombre.

La propagande alliée cherche à utiliser l'échec de *« l'invraisemblable campagne de fausses nouvelles des agents allemands »* et se félicite que *« les calmes populations ne se préoccupent pas des agitateurs »*.

Si certains cercles pangermanistes ont pu s'illusionner sur l'attitude des Boers en cas de conflit, il n'a jamais été prouvé, après la guerre et la phase active de propagande, que des officiels allemands aient été à l'origine du soulèvement. À l'exception du lieutenant-colonel Maritz, les chefs rebelles limitent leurs références au combat passé des républiques libres et mènent la lutte sur le sol de l'Union dans un strict cadre religieux traditionnel : *« Laissez nous choisir à la tête de notre État un homme qui a peur de Dieu »*, proclame Van Rensburg[1].

Il ne s'agit donc pas *« parmi les désillusions du monde officiel allemand,* [de l'] *une des plus désagréables et des plus amères »*,

1. Cité par John H. Harris, *Germany's lost colonial Empire & the essentials of reconstruction*, 1917, 88 pages, p. 55.

comme le proclament avec soulagement après quelques semaines d'inquiétude, les journalistes de l'Entente. Ils oublient d'ailleurs de préciser que, selon les chiffres communiqués par le consul de France au Cap, l'armée sud-africaine perd autant d'hommes *« tués par leur compatriotes pendant leur rébellion »* que contre la *Schutztruppe*.

Ces événements offrent un sursis à la *Schutztruppe* et induisent sans doute un illusoire sentiment de confiance à Windhoek, en obligeant le général Botha à surseoir à l'attaque contre la colonie allemande. Ce n'est qu'en février 1915, après avoir réorganisé ses forces, qu'il peut quitter Le Cap pour rejoindre la frontière nord-ouest.

Le 12 novembre 1914, le lieutenant-colonel von Heydebreck a été grièvement blessé par l'explosion d'un lance-grenade et a quitté son commandement. Il est remplacé à la tête de la *Schutztruppe* par le major, promu lieutenant-colonel, Franke.

La guerre en Angola

Le 19 octobre 1914, pendant une visite en frontière du cercle de l'Ovamboland, au nord du territoire, un administrateur civil allemand, deux officiers et trois hommes au moins sont tués sur la frontière angolaise alors que le Portugal est encore officiellement neutre. Les Allemands se seraient approchés de la position portugaise pour acquérir des vivres et les Portugais ouvrent le feu sans raison particulière semble-t-il : la presse parle « [d'] *un malentendu dû sans doute au fait que les deux officiers parlaient des langues différentes* ». Dès le 30 et le 31 du même mois, les représailles sont conduites contre cinq postes frontaliers. Le capitaine Weiss et le lieutenant Bieder à la tête de la 6e compagnie, le capitaine von Watter au commandement de la 2e et le capitaine Trainer avec la 1re batterie de montagne brûlent les installations portugaises[1].

1. Selon les Allemands, les pertes portugaises auraient été de 3 officiers et 66 soldats (dont 54 Européens) tués, 8 officiers et 137 soldats (dont 115 Européens) blessés, 3 officiers et 34 soldats européens prisonniers.

Les Allemands témoigne d'un manque total de sens politique : au lieu de minimiser l'incident et de négocier des compensations avec les faibles autorités d'Angola dont la neutralité bienveillante pourrait être un atout, et se fondant sur l'impression rassurante que fournissent les premiers engagements contre les Sud-Africains, Franke perd près de deux mois à organiser une intervention punitive majeure[1] contre l'armée portugaise.

Berlin ne peut donc pas s'étonner lorsque, demandant à Lisbonne l'autorisation d'utiliser le réseau de câbles télégraphiques portugais pour rétablir ses communications avec le Sud-Ouest Africain, le gouvernement portugais réponde par une fin de non recevoir : *« Nous n'avons aucune espèce de responsabilité dans la suspension des communications de la colonie allemande, ni aucun moyen de les rétablir, nous devons réclamer avec insistance un retrait immédiat des troupes allemandes du territoire portugais »*[2]. Face aux nombreuses mais médiocres troupes de Lisbonne (3.000 hommes environ dont plus de 100 officiers sont stationnés dans le Sud-Angola), la *Schutztruppe* du Sud-Ouest Africain allemand n'a aucun mal à vaincre, mais le coût politique est lourd. Le débat pour ou contre l'intervention du Portugal dans la guerre au côté du Royaume-Uni fait alors rage en métropole et les partisans de l'Entente trouvent dans ces événements de puissants arguments.

Le 18 décembre 1914, se déroule la deuxième bataille de Nautila, dont les comptes-rendus trop contradictoires interdisent de présenter un déroulement détaillé objectif.

Au soir cependant, les 650 Portugais du colonel Rocadas se débandent, laissent sur le terrain plus d'une centaine de morts,

---

1. 38 officiers, 450 soldats, 150 policiers indigènes, un contingent de volontaires boers, 2 médecins, 6 canons, deux mitrailleuses et un groupe d'indigènes Ovambo réunis autour du chef Sihetekela exilé depuis plusieurs années dans la colonie allemande, soit au total entre 1.000 et 1.500 hommes. L'ensemble est soutenu par plusieurs milliers de porteurs et un convoi de chariots mobilisant 2.000 bœufs.

2. *Portugal no Conflito Europeu*, Lisbonne, 1920, document n° 220, pp. 137-138. Cité par Nuno Severiano Teixeira, *Op. cit.*, p. 249.

blessés et prisonniers, font sauter les dépôts de munitions et dynamitent dans la panique leurs propres installations. Pour René Pélissier, *« ce n'est pas une retraite qui s'engage mais une débandade pitoyable de 70 km »*[1]. Convaincus d'avoir vengé l'affront les Allemands se retirent, mais s'aliènent définitivement les autorités portugaises, sans s'attacher pour autant la fidélité des indociles tribus du Sud-Angola. Le bénéfice d'une victoire tactique est réduit à néant par les conséquences politiques et stratégiques négatives à moyen terme de l'action conduite.

La presse ententiste souligne que *« les Allemands ont ameuté contre les Portugais les populations des bords du Cunène et jusque dans la région de Punto-Andongo où les rebelles ont brûlé les maisons des Blancs »*[2]. Les tribus de la région, qui acceptent mal la présence portugaise, se soulèvent en masse.

Ici comme au Cameroun, au Mozambique ou en Afrique Orientale allemande, il est bien difficile d'expliquer autrement que par un paradoxal goût commun du pillage cette étonnante collusion entre colonialistes allemands et tribus noires révoltées... Malgré la proclamation du gouverneur-général de l'Angola qui affirme que *« si à la première rencontre nous n'avons pas réussi entièrement et si pendant quelque temps encore nous avons à supporter la présence de l'ennemi sur notre territoire, il ne faut pas en conclure que nos forces ne sont plus intactes »*, le territoire angolais n'est plus occupé par les Allemands à l'exception de quelques points frontaliers, mais les Portugais doivent faire face à une révolte majeure des indigènes. Le général Pereira d'Eça, ancien ministre de la Guerre à Lisbonne, prend sans état d'âme le commandement du corps expéditionnaire chargé de rétablir l'ordre. Il ne parvient à recouvrer le contrôle de la région qu'en février 1916, après avoir engagé d'importants renforts venus de métropole et réorganisé le commandement.

1. René Pélissier, *Les campagnes coloniales du Portugal 1844-1941*, Paris, Pygmalion, 2004, 344 pages.
2. *Bulletin de l'Afrique française*, avril 1915, p. 107.

Reprise en main de l'armée sud-africaine et effort majeur

Les autorités coloniales allemandes profitent de ces quelques mois de répit pour organiser 6 nouvelles compagnies et transformer une partie de leurs unités en troupes montées, mais le rapport de force est de plus en plus défavorable et les Sud-Africains reprennent l'offensive au début de l'année 1915. Le commandement en chef des forces de l'Union est confié au général Botha.

Contraintes de progresser dans un environnement quasi désertique, elles suivent les failles géologiques naturelles le long desquelles sinuent les lignes des oasis, empruntées depuis des siècles par les populations autochtones. Elles doivent creuser, à intervalles rapprochés, des puits indispensables pour assurer *a minima* l'approvisionnement en eau d'effectifs trop importants pour les maigres ressources locales.

Confronté à plusieurs cas d'empoisonnement présumé volontaire des trop rares sources en eau, Botha prévient le 13 février 1915 le lieutenant-colonel Franke que de telles méthodes de guerre sont interdites par la Convention de La Haye et que sa responsabilité personnelle, ainsi que celle de ses officiers, serait officiellement engagée en cas de renouvellement de tels actes. Il fait référence dans sa correspondance à 6 puits contaminés à Swakopmund et dans les abords immédiats de la ville, mais pour le *Bulletin de l'Afrique française*, *« les troupes allemandes, au cours de leur retraite, ont méthodiquement empoisonné tous les puits le long de la voie ferrée »*. Pour le lecteur européen, la conclusion s'impose d'elle-même : les Allemands emploient des méthodes contraires aux lois de la guerre, ils ne respectent rien et sont responsables de tous les maux.

À la fin du mois du février 1915, les Sud-Africains s'engagent au-delà des têtes de pont de Swakopmund et de Lüderitzbucht, tandis que Van Deventer au sud progresse en direction de Warmbad et que Berrange, à l'est, passe la frontière à Reitfontein pour pousser activement vers l'axe ferroviaire central au-dessus de Keetmanshoop. Après sa défaite du 20 mars lors de la bataille de Pforteberg-Jakalwater, la *Schutztruppe* commence à retraiter et évacue le sud du territoire.

Les contingents de l'Union sont alors divisés en deux groupes de forces. Le général Smuts présente la situation tactique dans un ordre du jour : « *Le Sud de l'Afrique allemande, à partir du fleuve Orange au Sud, de Lïderitz-Bucht à l'Ouest et d'Hasuur à l'Est, est actuellement occupé. Les points atteints par les forces expéditionnaires au centre, à l'Est et au Sud, forces qui ont jusqu'ici opéré séparément, rendent nécessaire une coopération intime* ».

Le « Groupe Nord », fort de 20.000 hommes environ sous le commandement personnel de Botha, progresse par l'itinéraire le plus court, selon un axe ouest-est à partir de Walfish Bay et de Swakopmund, en suivant la voie de chemin de fer Swakomund-Windhoek et le cours de la rivière Swakop. Le commandant du corps expéditionnaire espère pouvoir s'emparer au plus tôt de la capitale ennemie et couper de leurs bases arrières les compagnies de la *Schutztruppe* qui se replient à partir du Sud. Otjimbingwe, sur la rivière Swakop, est occupé le 2 mai et Karibib, nœud ferroviaire quelques dizaines de kilomètres plus au Nord, tombe le 5.

Dans le même temps, le « Groupe Sud », à l'effectif de 16.500 hommes sous le commandement du général Smuts[1] qui a temporairement abandonné son bureau du ministère de la Défense au Cap, attaque en direction de Keetmanshoop, Gibeon (conquis de haute lutte par Sir Duncan Mackensie le 2 mai) et Windhoek. Il est organisé en trois colonnes, qui prennent en

1. D'origine hollandaise, le général Smuts est né en 1870 au Transvaal. Au terme d'études supérieures poursuivies à Cambridge, il s'installe comme avocat à Cape Town, puis rejoint les volontaires afrikaners et commande les forces boers de la province du Cap pendant la guerre sud-africaine. Rallié à la couronne britannique, fidèle du général Botha, il est nommé député au Parlement de la colonie puis accède en 1910 aux fonctions de ministre des Finances et de ministre de la Défense de l'Union sud-africaine. Son ascension politique se poursuit après la campagne de l'Est Africain : il participe en mars 1917 à la Conférence impériale puis est intégré au Cabinet de guerre britannique. En juin 1919, il est co-signataire avec Botha, au nom de l'Union sud-africaine, du traité de Versailles.

tenaille les Allemands stationnés dans la partie méridionale de la province, et doivent se rejoindre dans la région de Kabus :

- La colonne du général Mackenzie, dont la base arrière est Lüderitzbuch, suit la voie de chemin de fer, occupe Aus le 1er avril, Seeheim le 18 et prend Bethanie quelques jours plus tard.
- La colonne Van Deventer, organisée en deux contingents Est et Ouest (Upington et Port Nolloth), au sud du fleuve Orange, s'empare de Warmbad le 3 avril, occupe le terminal ferroviaire de Kalkfontein le surlendemain puis progresse le long de la voie ferrée en direction de Keetmanshoop, pris le 20 avril. Elle fait alors sa jonction avec les forces du général Mackenzie arrivant de l'Ouest.
- La colonne du colonel Berrange enfin, réunie à Kuruman au Bechuanaland, complète le dispositif en franchissant à la hauteur de Hasuur la frontière orientale de la colonie pour atteindre la voie ferrée à Kabus, après avoir traversé près de 600 km de terres désertiques et contourné le massif du Grosse Karasberge dont les sommets culminent à plus de 2.000 mètres d'altitude.

On peut se demander pourquoi les généraux Botha et Smuts, parvenus au sommet de leur carrière militaire et membres éminents du gouvernement de la colonie, prennent le risque d'assumer personnellement le commandement des armées, dans l'environnement climatique et topographique le plus difficile.

Par-delà les réelles qualités foncières de ces officiers, les considérations de politique intérieure sud-africaine et les ambitions personnelles se rejoignent. La récente révolte d'une minorité de la communauté boer, devenue pro-allemande par haine de l'Angleterre, montre que la cohésion interne de l'Union reste fragile et que les fermiers afrikaners ont encore besoin de reconnaître comme l'un des leurs un descendant d'immigrant hollandais, ancien chef boer devenu ministre britannique. Le consul de France au Cap écrit encore à Paris le 26 juin 1915 que *« la rébellion… a produit plus d'effet dans l'Union que la guerre même »*. En ne laissant pas à d'autres officiers le bénéfice personnel d'une brillante victoire, ils capitalisent sur leurs noms une double reconnaissance militaire et politique. Dès l'année suivante, ce calcul s'avère exact.

En mai, les troupes sud-africaines atteignent Gibeon et plusieurs détachements de la Force de Protection sont isolés. En limite du Kalahari, Smuts fait près d'une centaine de prisonniers, essentiellement des réservistes vêtus en civil, accompagnés de femmes et d'enfants, et capture plusieurs dizaines de milliers de têtes de bétail. Pendant quelques semaines, les colons allemands mobilisés craignent d'être à leur tour victimes des méthodes expéditives mises en œuvre contre les Hereros dix ans plus tôt ; le spectre de la déportation plane et le souvenir de la répression exercée par les Britanniques contre les familles boers au début du siècle inquiète.

Karibib, au nord-ouest de la capitale sur la voie ferrée de Swakopmund, est occupé le 5 mai et le gouverneur Seitz, menacé d'enveloppement, doit quitter Windhoek qui tombe le 12 aux mains des Sud-Africains. Le rapport de force s'établit dans la proportion de 1 contre 5-6 en faveur des Alliés : si l'artillerie et les pièces collectives ont pu être préservées, le gros des forces de Franke ne dépasse pas 210 officicers et 3.500 hommes. Les compagnies restées au sud de Windhoek tentent de remonter précipitemment vers Grootfontein où se sont repliés l'administration coloniale et le commandement de la *Schutztruppe*.

Vers la capitulation de la colonie

Botha pense alors que les Allemands vont se retirer vers l'extrême Nord et la station terminale du chemin de fer, pour tenter de regrouper leurs forces et d'organiser dans l'Ovamboland un réduit dont il sera difficile de les déloger du fait de la nature du terrain.

En accord avec le général Smuts, il procède à une nouvelle réorganisation du dispositif militaire sud-africain avant de lancer sa dernière offensive.

Il concentre ses moyens au nord de la colonie, rappelle les deux batteries d'artillerie et les 2.000 cavaliers du brigadier-général Mackensie condamnés à des patrouilles et des missions de présence statique dans la région de Gibeon, regroupe les unités d'infanterie en trois brigades[1] et réduit de 2.500 à 1.500 hommes l'effectif des quatre brigades de commandos montés. La construction de voies de chemin de fer de campagne est activement poussée. Ces mesures lui permettent de libérer de leurs obligations militaires plusieurs milliers de Boers, renvoyés vers leurs fermes, et de gagner en popularité dans l'Union sans mettre en danger la fin de la campagne du fait du rapport de forces existant entre la *Schutztruppe* et le contingent sud-africain.

À partir du 21 mai, le gros de la *Schutztruppe* est regroupé entre Kalkfeld et Waterberg.

À la mi-juin, 35.000 soldats sud-africains reprennent leur progression vers le Nord : les troupes montées suivent la voie ferrée tandis qu'une forte colonne sous les ordres du colonel Brits entame un mouvement tournant. Les dernières unités allemandes se replient en direction d'Otavi, où la gare et les cantonnements sont bombardés par l'aviation britannique le 29 juin.

Les autorités de la colonie poursuivent la lutte jusqu'à la limite de leurs moyens.

Le 1er juillet, un combat de retraite en direction d'Otavifontein oppose 800 Allemands à 3.000 soldats de l'Union. Le gouverneur Seitz tente une ultime manœuvre politique en proposant au général Botha, qui en rend compte à Londres le 3 juillet, une convention particulière au territoire, dernier avatar du projet de neutralisation de 1914, selon laquelle les troupes allemandes se retireraient librement jusqu'à la fin de la guerre, *« avec armes et bagages »*, dans l'extrême Nord de la province : *« Cet arrangement signé, les hostilités cesseraient »*. Arguant du fait qu'il n'est pas habilité à négocier une suspension d'armes et sachant que les capacités opérationnelles de la *Schutztruppe* s'amenuisent au fil des jours, Botha refuse et exige une capitulation sans condition. Les unités allemandes se replient encore et s'efforcent d'assurer

1. À l'exception de deux bataillons non embrigadés, stationnés pour l'un à Swakopmund et pour l'autre à Walfish Bay.

la défense de la station radio de Tsumeb. Surpris par la rapidité du mouvement tournant de Brits, Franke ne peut résister davantage.

Le 9 juillet 1915, au kilomètre 500 de la voie de chemin de fer d'Otavi, la capitulation du Sud-Ouest Africain est signée entre le général Botha d'une part au nom des Alliés, le gouverneur Seitz et le lieutenant-colonel Franke d'autre part. Les troupes de l'armée d'active et la police du protectorat sont internées, tandis que le commandement sud-africain autorise les réservistes du *Landsturm* à rejoindre leurs exploitations et ateliers, après avoir donné leur parole d'honneur de ne pas quitter leur commune de résidence et de se consacrer à leur activité civile. Il faut en effet reprendre l'exploitation des richesses naturelles du Sud-Ouest Africain, province toujours sous-peuplée et manquant de cadres alors que les besoins des Alliés en matières premières ne cessent de croître.

Peu d'auteurs soulignent le coût humain relativement faible de cette campagne. Les forces sud-africaines perdent au total moins de 450 hommes, dont 120 environ morts au combat.

Le gouverneur Seitz et le colonel Franke sont autorisés à rendre télégraphiquement compte à Berlin de leur capitulation: *« Nous annonçons très humblement à Votre Majesté que nous avons été contraints de livrer au général Botha les restes de nos troupes coloniales. Cet effectif d'environ 3.400 hommes était enfermé entre Otavi et Tsoumeb par l'ennemi, qui disposait de forces très supérieures. Tout espoir de résistance fructueuse était exclu, car… nous étions coupés de notre base de ravitaillement et toute tentative de rompre le cercle était impossible en raison de l'état déplorable des chevaux privés d'avoine depuis un mois »*[1].

Après les messages de félicitation du roi George V et lord Kitchener, les deux Chambres britanniques votent le 13 juillet 1915 en des termes identiques une motion *« exprimant officiellement* [leur] *reconnaissante appréciation de la grande habileté stratégique avec laquelle le général Botha conduisit les récentes opérations*

1. Reproduit par le *Bulletin de l'Afrique française*, août 1915, p. 233.

militaires dans le Sud-Ouest Africain et des services éminents rendus par lui, le général Smuts, les officiers et les hommes de l'Union Sud-Africaine sous leur commandement». Dans l'enthousiasme de la victoire, le gouvernement propose même que le territoire soit débaptisé pour se nommer désormais *«Bothaland»*, suggestion qui fort heureusement ne passe pas à la postérité.

Une administration mixte, associant officiels détachés de la province du Cap et représentants des colons, germaniques pour les deux tiers d'entre eux mais aussi anglophones, est rapidement mise en place. La proximité culturelle des deux communautés blanches immergées dans un environnement indigène majoritaire favorise le calme dans la province malgré la prolongation de l'état de guerre. Les conditions fixées par les Sud-Africains pour la capitulation des troupes allemandes sont d'ailleurs relativement favorables: les réservistes sont désarmés et démobilisés, les militaires d'active astreints à résidence, les officiers, prisonniers sur l'honneur, conservent leur sabre et leur cheval. Cinq ans plus tard, lorsque le statut définitif de l'ancienne colonie allemande est fixé sous la forme d'une quasi-annexion à l'Union sud-africaine dans le cadre d'un mandat C, l'intégration en est facilitée d'autant.

Dans les vastes étendues désolées du Sud-Ouest Africain, l'une des préoccupations majeures du commandement allié est d'assurer le soutien logistique à partir de la province du Cap et le maintien des flux commerciaux

Au fur et à mesure que les forces de l'Union progressent à l'intérieur de la colonie allemande, les lignes de chemin de fer sont remises en état et raccordées par plusieurs extensions au réseau sud-africain. À la fin de mois de mai 1915, les lignes de Lüderitzbucht à Keetmanshoop et Windhoek sont rétablies, permettant la reprise au profit de l'occupant du trafic intérieur dans le Sud; tandis que la bretelle Kalkfontein-Upington assure la liaison directe avec la province du Cap et annonce l'intégration économique du territoire, temporairement privé de liaisons maritimes directes avec l'Europe. Les conditions de mise en œuvre de la paix se préparent dès le temps de guerre.

Le 16 août 1915, l'ensemble du Sud-Ouest Africain est placé sous l'autorité du gouvernement du Cap. La bande de Caprivi, occupée par les Britanniques depuis 1914, est rattachée jusqu'en 1929 à la colonie du Bechuanaland, puis fait retour au *S.W.A.* sous mandat sud-africain. En novembre 1919, les derniers prisonniers métropolitains, militaires et fonctionnaires civils, sont libérés et rapatriés en Allemagne.

Des troupes vaincues, mais non battues

Dans la littérature patriotique de la Grande Guerre, la motivation des colons et des militaires en poste en A.O.F. et surtout en A.E.F. ne semble faire aucun doute. De multiples récits évoquent leur enthousiasme en août 1914. En mai 1916, le gouverneur général Merlin aborde une nouvelle fois la question à l'attention du minisre de la Guerre et évoque avec prudence une situation contrastée: « *Le sentiment général du devoir qui s'est manifesté très réel et très profond dans la colonie, s'est accompagné plutôt de résignation réfléchie que de spontanéité dans l'acceptation de servir sur place, et j'ai même dû vous rendre compte, dans mes correspondances antérieures, des interventions auxquelles j'ai été conduit afin de raffermir certaines volonté indécises, certains états d'esprit restrictifs qui risquaient de ralentir, au début, les opérations contre le Cameroun, par un manque de foi dans leur accomplissement favorable autant que dans leur but* »[1]. Tout n'est donc peut-être pas aussi simple.

L'organisation militaire française

La situation des deux grands groupes coloniaux français est différente et les missions fixées aux troupes sont conditionnées par l'ancienneté et la densité de l'implantation tricolore.

La présence française en Afrique occidentale repose essentiellement sur le Corps d'occupation de l'A.O.F., soit 12.000 hommes environ[2], et la Garde indigène, dont l'effectif est voisin de 3.000 hommes. La création des Brigades de Gardes Indigènes est récente (1912) et elles se distinguent des unités de Tirailleurs des troupes coloniales par le fait qu'elles sont entretenues sur le budget de la colonie. Des Gardes de Cercles indigènes,

1. Rapport du gouverneur général Merlin au ministre des Colonies, 9 mai 1916, en appui de la proposition de promotion comme général de brigade du colonel Morisson. Brazzaville, Bureau militaire, n° 141 C. Dossier individuel du général Morisson, SHD-Terre, 10 Yd 1777.

2. 1 bataillon européen d'infanterie de marine, 17 bataillons de Tirailleurs sénégalais, 1 escadron de Spahis sénégalais, 7 batteries d'artillerie et 1 section du Génie constituent organiquement le Corps d'occupation de l'A.O.F.

« sorte de gendarmerie indigène à la disposition des fonctionnaires pour maintenir l'ordre intérieur », complètent l'effectif. Leur zone d'action s'étend de Dakar, dont il faut assurer la défense, au territoire du Niger et aux confins sahariens, où la pacification se poursuit activement. Des unités spécialisées sont localement déployées: compagnies montées ou méharistes, sections d'artillerie de montagne ou de mitrailleuses.

En 1905, le lieutenant-colonel Ditte souligne que *« l'éventualité d'une attaque de nos possessions... par de forts effectifs n'est pas à envisager en raison de leurs richesses restreintes, de leurs ressources limitées et des difficultés d'accès qu'elles présentent. Il a semblé, en conséquence, inutile de prévoir des mesures spéciales pour leur défense, et les effectifs qui y sont nécessaires en tout temps pour assurer notre domination sont les seuls dont il y ait lieu de prévoir l'entretien »*[1]. Longtemps, seul le port de Dakar, *« classé par le décret du 3 juin 1902 parmi les points d'appui de la flotte aux colonies »*, bénéficie d'une organisation défensive de qualité.

À partir de 1911 pour les troupes régulières et 1912 pour la Garde indigène, l'heure est à la montée en puissance. La transformation des brigades indigènes en compagnies régulières est à l'étude, le recrutement par voie d'appel permet de compléter le nombre d'engagements volontaires et les Tirailleurs libérés sont astreints au service dans la réserve.

L'organisation militaire de l'A.E.F. est plus récente. Elle répond aux besoins immédiats de chaque colonie et reste évolutive.

En 1913, l'Afrique Équatoriale Française reste une terre de conquête et de découverte. Elle est en grande partie sous administration militaire, divisée en *« 49 circonscriptions, dont 24 sont civiles et 25 sont militaires, et, elle est partagée en 164 subdivisions dont 71 sont civiles et 93 sont militaires »*[2].

---

1. Lieutenant-colonel Ditte, de l'infanterie coloniale, *Observations sur la guerre dans les colonies, organisation – exécution*, recueil des conférences prononcées à l'École supérieure de Guerre, Paris, Lavauzelle, 1905, 368 pages, p. 350.
2. Georges Bruel, *L'Afrique Equatoriale Française*, Paris, Larose, 1918, 558 pages, p. 475.

L'ensemble colonial s'émancipe de la tutelle de Dakar en février 1909 et les troupes sont placées sous le commandement d'un général en poste à Brazzaville. Chaque territoire (Gabon, Moyen-Congo, Oubangui-Chari, Tchad) dispose d'une unité indigène de volume et d'équipements variables[1]. Aucune action offensive majeure contre le *Kamerun* n'est prévue, mais la saisie des deux antennes qui isolent le Moyen-Congo est envisagée pour rétablir la continuité territoriale. La pacification reste la mission principale et le régiment du Tchad est essentiellement orienté vers les frontières Nord et Est. La Garde indigène complète ce dispositif en tenant de nombreux postes frontaliers : au début de l'année 1913, plus de 9.000 hommes assurent la présence française : 7.125 soldats des troupes régulières et 1.972 Gardes indigènes stationnent sur le territoire. L'armement est essentiellement constitué de *Lebel*.

Le tableau récapitulatif ci-après[2] illustre la réalité de la présence militaire en Afrique noire. Il montre en particulier que les effectifs restent limités par rapport à l'immensité des territoires concernés :

Colonie	**Superficie (en km^2)**	**Population**	**Forces armées**		**Ratio 1 fusil/kms**
			Troupes	Police	
A.O.F.	3.913.000	11.000.000	13.345	7.459	185
A.E.F.	2.256.000	8.000.000	7.125	1.972	242

1. Le régiment du Gabon (état-major à Libreville) est constitué de deux bataillons à huit compagnies sans mitrailleuse, le bataillon du Moyen-Congo (P.C. à Brazzaville) est à six compagnies et dispose d'un canon de 80 de montagne, le bataillon de l'Oubangui-Chari (P.C. à Bangui) regroupe également six compagnies mais ne dispose ni d'artillerie ni de mitrailleuses, le régiment du Tchad (état-major à Fort-Lamy) aligne trois bataillons à dix compagnies et compte surtout quatre sections montées, deux compagnies méharistes, un escadron de cavalerie, un section d'artillerie de montagne et une section de mitrailleuses.
2. Chiffres extraits de Georges Bruel, *Op. cit.*, pp. 480.

La difficile conquête du Kamerun

À la veille de la déclaration de guerre, la situation politique et sociale est difficile dans certaines régions de la colonie. Dans la zone des grandes plantations, la survivance du travail forcé encore imposé à certaines tribus suscite des révoltes limitées mais récurrentes, tandis que les projets de modernisation de Douala imposent d'exproprier des notables locaux, favorisant une opposition active.

La principale voie ferrée au départ de Douala progresse sur 180 km vers le centre du pays, au-delà d'Eseka. S'il manque encore plus d'une centaine de kilomètres pour qu'elle atteigne Yaoundé sous sa forme définitive, les travaux sont en cours. Une voie Decauville permet le transport des matériaux de construction. Elle revêt un caractère essentiellement économique, mais présente un intérêt stratégique pour le transport éventuel des troupes : à la suite d'un sabotage survenu le 12 août, sa surveillance immobilise de nombreux détachements.

Au *Nigeria* britannique, les ressortissants allemands et austro-hongrois sont incarcérés, *« dans les meilleures conditions possibles en de telles circonstances »*, précise pour sa défense le gouverneur général de la colonie. Avant la fin de l'année 1914, ils sont dans leur majorité (768 hommes, 33 femmes et 8 enfants) transférés en Angleterre pour y être détenus.

Les forces en présence

Le 1er août, les autorités camerounaises apprennent par radio la dégradation de la situation en Europe puis les ordres de mobilisation des différents belligérants. La situation aux frontières est tendue depuis la fin de mois de juillet : personnel administratif allemand arrêté au Nord en limite de la *Nigeria*, vapeurs français saisis au Sud-Est sur la Sangha, etc. La Force de protection se compose alors de 200 Allemands et 1.600 soldats indigènes environ, renforcés des 30 Européens et 1.200 autochtones de la police du territoire[1]

1. Selon les sources, les chiffres oscillent entre 185 et 230 cadres européens et 1.550 à 1.750 soldats indigènes pour la *Schutztruppe*, 30 à 34 Européens et 1.200 à 1.400 indigènes pour la police du protectorat.

Dès le lendemain, le gouverneur Ebermaier remet au major Zimmermann, commandant de la *Schutztruppe* et promu lieutenant-colonel le 22 août, les pleins pouvoirs militaires[1].

Le 5, l'état de guerre est proclamé et les troupes allemandes renforcées par près de 1.000 Européens, réservistes mobilisés, marins des navires en escale ou réfugiés dans le port de Douala, et plus de 1.000 indigènes rappelés. Des supplétifs sont recrutés jusqu'au Congo pendant quelques jours et les tribus Yaoundé au centre du pays constituent le centre de recrutement de Tirailleurs le plus apprécié. Zimmermann dispose ainsi, au début des hostilités, d'environ 7.000 hommes pour assurer la défense des 745.000 km^2 de la colonie et de près de 4.000 km de frontières terrestres. L'équipement lourd est constitué par 60 mitrailleuses, 2 canons de 37 mm, 2 pièces de montagne de 60 mm et 4 tubes de 90 mm à Douala.

Les difficultés rencontrées au cours de la campagne et les nécessités de la propagande incitent les auteurs à expliquer à partir de 1915 que les forces allemandes, *« bien organisées et bien encadrées »*, pouvaient *« attaquer les colonies voisines »* et *« ne tardèrent pas à menacer notre Congo »*, même s'il faut pourtant reconnaître quelques lignes plus loin *« qu'elles durent se limiter à une action purement défensive »*[2]. Le général Georges, pour sa part, présente une situation initiale plutôt favorable aux Alliés: *« À Douala, les Allemands ne semblent pas avoir été aussi prêts qu'on le croyait à défendre leur capitale. Le croiseur Bremen avait visité le port en 1913; il en avait affirmé la valeur et proposé l'adoption d'un plan de défense fort détaillé; mais rien n'avait été fait pour mettre en pratique ces conseils »*[3].

---

1. Dans ses mémoires, le général Georges écrit: *« Le colonel Zimmermann, qui eut affaire à des forces ennemies infiniment supérieures, se révéla officier capable et plein de ressources »*. In *La guerre mondiale dans l'Ouest Africain*, Paris, Payot, 1933, 191 pages, p. 65.
2. Georges Boussenot, *La France d'outre-mer participe à la guerre*, Paris, Félix Alcan, 1916, 96 pages, p. 13.
3. Général Georges, *Op. cit.*, p. 82.

L'organisation du déploiement des forces allemandes est rendu difficile par la diversité des menaces. Encerclé par les colonies alliées, ses relations navales presque totalement coupées avec la métropole, le seul maigre espoir du gouverneur Ebermaier serait un soulèvement des indociles sultans musulmans qui, au Nord de la *Nigeria*, acceptent difficilement la présence britannique. Mais les autorités de Lagos s'empressent de s'assurer de leur fidélité en augmentant la densité de la présence militaire dans les districts septentrionaux et en réprimant au nom de la lutte contre les agents allemands les quelques révoltes endémiques des années 1915-1916.

Un seul chef traditionnel, le sultan Karnak de Logone, au nord-est de la colonie, prend fait et cause pour l'Allemagne et engage un contingent aux côtés de la *Schutztruppe*. Il est tué à l'occasion d'un premier accrochage avec les troupes françaises.

Sept compagnies renforcées par des éléments de la police sont directement déployées[1] face aux Français, à l'est et au sud dans le Nouveau Cameroun, direction jugée la plus dangereuse et frontière sur laquelle plusieurs fortins ont été aménagés au cours des derniers mois.

Dès le 8 août[2], les gouvernements alliés conviennent d'une opération conjointe contre le *Kamerun*, dont les premières modalités sont définies entre le 9 et le 11 août : occupation du port de Douala, actions offensives conduites à l'Ouest par les contingents de la *Nigéria* et à l'Est à partir de l'A.E.F. Les unités navales sont les premières engagées, car les Franco-Britanniques craignent que la station radio de Fernando-Po ne tombe aux mains des Allemands et redoutent la présence du *Dresden*, de l'*Eber* et du *Panther* dans les eaux camerounaises.

Les forces terrestres qui menacent la colonie allemande sont de types différents, unités organiques stationnés en temps de paix

1. Les postes de commandement des compagnies de la *Schutztruppe* sont initialement établis à : Mora, Garoua, N'gaoundéré, Baibokoum, Zinga, Doume-station, Binsam, Azam, Ebowola, Douala, Bamenda et Banyo.
2. Doumergue demande à Londres *« d'assurer collaboration cordiale des deux pays »* au Cameroun et en avise le gouverneur-général de l'A.E.F.

sur ces territoires ou corps expéditionnaire de circonstance constitué à partir de la déclaration de guerre.

Les Français disposent en Afrique équatoriale de 6.700 hommes, dont 630 Européens[1].

Le général Aymerich, commandant supérieur des troupes d'A.E.F., donne les ordres de mobilisation et de mouvement dès le 1er août. Quatre unités, fortes d'environ un millier d'hommes chacune, se préparent à attaquer sur des axes différents. Le régiment du Gabon doit prendre l'initiative sur la frontière orientale du Rio Muni, le bataillon du Moyen-Congo a pour objectif Bonga et la vallée de la Sangha, le bataillon de l'Oubangui-Chari s'engage vers Zinga et la vallée de la Lobaye. Pour ces deux dernières unités, le premier objectif fixé par le Comité de défense de la colonie est de garantir la sécurité des communications sur l'axe sud-ouest/nord-est, de Brazzaville au Tchad, en se saisissant des deux antennes allemandes sur le Congo et l'Oubangui.

Au nord, sous l'autorité du général Largeau, le régiment du Tchad, à partir de Fort Lamy, doit s'emparer de Kousséri et marcher sur Mora.

Les contingents britanniques de la *Nigeria* forment, à l'initiative du gouverneur par interim de la colonie (Sir Frederick D. Lugard, gouverneur général en titre est en congé en Angleterre), cinq colonnes distinctes qui entrent en campagne sur trois objectifs de la frontière occidentale. À l'extrême nord du territoire, deux colonnes convergent vers Mora et prêtent la main aux Français au sud du lac Tchad ; de part et d'autre de la vallée de la Bénoué deux

1. En fin d'année 1912, avec la rétrocession à l'Allemagne des derniers territoires formant le Nouveau Cameroun, les forces régulières françaises permanentes au Gabon s'élèvent à 7 compagnies pour 280.000 km^2, pour le Moyen-Congo à 6 compagnies pour 250.000 km^2, pour l'Oubangui-Chari à 6 compagnies également pour 336.000 km^2, pour le Tchad encore quasiment en cours de conquête à 12 compagnies, une batterie et un escadron. L'effectif des Gardes régionaux passent de 1.650 en 1910 à 2.300 en 1911. Selon le gouverneur général Merlin, « *Presque partout nos agents ne peuvent accomplir les actes les plus simples à une administration rudimentaire qu'avec le concours de la force armée : la poudre parle tous les jours et à tout propos* ».

colonnes ont pour objectif Garoua ; un dernier détachement au sud marche sur N'sanakang. Sur mer, les 12 modestes embarcations armées de la colonie, aux ordres du lieutenant Child, sont réunies en un « *Marine contingent* » et rejoignent les navires dépêchés pour opérer sur les côtes du Cameroun.

La *Force Publique* belge, dont les effectifs sont à peine suffisants pour assurer l'ordre public dans l'immense territoire congolais, s'inquiète surtout des menaces que l'Est Africain allemand fait peser sur la longue frontière commune orientale. Toutefois, à la suite d'un télégramme du 28 août du gouvernement belge au gouverneur Henrys, les autorités acceptent de participer « *avec troupes alliées* [à] *toute offensive même en territoire allemand si nécessaire* ». L'appel au contingent annuel de recrues, fixé à 3.750 hommes (chiffre identique en 1915 et qui atteint 5.000 en 1916), et aux quelque 5.000 réservistes indigènes permet de porter les effectifs totaux à 23.000 hommes.

Pendant que les Français sont autorisés à utiliser pour leur ravitaillement la voie ferrée stratégique Matadi-Léopoldville, le vapeur *Luxembourg* appuie les opérations dans la vallée de la Sangha et une première compagnie de 136 hommes, aux ordres du lieutenant Bal, dotée de trois canons et d'une mitrailleuse, est mise à la disposition de la colonne du Moyen-Congo à partir du 30 septembre. Dans les semaines qui suivent un second contingent de 150 hommes, puis un troisième de 225 soldats commandés par le capitaine Morin sont placés aux ordres du général Aymerich.

Avant même que les troupes régulières ne franchissent les frontières du *Kamerun* à partir de la troisième semaine d'août, des coups de main sont conduits par des administrateurs locaux, des volontaires et des Gardes indigènes contre les postes frontaliers allemands des deux antennes du Nouveau Cameroun. En se saisissant de ces points d'appui, « *faciles d'ailleurs à encercler* » reconnaît le colonel Charbonneau[1], les Français veu-

1. Colonel Jean Charbonneau, *On se bat sous l'équateur…, la conquête des colonies allemandes d'Afrique et les problèmes qu'elle pose*, Paris, Lavauzelle, 1933, 188 pages, p. 29.

lent protéger leurs communications fluviales entre Brazzaville et le Nord.

Parallèlement, un corps expéditionnaire franco-britannique est mis sur pied à Dakar sous l'autorité du brigadier-général Dobell, général inspecteur de la *West African Frontier Force.* Constitué de contingents venus de *Nigeria*, de *Gold Coast*, de *Gambia*[1] et de *Sierra Leone* aux ordres du colonel Howard Georges, et de troupes sénégalaises d'A.O.F. sous le commandement du colonel Mayer[2], il représente une force de 4.960 hommes (dont 4.300 soldats africains) et de 4.300 porteurs. Ce corps expéditionnaire bénéficie de l'appui d'une section renforcée de chemin de fer de campagne française et d'une section du Génie britannique, chargées de la remise en état des voies et de l'aide à la mobilité. Les ordres des gouvernements alliés au général Dobell manquent singulièrement de profondeur: *« Occuper Victoria, Bua, Douala et station de télégraphie sans fil »*, puis agir *« selon votre jugement »*.

Le corps expéditionnaire quitte Dakar par voie maritime le 7 septembre, l'escadre alliée étant constituée autour des croiseurs *Cumberland* (anglais) et *Bruix* (français). Elle se présente à partir du 23 devant Douala, à quelques encablures à l'intérieur de l'estuaire.

L'échec d'une tentative de débarquement sur les rives du Loungasi inquiète les autorités coloniales qui craignent d'être contournées malgré le rembarquement rapide des Anglais. Les Allemands n'envisagent sans doute pas de défendre Douala: *« le 10 septembre le matériel de l'hôtel des Postes avait été chargé sur un train; le gouverneur avait quitté la ville le 25, le commandement mili-*

1. La Gambie, colonie peu étendue, peu peuplée et peu développée, n'entretient en temps de paix qu'une seule compagnie de la *West African Frontier Force* à hauteur de 4 officiers et 120 sous-officiers et hommes de troupe, auxquels on peut ajouter 82 policiers indigènes.
2. La composante française du corps expéditionnaire représente un effectif total de 55 officiers, 354 gradés européens, 1.859 soldats indigènes, 1.100 porteurs, 127 cheveaux et 75 mulets. Elle embarque sur les navires *Amiral Fourrichon*, *Niemen*, *General Dodds* et *Aurelian Scholl.*

taire le 26 avec la garnison indigène… Presque tout le matériel roulant avait été évacué, la station radiotélégraphique complètement détruite et de grandes quantités de vivres, de matériel et d'armes transportées vers l'intérieur »[1].

Isolés dans une colonie coupée de sa métropole, les 6 à 7.000 soldats du lieutenant-colonel Zimmermann doivent affronter près de 15.000 hommes, bénéficiant de bases arrières relativement proches susceptibles de les ravitailler et de compléter les effectifs, attaquant sur huit directions différentes. Alors que la *Schutztruppe* ne peut qu'enregistrer les pertes successives non compensées (morts, blessés, malades, prisonniers), l'effectif du seul corps expéditionnaire franco-britannique du général Dobell passe de 4.960 hommes en septembre 1914 à 10.000 en novembre 1915, *« y compris les troupes indiennes »*[2].

Les opérations peuvent être divisées en quatre phases principales, même si la propagande fait écrire dès novembre 1914 que *« les Anglais et les Français ont conquis le Cameroun dont les Allemands étaient si fiers »*[3] :

– Jusqu'au printemps 1915, les Allemands contiennent la poussée alliée et obtiennent quelques succès locaux, tandis que Français et Britanniques s'opposent déjà sur le partage du territoire.
– À la suite de la première conférence franco-britannique de Douala, une offensive concertée permet aux Franco-Britanniques à partir de mai 1915 de repousser la *Schutztruppe* vers le centre du pays, mais les résultats restent fragiles.
– Une seconde offensive est décidée lors de la deuxième conférence de Douala en août 1915. Elle débute fin octobre et se termine par la prise de Yaoundé le 1er janvier 1916.

1. Général Georges, *Op. cit.*, p. 105.
2. Rapport de fin de campagne du général Dobell, en son quartier général du Cameroun, le 1er mars 1916. Publié dans *The London Gazette*, 4e supplément, du 30 mai 1916.
3. Chronique de guerre d'Ardouin-Dumazet, *L'Illustration*, n° 3740, 7 novembre 1914.

– Une ultime opération de poursuite est conduite pendant quelques semaines pour tenter de saisir le gros des forces allemandes en retraite vers le Rio Muni, à l'exception de la compagnie von Raben qui ne dépose les armes à Mora, à l'extrême Nord de la colonie, que le 18 février.

La résistance allemande

Le 15 août, la capitale administrative de la colonie est provisoirement transférée de Buéa à Douala, sur la rive méridionale du Wouri, jugée plus sûre car moins proche de la frontière avec les Britanniques.

Au cours de l'automne 1914 et durant l'hiver 1914-1915, la *Schutztruppe* oppose une solide résistance aux attaques concentriques des Alliés, voire prend l'initiative lorsque le rapport de force lui est favorable. Les actions franco-britanniques sont peu coordonnées et visent des objectifs distincts, ce dont les Allemands ne tirent pourtant pas le meilleur parti.

Pour avoir une vision aussi claire que possible de cette campagne, il convient de l'aborder par secteurs d'opérations.

À l'extrême sud de la colonie allemande, une étroite bande de terre sépare la région de Libreville de la Guinée espagnole. Le 7 septembre, les Allemands tentent une modeste incursion sur le poste de Kendjé et dans la baie de la Mondah, au nord du Gabon. Les autorités françaises répondent le 21 par une opération combinée sur le poste allemand de Cocobeach et le district de Muni. La canonnière *La Surprise*, partie de Dakar à la fin du mois d'août et placée sous commandement britannique, débarque un détachement de la 7e compagnie du Gabon sous les ordres du chef de bataillon Miquelard[1]. Après une journée d'intense fusillade ponctuée de deux assauts à la baïonnette au cours desquels les Français perdent 13 hommes et les Allemands 8 cadres européens, *« le*

1. Les opérations au Cameroun pendant les premiers mois de la guerre sont marquées par une étroite coopération entre les bâtiments britanniques et français, en mer ou sur les fleuves navigables, et les troupes à terre : *« C'est grâce à un matériel considérable de canonnières, chalands, etc. ; et au concours des navires de guerre que la plupart des opérations ont réussi dans les meilleures conditions »*, précise le colonel Mayer.

drapeau français flotte au mât de pavillon de la maison de l'administrateur allemand du Muni »[1].

Les opérations peuvent dès lors se concentrer parallèlement à la frontière orientale du Rio Muni. La colonne formée en août à Mitzic est engagée sur un axe sud-nord en direction d'Oyem, premier poste allemand important. Les Français sont battus à deux reprises. Le 6 septembre, à Mibang, le commandant de Saligny tombe en lançant ses Tirailleurs contre les positions défensives de la *Schutztruppe*, appuyées par deux mitrailleuses. Les Français déplorent 17 tués et imputent aux Allemands la perte d'une trentaine de recrues indigènes et de trois cadres européens. La mort du chef de détachement incite les porteurs à fuir : la colonne française se replie. La marche est tout aussi difficile en direction d'Akoatim, dont le poste résiste pendant de longues semaines.

Dans cette région, l'effort allié n'est manifestement pas suffisant. Pourtant, curieusement, les troupes allemandes se replient après avoir mené avec succès des contre-offensives locales. Le même phénomène est observé à plusieurs reprises au cours de la campagne, ce qui conduit à s'interroger : après avoir arrêté une action offensive alliée, les Allemands ont-ils reçu l'ordre de profiter de la nuit pour abandonner le terrain ?

Les documents consultés ne permettent pas de déterminer s'il s'agit d'une conception générale de manœuvre visant à échanger du temps contre de l'espace dans l'attente d'une victoire en Europe ou à mieux regrouper des forces importantes dans une zone centrale plus facile à défendre ; ou si la crainte d'un rapport de force trop défavorable paralyse les officiers allemands comme semble le craindre le lieutenant-colonel Zimmermann en février 1915[2].

1. Rapport de M. Guyon, gouverneur du Gabon, cité dans le *Bulletin de l'Afrique française*, janvier-février 1915, p. 11.
2. *« L'exagération par nos patrouilles de l'estimation des forces ennemies a inflencé d'une façon fâcheuse les décisions des chefs de détachement. Les copieux mouvements de repli, ordonnés par crainte d'être coupés, sont en connexion intime avec ce fait »*, cité par le colonel Charbonneau, *Op. cit.*, p. 73.

Ponctuellement justifiable au plan tactique, la généralisation de cette pratique conduit à une impasse à l'échelle du théâtre d'opérations en coupant rapidement le *Kamerun* de tout accès maritime. Elle contribue également à affaiblir la position centrale de la *Schutztruppe*: le basculement des troupes d'un front à l'autre perd de son intérêt militaire lorsque le réduit central n'est sérieusement défendu nulle part, que les colonnes ennemies se réunissent et qu'une trop grande diminution de la profondeur stratégique pénalise la manœuvre. Pour le colonel Mayer, *« la dispersion des détachements ennemis… indique que les Allemands ne veulent tenter une forte résistance nulle part. Leur but est vraisemblablement de durer jusqu'à la fin de la guerre. Ce qui le prouve, c'est leur souci constant d'échapper à notre étreinte après une faible résistance quand ils sont attaqués en force »*[1].

Sur le golfe de Guinée, le corps franco-britannique du général Dobell est engagé à la fin du mois de septembre contre la capitale de la colonie, puis pour créer une zone de sécurité d'une vingtaine de kilomètres autour de Douala.

La prise de la ville est rapide, bien que les Allemands aient tenté de bloquer l'accès au port en coulant quelques embarcations dans le chenal d'accès. À compter du 6 septembre, une flotte relativement imposante pour un théâtre d'opérations aussi éloigné et secondaire[2], se rassemble, reconnaît l'estuaire, sonde les défenses et prépare le débarquement des troupes. Le 26, les croiseurs *Challenger* et *Cumberland* ouvrent le feu sur la ville dans laquelle les Franco-Britanniques entrent le lendemain. Les Alliés disposent désormais des meilleures installations portuaires de la région pour préparer leurs actions ultérieures.

---

1. Rapport d'ensemble sur les opérations des forces alliées au Cameroun, colonel Mayer, 1er janvier 1915. SHD-Terre, 7N706.
2. Les principaux navires, outre les trois grands croiseurs cités, sont le *Dwarf*, l'*Ivy*, le *Walrus*, le *Vampire*, le *Moseley*, auxquels il convient d'ajouter plusieurs chalands et transports.

Le général Dobell fait ensuite progresser ses troupes le long des voies de chemin de fer qui partent de Douala.

Les Britanniques longent, à l'Ouest, la voie ferrée du Nord ; les Français marchent dans la direction d'Edéa parallèlement au *Mittelbahn*. Les Allemands se replient assez rapidement des abords de la ligne du Nord, mais résistent avec ténacité sur l'axe central, grâce auquel ils organisent leur défense et sur lequel les destructions sont plus nombreuses et plus importantes[1].

Au cours de la première semaine d'octobre, le secteur de Bonaberi, sur la côte Ouest, est occupé par les Anglais ; tandis que le colonel Georges échoue dans une première tentative pour prendre Yabassi et se replie sur Douala le 10. Les Français opèrent à l'Est et s'emparent du pont de chemin de fer de Japoma, sur la rivière Dibamba. Le bataillon sénégalais n° 2 dispose en appui d'une section du Génie et d'une batterie françaises, renforcées d'une section d'artillerie britannique.

L'effort est poursuivi : les Français occupent Yabassi et sa région entre le 15 et le 20 octobre, puis le 26 Edéa, à la fois gare importante sur le *Mittelbahn* et accès à la vallée du fleuve Sanaga, mais les Allemands s'accrochent au terrain et plusieurs comptes rendus du colonel Mayer font état de *« résistances sérieuses »* et de *« pertes assez élevées »*. Les mois de novembre et décembre se passent en patrouilles et reconnaissances avec de forts effectifs pour *« donner de l'air à la ville »*. Le 23, 24 et 26 novembre, plusieurs postes avancés sont violemment attaqués par les Allemands. L'officier français souligne que *« les détachements ennemis autour d'Edéa se sont notablement accrus et renforcés par des éléments venus d'autres points… L'ennemi déploie une certaine activité pour le recrutement »*[2].

1. Sur la ligne du Nord, le pont sur la rivière Niohé au km 115 est le seul a être gravement endommagé. Sur la ligne du Centre, six ponts importants sont détruits par la *Schutztruppe* en retraite, exigeant jusqu'à dix semaines de travaux (pont sur la rivière Kele au km 121) pour une remise en état provisoire.
2. Rapport d'ensemble sur les opérations des troupes alliées au Cameroun déjà cité ; SHD-Terre, 7N706.

En novembre, les Britanniques prennent successivement Buéa, ancienne capitale politique, et Victoria dont ils reçoivent la capitulation du capitaine Gaisser après une nouvelle opération de débarquement à partir d'une flotille réunie autour du *Bruix* et du yacht armé britannique *Ivy*. L'essentiel des troupes allemandes s'est retiré et il ne reste avec le commandant de la garnison que 32 soldats indigènes. 173 civils européens sont également fait prisonniers, dont 105 hommes ce qui semble indiquer que les autorités coloniales n'imposent pas l'incorporation de tous les adultes en âge de porter les armes. Le même constat peut être établi lors de la marche alliée sur Dschang et la prise du terminus ferroviaire de Ngonksamba à la mi-décembre.

Au sud-est et à l'est du *Kamerun*, deux colonnes françaises distinctes réduisent les antennes qui, à Bonga et Zinga, touchent au Congo et à l'Oubangui ; puis convergent vers Nola. Constituée de troupes du Moyen-Congo, la première est commandée par le lieutenant-colonel Hutin, tandis que la seconde, formée de recrues de l'Oubangui-Chari, est confiée au lieutenant-colonel Morisson.

Les premiers succès sont rapidement acquis dans ces zones éloignées et difficilement desservies du côté allemand. Les 6 et 7 août, le vapeur civil *Largeau* des *Messageries Fluviales*, réquisitionné et armé, parti de Brazzaville sous les ordres de l'inspecteur Leprince, s'empare du poste allemand de Bonga, au confluent de la Sangha et du Congo ; tandis que le *Fondère*, venu de Bangui sous le commandement du capitaine de Béon, prend le poste de Zinga, proche du confluent de la Lobaye et de l'Oubangui. Pour les Français, la sécurité des transports par voie d'eau est acquise.

Les difficultés naturelles qui entravent la progression sont en partie compensées par le repli des unités allemandes : N'dzimou est pris le 29 octobre et Moloundou le 22 décembre 1914. La résistance allemande est sévère mais décousue, la *Schutztruppe* rompt systématiquement le combat à la nuit tombée. Le colonel Morisson ne progresse à partir de Batouri *« qu'au prix d'une série de très violents engagements d'avant-gardes, d'attaques et de contre-attaques très âpres »* et, le 28 décembre, après que les Allemands aient résisté dans Bertoua *« très crânement tout le jour »*, ils s'exfiltrent à la nuit. *« Le 29 au matin, nos Tirailleurs, sans coup férir, occupaient le poste »*[1].

Au début de la guerre, quatre compagnies de la *Schutztruppe* sont déployées dans le Nord : la 3e (capitaine von Raben) stationne à Mora, la 7e (capitaine von Crailsheim) occupe Garoua, sur la rive de la Bénoué, la 8e (capitaine Thiel) est en garnison à N'Gaoundéré et la 12e (capitaine Duhring) est installée à Boumo, sur le Logone. À l'exception notable des résistances de Garoua et de Mora, les opérations dans la région se caractérisent pendant plusieurs mois par un manque de détermination et d'esprit d'initiative des deux belligérants.

Le 17 août, la 12e compagnie tente une timide attaque du poste frontalier français. Bien qu'il soit immédiatement abandonné par ses défenseurs, le capitaine Duhring ne pousse pas son avantage. Il se retranche pendant quelques semaines dans sa propre caserne, puis en octobre se replie en direction de Garoua. La 8e compagnie, tout en laissant un détachement de protection à N'Gaoundéré, se retire également sans combattre et vient, de même, renforcer la garnison de Garoua.

On peut s'interroger sur la pertinence de ces mouvements : pour éviter la prise de cet important carrefour routier, les officiers allemands choisissent d'abandonner aux Alliés les vastes étendues environnantes. Or, la meilleure organisation défensive du terrain qui se puisse concevoir ne peut résister bien longtemps lorsque l'assaillant dispose d'une réelle supériorité en hommes et en artillerie. Pourquoi ont-ils choisis de l'enfermement au lieu de la mobilité et de la manœuvre ? S'agit-il d'un ordre l'autorité supérieure ? Est-ce un défaut de formation ou de caractère ? D'une inaptitude à comprendre les formes que prend la guerre dans une colonie coupée de sa métropole ? Ces questions sont d'autant plus troublantes que cette inactivité traduit

1. Gustave Babin, « La conquête du Cameroun » (2), *L'Illustration*, n° 3807, 19 février 1916.

également une totale méconnaissance de la piètre qualité des troupes anglaises qui leur sont opposées.

Le 26 août, Garoua est attaquée par les troupes venues de *Nigeria* voisine. Le lieutenant-colonel Mac Lean, commandant la colonne, échoue dans sa tentative et est tué avec plusieurs de ses hommes. Les survivants repassent la frontière et s'enferment dans Yalo pendant deux mois, craignant une contre-attaque allemande qui ne vient pas. Le commandement allemand profite du répit qui lui est accordé pour activer les travaux de mise en défense de Garoua, bientôt entouré de fortins et de tranchées, mais ne s'éloigne pas de ses bases. En novembre, le lieutenant-colonel Webb Bowen, nouveau commandant britannique, entre au Cameroun et s'installe défensivement à une trentaine de kilomètres de la ville pour en organiser le blocus en attendant l'arrivée d'une colonne française, avec laquelle il *« marchera, bon gré, mal gré »* souligne pudiquement le colonel Charbonneau[1].

Délaissant la citadelle de Mora qu'il n'a pas les moyens de prendre, le lieutenant-colonel Brisset se présente le 8 janvier 1915 devant la métropole du Nord. Étant le plus ancien dans le grade le plus élevé, il prend le commandement des troupes alliées qui totalisent désormais le triple de l'effectif dont disposent les Allemands[2].

Pendant cinq mois la garnison mollement assiégée résiste, multiplie les reconnaissances et les sorties autour de la place fortifiée, sans chercher à obtenir un succès décisif sur les Franco-Britanniques. Les accrochages succèdent aux embuscades. En avril, un tube de 95 mm est mis, de Dakar, à la disposition du lieutenant-colonel Brisset, tandis que le colonel Cunliffe, nouveau commandant britannique, obtient le renfort d'une pièce de 75 de marine et de quatre compagnies d'infanterie.

1. Colonel Jean Charbonneau, *Op. cit.*, p. 29.

2. Colonne française : 3 compagnies d'infanterie, 1 escadron de cavalerie, 1 section de 80 de montagne ; colonne britannique : 3 compagnies d'infanterie, 1 compagnie montée, 1 section de 75 mm.

Le rapport de force est désormais tel que l'attaque décisive contre la garnison allemande peut être lancée sans risque à partir du 31 mai.

L'artillerie agit de jour pour entamer les organisations défensives allemandes et atteindre le moral des troupes ; l'infanterie progresse de nuit, creusant au fur et à mesure les tranchées. Pendant onze jours, la garnison allemande se laisse enfermer et manque étrangement de réaction : *« L'ennemi ne sortit que deux fois pour jeter des coups de sonde sur notre flanc gauche gardé par la cavalerie française. Il y eut des escarmouches à la suite desquelles il rentra dans ses lignes »*[1]. Le 10 juin au matin, le bombardement des Alliés est *« particulièrement violent et nos projectiles bien placés »* : un parlementaire se présente devant le colonel Cunliffe à 15 heures, tente de négocier une reddition avec les honneurs de la guerre mais se fait éconduire. À 20 heures, *« le baron von Crailsheim, commandant la forteresse de Garoua, la remettait entre les mains des Alliés »*[2] sans que ceux-ci n'aient perdu un seul homme.

Les Franco-Britanniques, qui alignent 10 compagnies d'infanterie renforcées de cavalerie et d'une artillerie particulièrement puissante pour un théâtre africain isolé, font prisonniers 37 officiers et sous-officiers européens et près de 200 soldats indigènes, saisissent 300 fusils, 10 mitrailleuses et 3 petits canons de 60 et 37 mm. Lorsque la nouvelle parvient à Paris, la presse parle de *« prise énorme »* et les souvenirs des acteurs ultérieurement publiés insistent sur la moindre escarmouche préalable : les chiffres montrent que la réalité est à la fois plus simple et moins glorieuse[3].

---

1. *Bulletin de l'Afrique française*, octobre-décembre 1915, p. 282-283.
2. *United Empire*, vol. VI, n° 11, novembre 1915, p. 822.
3. Ce succès vaut au lieutenant-colonel Brisset une promotion dans l'ordre de la Légion d'honneur. La citation qui l'accompagne n'évoque que marginalement la campagne militaire : *« A obtenu d'excellents résultats pratiques au point de vue politique et économique dans cette riche région, a obligé les Allemands à se réfugier dans deux positions où ils sont bloqués et leur a infligé des pertes sérieuses dans plusieurs combats… A su maintenir le moral de tous, malgré un climat exceptionnellement chaud, déprimant et rendu encore plus pénible à supporter en raison des incessantes alertes de nuit »*.

Toutefois, la capitulation de cette garnison prive Zimmermann d'un nombre significatif de soldats, lui enlève toute possibilité de défendre le Cameroun central et ouvre aux Alliés la route du Sud.

Au fur et à mesure que les unités allemandes reculent sur les différents fronts, des zones plus importantes du territoire camerounais se trouvent placées sous administration alliée. Lorsqu'il s'agit de territoires situés à proximité de la *Nigeria* ou de l'A.E.F. sur l'axe de progression d'une colonne britannique ou française, l'autorité militaire en assume la responsabilité. La question se pose en des termes différents pour la région conquise à partir de Douala par le corps franco-britannique.

En l'absence de directives particulières des gouvernements alliés, qui entérinent au printemps 1915 la situation de fait, le général Dobell met en place une administration civilo-militaire dont il assume l'autorité avec le concours d'adjoints civils et militaires, français et britanniques.

Paris s'inquiète bientôt qu'un état de fait non avalisé par une convention gouvernementale puisse porter préjudice à ses ambitions régionales et souligne que *« cette organisation provisoire, placée sous la direction d'un personnel britannique, ne préjuge en rien l'attribution ultérieure de Douala à telle ou telle puissance »*. Les ministères français et britanniques des Affaires étrangères et des Colonies échangent plusieurs notes au terme desquelles un condominium provisoire est accepté le 14 janvier 1915 sur l'ensemble des régions conquises en commun, afin de ne pas laisser s'installer un vide juridique préjudiciable au commerce et à la vie des populations. Rien ne valant dans la perspective de négociations ultérieures la maîtrise d'un gage en propre, *« les territoires limitrophes de la Nigeria et des colonies françaises, et actuellement occupés par des troupes qui ne sont pas sous le commandement du général Dobell,* [continueront] *à être administrés par les autorités coloniales anglaises et françaises jusqu'à ce que les circonstances permettent de les faire passer sous l'administration du condominium »*.

La réouverture au commerce du port de Douala par le général Dobell, avec application de la législation douanière en vigueur au *Nigeria*, justifie aux yeux du gouvernement français qu'un accord officiel fixe rapidement les relations entre les deux puissances. Les Français apprennent ainsi « *par hasard* » en mai 1915 que les revenus fiscaux générés par le trafic portuaire sont utilisés de façon discrétionnaire par le commandant en chef britannique, au titre de ses fonctions d'administrateur supérieur du territoire. Les luttes d'influence, en vue du partage ultérieur de la colonie allemande, restent la cause de crises successives, relatives à la politique monétaire et au taux de change à l'automne 1915, et la motivation profonde de l'engagement des deux puissances.

Parallèlement aux protestations officielles relatives à la région occupée par le corps mixte du général Dobell, Doumergue souligne en janvier 1915 « [qu'] *il nous faut, pour achever la conquête du Cameroun, agir par nous-mêmes, avec des troupes exclusivement françaises parties soit du Gabon, soit du Moyen-Congo ou du Tchad, et qui pourront administrer provisoirement les territoires occupés sans l'intervention d'officiers ou d'agents britanniques* ». En juin, il rappelle au colonel Mayer, adjoint du corps expéditionnaire : « *Bien qu'étant au point de vue militaire sous les ordres du général Dobell, vous n'en êtes pas moins au Cameroun le représentant de la République… en ce qui concerne les questions qui peuvent y intéresser le développement de notre action politique et économique* »[1]. Le ministre des Affaires étrangères lui fait écho : « *Je pense d'ailleurs que le jour où la conquête du Cameroun sera terminée et où les troupes qui y opèrent seront partout, aisément au contact, il sera préférable, au lieu de développer, avec ou sans condominium, un régime provisoire, de préparer et d'organiser au plus tôt un état de choses définitif* »[2]. Trois administrateurs français sont nommés auprès de l'état-major du général Dobell, avec le souci de préserver l'avenir et de ne pas laisser aux seuls Britanniques la responsabilité de l'administration des nouveaux territoires.

1. Télégramme du Doumergue à Mayer du 23 juin 1915, cité par par Marc Michel, « Le Cameroun allemand aurait-il pu rester unifié ? Français et Britanniques dans la conquête du Cameroun (1914-1916) », *Guerres mondiales et conflits contemporains*, n° 168, 1992, pp. 14-29, p. 26.
2. *D.D.F. 1915-I*, document 106, p. 149 et note infrapaginale n° 2.

Les opérations militaires conduites durant l'automne 1914 par les colonnes françaises contre le *Neue Kamerun* permettent à Paris de rétablir sa souveraineté sur les vallées de la Sangha (lieutenant-colonel Hutin) et de la Lobaye (colonel Morisson).

Les succès alliés restent toutefois limités et la conquête de la colonie s'avère plus difficile que prévu, ce qui suscite diverses tensions, chacun rejetant sur l'autre la responsabilité d'une progression laborieuse. Le général Dobell regrette perfidement, dans le rapport qu'il adresse le 7 janvier 1915 au *Colonial Office*, de devoir considérer *« le contingent français comme ayant peu de valeur pour une action offensive »*, et le gouvernement français s'étonne en avril que *« les Anglais s'immobilisent aussi bien dans la région de Douala que dans celle de Garua où nous n'avons pu, dans une circonstance difficile, compter sur leur concours »*.

En août encore, lorsque le général Dobell insiste pour être autorisé à conserver une attitude strictement défensive durant la saison des pluies, Paris s'inquiète que le corps expéditionnaire soit *« condamné à une immobilité absolue »*, alors que *« l'offensive prise par les troupes de l'Afrique Équatoriale Française »* produit des *« résultats appréciables »* et que les Allemands, *« dont l'extrême mobilité a été maintes fois constatée »*, pourraient en profiter pour concentrer leurs efforts contre les seules colonnes françaises. Il rappelle également qu'au nord de la colonie *« après la prise récente de Garoua, dont le lieutenant-colonel Brisset avait eu pour mission de préparer l'investissement prolongé, le gros des troupes anglaises s'est dirigé vers Kontscha, proche de la frontière de la Nigeria, tandis que le contingent français était poussé vers Ngaumdéré, où il a appuyé l'action d'une colonne légère anglaise »*. Il souligne enfin que les troupes parties d'A.E.F. *« se sont avancées de 500 kilomètres en territoire ennemi »*, tandis que *« le rayon du corps expéditionnaire franco-anglais autour de Douala atteint environ 100 kilomètres »*. Un nouveau chapitre s'ajoute à la difficile histoire africaine de l'Entente.

Puisque les forces engagées contre les Allemands relèvent de différents commandements[1] qui disposent d'une très large autonomie susceptible de porter préjudice à l'efficacité opérationnelle, il devient nécessaire, pour assurer l'encerclement effectif de la *Schutztruppe* et terminer dans les meilleurs délais la conquête en commun du territoire, de coordonner les opérations des différents détachements avec les plans de campagne du général Dobell. La France pense alors que l'étendue des territoires conquis au-delà des frontières de l'A.E.F., associée à une meilleure coopération avec les Britanniques sur le terrain, lui permettra de peser d'un poids accru dans le partage définitif.

Avant même la reprise des opérations offensives en 1915, Paris et Londres engagent sur proposition britannique les premières conversations visant à fixer les limites des zones d'occupation et d'administration. Les Alliés ne doutent pas du succès final de la campagne et se partagent les dépouilles du futur vaincu. Par arrêtés du gouverneur-général Merlin en mars 1915, les territoires du *Neue-Kamerun* de la Basse-Sangha, de la N'Daki, les rives gauches de la haute Sangha et de la Lobaye sont directement rattachés à la colonie du Moyen-Congo, la région de l'Ouham-Pendé à celle de l'Oubangui-Chari et la province de Muni au Gabon.

Malgré l'occupation de Douala et de l'essentiel de la zone côtière par les Alliés, les Allemands conservent une possibilité d'accès maritime dans la région de Kribi[2]. Le port lui-même a été bombardé en octobre 1914 puis occupé en décembre, mais des détachements allemands harcèlent les compagnies sénégalaises et tiennent certains points de la côte, à partir desquels ils peuvent communiquer avec le monde extérieur via Fer-

1. Le général Largeau au Tchad et le général Aymerich en Afrique équatoriale donnent directement leurs ordres aux troupes françaises engagées au nord, à l'est et au sud du Cameroun, en fonction des directives générales de Paris et sans concertation avec le général Dobell installé à Douala.
2. Au sud du territoire, le port de Kribi doit sa richesse à l'exportation de la production de caoutchouc.

nando Po[1]. Ils réunissent des effectifs significatifs et contre-attaquent les 6, 9 et 12 décembre, obligeant les Alliés à renforcer la garnison d'une section de fusiliers marins, d'une section de mitrailleuses et d'une section de 65 de marine débarquées du croiseur *Pothuau*.

Paris et Londres notifient le 20 avril aux nations neutres et alliées que les côtes du Cameroun sont soumises au blocus[2] à partir du 23 du même mois. La région entre dans la guerre économique contre les Puissances Centrales et un éventuel ravitaillement de la *Schutztruppe* par contrebande ou par un navire corsaire devient impossible. La France participe avec quelques vieux navires et chalutiers armés (le *Friant*, le *Vauban*, le *Loiret*) à cette mission de contrôle qui vise surtout le cabotage espagnol dans la région.

Les questions commerciales et financières prennent une place croissante au fur et à mesure qu'augmentent l'intensité et la durée de la guerre. Les ressources matérielles offertent aux Alliés par les territoires conquis, parce qu'elles peuvent financer les dépenses militaires coloniales sans ajouter de charges nouvelles au budget général de l'État, n'en sont que plus importantes. *« Les décisions à prendre sur ces mêmes points sont, je le répète, d'un intérêt immédiat non seulement pour notre influence, mais pour les finances publiques de la France »*, écrit Delcassé en juin 1915.

En avril 1915, Français, Britanniques et Belges s'engagent par la convention de Combera à harmoniser les actions ultérieures de leurs contingents. Ils s'accordent pour agir en commun contre les Allemands mais aussi contre un éventuel *« ennemi intérieur »*, une

---

1. Pour général Dobell, *« les Espagnols sont indiscutablement favorables aux Allemands »* et *« transportent des courriers et des passagers ennemis sous drapeau espagnol »*, mais qu'il lui est difficile d'agir *« du fait du droit des neutres et des lois de la guerre »*. Rapport de la *West African Expeditionary Force*, n° 2660, 12 novembre 1914. SHD-Terre, 7N706.
2. Publication de la décision de blocus au *Journal Officiel* du 23 avril 1915, modification du régime publié le 12 janvier 1916, levée officielle insérée dans le *Journal Officiel* du 1er mars 1916.

révolte indigène que l'une des nations européennes seule ne pourrait pas réduire.

Première conférence de Douala et offensive franco-britannique

Au début de l'année 1915, dans l'Ouest, les Alliés n'occupent que les régions de Duala, Victoria, Kribi et l'axe des deux voies ferrées. Organisés en deux sous-ensembles (Garoua et Yaoundé) dans un vaste triangle autour du plateau central (Garoua-Yaoundé-Dschang), les Allemands bénéficient d'un bon réseau de communications routières et télégraphiques dans une région relativement riche dont la population fidèle peut fournir de nombreuses recrues et de multiples porteurs. Les positions alliées ne sont pas à l'abri d'un retour offensif : après avoir repoussé des assauts limités le 26 novembre et le 22 décembre, le colonel Mayer est attaqué à Edéa le 5 janvier par 4 à 5 compagnies allemandes[1] qui, *« profitant d'un brouillard épais s'avancent en plusieurs fractions jusqu'auprès des sentinelles sans être vu »*.

À la mi-février, les Britanniques du colonel Georges, du lieutenant-colonel Cockburn et du major Rose sont à leur tour confrontés dans les régions de Nkongsamba et de Mbureku à l'infiltration à travers leurs lignes de fortes patrouilles allemandes marchant vers le sud-est. Le commandant en chef britannique doit reconnaître que les Alliés, *« malgré une activité constante,…* [n'ont] *pu enregistrer aucun avantage matériel »*. Les difficultés rencontrées depuis l'entrée en guerre, conduisent le gouverneur Merlin et le général Aymerich à s'entendre directement avec le général Dobell.

Deux représentants du gouverneur général de l'A.E.F., dont Fourneau, lieutenant-gouverneur du Moyen-Congo, se présentent le 6 février 1915 à l'état-major du général britannique *« au sujet d'une coopération possible des troupes alliées opérant sur le*

1. Selon les renseignements tirés des papiers retrouvés sur les victimes allemandes, cette attaque rassemble environ 800 hommes appartenant aux détachements Reder, venant de Dehane, von Arnin, Priester et Dickmann, en provenance de Kele, Bachmann et Exner venant de Sakbajeme.

théâtre de la guerre », selon le rapport adressé par Dobell à Londres avec une prudente réserve. Dans son rapport de fin de campagne, il écrit d'ailleurs que, tout en admettant l'intérêt stratégique de la proposition française, il hésite *« à entreprendre à ce moment une pareille opération »*. Il invoque, parfois à juste titre, le climat, les distances, les difficultés techniques ou le manque de troupes... On peut s'étonner dans un tel contexte que le commandement allemand se limite à contenir la poussée alliée.

Français et Britanniques conviennent de lancer à partir du 1er mai une offensive concertée visant à obtenir la chute de Yaoundé.

Pour le général Dobell, il existe alors *« trois théâtres d'opérations absolument distincts les uns des autres »* : les 900 Franco-Britanniques du colonel Brisset au Nord, les 4.000 Franco-Belges du général Aymerich à l'Est, et les 5.200 Franco-Britanniques placés sous ses ordres entre Duala, Victoria, Kribi et Edéa. En fait, 7 colonnes organisées en 5 groupes convergent vers le plateau camerounais central : Le Meillour (Sud Cameroun), Hutin (Sangha), Morisson (Lobaye), Brisset (Nord Cameroun) et Cunliffe (Nigéria), Dobell et Mayer (Douala). Un huitième contingent est ultérieurement organisé au Sud dans la région de Campo.

La coopération interalliée reste minimale et les colonnes nationales reçoivent simplement pour mission de soutenir à partir de la périphérie du territoire l'action majeure conduite par le corps expéditionnaire du général Dobell, dont les éléments de tête constitués par les troupes du colonel Mayer s'emparent le 14 mai d'Eseka.

La repise de l'offensive se déroule dans des conditions difficiles : rivalités et défauts de communication entre Alliés comme entre civils et militaires pénalisent la coordination de l'action. Les contraintes techniques, logistiques et météorologiques sont mises en avant et le général anglais se dédouane : *« Les nouvelles venant directement du front mettent un mois entier à me parvenir »*. Les difficultés matérielles permettent de passer sous silence les oppositions militaires et politiques, et il faut concevoir que ces colonnes de quelques milliers d'hommes s'échelonnent sur un front semi-circulaire de plus de 4.000 km, soit *« le double de la longueur des fronts européens additionnés »*.

Les Allemands ne restent pas inactifs.

Les troupes du général Aymerich à l'Est ne peuvent pas s'emparer de Doume et Lomie dans les délais impartis. Le colonel Mayer est confronté à une résistance inattendue : *« À chaque tournant de la route, nos troupes avaient à subir le feu des mitrailleuses...* [L'ennemi] *commençait à harceler nos lignes de communication, sans parler des longs convois de porteurs singulièrement enclins à la panique »*. Retranchée derrière les marais dans la région de Matem, la *Schutztruppe* bloque la progression du corps franco-britannique, contraint de se replier à partir du 7 juin. Les Allemands s'emparent d'un convoi de vivres de 500 porteurs et harcèlent pendant deux semaines les arrière-gardes françaises. Le général Dobell admet que *« proportionnellement à l'importance de nos effectifs, les pertes étaient sérieuses : nous avions 25 % de tués ou blessés »*[1].

Le général anglais fait cantonner le contingent français sous ses ordres autour d'Edéa pendant la saison des pluies, mais le colonel Mayer, tout en reconnaissant que les opérations actives deviennent plus difficiles, n'est pas favorable à cette inactivité forcée dans un environnement malsain qui cause de nombreuses pertes par maladies.

Les rares succès importants sont obtenus au Nord du territoire, où la chute de Garoua au début du mois de juin et la prise de N'gaoundéré le 28 rendent disponibles des effectifs qui peuvent renforcer les actions engagées en direction de Yaoundé. Les officiers français et britanniques s'opposent sur la suite à donner aux opérations et le lieutenant-colonel Ferrandi se souvient : *« Ah ! Quelles âpres luttes épistolaires, sous Garoua, entre le colonel Brisset et le général Cunliffe, et que de discussions aux mille détours entre le major Wright, le chef d'état-major anglais, et moi-même »*[2].

1. Rapport de fin de campagne du général Dobell, déjà cité.
2. Lieutenant-colonel Jean Ferrandi, *De la Bénoué à l'Atlantique à la poursuite des Allemands*, Paris-Limoges, Lavauzelle, 1931, 177 pages, p. 13.

La colonne française est finalement autorisée à reprendre sa progression vers le Sud.

À l'Est, après avoir cédé à plusieurs reprises du terrain et abandonné les postes de Lomié, Doumé et Bertoua, la *Schutztruppe* contre-attaque en août et septembre les colonnes de la Sangha et de la Lobaye. Dans des conditions extrêmement difficiles, les colonels Hutin et Morison ne parviennent pas à réunir leurs effectifs et les deux détachements sont battus tour à tour, contraints de reculer sur des positions antérieures.

Sur la côte Sud enfin, à la frontière du Rio Muni, dans la région de Campo, les Français sont engagés dans une série d'escarmouches limitées, alors qu'ils souhaitent pouvoir développer une action de plus grande envergure. De Paris, Doumergue demande des explications au gouverneur Merlin, parlant d'un rôle *« de gardes-frontières ou de douaniers »*[1]. La prise de Bitam, centre important de la résistance allemande par la colonne du lieutenant-colonel Le Meillour le 17 juillet, marque le seul engagement majeur dans cette zone.

1. Cité par Marc Michel, « Le Cameroun allemand aurait-il pu rester unifié ? », *Op. cit.*, p. 20.

Carte renseignée des opérations au Kamerun

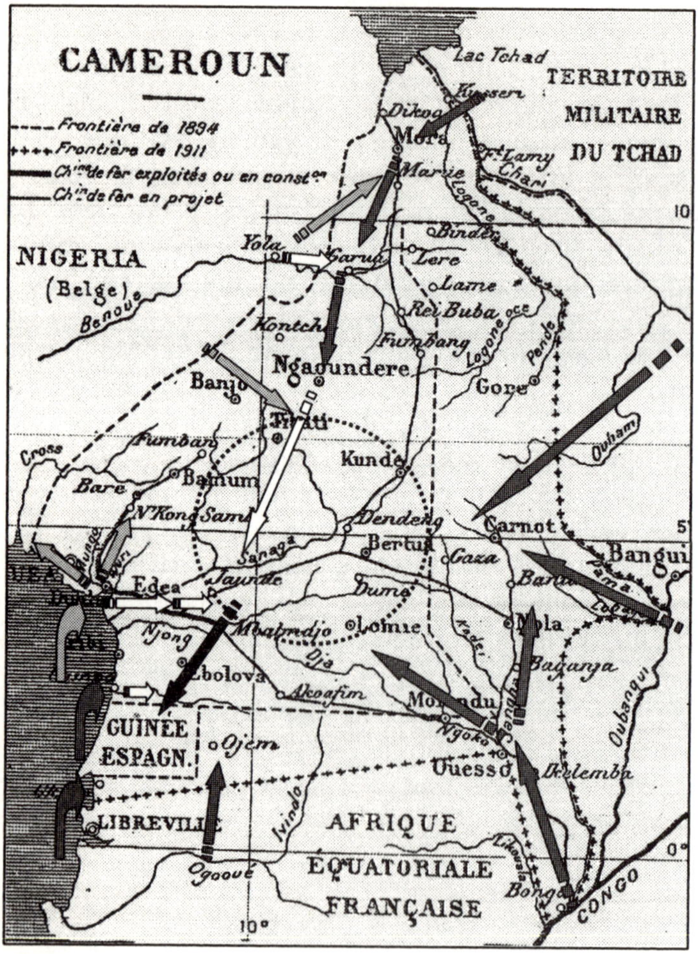

Colonnes britanniques

Colonnes françaises

Colonnes franco-britanniques

Zone de regroupement des unités allemandes

Exfiltration des compagnies allemandes

De la deuxième conférence de Douala à la prise de Yaounde

Ces difficultés récurrentes conduisent le général Dobell à solliciter lui-même, en août 1915, l'organisation d'une deuxième réunion de coordination.

Parfois présentée comme une véritable conférence interalliée anticipant de plus de deux ans sur l'évolution des structures de commandement sur le front de France, elle se déroule les 25 et 26 août en présence des principaux acteurs : le général Dobell, le gouverneur général Merlin et le général Aymerich. L'accord est aisé sur la conception générale de manœuvre : obtenir dans les meilleurs délais la capitulation des forces allemandes et prendre Yaoundé au plus tôt.

Français et Britanniques s'opposent par contre sur la coordination entre le corps expéditionnaire et les colonnes venues d'A.E.F., et donc sur la subordination de l'ensemble des contingents au général Dobell. Il est finalement convenu, au terme de longs échanges, que toutes les offensives doivent concourir à faciliter la marche sur Yaoundé, mais que la France conserve son autonomie de manœuvre sur la frontière Sud. Il ne s'agit encore que d'objectifs généraux et « [qu'] *il n'a pas été possible d'organiser au Cameroun une autorité centrale dirigeant les efforts de chacun vers un but unique et renseignant les différents éléments alliés. L'absence de cet organe de commandement nous a occasionné bien des ennuis* »[1].

Les opérations doivent commencer sur tous les fronts entre le 15 octobre et le 15 novembre, chaque allié disposant de lignes de ravitaillement distinctes et progressant par colonnes parallèles. De nouveaux renforts, dont le *5th Light Infantry* de l'armée des Indes et quelques pièces d'artillerie lourde, consolident le rapport de force déjà très favorable aux Alliés.

Au Sud, les Français entrent dans Sende le 25 octobre et accroissent leurs efforts à l'Est en direction de Mangeles, pris le 21 décembre.

1. Lieutenant-colonel Ferrandi, *Op. cit.*, p. 41.

Au cours de cette phase, les difficultés relationelles entre Français et Britanniques se manifestent au Nord où le général Cunliffe a pris le commandement des troupes britanniques et assume donc le commandement interallié. Malgré de beaux succès en octobre et novembre[1] qui permettent de chasser les Allemands du massif de l'Adamaoua au sud-ouest de N'gaoundéré, le général britannique craint une contre-attaque et souhaite reserrer son dispositif. Il veut ralentir la progression de la colonne du colonel Brisset pour tenter en septembre un nouvel assaut contre la place de Mora.

Trois difficultés se conjuguent pour freiner l'avance alliée :

- Le terrain, peu praticable, couvert de massifs infranchissables et de profondes coupures, et la météorologie constituent des obstacles naturels majeurs.
- L'absence de liaisons directes entre les différentes colonnes nuit à une réelle coordination de la manœuvre, officiellement souhaitée. Chacun essaye de progresser au mieux dans l'esprit des travaux de la deuxième conférence de Douala mais ignore le plus souvent jusqu'à la position des autres détachements : *« Si je savais où se trouvent le colonel Brisset et le général Cunliffe ; si je connaissais la situation actuelle du corps expéditionnaire »*, écrit le général Aymerich[2].
- La retraite allemande est méthodique, organisée de points d'appui successifs en positions préparées. La *Schutztruppe* utilise toutes les ressources de sa connaissance de la région, les renseignements fournis par des tribus indigènes fidèles et même la propagande. Marc Michel cite un tract cherchant à diviser les Alliés : *« Braves Français, ne soyez pas dupes plus longtemps de vos perfides alliés, ils vous font tirer les marrons du feu »*[3]. Dans son rapport de fin de campagne,

1. Lors de la prise de Banjo (3-6 novembre), le commandant allemand de la garnison est tué, 9 cadres européens sont faits prisonniers et *« le reste de la garnison, démoralisé, était errant dans la brousse, serré de près par nos Alliés »*.
2. Général Aymerich, *La conquête du Cameroun*, Paris, Payot, 1933, 216 pages, p. 135.
3. Marc Michel, « Le Cameroun allemand aurait-il pu rester unifié ? », *Op. cit.*, p. 21.

> le commandant en chef britannique multiplie les exemples de solide opposition allemande, parlant de *« résistance aussi obstinée que précédemment »* (octobre), de *« caractère d'acharnement extrême »* (novembre), *« de vigoureuse résistance »* (décembre).

À la fin du mois de novembre, le général Dobell est en mesure de lancer la dernière phase de la conquête du territoire : les Franco-Britanniques de Cunliffe arrivent à Yoko par le Nord et peuvent tendre la main aux Franco-Belges qui progressent vers l'Ouest. L'encerclement est sur le point d'être complété. Désormais, après une résistance de quelques heures sur un mouvement de terrain en avant des principaux villages, la *Schutztruppe* abandonne le terrain et les détachements alliés prennent souvent des *« positions fantômes »* (Woïmana, Linté).

La retraite vers le Rio Mini et le partage du *Kamerun*

Le gouverneur Ebermaier et le lieutenant-colonel Zimmerman décident de quitter le réduit central de Yaoundé de plus en plus menacé. Les Alliés constatent à partir du 22 décembre que des positions ennemies fortement retranchées sont évacuées presque sans combat. L'une des dernières places à soutenir vigoureusement l'assaut des Franco-Britanniques, installée sur une colline fortifiée à sept kilomètres de Ndengé et reliée par téléphone à la capitale, est commandée par le major Rammstedt. Elle tombe entre le 28 décembre et le 1er janvier.

Les autorités coloniales abandonnent leur capitale le 25 décembre 1915 pour rejoindre le Rio Muni, dont le gouverneur Angel Barrera ne passe pas pour un ententophile convaincu. Les positions atteintes par les différents détachements alliés aux derniers jours de décembre laissent, en direction de la province espagnole, une large maille dans le filet qui a été resserré sur la *Schutztruppe* :

- Corps expéditionnaire franco-britannique
    - colonne anglaise Gorges : Yaoundé
    - colonne française Faucon : Malak
    - colonne française Caillet : Campo
    - colonne anglaise Colton : Dschang

– Troupes de l'Afrique Équatoriale Française
  - colonne Le Meillour (venue du Gabon) : Ambam
  - colonne Hutin (venue de Brazzaville) : Alembe
  - colonne Morisson (venue de Bangui) : M'Bamschok et Angula
  - colonne Brisset (venue du Tchad) : Nachtigal

– Troupes anglaises de la Nigeria
  - colonne du général Cunliffe : Ndenge-Wonangs

Une seule voie d'exfiltration, au sud-ouest de Yaoundé entre les colonnes Caillet et Le Meillour, offre aux Allemands une chance soit de se regrouper dans la région d'Ebolowa pour poursuivre la résistance, soit de se réfugier en territoire neutre.

La colonne anglaise du colonel Georges peut occuper sans combat, le 1er janvier en milieu de journée, la dernière capitale de la colonie. L'annonce officielle est faite par le communiqué anglais du 3 janvier 1916 : *« Les troupes britanniques ont occupé Jaunde le 1er janvier. L'ennemi s'est retiré vers le Sud et le Sud-Ouest ; nous sommes en contact avec son arrière-garde. Les fonctionnaires allemands se sont enfuis de Jaunde »*. Le grand chef Atangana des Yaoundé accepte de se joindre à eux et les Alliés affirment qu'il a été *« contraint de suivre les Allemands dans leur fuite »*. Ils nomment le chef Atamengué, *« qui gouverne avec calme et sagesse sous notre direction »*[1].

Venu du Nord à marches forcées malgré les directives contraires du général Cunliffe, le colonel Brisset atteint les abords de la ville le 6 janvier. À la tête des colonnes françaises de l'A.E.F. réunies en un Détachement de l'Est-Cameroun, le général Aymerich y entre le 7, après avoir parcouru dans un environnement très difficile plus de 1.000 km.

Il s'agit désormais d'une véritable course de vitesse entre la *Schutztruppe*, qui n'a que quelques jours d'avance et dont le déplacement est ralenti par les milliers de civils et familles qui se joignent à la retraite, et les Franco-Britanniques qui doivent

1. « La guerre en Afrique. Au Cameroun conquis », in *Bulletin du comité de l'Afrique française*, janvier 1919, p. 46.

franchir plus rapidement encore des régions inospitalières pour espérer lui couper la route.

Les Alliés lancent plusieurs colonnes à la poursuite des unités allemandes, celle du colonel Morisson semble en mesure d'agir le plus efficacement : *« la retraite des vaincus, en butte à des attaques successives, dut être horriblement pénible »* admet *L'Illustration* quelques jours plus tard. Le 19 janvier, Ebolowa est occupé par les troupes du lieutenant-colonel Faucon. Dès le 24 janvier, le quotidien *Le Temps* s'inquiète de la capacité des Espagnols à maîtriser cette intrusion : *« Si les forces espagnoles ne suffisaient pas à assurer le respect de la neutralité de la Guinée espagnole, on estime à Londres que les troupes françaises et anglaises devront pénétrer en territoire espagnol et frapper dans son dernier refuge l'armée allemande du Cameroun »*. Selon le *Vauban* qui croise au large des côtes du Rio Muni, un contingent de 780 Allemands replié sur la frontière espagnole reçoit le 31 janvier l'ordre de la franchir. L'Attaché militaire de France à Londres croit devoir préciser au général Joffre, sans pour autant argumenter son opinion, qu'il juge *« que ce nombre est très exagéré »*[1].

Il n'est pas nécessaire de recourir à l'exercice du droit de suite en territoire étranger. Tous les comptes rendus soulignent désormais le nombre de déserteurs parmi les contingents indigènes de la *Schutztruppe*, phénomène normal puisque les recrues souhaitent d'abord retrouver leurs villages et leurs familles ; mais aussi que des cadres européens réservistes se rendent, dont *« 50 % sans armes »*.

Plusieurs milliers d'Allemands et d'autochtones se pressent aux portes du Rio Muni et les compagnies de la *Schutztruppe* se bornent à livrer quelques combats d'arrière-garde pour assurer la sécurité du gros de la colonne. Le 18 janvier, les Britanniques s'emparent d'Elabé. Mafud puis Ngat tombent la semaine suivante. Abang est occupé le 25 par la colonne du lieutenant-colonel Hay-

1. Télégramme n° 1843 du 31 janvier 1916, colonel de La Panouse au général Joffre. SHD-Terre, 16N2967.

wood, qui prend Nkan le 27 et fait sa jonction avec les Français du lieutenant-colonel Le Meillour. Les colonnes Méchet et Miquelard établissent le contact entre elles le 12 février. La nasse se referme trop tard, les derniers détachements allemands de von Hagen et Eymael ont passé la frontière.

Les effectifs de la *Schutztruppe*, qui perd quelques dizaines d'hommes lors des combats retardateurs, s'élèvent encore à 900 Européens et 6.000 soldats et porteurs noirs; 6 à 7.000 familles, femmes et enfants indigènes sont autorisés à se joindre à la colonne: ils sont environ 12 à 15.000 (chiffre approximatif sujet à de nombreuses présentations différentes[1]) à passer au Rio Muni. Le lieutenant-colonel Zimmermann notifie par courrier au général Dobell qu'il regroupe l'ensemble de son effectif en territoire neutre et les derniers officiers allemands qui franchissent la frontière placent des panneaux, retrouvés par les Alliés quelques heures ou quelques jours plus tard, précisant qu'avec leurs subordonnés ils cessent les hostilités.

Au cours de cette campagne, avec moins de 7.000 combattants répartis sur de très vastes espaces, Zimmermann est parvenu à retenir plus de 20.000 soldats alliés (10.000 Français, autant de Britanniques et 600 Belges) alors qu'en France le front principal manque cruellement d'hommes.

La conquête du *Kamerun* se termine lorsqu'un communiqué de Madrid annonce le 5 février que *« neuf cent Allemands et quatorze mille indigènes de leurs colonies, entrés en Guinée espagnole, ont été désarmés et internés. Le gouvernement se préoccupe de leur ravitaillement »*. La presse de l'Entente parle de *« l'arrivée de ces indésirables »*.

Depuis le 23 janvier, sous la pression de Londres et des autorités françaises, le gouvernement espagnol a officiellement précisé son attitude à l'égard des Allemands, même si le gouverneur Ebermaier semble s'être réfugié au Rio Muni pour préparer cette

1. Après la fin de la Première Guerre mondiale, les milieux pangermanistes n'hésitent pas à soutenir le chiffre de 60.000 indigènes ayant choisi de suivre les Allemands.

arrivée plus d'une semaine avant que ses troupes ne franchissent la frontière. Le dernier télégramme du gouverneur au ministère des Colonies de Berlin précise: *« Faute de munitions m'oblige à quitter le protectorat, et passer en territoire espagnol avec troupe entière et administration... Troupes commencent à passer la frontière le 4 au soir... Gouvernement espagnol veut transporter à Fernando-Po tous les ressortissants du protectorat. Négociations sur détails de l'internement pas encore finies »*[1].

Se refusant à reconnaître le loyalisme de la plupart des soldats indigènes à l'égard de leurs officiers allemands, le général Dobell écrit, en reconnaissant avoir pour sa part perdu en quelques mois 25 % de son effectif autochtone du fait des mauvaises conditions sanitaires et de désertions nombreuses, que *« du côté allemand, les indigènes étaient cruellement contraints de se battre sous la menace et soumis à des représailles lorsqu'ils osaient défier l'autorité allemande »*. L'excès des termes impose la plus grande réserve: la seule contrainte n'a jamais été suffisante, sur aucun théâtre, pour conserver la fidélité de contingents locaux ou supplétifs. Le discours de la propagande coloniale, qui explique que les esclaves ne suivent leurs maîtres vaincus que sous la menace, reste un exercice difficile. Cette version est d'ailleurs explicitement contredite par d'autres acteurs, français ou britanniques qui s'étonnent avec le général Georges de *« la manière dont les hommes* [troupiers indigènes] *restèrent fidèles à leurs officiers allemands, jusqu'à ce que devînt manifeste leur situation désespérée »*[2].

Désarmés, cantonnés dans des installations de fortune puis transférés sur l'île de Fernando Po, les soldats de la *Schutztruppe* échappent à la détention que connaissent leurs camarades faits prisonniers depuis 1914.

1. Télégramme transmis par le câble anglais à la demande du gouverneur espagnol du Rio Muni, rédigé en français, communiqué le 17 février par le général Dobell aux autorités françaises et dont le texte est adressé au G.Q.G. français le lendemain 18 février (SHD-Terre, 16N2967).
2. Général E.H. Georges, *La guerre dans l'Ouest africain*, Paris, Payot, 1933, 191 pages, p. 120.

Rassemblés dans des camps provisoires et insalubres au Dahomey ou en *Nigeria*, ils y retrouvent les militaires du Togo internés depuis un an et demi, tandis que les civils ont été transférés à partir de 1915 dans les centres de rétention marocains[1] ou anglais. Confronté à de nombreuses plaintes des prisonniers allemands, le gouvernement britannique publie un volumineux *Livre bleu* spécial[2] pour réfuter ces accusations. Les Français tentent de ridiculiser l'adversaire en rendant public le nombre de ressortissants des Puissances centrales arrêtés dans les colonies africaines et internés sur le continent noir : 11 Allemands et 5 Autrichiens au Sénégal, 3 Allemands au Dahomey et en Côte-d'Ivoire, 1 seul Allemand pour le Haut-Sénégal et Niger[3]. Où sont donc les innombrables négociants germaniques dont la presse explique dans le même temps qu'ils s'apprêtent, à force d'investissements, à prendre le pouvoir dans la région ?

Le débat sur les conditions de vie des prisonniers allemands au Dahomey reprend en 1917 lorsque l'Office impérial des Colonies diffuse un mémoire recensant 400 cas de détenus *« insuffisament nourris, mal soignés, à peine habillés, qui durent exécuter des travaux pénibles sous la brutale surveillance des noirs, exposés impitoyablement aux effets du climat des tropiques, obligés de supporter les mauvais traitements et les peines qui leur étaient infligées sous forme de bastonnade, d'emprisonnement et de tortures »*, écrit sans crainte du ridicule le *Deutsche Tageszei-*

1. En février 1915, il y a 4.000 prisonniers de guerre allemands au Maroc, essentiellement dans la zone occidentale et empoyés pour 3.350 d'entre eux à l'aménagement de pistes et pour 650 à la construction de voies ferrées. Dès décembre 1914, la *Gazette de Cologne* proteste contre leurs conditions de détention. La *Gazette de l'Allemagne du Nord* reprend ces accusations le 1er février 1915, puis le *Post* du 23 mars.

2. *« Correspondance relative to the alleged ill-treatment of German subjects captured in the Cameroons »*.

3. Informations publiées dans le *Bulletin de l'Afrique française* (mai 1915, p. 140) qui précise pour ce dernier cas qu'il s'agit d'un certain *« Kreutzberger, en résidence obligatoire à Bamako »* et qui bénéficie *« l'heureux homme, d'une allocation journalière de 6 francs »*. La polémique par journaux interposés se poursuit pendant de longs mois pour convaincre les populations européennes, en particulier chez les neutres, que les prisonniers sont parfaitement respectés ici, maltraîtés là.

tung[1]. Sur ce point également, il faut plus prosaïquement en revenir à la la rusticité des contidions de vie en temps de guerre dans le monde colonial de l'époque.

Parue en 1918 à Madrid, une brochure anonyme de 36 pages offre un tableau partial de l'action « *heureuse* » des troupes allemandes regroupées dans la colonie espagnole[2]. Le sens de l'ordre, de l'organisation et du travail, l'énergie et la volonté, supposés être caractéristiques de l'âme allemande, y sont mis en relief. Au-delà de ces polémiques, tout porte à penser, ne serait-ce que par le régime de semi-liberté dont les intéressés bénéficient, que la vie y fût simplement moins dure que dans les camps français ou britanniques.

Le 26 mars 1919 encore, le ministère français des Affaires étrangères proteste auprès de Madrid contre le fait que « *6.000 tirailleurs indigènes du Cameroun qui sont encore dans l'île de Fernando-Po continuent à mener la vie militaire sous le commandement de leurs gradés allemands* ». Il exige l'internement des Européens en Espagne métropolitaine et le rapatriement des indigènes dans leur colonie d'origine[3].

Le ministre des Colonies utilise des termes dithyrambiques lorsqu'il adresse ses félicitations aux troupes. Parlant « *d'opérations glorieuses* » et de « *résultats particulièrement brillants* », il affirme que la France « *conservera le souvenir de ceux qui sont morts là-bas pour elle aussi pieusement que celui de ses enfants tombés sur la frontière, et le gouvernement ne séparera pas les héros du Cameroun de ceux des autres fronts dans lesquels il saura reconnaître leur incomparable bravoure* ». Le taux des pertes au cours des dix-sept mois de campagne s'élève en

1. Numéro du 8 avril 1917, traduction de la Section de recherche de renseignements et d'étude de la presse étrangère. SHD-Terre, 7N706.
2. *Una obra de colonizacion alemana en Fernando Po*, anonyme, Madrid, Imp. Blass, 1918, 36 pages.
3. Note n° 1948 reproduisant la lettre adressée à l'ambassadeur de France à Madrid par le ministre des Affaires étrangères, 28 mars 1919. SHD-Terre, 6N113.

effet à 28 % de l'effectif engagé, mais ces propos sont vite oubliés…

Dans son ordre du jour du 24 février 1916, le général Aymerich met en valeur l'action du contingent belge intégré aux colonnes françaises : *« J'ai de devoir d'exprimer combien la collaboration de ces belles troupes nous a été précieuse »*. Cette déclaration officielle conciliante à l'égard du plus petit allié cache mal les oppositions entre Paris et Londres. La France veut tenir des gages sur le terrain et les dernières semaines de cohabitation sont mal vécues de part et d'autre.

Le siège de Mora

La place de Mora, tenue par la 3e compagnie de la *Schutztruppe* du capitaine von Raben, est encerclée dès le début des hostilités et soumise à plusieurs reprises aux assauts des Alliés[1]. Fortement retranché sur une arête rocheuse, ayant aménagé de puissantes organisations défensives, disposant d'importantes réserves de mil et d'eau, von Raben utilise habilement une position naturelle presque inexpugnable.

Le capitaine Fox le premier, à la tête de deux compagnies anglaises, tente de s'en emparer le 25 août 1914. Le lieutenant-colonel Brisset, venu du Tchad, essaie sans succès avec sa colonne à partir d'octobre 1914. Un nouvel échec le 4 novembre le persuade que seul un siège en règle, rigoureusement conduit, peut faire tomber la place. Pour ne pas immobiliser toutes ses troupes au pied de la forteresse, il ne laisse sur place qu'un effectif limité avec pour mission d'empêcher la garnison de sortir et se dirige vers Garoua, où est organisé le principal centre de résistance allemand du Nord-Cameroun.

À l'automne 1915, alors que les Français attendent une colonne venue de *Nigeria* pour reprendre l'offensive en direction de Tibati, le général Cunliffe décide de changer d'objectif et de prendre à son tour position autour de Mora. Il dispose de

1. Le siège de Mora est évoqué dans le film de Jean-Jacques Annaud *La victoire en chantant*.

trois pièces d'artillerie, dont un tube de 95 mm qui peut lui permettre d'écraser les défenses allemandes. C'est un nouvel échec.

Au Nord du territoire, à l'ouest du fleuve Logone, le capitaine von Raben tient toujours la station de Mora lorsque la *Schutztruppe* passe au Rio Muni. Il résiste encore pendant trois semaines au siège, scandé par les patrouilles et les actions de harcèlement. Le 19 février, ayant épuisé toutes ses munitions et définitivement privé de tout espoir de secours, la garnison, qui comprend encore 5 officiers allemands et 300 soldats indigènes, se rend.

La belle résistance du capitaine von Raben peut susciter l'admiration, mais ne présente aucun intérêt dans le développement général des opérations. Au lieu de battre la campagne, de créer l'insécurité sur les arrières des Franco-Britanniques, de conserver une capacité de manœuvre, l'officier allemand s'enferme dans une position naturelle, certes imprenable mais dont il est lui-même prisonnier. Un contingent limité de troupes alliées est suffisant pour le surveiller et prévenir toute tentative significative de percée : alors que les Allemands sont en infériorité numérique sur tous les fronts, ce sont autant d'hommes qui manquent au commandement de la *Schutztruppe* pour conduire ses contre-offensives.

Les dernières opérations alliées au Nord ne visent que marginalement les Allemands. Alors que les dirigeants politiques, militaires et la presse de l'Entente se passionnent pour la poursuite des compagnies en retraite vers le territoire espagnol, la révolte du sultan Mopoï, dans le Bornou, est l'occasion en février 1916 d'une opération conjointe des détachements français commandés par le capitaine Lebouc, britannique du major White et belge du capitaine Frederikssen.

Au-delà de ces ultimes engagements, conduits en application de la convention de Combera, les témoignages portés sur la qualité de la coopération franco-britannique sont contradictoires.

Les rapports de fin de campagne comme les souvenirs ultérieurement publiés mettent en relief la qualité des relations et la validité des accords locaux. Rédigés à partir de 1916 par des responsables toujours en fonction, ils peuvent difficilement exprimer, sauf à mots couverts[1], un point de vue autre que celui, officiel, des gouvernements. Certains oublis toutefois étonnent : le général Dobell omet de préciser que la prise de Yabassi est effectuée par un contingent français après un échec initial britannique, ou que les hommes du colonel Mayer entrent les premiers dans Edéa…

Les souvenirs des acteurs de terrain, généralement édités dans les années 1930, sont plus nuancés, voire négatifs. En France, le lieutenant-colonel Jean Ferrandi et l'officier de complément Armand Annet confirment les rapports des chefs de bataillon Gesláud et Mathieu qui parlent de *« malentendus »*, *« d'amertume »* *« d'arrières-pensées »* interdisant que *« les commandants des colonnes françaises et anglaises ne trouvent un terrain d'entente permettant de donner à la poursuite toute la rapidité désirable »*[2].

Dès le lendemain de l'occupation du territoire, le général Dobell se préoccupe de son statut : *« Abandonnée par les autorités ennemies, sans qu'il y ait eu capitulation, remise d'archives ou passation de commandement, elle* [la colonie conquise] *peut-être provisoirement traitée en protectorat ou en possession indivise sur laquelle s'exercerait un condominium »*[3]. Il s'agit *« de ne pas engager l'avenir, de rester dans un état d'indécision »*. Le partage entre les zones française et britannique intervient le 4 mars 1916.

L'accord reconnaît au Royaume-Uni l'occupation d'une bande verticale frontalière de la *Nigeria*, tandis que la France

1. *« Je gardais pour moi ces réflexions »*, écrit le général Aymerich (*Op. cit.*, p. 175) dans ses mémoires à propos des différents qui l'opposent au général Dobell à la fin de la campagne.

2. Armand Annet, *En colonne dans le Cameroun, notes d'un commandant de compagnie, 1914-1916*, Paris, Debresse, 1938, p. 67.

3. Télégramme relatif à la fin des opérations au Cameroun, signé Bertier, n° 20 du 20 février 1916, au ministère des Colonies et au ministère de la Guerre. SHD-Terre, 16N2967.

retrouve les régions cédées à l'Allemagne en 1911 et obtient l'administration des quatre cinquièmes de la colonie allemande. Un visiteur note qu'à Douala, *« l'emprise britannique y est déjà des plus nettes... Les grandes maisons commerciales anglaises, King, John, Holt, ont rouvert leurs portes et rattrapent rapidement le temps perdu »*[1]. L'échange de lettres intervenu quelques semaines plus tard (24 mars et 11 mai 1916) entre les deux gouvernements laisse présager *« qu'au cas où les Alliés viendraient à disposer des colonies allemandes, ce partage provisoire devrait prendre un caractère définitif »*[2].

Le 7 avril 1916, le *Journal Officiel* publie un décret du ministre des Colonies organisant l'administration des territoires conquis. Les provinces de l'ancien *Kamerun* occupées par les Français sont confiées au général Aymerich, commissaire de la République, des officiers et des sous-officiers appartenant aux troupes d'occupation sont nommés aux fonctions de commandants de cercles ou de chefs de poste, selon l'organisation administrative allemande, pour l'essentiel conservée, mais *« ce n'est trahir aucun secret que de dire que les moyens mis à sa disposition étaient infiniment inférieurs à ceux de nos alliés »* écrit Gustave Babin[3].

De nouvelles règles budgétaires et administratives traduisent cette évolution. Les *dépenses des opérations de guerre du Cameroun* disparaissent pour céder la place aux *dépenses d'administration* du territoire. Six fonctionnaires civils, dont deux instituteurs, et un sous-intendant militaire rejoignent Douala. La commission du budget de la Chambre des députés vote un crédit de 15.000 francs, demandés par le gouverneur-général de l'A.E.F., afin d'assurer la remise en état de quinze postes militaires allemands endommagés lors des combats.

1. Lieutenant-colonel Ferrandi, *Op. cit.*, p. 123.
2. *Le Temps* du 12 mai 1919.
3. Gustave Babin, « Le Cameroun français », *L'Illustration*, n° 3838, 23 septembre 1916.

En septembre 1916, la nomination de Lucien Fourneau, lieutenant-gouverneur du Moyen-Congo et officier de réserve blessé pendant la campagne du Cameroun, comme *« délégué aux fonctions de Commissaire de la République française dans les territoires de l'ancien Cameroun »* met un terme à l'administration militaire. Le 6 mars 1919, Jules-Gaston Carde, secrétaire général du gouvernement général de l'A.O.F., est désigné par le ministre des Colonies pour lui succéder. Les années d'occupation depuis 1916 ont été *« de stricte économie, limitant les dépenses aux besoins urgents »*. Le budget présenté en 1919 ne concerne plus le Nouveau Cameroun qui a fait retour à l'A.E.F. et s'élève à 10.777.000 francs, dont 5.209.000 francs de dépenses militaires et 5.568.000 francs de dépenses civiles.

Les Tirailleurs indigènes recrutés par les Allemands et qui avaient massivement suivi avec femmes et enfants leurs officiers au Rio Muni puis avaient été internés sur l'île de Fernando-Po, rejoignent leurs villages d'origine à l'automne 1919. Selon les termes employés par les nouvelles autorités françaises, ils *« sont accueillis avec sollicitude »*, et peuvent *« constater combien notre paternelle administration est appréciée de leurs compatriotes »*[1]. Une période nouvelle s'ouvre, sous administration française.

L'impressionnante résistance de l'Est Africain

Les frontières de l'immense Afrique Orientale allemande semblent se prêter à toutes les tentatives de pénétration.

La côte Est, sur l'océan Indien, par endroits très découpée, compte quelques ports importants[2]. Sa surveillance est d'autant plus difficile que les îles de Pemba et de Zanzibar sont sous contrôle britannique.

Au Nord, le long de la frontière de l'Est Africain britannique, l'imposant massif du Kilimandjaro succède à des centaines de kilomètres d'étendues désertiques avant de s'abaisser vers l'immense

1. Cité par le *Bulletin du comité de l'Afrique française*, décembre 1919, page 311.
2. Du Nord au Sud : Tanga près de la frontière avec l'Afrique orientale britannique, Dar-es-Salaam au Sud du détroit de Zanzibar, Lindi et Mtwara à proximité du Mozambique.

lac Victoria, semé d'îles, et une zone montagneuse marque la séparation selon une frontière rectiligne avec l'Ouganda. À l'Ouest, par une succession de massifs et de lacs, la frontière atteint le Tanganyika et sépare l'Afrique Orientale allemande du Congo belge. Au Sud-Ouest, la frontière terrestre avec la Rhodésie britannique s'étire dans la brousse jusqu'au lac Nyassa. Au Sud enfin, le fleuve Rowuma sépare l'*Ost Afrika* du Mozambique portugais.

Lorsque la guerre éclate, la colonie se prépare à fêter, avec l'inauguration de la foire internationale de Dar-es-Salaam le 15 août, la jonction ferroviaire entre la capitale et le lac Tanganyika. De très nombreux visiteurs et touristes se pressent dans la capitale où l'on a un moment espéré la venue du *Kronprinz* impérial en personne.

Les ressources offertes par le terrain et les conditions d'emploi des forces diffèrent profondément selon les zones géographiques. La savane, pénétrable à la saison sèche mais très dense d'octobre à février, domine au nord et au centre du territoire, puis fait place vers le Mozambique et la Rhodésie à la brousse et aux hautes herbes.

En 1890, sur la base de ses premières campagnes, Wissmann plaide pour une large utilisation de la cavalerie ou de l'infanterie montée. *« L'homme à pied est dépassé par les hautes herbes et ne peut rien voir, tandis que sous cette chaleur écrasante, l'Européen à cheval n'est pas exténué de fatigue et peut conserver ses forces »* écrit-il en prenant soin de préciser *« si le climat ne se montre pas trop délétère pour les chevaux »*. Prudente réserve, car la conquête du territoire permet rapidement aux Allemands de s'apercevoir que, sur de vastes étendues, les ravages de la mouche tsé-tsé interdisent l'élevage et l'entretien des montures. Les Britanniques, en 1916, au sud-est du Kilimandjaro, en sont victimes après qu'une épidémie ait frappé leurs écuries et troupeaux : *« Les mouches font de très grands ravages sur les animaux et causent des vides nombreux dans l'effectif des Trains »*[1]. Dans ses souvenirs, le commandant en chef

1. « Situation dans l'East Africa », n° 2403, 15 août 1916. SHD-Terre, 7N1281.

allemand décrit à plusieurs reprises ses reconnaissances... en bicyclette. C'est sur ce moyen de transport rapide, silencieux et infatigable qu'il est atteint par l'annonce de l'Armistice en Europe en novembre 1918.

Les forces en présence

Il est difficile de porter crédit aux textes publiés par les journalistes de l'Entente entre 1916 et 1920 ou aux souvenirs des acteurs de la campagne trop marqués par l'ostensible volonté de se justifier. Certains attribuent aux Allemands *« 40.000 hommes encadrés par 12 pour 100 d'Européens... Aux réguliers allemands s'ajoutent des irréguliers indigènes: Watusi, armés de flèches empoisonnées, spécialistes de la razzia, Mazui au chef orné de plumes d'autruche et fanatisés par l'ennemi »*[2] et prétextent l'indigence des moyens alliés pour expliquer la durée de cette campagne. Le 2e bureau français pour sa part totalise abusivement à la fin de la guerre l'ensemble des effectifs successivement mobilisés ou recrutés pendant tout le conflit pour affirmer que *« l'Allemagne organisait en fait dans l'Est Africain une armée capable non seulement de défendre ce pays, mais aussi d'entreprendre de vigoureuses offensives contre le Congo belge, le Mozambique et l'Ouganda; mais elle dissimulait à ses adversaires possibles sa puissance en création »*. Les affirmations des uns sont reprises par les autres: en 1919 Pierre Perreau Pradier cite un article de 1916 prétendant « [qu'] *en 1914, à peine y avait-il 8.000 soldats alliés capables de s'opposer à un ennemi cinq fois plus fort* ».

En réalité, l'effectif cumulé de la *Schutztruppe* et de la *Polizei* avant la guerre ne dépasse pas 260 officiers et sous-officiers allemands pour encadrer 4.680 *Askaris*, dont 2.140 policiers indigènes n'ayant ni formation militaire ni sens développé de la discipline et dont *« la valeur morale est peu élevée »*. Elle est surtout déployée en temps de paix dans le centre et le nord du territoire (10 compagnies), le Sud et le Sud-Ouest offrant à la fois

1. « L'effondrement colonial de l'Allemagne, la conquête anglo-belge de l'Afrique Orientale Allemande », Charles Stienon, *Revue des Deux Mondes*, 1er avril 1917, pp. 645-684.

une densité plus faible de population et une plus grande stabilité (4 compagnies)[1].

Grâce à la mobilisation des cadres et spécialistes européens, colons volontaires et officiers de réserve[2], et à l'incorporation des officiers et marins débarqués du *Königsberg*[3] (322 hommes) et de la *Möwe*[4] (102 hommes), quelques 2.800 Blancs supplémentaires viennent renforcer l'effectif, permettant la constitution de nouvelles *Feldkompagnien* (compagnies de campagne), numérotées de 15 à 18, dont les hommes de troupe sont recrutés parmi les anciens *Askaris* rengagés. Les canons (essentiellement 105 et 37 mm) du *Königsberg*[5] sont démontés et soit localement bricolés pour être utilisés comme artillerie de campagne, soit transportés par voie ferrée pour être installés comme pièce de siège dans des postes importants (Dar-es-Salaam, Tanga, Mwanza).

Dans un premier temps, les 2e et 12e compagnies restent stationnées à Iringa et Mahenge, où elle joue le rôle de centres de recrutement et d'instruction.

1. Au début de la campagne, les principaux centres d'organisation de la *Schutztruppe* sont Pougou (6 compagnies), l'extrémité nord-ouest du *Nordbahn* (4 compagnies, dont un détachement de colons volontaires aux ordres du capitaine von Prince), 1 compagnie à Tanga, 2 dans les territoires du nord et du nord-ouest, 3 sur les frontières occidentales et sud de la colonie.
2. Dont le général en retraite Wahle, venu à l'occasion de l'inauguration officielle du *Zentralbahn* pour rendre visite à son fils et qui se trouve bloqué à Dar-es-Salaam par la déclaration de guerre. Il rejoint aussitôt von Lettow-Vorbeck et devient directeur des services de l'Arrière de la *Schutztruppe*, avant de prendre le commandement direct de l'un des détachements.
3. Une partie de l'équipage du *Königsberg* est regroupée en unité autonome à Emmaberg, près de la frontière du Nyassaland.
4. Basée dans le port de Dar-es-Salaam, la *Möwe* est coulée par son équipage après l'attaque britannique du 8 août, son armement et ses munitions servent ensuite à terre.
5. Après quelques raids en début de campagne, le croiseur *Königsberg* se réfugie dans le delta du Rufiji où, habilement camouflé, il résiste pendant plusieurs mois. Il est coulé en juillet 1915 mais son équipage, son armement et ses principaux matériels ont pu être mis à terre.

L'incorporation de nouvelles recrues indigènes permet de créer fin 1914-début 1915 quelques compagnies de marche, dites *Compagnies coloniales*, au sein desquelles la proportion de l'encadrement allemand est plus faible et dont le déploiement à l'intérieur permet de dégager des charges territoriales les unités plus aguerries, dirigées vers les frontières[1].

Localement, dans le nord-ouest en particulier, des supplétifs sont levés par le commandement subalterne, qui rend ensuite compte de ses initiatives à von Lettow-Vorbeck[2]. Les tribus Watouzy et Rouga-Rouga fournissent ces contingents, utilisés comme éclaireurs et pour la recherche du renseignement.

Pour conserver à chaque unité élémentaire une puissance de feu significative sans éparpiller une ressource comptée en cadres allemands, le commandant de la *Schutzruppe* fait en 1915 le choix d'affecter les nouvelles recrues *Askaris* aux compagnies déjà existantes plutôt que d'en créer de nouvelles, portant l'effectif de chacune de 160 à 200 hommes.

À la fin de l'année 1915, quand il dispose du plus grand nombre de personnel sous ses ordres, von Lettow-Vorbeck commande au total 2.998 cadres allemands et 11.300 soldats indigènes (y compris l'ensemble des spécialistes de l'armement, du service de santé, du ravitaillement, de l'administration, etc.) organisés en 60 compagnies, dont la moitié en unités de première ligne :

Unités	Nombre
Compagnies de campagne	30
Compagnies coloniales	10
Autres unités et services	20

1. Les compagnies de campagne et les compagnies coloniales sont fusionnées durant le deuxième semestre 1915 et alignées sur la même organisation.
2. Curieusement, plusieurs rapports français en 1915 et 1916 nomment le commndant allemand *« général von Forbach »*, tout en précisant qu'il *« est considéré comme un chef de grande valeur »*. En particulier, SHD-Terre, 16N2967.

Il ne reçoit aucun renfort pendant toute la durée de la guerre même si, très marginalement, divers rapports des services de renseignement français et britanniques font état en 1916 de tentatives ou de passages supposés de quelques Allemands en direction de l'*Ost Afrika*, via l'Abyssinie et la corne de l'Afrique[1].

Le nombre de porteurs est dans un premier temps fixé à 11 par Européen, avec un total de 250 par compagnie, et plusieurs milliers sont recrutés pour les services centraux de l'intendance. Cette situation ne peut durer lorsque les Alliés prennent l'offensive en 1916 et von Lettow-Vorbeck les licencie progressivement : *« Un si grand nombre de porteurs pour une troupe qui doit être mobile était presque une impossibilité »*.

Il est indispensable d'aborder avec prudence, tant ils peuvent être différents, les chiffres donnés ici ou là sur les effectifs engagés et il est aisé de mettre en relief les excès de la propagande.

Les services de renseignement britanniques surestiment régulièrement le volume de la *Schutztruppe*, en particulier dans les informations confidentielles communiquées aux autorités françaises : le nombre d'Allemands cité est souvent celui de l'effectif total cumulé, et non le chiffre réel présent sur telle ou telle zone d'opérations. Lors de la préparation des conférences interalliées de l'hiver 1916, ils annoncent que von Lettow-Vorbeck dispose encore de 20.000 combattants, dont 18.000 *Askaris*[2].

Les chiffres fournis par les Allemands ne sont pas plus crédibles. Leur commandant en chef dans ses mémoires dit avoir résisté à un corps expéditionnaire britannique encadré par 130 généraux… Plus fort encore, *Der Grosse Krieg*[3] lance le chiffre de 500.000 Britanniques engagés en Afrique Orientale et

1. Voir en particulier SHD-Terre, 7N1253.
2. Dossier n° 15205, conférence du 15 novembre, annexe Situation des forces belligérantes sur les théâtres secondaires au 1er novembre 1916, transmis par le général Joffre au Président de la république. SHD-Terre, 6N2.
3. Équivalent allemand non officiel des *Armées Françaises dans la Grande Guerre*, 10 volumes, rédigé par un groupe d'officiers sous la direction de Max Schwarte.

dans son article *« Der Krieg in den deutschen Kolonien »*[1], Hans Zache affirme sans sourciller que les Allemands n'étaient que 13.000 face à 300.000 Alliés commandés par 300 généraux ! À trop vouloir prouver...

La campagne d'Afrique orientale peut être divisée en trois phases majeures :

- D'août 1914 à février 1916, les Allemands conservent l'initiative des opérations pendant que les Alliés peinent à constituer un puissant corps expéditionnaire.
- De février 1916 à novembre 1917, la supériorité croissante en hommes et en matériels des Anglo-Belges et le développement des offensives alliées convergentes contraignent von Lettow-Vorbeck à abandonner le territoire de la colonie.
- De novembre 1917 à novembre 1918, la *Schutztruppe*, dont l'effectif est de plus en plus réduit, nomadise à travers le Mozambique portugais, avant de revenir dans l'Est Africain puis de pénétrer en Rhodésie britannique pour y déposer les armes.

Les forces militaires britanniques du temps de paix dans les protectorats d'Afrique orientale (*Bristish East Africa*, *Uganda* et *Nyassaland*) sont réunies au sein du *King's African Rifles*, constitué à la veille de la guerre de trois bataillons pour un total de 2.000 hommes. Le recrutement est si activement poussé dès le début des hostilités qu'en 1917 le régiment, organisé en 20 bataillons, aligne près de 30.000 hommes. De *« larges bandes de troupes irrégulières indigènes »* sont également levées et l'*Imperial British East Africa* est la première colonie de la Couronne à imposer la mobilisation des ressortissants[2] européens de l'Empire. Des milliers de guerriers Massaïs et de porteurs sont enga-

1. « Interessante Fälle aus dem unbekannten Kolonialkrieg », in *Was wir vom Weltkrieg nicht wissen*, sous la direction de Friedrich Felger, Leipzig, édition de la Guerre mondiale, s.d. (années 1920 ?), 640 pages, pp. 277-297.
2. Entre 1914 et 1916, les deux-tiers des colons et la moitié des fonctionnaires de la colonie rejoignent le *King's African Rifles*.

gés pour éclairer la progression des troupes ou assurer le transport des vivres. Enfin, dès les premiers jours de la guerre, un bataillon d'infanterie et une batterie d'artillerie de campagne à six pièces débarquent à Mombassa en provenance des Indes. Au total, au cours de la campagne, 16 corps différents sont fournis par l'armée des Indes et les princes.

Au commandement des troupes britanniques engagées contre von Lettow-Vorbeck, six généraux se succèdent : Elkins, à Tanga en 1914 ; Smith Dorien, pendant dix-huit mois sur la frontière Nord ; Tighe pendant quelques semaines avant la prise de fonction de Smuts qui dirige les opérations les plus importantes ; Hoskins par interim au début de 1917 ; Van Deventer enfin.

Vers une participation militaire française à la campagne ?

Dès le début de la guerre, Paris propose à Londres de participer aux opérations contre l'Est Africain Allemand.

Un premier contingent est réuni à Madagascar en août et septembre, puis dissous en novembre 1914 après être resté durant plus d'un mois l'arme au pied : l'Angleterre ne souhaite pas son engagement. Les Britanniques se ravisent quelques jours plus tard après la défaite de Tanga.

Alors que les échecs connus au nord du territoire produisent une impression négative renforcée par les insuccès du Sud-Ouest africain et du Cameroun à la même époque, le gouvernement britannique sollicite désormais, dans l'urgence, l'envoi de trois bataillons et de deux batteries d'artillerie[1]. L'attaché militaire français à Londres propose également des détachements du Service de santé. Deux autres bataillons sénégalais quittent Dakar par voie maritime pour renforcer ce corps expéditionnaire.

1. Télégramme urgent n° 1309 du ministre des Affaires étrangères aux ministres de la Guerre, de la Marine et des Colonies, le 27 novembre 1914. *D.D.F. 1914*, document 585, pp. 574-575.

À l'hiver 1914-1915, les besoins croissants de la Grande-Bretagne sur les théâtres européens et moyen-orientaux lui interdisent de renforcer ses effectifs en Afrique orientale par des contingents venus des Indes, tandis que les colonies d'Afrique de l'ouest sont toujours engagées dans les opérations contre le Cameroun. On évoque l'arrivée de bataillons venus d'Égypte, mais lord Kitchhener s'y oppose ; on parle de recruter davantage en Australie et en Nouvelle-Zélande : il est indispensable de trouver rapidement des renforts significatifs.

Le ministère des Colonies prend immédiatement les dispositions nécessaires pour réunir dans la Grande Île un corps d'intervention constitué d'un bataillon malgache à 1.000 hommes, d'une batterie de 80 de campagne à 4 pièces et d'une batterie de 80 de montagne à 6 pièces pris sur la substance des troupes stationnées à Madagascar ; un bataillon de Sénégalais *« de 500 hommes au minimum »* retiré du front de France est embarqué à Marseille à partir du 24 décembre ; deux bataillons de Sénégalais de 600 hommes quittent l'A.O.F. par la voie maritime du Cap.

Le gouvernement français semble toutefois agir sans réelle connaissance du dossier. Il s'interroge sur les intentions britanniques et charge le gouverneur général de Madagascar *« de se mettre en relation avec le commandant supérieur anglais de l'expédition, soit directement, soit par l'intermédiaire du gouverneur de l'Imperial British East Africa »*, tout en demandant à l'ambassadeur de Grande-Bretagne en France *« sous quelle direction le contingent français sera appelé à combattre »*, *« la composition et la situation du corps britannique opérant dans l'Est Africain »*, ainsi que *« le nom et le grade de l'officier qui le commande »*[1]. En l'absence de réponse précise de Londres, Doumergue et Delcassé, qui ignorent tout des opérations sur le territoire, se tournent en avril 1915 vers Paul Cambon car il importe *« de ne pas laisser plus longtemps inutilisée la colonne expéditionnaire préparée à Madagascar sur la demande secrète du gouvernement britannique »*.

1. Idem (notes infrapaginales).

Sur la réponse de lord Kitchener qui affirme que, pour l'instant, *« le gouvernement britannique renonçait à toute action dans l'Est Africain qui ne s'imposerait pas absolument »*, le ministre français, se berçant d'illusions, en vient à envisager une action indépendante afin de se trouver en position de force dans la perspective des futures négociations de paix, *« qui consisterait uniquement dans l'occupation de quelques points importants où nous pourrions, par nos propres forces, nous organiser et qui constitueraient ultérieurement, si la nécessité s'en faisait sentir, un base d'opérations solide... Cette action porterait sur le Sud de la colonie allemande »*[1].

Le projet ne voit pas le jour, les Britanniques n'ayant aucune intention de favoriser l'arrivée d'un contingent français dans une région dont Paris est absent. Pour Londres, dans le cadre des hypothèses envisagées pour la répartition ultérieure des colonies allemandes, la France ne compte pas en Afrique orientale. Doumergue constate en le regrettant que *« la Grande-Bretagne a engagé des opérations militaires sans solliciter notre concours ou même en l'écartant quand nous le lui avons offert, comme si elle voulait par avance exclure toutes prétentions de notre part sur cette fraction du territoire allemand »*[2].

Londres ne ferait donc preuve d'aucune naïveté ? Paris aurait des prétentions territoriales ? Pudiquement, Georges Boussenot écrit : *« Le gouvernement anglais jugea que le moment n'était pas propice pour engager sur ce nouveau théâtre une action générale »*[3]. Le Royaume-Uni préfère temporiser pour se donner seul ou presque les moyens de reprendre l'initiative. Le discours des deux principaux alliés occidentaux s'appuie moins facilement que sur le front européen sur la promotion commune bien orchestrée de la liberté et des droits des peuples.

---

1. Note du ministre des Affaires étrangères à l'ambassadeur de France à Londres, sans numéro, 8 avril 1915. *D.D.F. 1915-I*, document 432, pp 587-588.
2. Note confidentielle n° 72 de Doumergue à Delcassé, 8 avril 1915. *D.D.F. 1915-I*, document 435, pp. 591-594.
3. Georges Boussenot, *Op. cit.*, p. 20.

La présence française sur le théâtre se résume finalement à la fourniture de matériel aux troupes belges, à l'envoi de mulets à partir de Dakar et à la personne d'un officier de liaison finalement nommé auprès de l'état-major britannique, le lieutenant-colonel Viala, affecté à l'été 1916[1]. Apprécié de tous, il termine d'ailleurs la campagne comme officier de liaison... du haut commandement britannique auprès des troupes portugaises !

Von Lettow-Vorbeck prend l'offensive

Les opérations militaires actives commencent à l'initiative des Britanniques qui, le 8 août, bombardent Dar-es-Salaam avec les croiseurs *Astrée* et *Pégase* et lancent parallèlement sur le lac Nyassa le vapeur armé *Gwendolin* à la recherche du *Hermann von Wissmann* dont l'équipage est fait prisonnier le 13. Pour compenser leur infériorité numérique initiale, ils incorporent immédiatement des contingents volontaires (parmi lesquels un frère de lord Grey), lèvent des troupes supplétives (dont une *Arab Legion* recrutée par le commandant Wayell, converti à l'Islam), préparent le transport d'unités venues des Indes. Leurs informations sont fiables, car au cours des semaines qui précèdent l'entrée en guerre, le consul anglais, King, a été particulièrement actif: *«Son jugement était si remarquable qu'il savait entretenir l'animosité entre les Européens des différentes régions et encourager le peu d'ardeur de ceux de Dar-es-Salaam pour la guerre»*[2].

Les tentatives de négociation engagées par les autorités civiles allemandes lors du bombardement de Dar-es-Salaam se heurtent à la détermination du commandant de la *Schutztruppe*. Malgré les dénégations ultérieures, les relations restent tendues entre von Lettow-Vorbeck et le gouverneur Schnee qui attend le mois de novembre pour mettre effectivement sa capitale en état de défense. Les Anglais ont la maîtrise des eaux territoriales est-

1. Demande exprimée à Londres par le ministère français des Affaires étrangères le 27 mai, par lettre n° 1.526.
2. Von Lettow-Vorbeck, cité par le commandant Buhrer, *L'Afrique Orientale Allemande et la guerre de 1914-1918* Paris, L. Fournier, 1922, 427 pages, p. 73.

africaines et multiplient pendant l'année 1915 les reconnaissances navales, les tentatives d'intimidation, les bombardements d'installations portuaires. Le blocus de la côte est officiellement décrété en février.

Les 2/3 des *Feldkompagnien* allemandes sont orientées face au Nord. Le 15 août 1914, après plusieurs jours de tergiversation, von Lettow-Vorbeck engage l'offensive en direction de Taveta. Il s'agit d'assurer la sécurité du *Nordbahn* par la saisie d'un espace stratégique, tout en menaçant la voie anglaise de l'Ouganda.

Le 20 septembre, le *Königsberg* coule le croiseur anglais *Pégase* dans les eaux de Zanzibar, mais, pourchassé par l'escadre britannique, doit se réfugier dans le delta du Rufiji. Plusieurs mois de recherches, et l'entrée en ligne d'hydravions appuyant une nombreuse escadre, sont nécessaires pour contraindre le commandant Schoenfeld à saborder son navire.

En septembre, Allemands et Britanniques s'opposent sur le territoire de l'*East Africa*: sur la rivière Tsavo, à Longidoberg et à Gasi la *Shutztruppe* maintient une pression soutenue sur les troupes anglaises, mais ne parvient pas à déboucher. Sur les rives du lac Victoria, les combats s'échelonnent de Karounga à Kissii et Kendou sans que l'un des belligérants ne puisse obtenir un succès significatif.

Pour priver le général allemand d'une partie de ses approvisionnements et le menacer sur son flanc droit, les Britanniques décident de se rendre maître de la côte nord de la colonie. Quatorze navires de transport, appuyés par deux croiseurs débarquent une division venue du sud de l'Hindoustan et deux batteries de montagne, renforcées d'éléments stationnés dans l'*East Africa*, le 2 novembre à Tanga.

En vingt-quatre heures, von Letow-Vorbeck rameute ses troupes: 2 compagnies remontent du Sud, 5 sont transportées par voie ferrée d'Ouest en Est. Malgré la disproportion des forces, il contre-attaque immédiatement: *«Je me demandais si j'oserais avec mon millier de fusils entreprendre un bataille décisive. Je me décidais pour l'affirmative...: il était d'un intérêt puissant d'empêcher l'ennemi de prendre possession de Tanga, sinon nous lui abandonnions la meilleure base pour ses opérations contre le district Nord* », écrit-il dans ses mémoires. La bataille est d'abord indécise et le commandant allemand manque de réserves, mais en début de soirée « *l'ennemi fuit dans une précipitation sauvage en masses compactes et nos mitrailleuses concentrent leurs feux de front et de flanc* ». Les 5.000 Britanniques et Hindous du général Elkins[1] sont battus par un millier d'Allemands et d'*Askaris* ; 40 officiers anglais sont tués, blessés ou portés disparus ; 1.500 hommes environ sont mis hors de combat. Les survivants rembarquent dans le plus grand désordre.

La défaite semble si inexplicable que les informations les plus fantaisistes sont diffusées. Le colonel de La Panouse, sur la foi de renseignements puisés au *War Office*, annonce que le port « *était très fortement défendu par 3.000 hommes de troupe, pour la plupart blancs... Que la majeure partie de ces soldats blancs étaient des réservistes allemands stationnés en Extrême-Orient et en Océanie, et qui n'ayant pu gagner l'Allemagne avaient été concentrés dans la colonie de l'Est Africain* »[2]. Quelques lignes plus loin, l'officier français doit pourtant reconnaître qu'au total, pour tous les détachements répartis sur l'ensemble de la colonie, on ne compte pas plus de 3.000 soldats d'origine allemande.

La fuite précipitée des Britanniques permet à von Lettow-Vorbeck de saisir une quantité impressionnante de matériels divers, dont assez de fusils modernes pour armer trois nouvelles compagnies, 16 mitrailleuses et 600.000 cartouches. Parmi les vaincus de Tanga, figurent des colons volontaires du protectorat britannique voisin, parmi lesquels le baron suédois von Blixen, dont l'épouse écrit ultérieurement *Une ferme en Afrique*, roman adapté au cinéma par Sydney Pollack sous le nom de *Out of Africa*.

---

1. Selon les témoignages, le total des forces engagées par les Britanniques oscille entre 4.000 et 8.000 hommes.
2. Rapport n° 511 de l'Attaché militaire français à Londres au 2e bureau de l'état-major de l'Armée, 8 décembre 1914. SHD-Terre, 7N1228.

Dans la région du Kilimandjaro, les quatre compagnies du capitaine Kraut repoussent un millier de Britanniques, puis se replient : la seconde tentative majeure des Anglais contre la colonie allemande est stoppée.

Le front Nord se fige dans très relative tranquillité, troublée par les raids allemands et les patrouilles britanniques le long du chemin de fer de l'Ouganda : installés en défensive dans les postes qui, de loin en loin, protègent la voie, les Anglais tentent d'empêcher les pelotons de la *Schutztruppe* de pratiquer des sabotages trop importants. Les Allemands coupent régulièrement le rail britannique, sans pouvoir empêcher sa remise en état rapide.

Entre le 17 et le 19 janvier 1915, von Lettow-Vorbeck remporte à Jassini un succès significatif. Pour prévenir un nouvel assaut britannique dont les unités sont en train de se rassembler, il lance par surprise neuf compagnies organisées en trois colonnes (commandant Kepler, capitaines Otto et Adler) contre le village fortifié. Malgré plusieurs contre-attaques anglaises, les Allemands restent maîtres du terrain au terme de deux jours de combat, *« font prisonnières quatre compagnies hindoues avec leurs officiers et enlèvent un butin important »*.

Mais le commandant de la *Schutztruppe* ne se laisse pas abuser. Il sait que le coût humain et matériel de telles victoires est trop important (1/7e de l'effectif en officiers d'active est perdu lors des combats de Jassini, plus de 200.000 cartouches d'infanterie sont consommées soit 1/3 des munitions disponibles) et que les Anglais ne cessent de se renforcer. Il renonce aux opérations lourdes et décide de conduire sa *« petite guerre »*. Il organise trois positions avancées au-delà de Taveta, à Salaita, Serengeti et Mbuyuni, afin de se protéger de tout retour offensif inopiné et multiplie les raids vers la voie ferrée de Monbassa.

Dans les autres régions frontalières, les opérations sont conduites à l'initiative de commandants locaux qui s'inspirent de l'idée générale de manœuvre de leur chef pour entreprendre des actions indépendantes, forcément limitées.

Sur le front germano-anglo-belge dans la région des Lacs, les engagements se résument pendant près d'un an et demi à une succession de reconnaissances offensives allemandes. De Mwanza à Bukoba, le major Stuemer et le capitaine von Wülfingen multiplient les opérations de harcèlement. Plus à l'Ouest, alors que les Belges organisent la montée en puissance de leur corps expéditionnaire, les officiers allemands ne peuvent, sur de telles étendues, profiter de leur relative supériorité humaine et matérielle. L'attaché militaire de Bruxelles reconnaît en janvier 1916 : *« Notre attitude de défense passive permettait à l'ennemi de conserver l'initiative des mouvements et de nous tenir en haleine sur tout notre front, avec des forces relativement faibles, en portant ses coups à des endroits faiblement défendus »*[1].

Au cours du dernier quadrimestre 1914 puis entre juin et septembre 1915, des détachements allemands entretiennent l'insécurité sur la frontière nord de la Rhodésie, mais l'aridité du territoire faiblement peuplé interdit toute action d'envergure, que ne souhaitent d'ailleurs ni les Sud-Africains restés en défensive, ni les Allemands, qui occupent déjà une large bande de territoire rhodésien.

À partir de Neu Langenburg, durant l'automne 1914, le major von Lange envisage d'attaquer Karunga avec sa 9e compagnie. Un combat de rencontre, entre Ssongwa et Karunga, oppose les Allemands pénétrant en Rhodésie à un détachement sud-africain marchant vers l'*Ost Afrika*. Les pertes sont sévères et les deux adversaires se replient. Malgré le renfort de la 3e compagnie venue de Dar-es-Salaam et la création sur place d'une 29e compagnie, les Allemands sont contraints à la défensive car ils perdent progressivement le contrôle des lacs.

Au printemps et à l'été 1915, les Britanniques reçoivent le soutien belge et se font plus agressifs.

Après que le lieutenant Hauhn ait été battu et fait prison-

1. Résumé des opérations des troupes coloniales belges, 20 janvier 1916. SHD-Terre, 16N3056.

nier à l'est de Bismarckburg, des renforts allemands sont dépêchés dans la région, sous les ordres du capitaine Aumann qui installe son P.C. à Mbozi. Entre le Tanganiyka et le lac Nyassa, le lieutenant Franken est tué à la tête de la 29e compagnie ; son successeur, le lieutenant Haszlacher, tombe plus tard en entamant la retraite vers Tabora.

Le 13 juin, les Britanniques prennent Alt Langenburg « *malgré une sérieuse résistance de la garnison qui avait contre-attaqué à plusieurs reprises, mais qui avait été rejetée vers le Nord-Est* »[1]. Pour von Lettow-Vorbeck, la répétition des incursions alliées à partir du territoire rhodésien est le signe qu'une action majeure se prépare. Il décide d'anticiper et de prendre l'ennemi par surprise.

Fin juin, le général Wahle, au commandement de 500 hommes environ, attaque la position de la ferme de Jéricho au Sud d'Abercorn, dont il ne peut se rendre maître le 28 par manque d'artillerie. Renforcé par six compagnies et quelques pièces collectives, il reprend l'assaut le 24 juillet. La garnison britannique résiste pendant quatre jours et est sur le point de se rendre lorsqu'une colonne belge de secours surgit sur les arrières allemands. Le 3 août, Wahle abandonne le terrain et se replie au-delà de la frontière de l'*Ost Afrika*. À la suite de cette action d'éclat, connue chez les Alliés sous le nom de bataille de la Saisi, Albert Ier cite à l'ordre de l'armée belge le 1er Bataillon du Katanga.

Les forces allemandes sont repoussées vers les frontières internationales de la colonie, mais les Alliés estiment toujours ne pas pouvoir lancer d'offensive générale avant l'arrivée de nouveaux renforts. Londres ne peut envoyer sur ce théâtre africain les brigades anglaises et indiennes, indispensables sur le front de France, en Mésopotamie et sur le canal de Suez : la seule ressource est constituée par les forces de l'Union sud-africaine que la conquête du Sud-Ouest africain rend disponibles. Le *War*

1. Commandant Buhrer, *L'Afrique Orientale Allemande et la guerre de 1914-1918*, Paris, L. Fournier, 1922, 427 pages, p. 175.

Office espère pouvoir, grâce à l'arrivée des contingents boers, donner un élan nouveau à la campagne au printemps 1916.

Confronté à la pénurie qui menace du fait de l'isolement de la colonie, von Lettow-Vorbeck pousse très tôt à la fabrication locale de produits de substitution. Comme en Europe, mais avec davantage encore d'ingéniosité du fait d'infrastructures limitées, les *erzats* entrent dans la vie quotidienne de la population et des troupes. Le sel ou le sucre sont produits localement, le coton est transformé et tissé dans le pays, des ateliers traitent les peaux et cuirs, un substitut à l'essence, le trébol, est tiré de la noix de coco distillée, le caoutchoux brut est vulcanisé sur place, la quinine indispensable aux Européens est fabriquée par l'institut biologique d'Ousambara.

Le général allemand a conscience que le potentiel cumulé de ses ennemis ne cesse de croître : il fait déménager vers le Sud ses dépôts, échelonne dans la profondeur ses lignes de communications, prépare en retrait de nouvelles positions défensives.

Les opérations au Ruanda-Urundi et sur les grands lacs

L'intervention brutale de bandes armées indigènes en territoire congolais au nord du lac Kiwu en août-septembre 1914 est rapidement mise par les Belges au compte des Allemands. Le capitaine Wintgens, *Résident* allemand et commandant militaire du Ruanda, tente de retourner à son profit cette situation et attire l'attention de son homologue par courrier du 20 septembre : « *Au cas d'une offensive belge dans le Ruanda, je dois décliner toute responsabilité en ce qui concerne l'observance, de la part de la population, des lois internationales de la guerre. Le Ruanda est déjà fort surexcité, et je n'ai réussi que difficilement à empêcher une incursion en territoire belge. Une invasion de leur pays rendrait un soulèvement inévitable. Je ne puis, en conséquent, assurer l'observance des lois de la guerre que pour les troupes combattantes, immédiatement sous mes ordres, et non pas pour les masses d'hommes du sultan Muzinga, qui défendent leur territoire* ».

Le capitaine Wintgens s'assure le contrôle du lac Kiwu et des régions limitrophes. Il utilise habilement les relations nouées avec les chefs indigènes pour pousser à l'action les tribus Watusis et susciter quelques mouvements de révolte au Congo même. Les Belges se replient vers l'intérieur et, après quelques succès locaux, Wintgens rend compte à von Lettow-Vorbeck « [qu'] *avec les Askaris de police, les guerriers Watusis et les hommes du Möwe* », il peut « *arrêter quatre compagnies belges en leur faisant subir des pertes sévères* ».

Sur la Ruzizi, à partir d'octobre 1914, l'activité se limite à de fortes patrouilles de reconnaissance mais les accrochages sont nombreux. Malgré plusieurs tentatives, le capitaine Schimmer, tué en janvier 1915 pendant l'attaque du poste belge de Louvoungi, puis le capitaine Schultz, battu au même endroit le 26 septembre, échouent dans leurs tentatives de s'installer durablement en territoire congolais.

Progressivement, les Belges rassemblent 2.000 à 2.500 hommes au nord du lac Kiwu. En juin, juillet et août 1915, ils tentent à plusieurs reprises de rompre la ligne de défense allemande, mais ne peuvent s'emparer du massif du Loubafou ni franchir la rivière Sébéa. Renforcé par deux compagnies régulières de la *Schutztruppe*[1], Wintgens reprend l'initiative d'octobre 1915 à janvier 1916. Il dispose de plus d'un millier d'hommes au début de l'hiver, renforce ses positions avancées et fortifie les obstacles naturels sur la route de Kigali.

Les Allemands contrôlent au début de la guerre la véritable mer intérieure qu'est le lac Tanganyika. Le personnel de la *Möwe*, dès août 1914, arme sur les grands lacs plusieurs vedettes et vapeurs armés : le lieutenant Horn sur le *Hedwig von Wissmann*, le capitaine de corvette Zimmer sur le *Kingani*[2], leurs camarades sur le *Wami*, l'*Adjudant*, le *Graf von Goetzen*, le *Mouanaz* ou le *Heinrich Otto*.

Mais les Alliés se préparent en 1915 à la guerre lacustre. Les Anglais transportent en pièces détachées, d'Afrique du Sud via le Congo, deux baleinières armées de canons[3] ; les Belges arment des vapeurs en canonnières et en construisent à Lukuga.

Le 26 décembre, deux embarcations britanniques attaquent le vapeur armé allemand *Kingani*, dont les officiers sont tués au cours de l'engagement. *« Le navire a été forcé de se rendre. Bien que faisant eau,* [il] *a été amené à bon port »* précise le communiqué publié à Londres par le ministère de la Guerre le 5 janvier 1916. Le navire est remis aux autorités belges. Rebaptisé *Fifi*, il rejoint les canonnières *Vengeur* et *Paul Renkin*, le torpilleur-glisseur *Netta* et le vapeur *Baron Dhanis* au sein de la flotille du Tanganyika.

---

1. La 26e compagnie, arrivée de Mwanza en août, puis la 7e compagnie, venue de Bukoba en novembre.
2. Le *Kingani*, comme deux autres petits bateaux à moteur et le remorqueur de haute mer *Wami*, est démonté à Dar-es-Salaam, transporté en chemin de fer jusqu'à Kigoma, remonté et mis à flot dans les chantiers de la *Deutsch Ost Afrika Gesellschaft*.
3. La flotte britannique des lacs comprend en particulier le *Gwendolin*, le *Chauncey-Maples*, le *Queen Victoria*, le *Pioneer* et l'*Adventure* sur le Nyassa, le *Winifred* et le *Kavirondo* sur le Victoria, le *Toutou* et le *Mimi* sur le Tanganiyka.

Le contrôle des grands lacs par les Alliés est effectif en six mois. Le 9 février 1916, le redoutable *Hedwig von Wissmann* est coulé en combat naval par une flottille anglo-belge ; le 28 juillet, le *Netta* torpille le vapeur *Wami*[1].

À partir de mai 1916, les Belges mettent en service sur le lac Tanganyika une escadrille de 4 hydravions venus de la région bordelaise. Ils sont employés contre les embarcations réunies autour du *Graf von Götzen* et les infrastructures allemandes : *« le port de Kigoma-Ujiji est reconnu, bombardé et photographié »*[2]. En juin, le navire-amiral allemand est touché par un bombardement aérien, annonçant la fin de la menace navale ennemie. Le capitaine de corvette Zimmer décide de saborder ses derniers navires et de détruire ses installations à terre avant d'abandoner Kigoma et de retraiter vers Tabora en suivant le *Zentralbahn*.

Sur le lac Victoria, le Détachement des Lacs du général Crewe s'empare au début du mois de juillet 1915 de la grande île d'Ukerewe et chasse peu à peu les forces allemandes de la côte Sud puis débarque à Kahegi, pour tenter ultérieurement d'assurer la jonction avec la colonne belge qui progresse à partir du Ruanda.

Dans les opérations terrestres sur la frontière occidentale de la colonie allemande, contre les quelque 4 à 5.000 soldats attribués au maximum par les Alliés à Wintgens, les Belges alignent[3] :

- 10.000 hommes en première ligne,
- 2.000 hommes en « Réserve d'alimentation » (soutien logistique)
- 5.000 recrues à l'instruction à l'arrière
- 65 mitrailleuses
- 48 canons

1. Ces différents épisodes inspirent le récit très romancé du célèbre *African Queen* de John Huston.
2. Charles Stiénon, « La conquête de la dernière colonie allemande », *L'Illustration*, n° 3860, 24 février 1917.
3. En dix-huit mois, l'effectif total de la *Force Publique* belge est multiplié par deux. Outre les forces engagées contre l'Afrique Orientale allemande, on compte également 7.500 hommes pour assurer l'ordre public intérieur et 600 hommes aux côtés des Franco-Britanniques au Cameroun.

L'unité de manœuvre est le bataillon mixte, réunissant 700 fusils, dont un peloton de tireurs d'élite, une compagnie de 4 mitrailleuses et une batterie de 4 canons de 47 mm. Placé aux ordres du colonel Tombeur, vice-gouverneur du Katanga, l'ensemble du corps expéditionnaire belge est divisé en trois groupes :

Dispositif initial du corps expéditionnaire belge dans l'Est Africain		
Nom/ Commandement	Constitution	Mission
Groupement du Tanganiyka Major d'artillerie Stingelhamber	3 bataillons 19 canons (du 47 au 160 mm.)	Défensive Reprendre progressivement le contrôle du lac
Groupement de la Ruzizi Major Olsen[1]	5 bataillons 1 compagnie de 100 cyclistes 1 batterie d'obusiers de 70 3 hôpitaux, services auxiliaires	Offensive Occupation du district de l'Urundi
Groupement du Kivu Lieutenant-colonel Henry	8 bataillons 1 batterie d'obusiers de 70 4 hôpitaux, services auxiliaires	Offensive Occupation du district du Ruanda

Le contingent finalement engagé, à hauteur de 11.000 hommes, reste organisé en trois groupements, dont deux colonnes (lac Kivu, brigade Molitor ; Ruzizi, brigade Olsen) coordonnent leurs actions offensives, tandis que le détachement du lac Tanganiyka est placé aux ordres de Moulaert.

1. D'origine danoise, le major (puis colonel) Olsen a conservé sa nationalité d'origine en passant au service du roi des Belges et commande en 1914 les troupes du Katanga.

La retraite vers le *Zentralbahn* puis le Sud-Est de la colonie

À la fin de l'année 1915, le corps expéditionnaire allié accède à une totale supériorité tactique et stratégique et des moyens supplémentaires sont fournis au général Northey qui commande les troupes britanniques de la Rhodésie-Nyassaland[1]. Von Lettow-Vorbeck est désormais cerné par un cercle de forces qui, en se resserrant, doit l'étouffer :

- Au nord, le général Smuts dispose en première ligne de ses cinq divisionnaires (Crewe, Van Deventer, Hoskins, Brits et Hannington) pour opérer sur l'immense frontière qui s'étend de l'océan Indien au Ruanda.
- À l'ouest, le général Tombeur, secondé par les colonels Olsen, Molitor et le lieutenant-colonel Moulaert est prêt à s'engager du Kiwu au Tanganiyka.
- Au sud, les Britanniques de Northey, à partir de la Rhodésie-Nyassaland, et les Portugais de Gill au-delà de la Rowuma ferment la nasse.
- En mer, l'escadre anglo-portugaise assure le blocus.

Désigné le 12 février 1916, le général Smuts rejoint Mombassa le 19 comme commandant en chef des troupes britanniques chargées de l'offensive contre l'Est Africain, en remplacement de Smith-Dorrien, officiellement démissionnaire pour raisons de santé mais considéré comme responsable des lenteurs antérieures.

Les Britanniques alignent désormais *« 28.000 Blancs, dont les deux tiers sont des boers ; 26.000 Indiens ou noirs ; 57.000 porteurs »*[2]. À la même époque, von Lettow-Vorbeck est loin de disposer de 16.000 hommes, 80 mitrailleuses et 60 canons évoqués par la presse de l'Entente. Les officiers britanniques admettent qu'ils lui opposent sur le seul front Nord des troupes trois fois plus nombreuses. Un « détail » est en effet toujours omis : les forces alle-

1. Au début de l'année 1916, les Britanniques alignent en Rhodésie-Nyassaland près de 4.500 hommes dont plus de 2.300 Anglais et Sud-Africains, alors que la mobilisation des colons rhodésiens volontaires en août 1914 n'avait pu fournir que moins de 60 hommes.
2. Colonel Jean Charbonneau, *Op. cit.*, p. 35.

mandes sont divisées en plusieurs groupes sur toutes les frontières. L'état-major français reconnaît d'ailleurs sobrement, en résumant les opérations militaires depuis août 1914: *«Jusqu'à ce jour les Allemands ont conservé l'initiative des attaques... Ils furent partout repoussés mais tinrent en haleine avec des forces relativement faibles des effectifs anglo-belges supérieurs»*[1].

Dès son arrivée sur le territoire, Smuts entérine les réorganisations décidées en janvier par le général Tighe, commandant le front d'Ouganda: concentration du gros des troupes à l'est du Kilimanjaro, adoption d'une structure divisionnaire à l'européenne, construction de voies ferrées de campagne au bénéfice de chaque grande unité. Les renforts reçus sont appuyés par plus d'une centaine de mitrailleuses, 45 canons, 1 batterie d'auto-mitrailleuses, 24 puis 32 avions[2] qui multiplient les opérations de reconnaissance au-dessus des lignes allemandes et bombardent même en janvier le poste de commandement de von Lettow-Vorbeck à Neu-Moshi.

Pour les Britanniques, la guerre change de nature et de forme. Les effectifs atteignent ceux d'un corps d'armée et dans les dépôts, réapprovisionnés grâce à des envois hebdomadaires, plus de 35.000 obus de tous calibres sont stockés, ce qui est unique sur un théâtre ultramarin. Un ancien chef boer commande à des troupes venues de tout l'Empire[3].

Smuts veut rapidement repousser au-delà de leur frontière les Allemands qui occupent une large bande de territoire bri-

---

1. Deuxième note sur les opérations anglo-belges contre l'Est Africain allemand, G.Q.G./T.O.E./3e bureau, 20 janvier 1916. SHD-Terre, 16N3056.
2. Dans son ouvrage déjà cité, le colonel Charbonneau estime que *« l'aéronautique et l'artillerie représentent à peu près celles d'une division française à la fin de la campagne »*.
3. Les brigades sud-africaines représentent le plus important contingent national (13.500 hommes environ), mais on compte également des formations, européennes ou indigènes, venues de l'Est Africain britannique, de Rhodésie, des Indes, quelques détachements du Pacifique, des officiers canadiens, des contingents fournis par les *Rajahs*, des irréguliers musulmans et l'arrivée de troupes venues d'Afrique occidentale est annoncée.

tannique et assurer la sécurité de la voie ferrée d'Ouganda. Il doit pour cela obtenir un résultat significatif avant le début de la saison des pluies. Dans un deuxième temps, l'objectif est de s'emparer de la riche région agricole de l'Usambara et des centres de Moshi et d'Arusha où résident de nombreux colons allemands ; puis de s'assurer le contrôle du *Nordbahn*, voie de communication essentielle pour von Lettow-Vorbeck.

La ligne de front s'étend sur plus de 1.000 kilomètres et les troupes ne peuvent être au contact qu'en quelques points.

Les premiers combats des formations sud-africaines se déroulent une semaine plus tard, à l'occasion d'une forte reconnaissance autour de la colline de Salaita tenue par les Allemands.

Trois colonnes sont engagées, deux menant des actions secondaires et de diversion. Les opérations principales se concentrent pendant plus d'un mois autour du massif du Kilimanjaro, région stratégique sur la route du *Nordbahn* et du *Zentralbahn*.

Jusqu'au 7 mars, les Allemands résistent. Mais les Britanniques, dont les effectifs sont nettement supérieurs[1], parviennent à franchir les gués de la Loumi et reprennent Taveta, dernière agglomération importante avant d'entrer en Est Africain allemand. La marche rapide des différentes colonnes entre le 8 et le 10 mars permet au général Smuts de tenter l'investissement de la

1. Selon les chiffres communiqués par le colonel de La Panouse, attaché militaire français à Londres (compte rendu n° 1968 du 8 mars 1916 ; SHD-Terre, 7N1253), les troupes de l'Empire britannique comprennent :
- colonne principale (sur l'axe routier Voi-Taveta) : 6.000 Anglais, 1.500 Indiens, 900 Africains, 24 canons de campagne, 17 pièces d'artillerie lourde, 52 mitrailleuses ;
- colonne du lac Oschala : 2.100 Chasseurs montés européens, 4.000 fantassins, 12 canons, 22 mitrailleuses
- colonne de l'ouest du Kilimandjaro : 1.000 Anglais, 1.750 Indiens, 1.250 Africains, 18 canons, 22 mitrailleuses

= soit au total 18.500 hommes, 71 canons, 96 mitrailleuses. Les services britanniques évaluent dans le même temps entre 5.500 et 6.500 soldats dont 2.500 Européens, de 25 à 35 canons et de 40 à 60 mitrailleuses le total des forces allemandes sur ce front.

puissante position naturelle des collines de Kitovo, au sud-est du Kilimanjaro, sur l'ancienne frontière entre les deux colonies.

Le général Van Deventer atteint le lac Chala, puis Himo. De très durs combats se succèdent pendant deux jours, les lignes allemandes étant successivement prises, perdues puis reprises à l'occasion de furieux assauts à la baïonnette. Les 5e et 7e Sud-Africains parviennent à se maintenir sur les positions conquises et von Lettow-Vorbeck commande le repli de sa ligne de défense. La situation est pour lui d'autant plus délicate que différents détachements (près de 1.000 hommes au total) ont été isolés du gros de ses forces (5.600 hommes environ)[1] par la progression d'une brigade montée sur les pentes Est du Kilimanjaro : il risque à tout moment d'être pris à revers.

Moshi est occupé le 13 mars par les Britanniques et Smuts y installe son quartier général le 27 : la guerre désormais se déroule en territoire allemand et le commandant en chef britannique décide une offensive générale au-delà de la rivière Ruwu. Le 22, la colonne principale remporte une difficile victoire et, *« après des combats acharnés »*, bouscule les défenses allemandes. Tandis que les compagnies de la *Schutztruppe* se replient par chemin de fer, la 1re division britannique se porte sur Arusha. À la fin du mois de mars, *« la conquête de la région du Kilimanjaro-Meru, probablement la plus riche et la plus utile de l'Est Africain Allemand »* doit décider de la suite de la guerre. Rendu trop confiant par ces premiers succès, le général Simpson Baikie estime *« que la campagne sera terminée d'une façon satisfaisante dans un laps de temps de six mois »*[2].

Contrainte à la retraite face à un adversaire supérieur en nombre, la *Schutztruppe* doit supporter à partir du mois d'avril la seconde phase de l'offensive britannique.

---

1. Les interrogatoires de prisonniers allemands *« tendent à prouver que les forces totales allemandes de l'Est Africain comprennent 36 compagnies d'active d'infanterie et 10 compagnies d'infanterie de réserve, soit un total de 8.000 indigènes instruit »* écrit le colonel de La Panouse le 28 mars 1916 (SHD-Terre, 16N2967). 75 % de l'effectif combattant allemand est donc engagé sur le front Nord.
2. Plan d'opérations dans l'Est Africain, état-major, 2e bureau – T.O.E., n° 36, 13 mars 1916. SHD-Terre, Idem.

Le corps expéditionnaire est réorganisé en trois divisions d'égale puissance, renforcées par une brigade montée : « *La réorganisation des forces sous mes ordres est rendue nécessaire par la valeur de l'adversaire qui a à sa disposition de bons soldats, bien commandés, et plus mobiles que l'infanterie britannique* », télégraphie Smuts à Londres[1]. Le haut commandement est modifié (« *Il est nécessaire de rappeler en Angleterre le général Stewart, dont la lamentable lenteur a permis à l'ennemi de s'échapper* ») et des officiers d'origine boer sont nommés à des postes de commandement jusque-là occupés par des Anglais : « *Le nouvel endivisionnement paraît inspiré par des motifs auxquels ne semblent pas entièrement étrangères la rivalité des races dans l'Afrique australe et les relations nouvelles qui se créent dans l'empire britannique entre la métropole d'une part et les jeunes nations de l'autre* », écrit le 20 mars l'attaché militaire français à Londres.

La 1re division à l'Est est placée aux ordres du général Hoskins, la 2e division à l'Ouest reste sous le commandement de Van Deventer, la 3e division du général Brits est en réserve, prête à soutenir l'une ou l'autre des deux premières. Il peut désormais mettre en ligne contre le corps principal de la *Schutztruppe* plus de 23.000 hommes, dont près de 4.000 montés.

Le commandement allemand réorganise également son dispositif : la garnison de Lolkisale capitule après que le capitaine Rothert ait été grièvement blessé, celle d'Oufiome se retire, les Britanniques s'infiltrent dès le 19 avril autour de Kondoa où tombent le capitaine Kornatzky et le lieutenant von Bock. Quelques semaines plus tard, le détachement Kraut, fort d'un millier d'hommes environ, doit, pour éviter d'être encerclé, abandonner la région des monts Paré et retraiter vers le sud.

Entre le 9 mai et le 2 août, Von Lettow-Vorbeck s'efforce à plusieurs reprises de contre-attaquer, bascule une partie de ses troupes d'un côté à l'autre de sa ligne de front pour obtenir momentanément une supériorité tactique, mais ses moyens limités ne lui permettent pas de faire face dans la durée à la pression exercée par les

1. Situation dans l'Est Africain, n° 43, 20 mars 1916. SHD-Terre, Idem.

grandes unités britanniques: Van Deventer à partir de Kondoa-Irangi, Hoskins vers Handani, Hannington sur Tanga.

Il se replie en mai 1916, d'abord le long du *Nordbahn*, puis vers le sud-ouest, pressé par les colonnes britanniques. Il ne doit un relatif répit qu'au début de la saison des pluies qui rend les pistes impraticables, et à la fatigue de la cavalerie et des troupes montées sud-africaines, dont plusieurs centaines de cheveaux meurent d'épuisement et de maladie.

Les ports tombent aux mains des Anglais: Bagamoyo est pris le 16 août, Tanga puis Dar-es-Salaam quelques jours plus tard. La résistance allemande est soutenue: les comptes rendus alliés font état de 130 tués ou blessés britanniques lors du franchissement du Ruwu, ou de *« 300 hommes (probablement plus) »* lors des combats pour la prise de Kahe. Van Deventer rend compte à Smuts qu'il espère une diminution de *« la pression dont il est l'objet de la part des forces ennemies à Kondoa Irangi »*, tandis que la brigade Neve se heurte à une arrière-garde allemande constituée par 4 compagnies qui *« a opposé une certaine résistance et a été finalement battue laissant 26 morts »*[1].

La formulation peut paraître surprenante de la part de généraux engagés dans une opération offensive et disposant d'une totale supériorité en hommes et matériels. Lus en creux, ces rapports témoignent des hésitations britanniques, des lenteurs de la marche en avant mais aussi de l'opiniâtreté de la résistance allemande.

Les détachements d'arrière-garde de von Lettow-Vorbeck se distinguent à la fin juillet 1916 à Tissu-Kwa-Meda, Membe, Kwa-Njangalo en ne cédant que sous le nombre aux assauts de la colonne Van Deventer. Le commandant Buhrer évoque ces engagements: *« Malgré des combats journaliers, il* [le capitaine Otto] *était obligé de reculer chaque jour de quelques kilomètres »*.

1. Compte rendu n° 2265 du colonel de La Panouse à l'E.M.A. 2e bureau, 21 juin 1916. SHD-Terre, 7N1253.

Dans le nord-ouest de la colonie, l'offensive belge est lancée en avril 1916 sur deux axes convergents.

La brigade Nord du colonel Molitor attaque par l'Ouganda à la fin du mois. Progressant en trois colonnes, les Belges parviennent à Kigali le 6 mai, occupent les principales agglomérations au cours du mois de juin et après un violent combat à Niakarumsu le 3 juillet contraignent les Allemands à se regrouper vers le centre du territoire[1]. La brigade Sud aux ordres du colonel Olsen est engagée le 19 avril entre les lacs Kiwu et Tanganiyka. Organisée en deux colonnes, elle atteint Kiwitawa le 6 juin, Usumbara le 8 et Kitega, abandonné par les Allemands, le 16.

Pour éviter d'être coupé du gros des forces allemandes, ayant perdu plus de 150 hommes, la plupart de ses porteurs et de ses convois, Wintgens se replie. Malgré la belle résistance du capitaine Godovins près de Bukoba, les Belges sont maîtres des rives du lac Victoria et repoussent les Allemands vers le Sud.

Entre les lacs Victoria, Kiwu et Tanganiyka, le général Tombeur adapte son dispositif et reconstitue ses réserves. Le capitaine Wintgens tente en juin de défendre la capitale de l'Urundi, puis entame un interminable périple.

Le 5 juillet, les Belges reprennent leur marche en avant en direction de Tabora, important centre administratif où se regroupent les fonctionnaires coloniaux allemands et les compagnies en retraite de la *Schutztruppe*.

Après un dur engagement à Diobahika le 14 juillet, la colonne Molitor réalise sa jonction avec le détachement britannique du général Crewe, qui progresse du lac Victoria vers le Sud par Mwanza, mais doit s'arrêter à Ngulu, ses unités décimées par la maladie. À l'Ouest, à partir de sa base d'Usumbara, la brigade Olsen chasse les détachements allemands de la rive orientale du

1. *L'Illustration*, peu suspect de favoriser les vues de Berlin, doit reconnaître que les troupes allemandes, *« d'ailleurs très peu nombreuses »* se retirent. Numéro du 13 mai 1916, p. 463.

lac Tanganiyka, en coopération avec la flotille alliée et l'escadrille d'hydravions ; s'empare le 29 juillet du port de Kigoma-Ujiji, terminus du *Zentralbahn* ; puis s'avance le long de la voie vers l'Est. Les troupes du Détachement du Tanganiyka, devenues disponibles, prennent également l'offensive à partir de Karema et Kibwesi vers Tabora.

En août, le Britanniques occupent Mpapoua le 12, Kidete le 16, Kilosa le 21 puis Kimamba le 22. Le capitaine Otto tente de rejoindre Marogoro et le détachement Kraut est coupé du gros des forces allemandes.

Au début du mois de septembre, la *Schutztruppe* mène deux importants combats retardateurs pour protéger Tabora à partir de ses positions défensives des monts Kahama. Le 7, de violents engagements se déroulent autour de Manbali, mais la pression conjointe exercée par les colonnes Molitor et Olsen oblige la garnison de Tabora, où les Belges entrent sans résistance le 12, à décrocher vers le sud-est.

Les huit premiers mois de 1916 sont ainsi marqués par une succession de replis allemands : les Britanniques occupent le nord, le centre et la côte est de la colonie tout en renforçant leurs garnisons sur la frontière sud-ouest ; les Belges contrôlent les provinces du nord-ouest et les deux alliés tiennent l'artère ferroviaire centrale. Pour le *War Office*, « *les Allemands, attaqués de toutes parts, semblent ne plus disposer de forces suffisantes pour faire face partout* » et l'adjoint de l'attaché militaire français à Londres cite « *un officier récemment revenu de l'Afrique Orientale* » selon lequel « *les opérations dans ce pays auront une issue heureuse avant le 1er octobre* »[1]. Sur le terrain, cet optimisme n'est pas toujours partagé : « *Il résulte de cette situation qu'une partie des contingents allemands battant en retraite au sud du chemin de fer central cherchent à gagner une région où la guerre de partisans est plus facile* », pronostique l'état-major de Smuts qui demande au *War Office* des « *troupes indigènes de la Nigeria dont les sol-*

1. Opérations en Afrique orientale, compte rendu n° 107 du 3 août 1916. SHD-Terre, 16N3220.

dats sont particulièrement habiles à la guerre dans un terrain de broussailles »[1].

Au cours de cette période, si l'action au quotidien des différentes colonnes alliées n'est pas étroitement concertée[2], du moins relève-t-elle d'une conception générale de manœuvre cohérente. Du côté allemand, von Lettow-Vorbeck commande avec détermination au gros de ses forces sur le front principal, mais est contraint par les distances, la nature du terrain et la pénurie de moyens, de déléguer au général Wahle, avec le titre de Commandant des forces de l'Ouest, une mission de coordination des opérations entre des détachements isolés très différents, aux ordres de jeunes officiers dynamiques. Malgré sa détermination, le vieux général ne parvient pas à s'imposer ce qui conduit à la dispersion des efforts des capitaines allemands et à l'épuisement des compagnies de la *Schutztruppe*.

À l'exception de quelques unités au sud et au sud-ouest de la colonie, des rares garnisons qui tiennent encore quelques petits ports et agglomérations et de compagnies isolées en retraite, le gros des forces de von Lettow-Vorbeck est désormais divisé en deux groupements éloignés l'un de l'autre : un détachement principal en retraite du nord vers le sud-est, qu'il commande personnellement, cherche à se rétablir dans la région de Mahenge ; un détachement secondaire, parti de Tabora, tente de le rejoindre malgré une distance considérable et la présence de forts détachements alliés sur sa route.

Smuts entame alors les grands mouvements circulaires visant à prendre la *Schutztruppe* dans les mailles d'un filet, caractéristiques de la manœuvre britannique. Pour tenir, le général allemand renonce aux affrontements frontaux pour privilégier la

1. Situation dans l'Est Africa, n° 2443, 23 août 1916. SHD-Terre, 7N1281.
2. Les Britanniques veulent par exemple tenter parallèlement des opérations majeures au Nord et dans l'Ouest de la colonie, alors que les ressources de von Lettow-Vorbeck, en position centrale, lui permettent encore de basculer rapidement quelques compagnies d'un secteur à l'autre du front.

guerre de brousse. Le *Times* observe le 18 mars que *« les Allemands doivent vite comprendre que les jeux sont faits, ou qu'ils ne peuvent plus faire qu'une guerre de guérillas »*, tandis qu'un rapport souligne à Berlin que *« nos braves troupes de l'Est Africain cédant sous la pression de l'encerclement et de forces ennemies supérieures, se sont retirées dans un territoire plus favorable aux méthodes de combat qui leur sont propres »*. Dans ses mémoires, von Lettow-Vorbeck dit choisir de replier ses troupes dans la région de Mahenge car celle-ci offre des *« ressources abondantes, propres à la guerre de partisans, peu facile à être cernée par l'adversaire et qui présentait la possibilité de direction ultérieure vers le Sud où il serait possible de continuer la guerre encore longuement »*.

Les effectifs britanniques ne cessent de croître. Le *Gold Coast Regiment* est la première unité d'Afrique occidentale embarquée en juillet 1916 à Lagos pour rejoindre les troupes réunies en *British East Africa*. Un second contingent suit en novembre. Le Royaume-Uni engage 48.000 hommes et 133 mitrailleuses contre la *Schutztruppe* en mai 1916 et les chiffres passent à 60.000 hommes et 252 mitrailleuses en août, tandis que le 2e bureau français estime à l'automne 1916 que l'effectif allemand *« semblent encore se monter à 7.200 hommes, dont 1.500 Européens, avec une artillerie peu nombreuse et mal approvisionnée »*[1]. En 1917, la contribution des seules colonies d'Afrique occidentale (*Sierra Leone*, *Gambia*, *Gold Coast*, *Nigeria*) aux opérations militaires contre von Lettow-Vorbeck s'élève à 10.000 combattants et 10.000 porteurs, tandis que 3.000 hommes en moyenne sont à l'instruction ou en attente d'embarquement. Le général allemand, pourtant, reste confiant: *« Je savais que les troupes sud-africaines avaient perdu dans les combats et par les maladies la plus grande partie de leur effectif... Les troupes hindoues faisaient campagne dans la colonie depuis longtemps déjà, et leur nombre avait diminué... On pouvait donc faire durer la guerre longtemps encore... Je crois encore à présent que nous aurions réussi, non seulement à tenir tête à l'ennemi, malgré sa supériorité*

1. Note sur la conquête de l'Est Africain Allemand, E.M.A. 2e bureau, n° 21.359, 27 septembre 1916. SHD-Terre, 6N113.

numérique, mais que nous l'aurions vaincu, s'il n'avait eu la possibilité de reconstituer ses unités »[1].

Par ailleurs, 150.000 indigènes, environ 40 % de la population mâle du protectorat britannique d'Afrique orientale en âge d'être recrutée, sont engagés comme porteurs dans les unités, les services ou les unités de travailleurs en appui du corps expéditionnaire. Ils sont 40.000 à venir d'Ouganda et 5.000 de Zanzibar, en deux détachements dont l'un rassemblé et dirigé par l'évêque de l'île ! En avril 1916, 24.000 hommes sont employés à la réparation ou à la construction de nouvelles voies de chemin de fer entre le Sud de l'*East Africa* et la colonie allemande, tandis que 35.000 porteurs assurent le complément des transports logistiques.

Ces chiffres illustrent la disproportion des moyens entre les deux belligérants. Londres affirme qu'ils témoignent de l'attachement des populations autochtones à l'Empire. Ce que nous savons aujourd'hui des conditions de recrutement des porteurs doit nous inciter à relativiser une présentation aussi idyllique.

La colonne du capitaine Wintgens, qui maintient sur les arrières des Alliés un fort sentiment d'insécurité, tente sans succès de rejoindre au sud le gros de la *Schutztruppe*, s'oriente vers l'ouest puis revient vers le nord et entame un large mouvement circulaire.

Pendant dix mois, l'officier allemand opère au centre de la colonie dans un vaste triangle délimité par les lacs Rukwa, Victoria et les monts Nguru. *« Les renseignements sont toujours contradictoires au sujet de la position de Wintgens »*[2] qui harcèle les positions anglaises en octobre et novembre 1916, s'infiltre entre les Belges et les Britanniques au printemps, est pressé par les colonnes du général Hoskins en avril 1917, signalé dans la région d'Itunda au début du mois de mai, puis sur la Nkurulu

1. Von Lettow-Vorbeck, *La guerre de brousse dans l'Est-Africain (1914-1918)*, Paris, Payot, 1933, 295 pages, p. 154.
2. Résumé des renseignements de source anglaise, 8e série, n° 8, 9 mai 1917. SHD-Terre, 7N706.

le 23, à la veille de se laisser capturer, malade, le 24 mai par un détachement belge. Von Lettow-Vorbeck perd l'un de ses chefs d'éléments les plus audacieux et les plus énergiques.

Il est remplacé à la tête de son détachement par le capitaine Naumann qui, le 27 mai, traverse le *Zentralbahn* près de Njahua, à l'est de Tabora. Evaluée selon les sources autour de 1.000 hommes, effectif important à l'échelle de cette guerre de brousse, la colonne Naumann inquiète les Britanniques : va-t-il s'enfoncer vers le sud-est pour tenter de rejoindre les forces allemandes, ou se diriger au sud-ouest vers le lac Nyassa comme certains renseignements semblent l'indiquer ? Il paraît marcher vers l'est après avoir progressé vers le nord… Il bat un bataillon belge à Ikona, détruit deux trains de matériel à Kahé. Mais au fil des accrochages, ses effectifs fondent, l'encadrement européen diminue et certains *Askaris* désertent pour rejoindre leurs tribus. Les Alliés s'interrogent et Van Deventer souligne *« la nécessité d'organiser des troupes montées pour venir à bout de cette colonne allemande extrêmement mobile, qui vit sur le pays »*[1].

En juin 1917, son effectif est encore évalué à 500 hommes environ et il retient toujours plus de 3.000 Alliés. Les Anglo-Belges bouclent avec deux bataillons la voie ferrée centrale et lancent à ses trousses trois détachements :

- La colonne Sergeant constituée d'un bataillon nigérien, d'un bataillon belge et d'une double compagnie de *Cape Boys*.
- La colonne Dykes, articulée autour d'un bataillon indien.
- La colonne Thomas formée d'un bataillon belge renforcé.

Plus mobiles, les Belges restent seuls en course et les troupes britanniques, fatiguées, sont ramenées vers l'arrière avant d'être engagées au sud. En août, l'étau se resserre progressivement autour du détachement Naumann qui, ne parvenant pas à briser

1. Situation au 6 juin 1917, *War Office*, n° 59. SHD-Terre, 7N1281.

l'encerclement, doit se diviser en plusieurs groupes de moindre importance pour espérer s'exfiltrer.

« *Un tel raid,* écrit le général Van Deventer dans son rapport de fin de campagne, *n'est guère possible que dans un pays comme l'Afrique Orientale Allemande, où la brousse est souvent si épaisse que deux troupes importantes peuvent se dépasser à moins d'un mille l'une de l'autre, également ignorantes de leur présence* ». Certes. Mais les fautes de commandement des Alliés, la lourdeur de leurs colonnes, les erreurs tactiques et l'absence de coordination entre eux favorisent l'action de l'officier allemand. Naumann lui-même capitule avec les honneurs de la guerre parmi les derniers, le 1er octobre, à Luita, avec 14 Allemands, 165 *Askaris* et 350 à 400 porteurs ; Boekmann, avec moins de 60 hommes, se rend à son tour le 9 : pour le commandement britannique, « *il ne reste en liberté que 3 blancs et quelques soldats indigènes au Nord du Tanganiyka Railway* »[1].

Le repli de la *Schutztruppe* la contraint à abandonner une grande partie de son artillerie et à alléger au maximum ses compagnies. Le sergent Bestvater, fait prisonnier par les Belges à Tabora, précise qu'ils « *durent battre en retraite rapidement (450 km. en 7 jours)* »[2]. Pour « *venir à bout des colonnes allemandes d'une mobilité extrême* », les Alliés organisent des nouvelles unités d'infanterie montée.

En juillet, Smuts engage une brigade pour venir à bout des dernières unités isolées qui tentent toujours de gêner ses lignes de communication arrières, dans la région du Pangani, fleuve côtier longé par la *Nordbahn* et qui se jette dans l'océan Indien à Tanga.

Dans le même temps, au sud-ouest, le général Crewe débarque avec 1.500 hommes sur la rive Est du lac Nyassa et les Portugais reçoivent « *l'ordre de marcher vers le Nord sur Mahenge* ».

1. Sommaire des opérations en Est-Africain du 5 au 11 octobre, *War Office*, n° 255, 14 octobre 1917. SHD-Terre, idem.
2. Extrait de l'interrogatoire d'un prisonnier de guerre allemand en Afrique orientale, EMA 2e bureau, 1er juillet 1917. SHD-Terre, 7N706.

Von Lettow-Vorbeck est conscient de la manœuvre : *« L'ennemi comptait que nous allions livrer un combat défensif sur les pentes Nord du massif de l'Oulougourou. Cette manière de voir n'est pas compréhensible. Dans notre situation tellement inférieure, il eut été extravagant d'attendre ici la réunion des colones ennemies dont quelques-unes isolées nous étaient déjà supérieures ».* Il décide de retraiter vers le Sud pour conserver sa liberté de mouvement et rester en mesure de prendre de flanc les colonnes britanniques, espérant pouvoir les battre séparément.

En août et septembre, les différents détachements allemands tentent de se rassembler autour de leur général. Kraut, von Langenn, Huebener, Schulz, Otto, Stemmermann, Volkwein, Tafel contre-attaquent localement et s'efforcent de bloquer la progression britannique vers le Sud et Kissaki, où tombe le lieutenant Baldanius.

L'offensive lancée le 16 à l'Ouest et au Centre ne peut finalement pas être contenue. Le 31, les Britanniques contrôlent la totalité du *Zentralbahn*. Face aux Belges, la défense de Tabora est énergiquement conduite, mais la garnison est bousculée par les mouvements enveloppant des Alliés : *« Pendant dix-neuf longues journées, on se bat avec rage, et septembre 1916 comptera dans les annales des guerres exotiques »*[1].

Le 18 septembre, un conseil de guerre réunit autour du général Wahle les principaux chefs militaires et civils allemands de la région : les troupes de l'Ouest doivent-elles capituler ? Quelques-uns sont prêts à déposer les armes, certains officiers hésitent. Le vieux général emporte la conviction en posant une simple question : *« Que dira le Kaiser ? »*. Chacun reprend ses esprits, les compagnies sont rassemblées, le matériel intransportable détruit sur place et la ville abandonnée aux Belges. Outre la station de radio et de nombreux armements, les Allemands laissent en arrière, dans l'hôpital de campagne, près de 200 Européens (dont une centaine d'officiers et de sous-officiers) et 400 *Askaris*.

1. Pierre Perreau Pradier et Maurice Besson, *Op. cit.*, p. 38.

Un nouveau repli conduit la *Schutztruppe* vers Morogoro, puis au sud du Rufiji pour *« rester en communication avec la côte vers Kilwa »*, où les compagnies allemandes lancent plusieurs attaques entre le 30 septembre et le 2 octobre.

Le contrôle de cette riche région semble d'autant plus important que c'est à partir de Lindi qu'en mai 1916 von Lettow-Vorbeck reçoit d'Allemagne un ultime secours. Le vapeur de 3.000 tonnes *Marie* parvient à forcer le blocus britannique et à débarquer quelques précieux matériels. La région, coupée de rivières et couverte de marais, est propice à la défense mais les conditions de survie y sont difficiles (malaria sous forme virulente), obligeant les Allemands à se redéployer plus à l'intérieur et au Sud.

Le 7 septembre, les Britanniques occupent Lindi puis le port de Mikindani, où ils installent des contingents fournis par les Antilles, et contrôlent désormais la côte méridionale de la colonie. Ils se heurtent alors, comme sur les autres secteurs du front, à de solides résistances allemandes. Le 18 avril 1917, le capitaine von Liebermann, à la tête des 11e et 17e compagnies de la *Schutztruppe*, bouscule huit compagnies hindoues appuyées par deux canons. Les Britanniques se replient sur leurs bases en laissant 70 morts sur le terrain. Ils fortifient leurs positions et ne reprennent l'offensive qu'en juin 1917.

Durant l'hiver 1916-1917, von Lettow-Vorbeck avec ses gros tient la ligne du fleuve Rufiji, 3 à 4 compagnies font face aux Britanniques de Lindi, quelques centaines d'hommes assurent la sécurité à l'ouest du dispositif allemand. Ses lignes de ravitaillement s'étendent toujours davantage vers le sud et les efforts pour permettre aux troupes retraitant de Tabora de percer le dispositif allié se révèlent vains.

En dix mois, von Lettow-Vorbeck a perdu l'essentiel du dernier territoire colonial allemand et a vu fondre son effectif d'encadrement européen. Moins de quinze ans après la fin de la guerre des Boers, le roi George V écrit au général Smuts, convié à participer à Londres aux conférences impériales et alliées : *« Je veux vous remercier pour les services précieux que vous venez de rendre à l'Empire».*

Au terme de cette campagne, les 3/4 de l'*Ost Afrika* sont aux mains des Alliés et les Belges occupent environ 1/8ᵉ de la colonie allemande: le Ruanda, l'Urundi, l'Oussouwi et la région d'Oudjiji.

Le 29 avril 1916, la Déclaration de Sainte Adresse promet aux Belges une *«indemnité spéciale pour les sacrifices que la guerre coloniale leur imposait».* Malgré l'arrangement anglo-belge signé à Londres le 3 février 1915, repris par l'arrêté-loi du 15 novembre 1918, qui fixe les frontières orientales de la colonie du Congo et confirme les revendications sur le Ruanda-Urundi, Londres et Bruxelles parviennent difficilement à un partage de l'*Ost Afrika.* Le lieutenant-colonel Viala rend compte à Paris que *«le gouvernement belge aurait donné l'ordre au général Tombeur, après l'occupation de Tabora, d'arrêter les opérations de ses troupes... Les 10.000 hommes de troupe belges sont immobilisés»*[1]. Ce n'est qu'après la conclusion d'un accord provisoire entre les deux pays qu'un contingent réduit est autorisé à participer à nouveau aux opérations à partir de mai 1917. La ligne de démarcation entre les zones d'occupation belge et britannique est fixée sur la rivière Malagarasi et le district de Tabora est cédé aux Anglais.

Le troisième *Livre gris* belge, publié à la fin de l'année 1918, fait état de nombreuses violations par les Allemands des lois de la guerre. Certaines correspondent sans aucun doute à des faits réels (utilisation de milices indigènes irrégulières), explicables dans le cadre de ce conflit et communs à tous les belligérants; d'autres semblent peu probables (utilisation de balles expansives et dum-dum[2]), du fait de l'équipement de la *Schhutztruppe.*

1. Rapport sur les opérations dans l'Est Africain allemand, E.M.A., n° 779-9/11, 29 janvier 1917. SHD-Terre, 6N113.

2. Selon certains témoignages, les balles dum-dum, normalement dévolues à la chasse au gros gibier, auraient été ponctuellement utilisées par des réservistes. Aucun exemple avéré d'utilisation systématique par des unités organiques n'a été prouvé et il semble s'agir d'initiatives individuelles de réservistes.

Pour des raisons de politique intérieure, le général Smuts décide de profiter de ce que l'effort majeur paraît terminé pour faire rapatrier en Afrique du Sud la plus grande partie de ses troupes : 12.000 hommes quittent l'Est Africain à partir d'octobre 1916, remplacés par des contingents noirs ou indiens[1].

Cette situation offre au général allemand un nouveau répit, mis à profit pour réorganiser ses propres compagnies et aménager le terrain tenu.

Il tente de prendre l'initiative au sud et au sud-est de son réduit pour se donner de l'air : les Britanniques sont sévèrement accrochés entre le 6 et le 12 décembre dans la région Outété-Kibata, mais se rétablissent et reprennent l'offensive dès le lendemain de Noël.

Malgré les pertes sévères subies depuis un an, les forces de von Lettow-Vorbeck restent non négligeables : il dispose théoriquement encore de 1.090 cadres européens et 6.430 *Askari*, mais son dispositif est affaibli par la séparation en deux groupes importants distincts et plusieurs détachements de moindre importance, entre lesquels les liaisons sont aléatoires voire impossibles.

Le général allemand a fait évacuer vers le sud ses dépôts de vivres et a articulé ses compagnies en arc de cercle pour protéger la Basse Rufiji. L'expression qu'il utilise dans ses mémoires pour définir sa position à l'automne reste valide pour toute l'année 1917 : *« Je compris que l'ennemi ne se faisait pas une idée nette de la situation, et que j'en tirerais avantage en agissant rapidement et avec énergie »*[2].

Tandis que von Lettow-Vorbeck se maintient en imposant ses méthodes de guerre, l'action concentrique des différentes colonnes

1. Avec la création en particulier de 6 nouveaux bataillons des *King's African Rifles*. Notons également la constitution de 2 bataillons à partir d'*Askaris* déserteurs des compagnies allemandes ou prisonniers.
2. Von Lettow-Vorbeck, *Op. cit.*, p. 189.

fortement motorisées, soutenues par l'artillerie[1], appuyées par l'aviation qui *« exécute avec succès des raids de bombardement sur les dépôts allemands de Tunduru et Liwale »*[2], doit conduire dans l'esprit des Britanniques à la capitulation à brève échéance des détachements allemands.

Les premiers résultats sont d'ailleurs satisfaisants. Plusieurs petites unités de la *Schutztruppe* sont interceptées dans la Basse-Rufiji en janvier et un groupe de 4 officiers, 35 cadres européens et 250 *Askaris* est *« obligé de se rendre le 24 janvier, après une semaine de lutte énergique »*[3]. Pour les Britanniques, *« les Allemands ont perdu leur dernière colonie »*, mais le commandant Buhrer souligne que *« se déplaçant avec des convois légers, retrouvant en des points choisis des magasins préparés à l'avance,* [ils] *pouvaient, dès que le danger paraissait évident, replier leurs forces exposées à l'encerclement »* et que *« la résistance des détachements allemands de couverture est tout à fait remarquable »*[4]. Lorsque Smuts rend son commandement le 20 janvier, il a fait franchir à ses troupes la Rufiji, mais n'a pas pris au piège les gros de von Lettow-Vorbeck.

Parmi les enseignements de la longue campagne qui mène les troupes alliées du Nord de l'Afrique orientale à la région de Lindi, le plus étonnant est l'impossibilité chronique des Anglo-Belges de venir à bout d'un adversaire plus mobile, dégagé du poids des axes de communication et de ravitaillement. Pour le lieutenant-général van Deventer qui prend le commandement du corps expéditionnaire le 30 mai 1917, *« le caractère du commandant des troupes allemandes faisait prévoir qu'une reddition générale n'aurait pas lieu sans que ses forces fussent réduites au*

1. À la fin du mois de juin 1917, le rapport de force entre Britanniques et Allemands s'établit selon les sources anglaises à : 36 canons de campagne et 11 canons lourds pour les Alliés, contre 13 canons de campagne et 4 canons lourds pour la *Schutztruppe*.
2. Situation dans l'Est Africain à la date du 6 juin 1917, War Office, n° 59, 9 juin 1917. SHD-Terre, 16N3223.
3. Rapport sur les opérations dans l'Est Africain allemand, E.M.A., n° 779-9/11, 29 janvier 1917. SHD-Terre, 6N113.
4. Commandant Buhrer, *Op. cit.*, p. 224.

point de devenir inoffensives. La campagne devait donc forcément se proposer une destruction totale de l'adversaire »[1]. L'offensive générale lancée en juillet 1917 privilégie le nombre et les moyens : elle illustre à nouveau la lourdeur du gros des contingents alliés.

Quelques exceptions méritent d'être relevées avec les beaux mais trop rares raids de détachements légers commandés par de jeunes officiers : les majors Hawthorn en juillet 1917 à partir du Nyassaland vers la Rowuma, Shorthose en août 1917 à l'Est de Tundurn, Hawkins en octobre jusqu'à Liwale, avec des effectifs de 400 à 500 hommes, contribuent par leur hardiesse à chasser la *Schutztruppe* d'Afrique orientale.

Pendant l'été et l'automne, les Allemands disputent pied à pied le terrain.

Du 15 au 18 octobre 1917, von Lettow-Vorbeck arrête avec 1.500 hommes les 4.000 Britanniques et Hindous du général Beves à Mahiwa, sans parvenir à rompre le cercle qui le serre de plus en plus près. Selon les comptes rendus anglais « *certaines positions ont été perdues et reprises trois fois* ». Mais le coût humain de la victoire est trop important pour la petite troupe allemande dont l'encadrement ne peut plus être renouvelé : il perd près de 35 % de son effectif européen et plus de 400 *Askaris*. Bien qu'il s'agisse de sa plus importante défaite depuis Tanga, le commandement britannique considère ces engagements comme un succès stratégique car, « *quoique les pertes anglaises aient été très sérieuses,... l'ennemi a été également très éprouvé et il lui sera impossible de réparer ses pertes* »[2]. Il est désormais contraint de se défendre sur un territoire de plus en plus restreint au Nord de la Rowuma.

Il envisage sans doute depuis le mois de mai de passer en territoire portugais : son P.C. est alors fixé largement à l'Ouest

---

1. Rapport du lieutenant-général Sir J. L. van Deventer, commandant en chef des forces dans l'Est Africain au secrétaire d'État à la Guerre, Dar-es-Salam, 30 septembre 1918, publié dans le supplément de la *London Gazette* du 16 décembre 1918.
2. Sommaire des opérations en Est-Africain du 18 au 25 octobre, *War Office*, n° 289, 27 octobre 1917. SHD-Terre, 7N1281.

de Kisswere, plusieurs dépôts sont organisés autour de Massassi et c'est vers le sud que se dessinent les axes les moins risqués. Il pense pouvoir tenir jusqu'à la saison des pluies et tente en août de faire accepter par le gouverneur Schnee, replié sur Massassi, de passer ensuite la frontière. La conférence entre le général allemand et le gouverneur se déroule dans une ambiance détestable et les deux hommes se séparent en mauvais termes.

Les détachements isolés Otto, Tafel et Kraut tentent de coordonner leur action avec la sienne, mais subissent de lourdes pertes. Le colonel Tafel est contraint de capituler dans la région de Nevala le 27 novembre avec 12 officiers, 6 médecins militaires, 92 gradés allemands, 1.212 *Askaris* et 2.200 porteurs. À l'issue d'un dernier combat le 16 novembre le détachement Otto se disloque : *« Il est vraisemblable que ses hommes en se séparant en petits groupes auront pu atteindre la Rowuma »*[1]. Kraut prend la direction du sud, attaque les postes britanniques autour de Songea et s'appuie sur la frontière portugaise qu'il traverse en avril 1917. Or le général allemand connaît bien la faiblesse militaire des Portugais.

Les autorités militaires de métropole tentent à cette époque de lui venir en aide par la voie des airs. Sous les ordres du *Kapitän-Leutnant* Bockholt, le Zeppelin L 59, chargé de munitions et de matériel sanitaire, entame le 21 novembre un vol de plus de 6.700 km devant le conduire d'Europe au Sud de l'Afrique orientale. Après avoir survolé la vallée du Nil, et alors que l'objectif est proche, le dirigeable allemand est victime d'un faux message émis par les autorités britanniques, bel exemple de guerre électronique avant la lettre, et fait demi-tour. *« Je suivis avec le plus grand intérêt la tentative que nous fîmes pour ravitailler en armes et en médicaments par la voie des airs nos troupes de l'Afrique Orientale »*, se souvient le maréchal Hindenburg dans ses mémoires.

1. Idem, 7 décembre 1917.

Le Portugal dans la guerre Est-Africaine

Dès le 1er août 1914, le gouvernement de Lisbonne demande par câble au *Foreign Office* de *« lui faire connaître l'attitude sur laquelle il entend régler la sienne »*[1], mais Londres recommande de ne s'engager par aucune déclaration formelle. Bien qu'il se soit prononcé en faveur des Alliés le 7 août 1914 par un vote unanime du Parlement, le Portugal est contraint de maintenir pendant plus d'un an, du fait des réserves de Londres et de sa situation politique intérieure, une neutralité favorable à l'Entente. Selon les Britanniques, *« la seule chose demandée au gouvernement portugais est... d'éviter que, dans la mesure du possible, le Portugal ne se voit impliqué dans la guerre »*[2]. L'intervention du Portugal dans le conflit présente ainsi la double originalité d'avoir été proposé par Lisbonne et repoussé par la Grande-Bretagne à l'été 1914, puis d'avoir débuté en Afrique sans que l'état de guerre avec l'Allemagne ne soit proclamé.

Cette manifestation de sympathie s'explique par la fidélité à l'alliance traditionnelle avec le Royaume-Uni[3], par une volonté tout aussi habituelle à Lisbonne de se distinguer du voisin espagnol et par une proximité affective de la jeune république portugaise avec Paris, *« haut lieu des idéaux républicains »* au début du XXe siècle. Une participation militaire aux opérations contre l'Allemagne peut permettre d'assurer l'avenir le l'empire colonial, menacé par les conversations de 1913 entre Berlin et Londres.

Jusqu'en mars 1916, trois présidents de la République et sept gouvernements dirigés par six Premiers ministres différents se succèdent. Ils font face à trois soulèvements militaires, l'éphémère dictature du général de Castro et l'insurrection du

1. Albert Pingaud, « L'intervention portugaise dans la guerre mondiale », *Revue d'histoire diplomatique*, juillet-septembre 1935, pp. 322-338, p. 326.
2. *Portugal no Conflito Europeu*, Lisbonne, 1920, document n° 27, p. 16. Cité par Nuno Severiano Teixeira, *Op. cit.*, p. 207.
3. Depuis sa conclusion en 1702 par lord Methuen, le traité d'alliance perpétuelle entre l'Angleterre et le Portugal n'a jamais été remis en cause et a pris la force d'un dogme qui guide la politique extérieure de Lisbonne.

LAC
Bukob
Karunga
Kinii
LAC
VIC RIA
Schirati
Kitambira
Mwanza
Mt Kilimandjaro
Mosh
LAC
Kigoma
2
Tabora
TANGANYKA
Karango
LAC
RUKWA
Abercorn
Saisi
LAC
RHODÉSIE
BRITANNIQUE

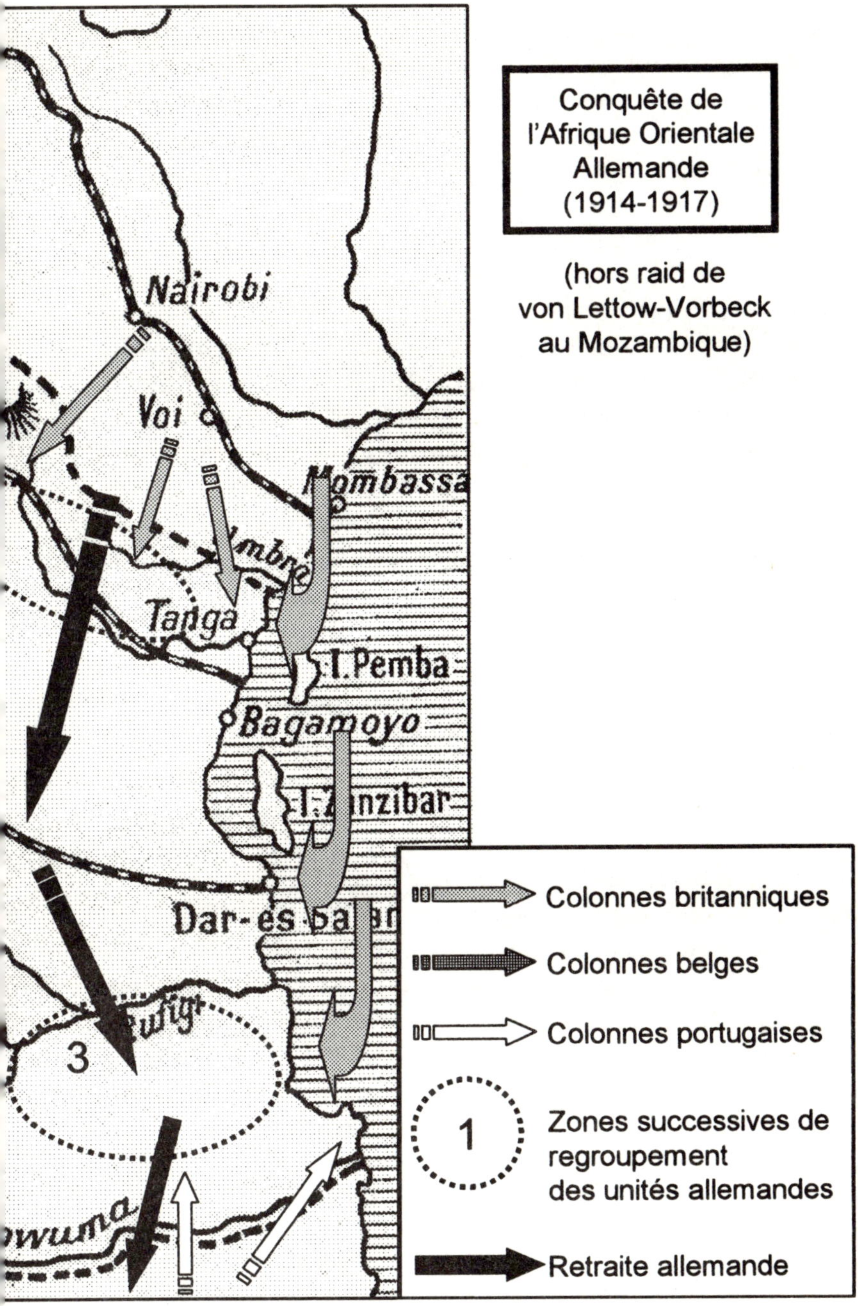
Conquête de
l'Afrique Orientale
Allemande
(1914-1917)
(hors raid de
von Lettow-Vorbeck
au Mozambique)
Nairobi
Voi
Mombassa
Tanga
I. Pemba
Bagamoyo
Dar-es
3
Colonnes britanniques
Colonnes belges
Colonnes portugaises
1
Zones successives de
regroupement
des unités allemandes
Retraite allemande

14 mai 1915 de la Junte révolutionnaire. Le débat entre neutralistes et interventionnistes est partie intégrante des débats de politique intérieure entre sociaux-libéraux et réactionnaires, républicains et monarchistes, jusque dans la forme que l'entrée en guerre du Portugal peut prendre : s'agit-il simplement de défendre l'empire en Afrique, de participer activement aux côtés de l'Entente à la conquête des colonies allemandes, ou de s'engager militairement sur le front européen ?

La réponse est donnée par étapes successives.

En août 1914, des troupes britanniques sont autorisées à transiter par le Mozambique pour rejoindre le Nyassaland afin d'opérer contre la *Schutztruppe* d'Afrique orientale. À la même époque, alors que les bâtiments allemands surpris par la déclaration de guerre sont bloqués dans les ports portugais, les navires britanniques conservent leur liberté de navigation. Quelques semaines plus tard, Lisbonne cède à la Grande-Bretagne une centaine de canons et leurs munitions, puis un contre-torpilleur en 1915. Le Portugal décide enfin en début de 1916 de réquisitionner les navires allemands ancrés dans ses eaux territoriales, ce qui entraîne la déclaration de guerre formelle de Berlin le 9 mars 1916.

Ainsi cesse une situation originale qui *« n'était ni la guerre, puisqu'elle n'était pas déclarée, ni la paix, puisque les hostilités avaient déjà été engagées en dehors d'Europe entre les armées des deux pays »*[1]. Le gouvernement doit d'abord remédier en 1916 à une préparation militaire notoirement insuffisante avant de déployer en secteur britannique dans le Nord-Est de la France un contingent progressivement porté à l'effectif de deux divisions au cours de l'année 1917. Cet envoi doit beaucoup à l'amicale pression exercée par Londres, mais constitue également dans l'esprit des dirigeants portugais un moyen de pérenniser le régime tout en lui assurant la conservation de ses territoires africains. Les négociations sont d'ailleurs menées si discrètement entre Lisbonne et Londres que Paris, exclu du jeu, s'en inquiète.

1. Albert Pingaud, « L'intervention portugaise dans la guerre mondiale », *Op. cit.*, p. 330.

Appartenir au camp des vainqueurs à la suite d'une participation effective aux combats sur le front principal assure à Lisbonne qu'aucune autre puissance ne peut plus remettre en cause sa présence outre-mer. C'est en Afrique que le Portugal entre d'abord en guerre, c'est pour ses colonies africaines qu'il s'engage en Europe.

La présence portugaise au Mozambique représente aux yeux de nombreux observateurs, en août 1914, la synthèse de tous les défauts de la colonisation portugaise. En grande partie gérée par des capitaux privés attachés aux cultures routinières et aux anciennes règles d'exploitation d'une part et *« une administration publique hostile à toute forme de progrès et d'évolution »* d'autre part, marquée par un protectionnisme excessif, pénalisée par l'instabilité politique chronique de la métropole et la présence d'une majorité de cadres européens qualifiés par leurs homologues de *« corrompus, arrogants et paresseux »*, la colonie est, malgré sa richesse naturelle, l'une des plus faibles de l'empire lusitanien. Si le Royaume-Uni s'intéresse plus directement au Mozambique frontalier de l'Union sud-africaine, la France tente de s'imposer en Afrique de l'Ouest à Bissau afin d'assurer la continuité de la façade maritime de ses possessions du Sénégal et de Guinée. À partir de Dakar, le gouverneur général Ponty s'efforce d'assurer aux compagnies françaises une position dominante sur le commerce de la Guinée portugaise, *« afin de ménager l'avenir et de faire prévaloir nos droits le jour où l'empire colonial portugais étant disloqué, d'autres nations européennes prétendraient établir leur souveraineté sur cette partie des rivières du sud »*[1]. La menace est réelle.

Lisbonne peine à honorer ses responsabilités liées à l'occupation des immensités intérieures de ses colonies et ne parvient ni à étendre la pacification, ni à assurer leur développement. Par ailleurs, le déclenchement du conflit laisse présager des accrochages locaux et peut susciter des mouvements de révolte chez certaines tribus.

1. Rapport déjà cité du 19 janvier 1915. *D.D.F. 1915-I.*

La métropole décide le 18 août de l'envoi des deux premiers contingents, qui prennent la mer les 10 et 11 septembre pour *« renforcer les garnisons des colonies d'Angola et de Mozambique, sur les frontières de théâtres potentiels de guerre »*[1]. Sous le commandement du lieutenant-colonel Alves Roçadas, 1.600 hommes quittent Lisbonne pour l'Angola ; tandis que le lieutenant-colonel Massano de Amorim, avec 1.527 hommes et 322 chevaux, débarque au Mozambique où il est rejoint au début de l'année 1915 par un second détachement du même volume[2] aux ordres du lieutenant-colonel Moura Mendes. Pour le lieutenant-colonel Barbosa, qui fait dans la *Revista Militar* le récit de cette curieuse campagne, *« cette force n'avait pas de mission bien définie et le commandement a été laissé à lui-même, se satisfaisant d'occuper certains points de la frontière Nord du Mozambique... Nous étions dans une situation "nébuleuse" et, sans être belligérants, nous affirmions être aux côtés de nos alliés britanniques »*.

Les difficultés se multiplient : à Nautila et Cuangar en Angola, à Navina au Mozambique. Le premier incident significatif survient le 24 août 1914 lorsqu'un détachement allemand s'empare du poste frontière de Maziua, sur la Rowuma, puis se retire après l'avoir détruit.

La situation difficile de la *Schutztruppe* du Sud-Ouest africain face à l'armée Botha qui progresse au sud du territoire conduit à une cessation de fait des hostilités sur la frontière septentrionale avec l'Angola et, à compter de 1915 le Portugal est présent dans la guerre à partir du Mozambique. L'armée portu-

1. *Rapport sur l'intervention du Portugal dans la guerre*, publié en janvier 1917 par les autorités de Lisbonne et abondamment reproduit dans la presse, à l'image des Livres bleu, vert, jaune, gris, blanc et autres, diffusés par tous les gouvernements pour justifier de leurs décisions.

2. Le petit corps expéditionnaire de 1914 est constitué du 3e bataillon du 15e régiment d'infanterie, du 4e escadron du 10e de cavalerie, de la 4e batterie d'artillerie de montagne et de quelques éléments des services. Le contingent déployé en 1915 comprend le 3e bataillon du 21e régiment d'infanterie, le 4e escadron du 3e régiment de cavalerie, la 5e batterie de montagne, la 2e batterie du 7e groupe de mitrailleuses, un détachement de sapeurs et des éléments du service de santé pour un effectif total de 1.543 hommes.

gaise adopte une attitude strictement expectative au long de l'année 1915, sauf à être contrainte de se défendre lors de quelques escarmouches à l'initiative des Allemands.

Le gouvernement d'*Union Sagrada* au pouvoir à Lisbonne décide en mars 1916 de répondre à la déclaration de guerre allemande[1] par une action plus énergique en Afrique orientale. D'avril à juin, des actions locales opposent les deux belligérants le long de la Rowuma.

Un troisième corps expéditionnaire quitte Lisbonne et le général Gill débarque à Palma, près de l'embouchure du fleuve frontière, le 5 juillet[2]. Le 28, il ne parvient pas à franchir en force.

Lorsque l'armée portugaise s'engage contre Kionga, elle dispose de 7.700 soldats métropolitains et 1.700 chevaux arrivés en trois vagues successives depuis l'automne 1914 ; 500 soldats européens en garnison régulière au Mozambique et 6.000 tirailleurs indigènes au moins, organisés en dix compagnies et trois détachements autonomes ; soit un effectif total de l'ordre de 15.000 hommes, cinq batteries d'artillerie et 4 compagnies de mitrailleuses. Elle surclasse de beaucoup les détachements de la *Schutztruppe* qui lui font face, essentiellement articulés autour de deux compagnies encadrées par des officiers de réserve ou des officiers du *Königsberg*[3], et doit recevoir à brève

1. La déclaration de guerre du gouvernement allemand au Portugal le 9 mars 1916 s'appuie sur trois points : le transit de troupes britanniques par le Mozambique, la saisie des archives du vice-consul allemand à Mossamèdès, la mort des cadres et soldats allemands un an et demi plus tôt devant Nautila.

2. Les troupes du général Gill se composent de trois bataillons d'infanterie des 23e, 24e et 28e régiments, de trois batteries de mitrailleuses des 4e, 5e et 8e groupes, d'un escadron du 3e de cavalerie, de trois batteries d'artillerie de montagne, de stations radiotélégraphiques, de soutien médical, administratif et de transport, pour un effectif total de 4.642 hommes, 1.378 chevaux et 159 véhicules divers.

3. Parmi les officiers subalternes allemands qui se distinguent sur le front de la Rowuma, sous les ordres du commandant von Boemden, citons Methner, conseiller du gouvernement colonial ; Grundmann, inspecteur du service postal ; Sprodoff, officier de la marine marchande ; Hinrichs, du *Königsberg*.

échéance le renfort d'un contingent britannique. L'échec portugais est donc patent.

L'état-major français souligne que le général Gill a franchi la frontière avec *« 4 à 5.000 hommes »* qui *« ont été rejetés sur la rive droite de la rivière »*, alors que les forces allemandes dans cette région *« ne s'élèveraient pas à plus de 400 hommes »*[1]. Une nouvelle tentative, le 15 septembre est un demi-succès : la frontière est franchie et l'*Ost Afrika* occupée sur quelques dizaines de kilomètres mais les détachements allemands se replient en bon ordre vers des positions solidement tenues. Les Portugais atteignent Massassi le 1er décembre… La *Schutztruppe* contre-attaque, enlève les canons et dépôts portugais et passe à son tour au Mozambique.

Le gouverneur général de Lourenço Marques, Alvaro de Castro, est nommé en janvier 1917 commandant du corps expéditionnaire portugais en Afrique orientale, en remplacement du général Gill.

Le commandant Buhrer résume sans équivoque : *« Les troupes blanches de la colonie étaient très fatiguées, les moyens de transport médiocres, aussi bien sur terre que sur mer et enfin, [que] l'esprit public dans le Mozambique était tout à fait indifférent et apathique »*[2]. Les Anglais ne s'illusionnent pas sur l'aptitude opérationnelle de leurs alliés : lors de l'arrivée à Chindio, sur le Zambèze, d'un détachement portugais de 700 hommes, le *War Office* précise que *« ces troupes seraient peu sûres »*[3] et quand le commandant en chef portugais envisage de prendre l'offensive, *« l'état-major anglais considère cette décision comme inopportune, en raison du peu de solidité probable des troupes portugaises en cas de rencontre avec les troupes allemandes »*[4].

1. Rapport sur les opérations dans l'Est Africain allemand, E.M.A., n° 779-9/11, 29 janvier 1917. SHD-Terre, 6N113.
2. Commandant Buhrer, *Op. cit.*, p. 249.
3. Situation dans l'Est Africain à la date du 6 juin 1917, *War Office*, n° 59, 9 juin 1917. SHD-Terre, 16N3223.
4. Sommaire des opérations en Est-Africain du 12 au 18 octobre, *War Office*, n° 269, 20 octobre 1917. SHD-Terre, 7N1281.

Du Mozambique en Rhodésie

À la fin du mois d'octobre 1917, la dernière colonie allemande est presque totalement conquise par les Anglo-Belges pour lesquels, en toute logique, von Lettow-Vorbeck devrait capituler. Il ne dispose plus, lorsqu'il entre en Mozambique au cours de la dernière semaine de novembre, que de 15 compagnies comptant 320 Européens, 2.000 *Askaris*, deux canons et 30 à 35 mitrailleuses.

Depuis plusieurs mois, les unités allemandes stationnées au Sud du dispositif de von Lettow-Vorbeck interviennent régulièrement en territoire portugais. Le bulletin de renseignement britannique du 21 mai 1917 annonce déjà : « *On suppose qu'elle* [la colonne allemande] *se propose de pénétrer en Afrique portugaise, où les Allemands sont bien accueillis par les indigènes. Les Allemands ont rétabli le fils de l'ancien chef de Mataka… L'ennemi établirait une chaîne de fortins espacés de 6 milles dans l'Afrique Orientale portugaise en face de la limite du Nyassaland oriental* »[1]. Dès le 27 novembre, la prise de Ngomano et de plusieurs postes voisins permet de saisir des fusils modernes, des munitions et des vivres.

Les vastes territoires peu peuplés et encore partiellement inexplorés du Nord-Mozambique offrent au général allemand la possibilité de mener un immense raid en vivant sur le pays, en choisissant ses cibles et en esquivant les forces adverses chaque fois qu'elles sont trop nombreuses. Pour faciliter ses déplacements et son ravitaillement, il divise son contingent en deux groupes : il marche vers le Sud-Ouest avec le gros de ses forces, le général Wahle se dirige vers l'Est avec quelques compagnies.

« *Il y a toujours trois routes ouvertes à l'ennemi, et il prend d'ordinaire la quatrième* » écrit, amer, le 20 janvier 1919, le général van Deventer. Dans les rapports qu'il adresse au gouvernement de Londres, certains types de commentaires se font régulièrement

1. Résumé des renseignements de source anglaise, 8e série, n° 18, 21 mai 1917. SHD-Terre, 7N706.

jour: ceux relatifs à la mobilité de von Lettow-Vorbeck et de ses troupes; ceux liés aux questions de ravitaillement et aux difficultés logistiques; ceux, parfois exprimés avec plus ou moins de retenue, concernant la qualité du contingent portugais

Des formules d'incertitude sur les mouvements des Allemands émaillent le texte: *« se dirigeant sans doute »* (novembre 1917), *« l'ennemi était a peu près disposé de la façon suivante »* (janvier 1918), *« la position du gros de ses forces n'était pas exactement connue »* (février 1918), *« il semblait avoir pris la résolution »* (mai 1918), *« le mouvement de l'ennemi avait été si rapide »* (juin 1918), *« il est possible que »* (juillet 1918), *« l'ennemi n'a pas encore pu être localisé »* (août 1918)[1]. De tels exemples pourraient être multipliés.

La campagne de 1917-1918 au Mozambique illustre l'importance de la question logistique.

Les approvisionnements alliés sont acheminés par les trains régimentaires et les services de l'arrière équipés de véhicules automobiles. À la saison des pluies, leur emploi *« ne pouvait qu'être intermittent et le développement des lignes rendait le ravitaillement... très difficile »*. Les contingents britanniques sont à ce point liés aux axes de communication que les mouvements offensifs sont conditionnés par leur existence: *« Je commençais,* écrit le général Van Deventer, *à transporter le gros de mes troupes techniques sur la ligne de Mozambique, afin d'y faire construire les nombreuses routes carrossables nécessaires pour me permettre de ravitailler mes troupes et de les transporter par camions »*, tandis qu'en mai 1918 *« pour des raisons d'approvisionnement, il fut de nouveau nécessaire de faire faire une halte au gros des forces du général Edwards »* en marche vers l'ouest de la colonie portugaise.

À contrario, von Lettow-Vorbeck s'approvisionne grâce aux populations locales ou en se saisissant des postes portugais dont

1. Extraits de la collection des télégrammes quotidiens du général Van Deventer au *War Office*. SHD-Terre, 7N1281.

la résistance est faible. *« L'ennemi poussait d'actives patrouilles afin de se procurer des vivres vers le Sud-Ouest. Les populations indigènes de la région de la Lurio* [lui] *prêtèrent un concours considérable au point de vue du ravitaillement »* peut-on lire dans le rapport de février, comme en août près de Chalaua : *« L'ennemi était activement soutenu par les indigènes qui apportaient en grande quantité des vivres et fournissaient volontiers des porteurs »*.

Le commandement britannique peut ainsi expliquer ses insuccès relatifs. La piètre qualité des troupes portugaises et l'hostilité active des tribus à leur égard sont deux arguments souvent repris : *« Le général Van Deventer s'est de nouveau plaint des Portugais qui n'ont jamais tenu tête à l'ennemi, ne lui ont pas fait subir de pertes et lui ont livré depuis son entrée en territoire portugais de grandes quantités d'armes, de munitions et de vivres »*[1]. Von Lettow-Vorbeck tient le même discours et René Pélissier constate : *« On ne sait qui des officiers britanniques ou allemands méprise alors le plus les Portugais qui, presque partout, constatent que leurs indigènes accueillent les Allemands en libérateurs et collaborent avec eux pendant des mois »*[2].

Pour conserver sa mobilité, le général allemand doit se résoudre à abandonner les prisonniers, malades et blessés.

Lorsque leur nombre pénalise sa marche, il organise une infirmerie de campagne, détache un médecin ou un infirmier puis reprend la route. La technique est rodée depuis plusieurs mois : en avril 1917, le commandant en chef des forces britanniques rend compte au *War Office* que *« Commandant hôpital allemand dans vallée Rufiji s'est rendu en invoquant convention Genève. Il y avait 62 Européens et 140 indigènes dans l'hôpital ; ils ont été évacués »*. Le mois suivant, un bulletin de renseignement souligne que *« l'ennemi paraît nous envoyer systématiquement toutes les bouches inutiles. Le 23 mai, il a expédié 240 civils indiens,*

1. Résumé sommaire des opérations dans l'Est-Africain, n° 1099, 13 juillet 1918. SHD-Terre, 7N1281.
2. René Pélissier, *Op. cit.*, p. 289.

femmes et enfants compris, à Sudi Bay sous pavillon blanc »[1]. Les Britanniques prennent en charge ces démunis, ce qui contribue à les ralentir. Au fur et à mesure qu'il s'éloigne de ses bases et que sa logistique s'allège, von Lettow-Vorbeck systématise le procédé. Van Deventer l'évoque à plusieurs reprises : *« Nous trouvâmes à Nanungu un hôpital contenant 11 Allemands, 33 Askaris et 43 porteurs »* (19 mai 1918), *« Un hôpital ennemi contenant 15 Allemands, 47 Askaris et 31 porteurs tomba entre nos mains »* (28 mai), *« Un petit hôpital tomba entre nos mains »* (31 août) et en tire la conclusion : *« C'était pour l'ennemi un avantage considérable, lorsqu'il était embarrassé de malades ou de blessés, que de les abandonner derrière lui afin de nous en laisser le soin »*. Relevons que l'on trouve toujours dans les états, avec les cadres européens, un nombre sensiblement équivalent d'*Askaris* expérimentés et de simples porteurs non-combattants recrutés localement au cours de la retraite. Ces derniers ne seraient donc pas aussi maltraités que certaines publications des années 1917-1920 le prétendent.

La campagne du Mozambique est caractérisée par le raid de 2.500 à 3.000 kilomètres qui conduit les Allemands jusqu'à Kokosan, à quelques encablures de Quélimane dans la zone côtière centrale, durant lequel von Lettow-Vorbeck parvient à échapper aux différentes colonnes lancées à sa poursuite.

La *Schutztruppe « se porte rapidement vers le Sud »*. Les colonnes britanniques tentent de prendre von Lettow-Vorbeck en tenaille sur les hauteurs entre la Lugenda et le Lurio :

- La première, sur la base de la *Nigerian Brigade*, descend vers le Sud-Ouest à partir de Lindi.
- La seconde, constituée par le *1st King's African Rifles* et le *2nd Cape Corps*, installe sa base arrière sur la rive orientale du lac Nyassa.
- La troisième débarque à Port-Amélia avec le *Gold Coast Regiment* progressivement renforcé.

Un quatrième détachement est ultérieurement mis sur pied dans la région de Port-Amélia à partir du *2nd King's African Rifles*.

1. Résumé de renseignements de source anglaise, 8e série, n° 22, 25 mai 1917. SHD-Terre, 7N706.

Le gouverneur général de l'Afrique Orientale portugaise est fermement prié d'ordonner la création d'une colonne mobile portugaise de 1.500 hommes pour coopérer avec les Britanniques au Nord et de renforcer ses défenses. Von Lettow-Vorbeck devrait logiquement être pris dans la nasse.

Les contingents britanniques progressent avec prudence et occupent méthodiquement quelques localités secondaires. La zone qu'ils contrôlent s'étend peu à peu vers l'intérieur, réduisant les possibilités de manœuvre des Allemands.

Un affrontement sérieux oppose le 12 mars, dans la région de Chirimba, trois à quatre compagnies allemandes à un détachement britannique venant de l'Ouest. *« Le combat fut violent et ininterrompu »* pendant tout l'après-midi et les *Askaris* décrochent à la tombée du jour. De même, le 11 puis le 17 avril, les Allemands sont contraints de se retirer des environs de Nanungu et de Medo après deux jours de lutte. Les combats reprennent les 1er et 2 mai dans la région de Mwalia, puis le 4 vers Mahua. À l'occasion de chaque accrochage, les Britanniques soulignent que leur adversaire *« contre-attaqua immédiatement et avec vigueur »* et que *« le combat dura âpre et acharné toute la journée »*. Les Allemands s'exfiltrent en sûreté à la nuit, mais cèdent toujours du terrain et surtout voient fondre l'effectif des unités. Selon van Deventer, von Lettow-Vorbeck ne dispose plus début mai que de 240 cadres européens et 1.200 à 1.300 *Askaris*. Au 2 juin, les services de renseignement britanniques évaluent la *Schutztruppe* à 190 Allemands et 1.000 Africains.

En juin, von Lettow-Vorbeck passe la Lurio et poursuit sa route vers le Sud dans une région difficile dont le commandant en chef britannique brosse le tableau en quelques lignes : *« Des hauteurs abruptes surgissent dans toutes les directions d'une mer de buissons impénétrables, les sentiers y sont peu nombreux, les cultures rares, les habitants sauvages et appartenant à une race imparfaitement soumise, complètement hostile à ses conquérants et par conséquent prête à aider temporairement les ennemis de ceux-ci »*. Mais, en approchant de l'océan, *« on atteint l'une des parties les plus prospères de l'Est Africain Portugais où les nombreuses compagnies ont leurs propriétés les meilleures»*. Van Deventer craint alors que les Allemands ne menacent la riche région de Quelimane et peut-être le port lui-même. Il enjoint une nouvelle fois aux Portugais d'en organiser la défense car la progression de la *Schutztruppe* est rapide: Von Lettow-Vorbeck *«a pu passer à temps entre les deux colonnes anglaises convergentes... Il est maintenant dans une région riche dont la population indigène est pro-allemande»* avertit l'attaché militaire français à Londres[1]. Alto-Molocue est pris le 12 juin, Ille le 15, puis Mujeba et Lugella.

Immergés dans leur environnement, les Allemands échappent aux différents groupes concentriquement lancés à leur poursuite selon la tactique privilégiée par les Britanniques.

Entre le 1er et le 3 juillet, puis le 20, deux garnisons anglo-portugaises sont bousculées: les compagnies portugaises abandonnent le terrain, laissant aux Allemands 2 canons et de nombreuses munitions et plaçant les contingents britanniques en situation délicate. Von Lettow-Vorbeck ne s'attarde pas. *«Le 24, l'ennemi repartait vers le Nord-Ouest, ayant infligé des pertes sérieuses à la seule colonne anglaise qui avait obtenu son contact et conservant une avance appréciable sur les autres colonnes»*[2]. Angoshe, autre port de la région, semble menacé. Le général de La Panouse rend compte à Paris: *«La tâche des troupes anglaises est rendus beaucoup plus difficile par l'hostilité des indigènes qui sont en révolte ouverte contre les Portugais... Le général Van Deventer estime qu'il* [von Lettow-Vorbeck] *ne capitulera pas avant la mort de tous les combattants européens (150 environ) qui lui restent encore... Il a maintenant plus de 1.000 porteurs de tribus guerrières»*[3].

L'encadrement européen non remplaçable de la *Schutztruppe* dont l'effectif diminue à chaque engagement est le talon d'Achille des Allemands. Refusant d'affronter inutilement les troupes débarquées à Quelimane et Angoshe, Von Lettow-

1. Résumé sommaire des opérations dans l'Est Africain du 1er au 13 juin, 16 juin 1916. SHD-Terre, 7N1281.
2. Idem, 27 juillet 1916.
3. Idem, 18 août 1916.

Vorbeck change brutalement de direction, remonte vers le nord-ouest, puis oblique plein est pour s'établir dans la région de Chalaua, où il peut accorder un répit à ses hommes et soigner ses blessés.

Il y stationne près d'un mois, mais déjà les colonnes britanniques font mouvement : « *Le 10, toutes ses forces* [les compagnies allemandes] *marchaient vers le Nord comme pour aller au devant d'une rencontre*, écrit van Deventer dans son rapport de fin de campagne, *mais nous fûmes de nouveau désappointés et n'atteignîmes Chalaua que pour y trouver un camp évacué* ». Von Lettow-Vorbeck reprend sa progression, passe entre les forces lancées contre lui, attaque dans la nuit du 26 août dans la région de Regone un groupement à l'Ouest pour mieux ramener ses compagnies vers le Nord « *sous le couvert de cette feinte* ».

Il manque d'être pris aux environs de Lioma lors des combats qui opposent du 31 août au 2 septembre les dernières compagnies allemandes aux colonnes du 2nd *K.A.R.*, « *mais la nature accidentée du terrain et la densité de la brousse rendaient les opérations très difficiles, finalement il parvint à se frayer un chemin vers le Nord* ». Il perd dans cet engagement 25 cadres allemands, dont 12 prisonniers, près de 150 *Askaris*, 250 porteurs, 50.000 cartouches et un volume important de matériels. Il lui reste moins de 170 Européens et 1.000 indigènes environ.

À marches forcées, von Lettow-Vorbeck remonte plein Nord et traverse en sens inverse la Rowuma à la fin du mois de septembre.

Il dispose de deux mois pour trouver une zone de stationnement dans une région isolée, fertile et en organiser la défense. S'il peut échapper aux Britanniques jusqu'en décembre, les routes devenues impraticables empêcheront la poursuite des opérations actives.

Les Alliés hésitent sur l'itinéraire que les compagnies allemandes sont susceptibles de prendre. Ne sachant quelle hypothèse privilégier, van Deventer en revient aux procédés traditionnels : lancer sur les traces supposées des Allemands des colonnes convergentes et masser des forces importantes dans les principales agglomérations susceptibles de se trouver sur ces axes de marche. Il rassemble des troupes aux frontières du Nyassa et de Rhodésie ainsi qu'autour de Mahenge, Mbampa, Tabora et au long de la voie ferrée du *Zentralbahn*.

Un accrochage, les 4 et 5 octobre à Songea, oppose les Allemands au 4e *K.A.R.* et à la *Northern Rhodesian Police*. La *Schutztruppe* se replie toujours le long de la frontière occidentale de l'*Ost-Afrika* et, à la suite d'une nouvelle bataille dans la région d'Ubema, doit abandonner dans une infirmerie de fortune le vieux général Wahle et quelques dizaines de combattants, allemands, *Askaris* et prisonniers.

Il semble au commandement britannique que l'irréductible petite troupe veuille marcher sur Bismarcksburg puis remonter vers Tabora et van Deventer observe : « *La célérité des mouvements de l'ennemi avait été remarquable. Depuis son départ de Chalaua, dans le district de Mozambique, le 22 août, il n'avait eu que deux ou trois jours de halte au maximum et avait fourni 25 km par jour pendant de longues périodes… Très rarement nos colonnes se trouvèrent dans la possibilité de saisir les forces allemandes* ».

L'essentiel des troupes britanniques de Rhodésie ayant été transféré au Sud depuis l'intrusion de la *Schutztruppe* au Mozambique, von Lettow-Vorbeck prend une nouvelle fois ses adversaires à contre-pied.

Alors que van Deventer considère qu'il « *serait improbable que le commandement allemand voulu s'avancer davantage dans le Sud, c'est exactement là qu'il alla* ». Le 2 novembre, il attaque Fife ; le 6 un dernier engagement important oppose les Allemands au 1er bataillon du 4e *K.A.R.* ; le 8 les avant-gardes atteignent Kasama. L'étau se resserre : une colonne belge descend vers le sud à partir du Congo, les gros britanniques mènent la chasse à partir de l'Est Africain, des forces sont rameutées du Nord du Mozambique.

Le 11 novembre, le commandant en chef britannique est informé de la suspension des hostilités en Europe. Il tente d'en avertir von Lettow-Vorbeck, mais ne peut le joindre que le lendemain soir, après un dernier combat au Nord de Kasama. Le lendemain de l'annonce de l'Armistice, le général allemand s'offre ainsi le luxe d'infliger une dernière défaite aux Alliés. Le 14 novembre au matin, le général van Deventer fait remettre ses conditions *« basées sur la clause 17 »* à von Lettow-Vorbeck qui se rend le 15 au général Edwards à Abercorn avec ses 155 Allemands et 1.168 derniers *Askaris*[1].

Lorsque, conformément à l'article 17 de l'Armistice, le général allemand accepte le 23 novembre 1918 de déposer les armes, le gouvernement de Berlin félicite *« les héros éloignés de cette défense »* et la presse allemande souligne *« l'union intime au cours de cette lutte des officiers allemands et de leurs Askaris »*, qui contredit la rumeur des mauvais traitements systématiques imposés aux indigènes. Le général van Deventer rédige le chapitre final de son rapport: *« Jamais auparavant il n'y avait eu, sous quelques degrés de l'Equateur, des opérations aussi vastes avec des armes modernes. Rarement, peut-être, on conduisit une telle série d'opérations sur une aussi vaste étendue, du chemin de fer de l'Ouganda au Zambèze et des lacs Kiwu, Tanganyika et Nyassa à l'océan Indien... Les combats étaient continuels et déterminés... Les opérations de l'Est-Africain, comme parfait modèle d'endurance humaine, peuvent prendre un haut rang parmi les campagnes du monde »*.

Après avoir débarqué à Rotterdam, von Lettow-Vorbeck, surnommé par la presse le *Hindenburg de l'Afrique Orientale*, et les 114 militaires allemands survivants de son aventure sont accueillis avec enthousiasme à Berlin le 2 mars 1919 par l'ensemble des corps constitués de la jeune république allemande. Entre la *Pariser Platz* et la Porte de Brandebourg, le petit contingent défile sous les vivats de la foule après avoir reçu l'hommage des membres du gouvernement et s'être fait rendre les honneurs par les garnisons de Berlin, Potsdam et Spandau.

1. La liste officielle communiquée aux autorités françaises détaille: Officiers et fonctionnaires (y compris le gouverneur de la colonie): 31, autres Européens: 124, soldats indigènes: 1.168, porteurs indigènes: 1.522, canon: 1, obus: 40, Lewis: 14, mitrailleuses: 23, fusils: 1.071, cartouches: au plus 200.000. (SHD-Terre, 7N1281)

Des conséquences immédiates, des enseignements plus lointains

Éludons le débat faussé par la propagande sur le caractère tyrannique de la politique coloniale allemande par rapport à celle des autres puissances. Peu suspect de germanophilie, Henri Labouret reconnaît en 1937 qu'au *Kamerun*, dans le domaine médical, *« les hôpitaux, dispensaires et postes sanitaires réservés aux indigènes étaient assez nombreux et bien pourvus des médicaments indispensables »*[1]. Les exemples de ce type, dans d'autres secteurs de la vie sociale ou pour d'autres territoires, pourraient être multipliés. Pour établir une comparaison avec la situation des colonies alliées, il faudrait confronter par thème, en un tableau de synthèse, les réalisations des uns et des autres à la même période : la vérité serait sans doute très nuancée.

L'une des principales conséquences de la guerre au plan international est de favoriser l'émergence des peuples colonisés.

Sir Harry Johnston[2], président de la Société Africaine d'Angleterre, le souligne le 28 mars 1919 : *« La guerre a remis en question la domination de l'Europe… Le nationalisme latent dans l'Afrique du Nord, la Nigeria du Nord, le Sierra-Leone, la Côte de l'Or, l'Afrique du Sud, s'est réveillé par suite de l'appel que nous avons fait à leur concours »*. Les discours du président Wilson en faveur de la liberté des peuples trouvent un écho aux quatre coins de l'Empire britannique : en Irlande où la répression de la révolte de 1916 n'a rien réglé, en Égypte où le protectorat de

1. Henri Labouret, *Le Cameroun*, Paris, Paul Hartmann éditeur, Centre d'études de politique étrangère, 1937, 255 pages, p. 110.

2. Sir Johnston est l'un des membres les plus éminents et les plus influents des sociétés coloniales britanniques. Explorateur, militaire et administrateur pendant plus de trente ans, il a attiré à plusieurs reprises l'attention du parti colonial français qui juge que ses opinions s'exercent toujours au détriment de Paris. Il a exposé en février 1915 devant la Royal Geographical Society de Londres un projet controversé de réorganisation politique de l'Afrique après la guerre.

Londres suscite de vives critiques, aux Indes dont une partie des élites se détache de l'Angleterre, en Afrique du Sud où les républicains lancent de puissantes campagnes d'opinion.

En Extrême-Orient, tandis que le Japon hausse le ton au nom des peuples asiatiques, le Siam est prêt à suivre sa voie et en Indochine le sentiment national resurgit.

Mustapha Kemal se dresse sur les ruines de l'Empire ottoman et instaure une république laïque. L'Islam devient au Nord de l'Afrique un élément de mobilisation inquiétant pour les puissances colonisatrices.

Les conséquences ne sont pas moindres au plan intérieur et Henri Simon, ministre des Colonies, le précise aux députés le 17 septembre 1919: *« De nombreux sujets de nos possessions d'outre-mer sont venus combattre en France… Il y a là une situation particulière sur laquelle il faut aussi veiller avec un esprit nouveau. Cette situation nous impose, j'ose le dire, une collaboration de plus en plus étroite avec ces indigènes… Dans l'ordre administratif, il faut aussi se moderniser et se renouveler »*. La prise de conscience de quelques-uns mettra plusieurs années à se répandre dans l'esprit public.

La guerre est désormais terminée et de nombreuses publications reconnaissent le niveau de développement des ex-colonies de Berlin: *« La situation géographique de ces territoires, leurs richesses et leur mise en valeur, déjà fort avancée par les anciens possesseurs,… »*[1]. Rares ont été ceux qui pendant le conflit, comme Maurice Besson en 1917, ne se sont pas laissés aller à un discours militant: *« Au point de vue politique indigène, une ère de calme avait succédé aux périodes critiques des années précédentes; peu à peu, l'administration allemande se faisait aux méthodes coloniales; peu à peu, les populations se soumettaient sans trop d'arrière pensées à la domination étrangère »*[2]. Fin connaisseur de l'Afrique, le lieutenant-colonel

---

1. « Les mandats coloniaux au Togo et au Cameroun », Ernest Haudos, *Le Monde Nouveau*, janvier 1921, p. 295.
2. Maurice Besson, *Op. cit.*, p. 30.

Ferrandi admet, lorsqu'il relate sa participation pendant dix-huit mois à la campagne du Cameroun: *«Je ne consentirai jamais à prétendre que les Allemands ont été d'indignes colonisateurs. Cela a été dit et écrit, mais non par ceux qui, comme moi, les ont vus à l'œuvre… […]… Il faut reconnaître que, sous le joug allemand, les populations du Cameroun ne donnaient nullement l'impression d'être malheureuses. La discipline était rigoureuse, mais tout le monde tirait profit d'une bonne organisation administrative et d'une stricte exécution des ordres donnés du haut en bas de la hiérarchie indigène»*[1]. Tout en soulignant les limites posées par une colonisation trop récente, Sylvette Boubin-Boyer constate que, dans l'ensemble océanien, *«le regard du colonisateur allemand sur l'indigène est différent. Les relations avec les autochtones, empreintes du respect des coutumes, témoignent d'une prise en compte originale des réalités humaines»*[2]. Berlin pourrait donc légitimement revendiquer le retour de son domaine colonial.

La fin de la guerre, les colonies allemandes et le Traité de Versailles

La suspension des hostilités en novembre 1918 annonce, alors que les conversations officieuses se poursuivent depuis de longs mois, l'ouverture des négociations officielles visant à garantir les équilibres en Europe et à organiser les nouveaux rapports de puissance sur la planète. Le quatrième empire colonial du monde est administré *«à titre provisoire»* par les Alliés: la succession aiguise tous les appétits.

En France, le Parti colonial espère des bénéfices de l'heureuse conclusion du conflit: *«Les colonies allemandes ne feront pas retour à l'Allemagne. Nous l'espérions tous, mais nous n'en étions sûrs que depuis quelques temps… Il y a quelques mois encore, nous pouvions craindre que, dans l'hypothèse d'une demi-victoire ou d'une "paix blanche", les colonies allemandes servis-*

1. Lieutenant-colonel Ferrandi, *Op. cit*, pp. 19-21.
2. Sylvette Boubin-Boyer, *L'importance des colonies allemandes de l'Océanie en 1914*, bulletin de la SEHNC.

sent de compensation à un arrangement bâtard ou de rançon à des concessions allemandes en Europe »[1]. La question de l'avenir du domaine colonial de Berlin constitue le premier dossier de fond traité par la conférence de la Paix réunie à Versailles, tandis que les journaux français et britanniques multiplient les articles sur le thème de l'inhumanité de la colonisation allemande, repris par les responsables politiques, dont lord Curzon devant la Chambre des lords le 11 février 1919 : « *La longue histoire de barbarie et de tyrannie, l'indifférence pour les intérêts et le développement des races indigènes…* ».

À Paris, Londres et Bruxelles d'une part, à Berlin d'autre part, paraissent des opuscules, plus ou moins largement diffusés, sur les crimes attribués en Afrique à l'ennemi[2]. Tous les exemples, mêmes les plus caricaturaux, sont utilisés pour convaincre les opinions publiques.

Persistance des ambitions coloniales Allemandes

Malgré les revers, l'Allemagne persiste depuis 1914 dans l'affirmation de ses ambitions comme en témoigne la conservation au sein du gouvernement d'un ministère des Colonies ; la nomination officielle d'administrateurs, se trouvant dans l'impossibilité pratique de rejoindre leurs territoires d'affectation ou la création d'une école d'administration coloniale.

La disparition de l'empire des Hohenzollern dans la tourmente des Comités d'ouvriers et de marins à l'automne 1918 n'entame pas ce discours : l'inamovible Dr. Solf est promu le 5 octobre ministre des Affaires étrangères du *Reich* et conserve le portefeuille des Colonies.

---

1. « L'Afrique de demain et le pangermanisme colonial », in *Bulletin du comité de l'Afrique française*, janvier 1919, p. 7.
2. Il semble que les premiers volumes largement diffusés aient été le *Livre blanc sur la captivité des civils allemands au Dahomey*, publié à Berlin dès 1917, *Les crimes allemands en Afrique*, édité la même année par le Comité de l'Afrique française et les *Livres gris* belges. Ces « crimes » doivent être replacés dans le contexte économique et de confort du temps dans les régions reculées difficilement approvisionnées en temps de guerre.

De nombreux intellectuels et journalistes[1] poursuivent pendant toute la guerre une intense propagande en faveur du retour à Berlin des colonies perdues, parlant même d'une extension du domaine africain du *Reich* sous le nom de *Mittel* ou *Zentral-Afrika*. L'alliance avec la Turquie et le monde musulman est souvent présentée comme la voie de pénétration le plus favorable. La position généralement adoptée consiste à proposer l'évacuation de la Belgique et des départements français occupés en échange de la restitution des colonies africaines, agrandies de territoires saisis sur les domaines belge et portugais. Avec l'effondrement russe sur le front oriental à l'automne 1917 et les premiers succès des offensives du printemps 1918 sur le front de France, ces objectifs restent populaires tant que dure l'espoir d'une victoire allemande.

Le Dr. Solf multiplie les interventions en ce sens. Dans une conférence prononcée à Berlin le 21 décembre 1917[2], il définit l'Afrique comme *« une avant-terre de l'Europe »*, dont le partage *« manque dans son ensemble d'une base légitime »* et justifie *« de procéder dans le traité de paix* [à venir] *à une nouvelle réparti-*

1. Parmi lesquels Oskar Karstedt (éditeur de la *Deutsche Kolonialzeitung* et auteur de *Koloniale Friedenziele*), Paul Leutwein (fils de l'ancien gouverneur du Sud-Ouest Africain allemand et auteur de *Mittel Europa, Mittel Afrika*), Hans Delbruck (éditeur du *Preussische Jahrbücher* et auteur de *Bismarcks Erbe*), Hermann Oncken (professeur d'histoire à Heidelberg, auteur de *Das alte und das Neue Mittel Europa* et responsable de la monumentale *Histoire allemande universelle*), Paul Rohrbach (rédacteur de la *Deutsche Politik* et auteur de *Der deutsche Gedanke in der Welt*), Franz Kolbe (essayiste et journaliste), Albrecht von Rechenberg (ancien gouverneur d'Afrique Orientale allemande et chroniqueur du mensuel *Nord und Sud*), David Trietsch (auteur de *Afrikanische Kriegsziele* et de *Tatsachen und Ziffern*) et Emil Zimmermann, auteur le plus célèbre du pangermanisme colonial avec *Das Deutsche Kaiserreich Mittelafrika als Grundlage einer neuen deutschen Weltpolitik* paru en 1917, chroniqueur dans de nombreux périodiques, dont les hebdomadaires *Das grossëre Deutschland*, *Deutsche Politik* et *Europaische Staat und Virtschafts Zeitung*.
2. In Recueil des documents Étrangers, n° 9, 12 avril 1918, supplément périodique aux Bulletins de la Presse Étrangère réalisé par les ministères français de la Guerre et des Affaires étrangères pour l'information confidentielle des autorités politiques et gouvernementales.

tion ». Se défendant des accusations de maltraitance portées contre l'administration coloniale allemande et soulignant la dureté des répressions conduites contre les indigènes dans l'empire britannique, il observe que la Belgique, le Portugal et la France « *possèdent d'immenses territoires* » et « *faute d'hommes et de moyens ne peuvent les développer* », puis propose la neutralisation du continent noir et son internationalisation progressive.

Le surlendemain, le haut commandement de l'armée ne s'abrite pas derrière autant de subtilités. Ludendorff précise au gouvernement que l'*O.H.L.* souhaite obtenir lors des négociations de paix « *un grand empire colonial africain, d'une côte à l'autre, avec des bases navales sur les côtes de l'Atlantique et de l'océan Indien* »[1].

Quelques semaines plus tard, le 30 janvier 1918, Solf se félicite de cette prise de position et le 27 février, répondant au député Stresemann au cours de la discussion générale du budget au *Reichstag*, rappelle que « *le gouvernement aussi bien que le peuple allemand se sont prononcés publiquement pour la récupération* » des colonies, car « *la politique coloniale est pour l'Allemagne une question vitale, et non pas une question de luxe* ». Il proteste contre la « *militarisation de l'Afrique* » par la France, et tente de s'attirer les sympathies des milieux libéraux et travaillistes sur les bords de la Tamise.

En juillet 1918 encore, le chef d'état-major de la Marine impériale écrit aux ministres intéressés que les ambitions navales et coloniales du *Reich* sont réalisables « *par l'acquisition de bases sur les îles et par la domination de la côte occidentale de l'Afrique, si possible du Cap Blanco (au nord du 20° de latitude à la frontière sud du Sahara espagnol) au Sud-Ouest africain allemand* »[2]. À la même époque, un numéro spécial du *Leipziger Illustrierte Zeitung* est consacré aux colonies allemandes sous le titre « *Unsere Schutztruppe* » : une souscription nationale est lancée au béné-

1. Télégramme du 23 décembre au ministère des Affaires étrangères, cité par Fritz Fischer, *Les buts de guerre de l'Allemagne impériale 1914-1918*, Paris, éditions Trévise, 1970, 653 pages, p. 582.
2. Fritz Fischer, *Op. cit.*, p. 586.

fice des soldats d'Afrique Orientale. *« Une nouvelle Allemagne transocéanique renaîtra, il le faut »*.

Les succès alliés sur le front français à partir de juillet 1918 finissent par convaincre les autorités de l'Empire que la victoire est désormais exclue et les poussent à multiplier les gestes de bonne volonté en direction des États-Unis. Au début du mois d'octobre, Guillaume II autorise le gouvernement impérial, appuyé par Erzberger et le parti du Centre, à offrir l'évacuation parallèle du Nord de la France et de la Belgique par les armées allemandes et celle des colonies du *Reich* par les Alliés. Dans ses ultimes propositions, le Chancelier Max de Bade affirme que l'Allemagne n'exprime plus le souhait d'agrandissements territoriaux en Europe mais milite pour *« la liberté des mers, la paix commerciale, le retour des colonies allemandes et l'humanité envers les populations de couleur »*, donnant ainsi satisfaction au président Wilson.

Erzberger poursuit une politique identique après la chute de l'Empire. Il déclare le 2 février 1919 devant la Société coloniale allemande que *« le programme Wilson donne à l'Allemagne un droit inviolable pour son territoire colonial. Le vol qui se commet à Paris... attaque directement l'existence même de la Société des Nations »*. L'ancien ministre des Colonies, Dernburg, joue de l'ambiguïté dans le *Berliner Tageblatt* du 4 février : *« Le président Wilson, avec la ténacité qui le caractérise et avec le sentiment profond du droit et de l'équité qui pénètre ses discours, loin d'être enclin à favoriser les convoitises de ses associés touchant les possessions allemandes, serait plutôt disposer à confier l'interprétation de son 5e point, si tant est qu'il ait besoin d'interprétation, à la Société des Nations »*.

Au sein du cabinet Scheidemann, qui accède au pouvoir le 13 février 1919, figure toujours un secrétariat d'État aux Colonies, confié à M. Bell. Le chef du gouvernement affirme, dans son discours-programme devant l'Assemblée nationale le 14, qu'il demande *« le rétablissement des colonies allemandes »*, tandis que le comte Brockdorff-Rantzau, ministre des Affaires étrangères, soutient que *« l'Allemagne ne peut pas entrer sans colonies dans la Ligue des Nations. Nous approuvons le projet de contrôle international sur les colonies tropicales, à condition que toutes les puissances coloniales se soumettent à cette proposition »*.

Solf poursuit ses efforts. En mission à Berne au printemps 1919, il tente de *« se rapprocher de certains milieux économiques et financiers anglais, afin d'obtenir de l'Entente des conditions de paix plus favorables »*. Selon lui, *« les intérêts financiers et économiques de l'Angleterre tendent, dès maintenant, à la séparer de plus en plus de la France et, dans une certaine mesure de l'Amérique... L'Angleterre sera obligée, d'ici peu de temps, à rechercher un rapprochement avec l'Allemagne »*[1]. L'Assemblée nationale de Weimar, le 1er mars 1919, vote à la majorité absolue des suffrages une motion affirmant l'incompatibilité entre le projet de la Société des Nations pour la question des colonies allemandes et le 5e point du président Wilson.

Avec le soutien de sa population, Berlin tente de jouer des divergences entre les Alliés et de trouver des appuis à Londres ou à Washington. Selon le *Journal de Genève* du 3 avril 1919, *« plus de trois millions de signatures ont été réunies pour une pétition demandant, en invoquant les 14 points wilsoniens, un règlement libéral, généreux et impartial des revendications coloniales avec la participation de l'Allemagne »*.

Dans le cadre de ses tentatives malheureuses pour négocier certaines conditions du traité de paix, le gouvernement allemand accorde une place importante aux questions coloniales. Le docteur Bell tente d'influencer les journalistes anglo-saxons et les représentants alliés. Les contre-propositions allemandes, rédigées le 29 mai et rendues publiques le 16 juin 1919, soulignent que l'exigence de la renonciation à tout domaine ultramarin *« est en contradiction absolue avec le point V du discours du Congrès du 8 janvier 1918 »*, rappellent *« les nombreux témoignages d'écrivains coloniaux de l'étranger de même que l'attachement des indigènes »*, s'élèvent contre la saisie et la confiscation

1. Télégramme n° 505 du 3 avril 1919, Clinchaut, Affaires étrangères. SHD-Terre, 7N2141.

sans indemnité *« de tous les biens des Allemands et des sociétés contrôlées par des Allemands »* ; mais admettent, *« au cas où une Ligue des nations serait établie, dans laquelle elle serait admise comme membre à droits égaux »*, que *« l'Allemagne est prête à soumettre toutes ses colonies à l'administration en commun de la Société des Nations si elle est reconnue comme mandataire de celle-ci »*[1]. Ces *Remarques de la délégation allemande sur les conditions de paix* précisent tous les arguments, dans l'intérêt de la métropole ou pour le bien des populations indigènes, qui militent en faveur du retour des colonies à Berlin.

La réponse immédiate des Alliés, signée le 17 juin par Clemenceau, est sans appel : *« Les puissances alliées et associées sont d'avis que les indigènes des colonies allemandes sont violemment opposés à l'idée de retomber sous la souveraineté allemande. Les traditions de l'administration allemande, les méthodes allemandes de gouvernement et l'usage fait de ces colonies comme bases d'où fondre sur le commerce du monde font qu'il est impossible aux puissances alliées et associées de rendre ces colonies à l'Allemagne »*. Des trois arguments invoqués (vœux des populations, style de l'administration et intérêts économiques des tiers), dont nous savons aujourd'hui la part qui revient à la propagande, lequel est le plus important aux yeux des vainqueurs ?

En 1913, l'état-major allemand, certain de ses succès, écrivait que le sort des colonies serait réglé par le résultat de la guerre en Europe. La responsabilité du déclenchement des opérations imputée à l'Allemagne et la guerre perdue, les colonies et les avoirs outre-mer le sont également.

Les négociations sont activement conduites entre les partenaires intéressés, mais l'Entente garde officiellement le silence sur ses projets coloniaux, ce qui favorise en Allemagne la per-

1. Paragraphe 10 *Colonies* (pp. 43-46) du chapitre II *Questions territoriales* de la proposition allemande relative aux conditions de paix, document précédé d'une *Lettre d'envoi au président de la conférence de paix* qui précise les conditions juridiques de cessation des hostilités et de négociation acceptées par les Allemands. SHD-Terre, 6N80.

sistance d'un espoir de recouvrer les territoires perdus. Au début de 1919, la *Reichpost* met en vente, au bureau central de Berlin, une ultime série de timbres-poste coloniaux. Alors que depuis cinq ans il n'est plus possible d'établir de liaison directe entre la métrople et l'un quelconque des territoires d'outre-mer, ces timbres n'ont aucune chance de voir le désert d'Afrique australe ou un lagon des mers du Sud. Cette émission témoigne donc de la permanence et de l'affirmation d'une volonté politique.

Marginalisée lorsque l'agitation révolutionnaire et la question des réparations menacent jusqu'à l'existence même de la république de Weimar, la question des colonies revient régulièrement au cœur du débat public et reste pendant de longues années un argument dont les diplomates et hommes politiques allemands usent comme d'une menace dans le cadre de leurs négociations avec les vainqueurs. Le 17 avril 1929 encore, lors de la préparation du Plan Young, le docteur Schacht demande que l'Allemagne puisse retrouver une partie de son empire colonial pour satisfaire *« aux obligations de paiement fixées dans ce plan, sans contracter de dettes sans cesse croissantes à l'étranger »*.

Durant l'entre-deux-guerres, *« après la renonciation à ses colonies exigée par les Alliés au traité de Versailles, un mouvement très important se développa contestant la culpabilité coloniale (Die koloniale Schuldlüge), exprimant des revendications basées sur le Lebensraum (l'espace vital »)*[1]. Le dernier avatar surgit avec l'arrivée d'Hitler au pouvoir. Bien que restée sans suite, la réunion en 1933 des principales associations colonialistes en une seule fédération, la *Reichkolonialbund*, sous la présidence du docteur Schnee ancien gouverneur de l'Est Africain, permet au *IIIe Reich* d'instrumentaliser de bruyantes revendications, même si la doctrine raciale nationale-socialiste est bien éloignée des préoccupations paternalistes de l'empire wilhelmien.

1. Robert Cornevin, *Histoire de la colonisation allemande*, Paris, P.U.F., 1969, 128 pages, p. 99.

Divergences entre Alliés

Le flou des positions américaines comme la situation sociale et politique difficile du Royaume-Uni peuvent laisser espérer pendant quelques temps aux autorités allemandes que les comptes ne sont pas encore arrêtés.

Les positions des principales forces politiques britanniques sont étudiées avec attention. Préoccupés par la crise économique intérieure et influencés par le développement général des idées socialistes, le *Labour Party* et les *Trade Unions* adoptent depuis l'automne 1917 une position moins radicale : l'avenir des colonies allemandes se serait donc pas définitivement fixé.

Entre lord Cecil, llyod George et Balfour, Berlin espère trouver des signes de contradictions, pour mieux jouer les uns contre les autres. Si le général Smuts, membre du cabinet de guerre britannique, milite fermement pour la confiscation définitive de toutes les colonies allemandes, qui entérine automatiquement la prise de possession du Sud-Ouest Africain par Le Cap, Llyod George paraît tergiverser et, dans sa déclaration du 5 janvier 1918 aux syndicats sur les buts de guerre britanniques, annonce que « *les colonies allemandes seront placées à la disposition d'une conférence dont la décision doit s'inspirer avant tout des désirs et des intérêts des indigènes de ces colonies* ». Les idées défendues par Sir Harry Johnston relatives à « *l'internationalisation de tout territoire colonial dans le monde entier* » semblent, à Berlin, de nature à créer une faille dans la position britannique.

Les négociations entre les grandes puissances ne cessent pas : le *Times* du 21 novembre 1918 annonce que Walter Long, secrétaire d'État aux Colonies, a promis à l'Australie par l'intermédiaire du représentant de la Nouvelle Galles du Sud que « *les Dominions sont assurés de tout l'appui du cabinet britannique dans leurs revendications sur les colonies allemandes* » et que la notification en a été faite aux gouvernements alliés. Le même journal, le lendemain, confirme que les autorités du Cap demandent l'incorporation du Sud-Ouest africain occupé à l'Union sud-africaine. Un esprit malicieux pourrait même rappeler que dès le début de la guerre a été créé à Londres un Comité des colonies allemandes reconquises.

Le gouvernement français n'ignore rien des déclarations et des ambitions des uns et des autres. Les rapports des gouverneurs généraux d'A.O.F. et d'A.E.F. et les comptes rendus de l'ambassade de France à Londres complètent les informations officiellement obtenues.

Depuis avril 1915, la position de Paris est arrêtée : « *Le partage des colonies allemandes devra être envisagé dans son ensemble. Tout autre mode de répartition ne pourra que donner lieu à de sérieuses difficultés et provoquer chez nous des récriminations et des plaintes qui pourraient paraître trop justifiées* ». Entre mai et décembre 1917, l'état-major de l'armée réalise une imposante étude en trois volumes sur *Les colonies allemandes*[1] directement adressée au ministre, et met en garde les autorités en janvier 1919 avec un rapport confidentiel du 2e bureau sur *Les colonies allemandes, visées allemandes et leur position devant les Alliés.*

Le monde politique français présente moins de divergences d'appréciation que son homologue britannique. Seuls les élus socialistes ont « *depuis longtemps déclaré que l'on aurait pas dû prendre ses colonies à l'Allemagne* », affirme Renaudel lors de la séance du 26 septembre 1919 à la Chambre des Députés avant d'ajouter : « *Si on poursuit la politique du châtiment et de l'expiation, on peut toujours dire qu'il faut prendre à l'Allemagne le maximum ; mais si on poursuit au contraire une politique de prévoyance, peut-être vaut-il mieux prendre des précautions* ». Parmi les arguments développés en faveur du maintien à l'Allemagne de son domaine colonial figure la crainte de la voir se retourner contre la Russie socialiste.

Tandis que la majorité parlementaire se félicite des perspectives nouvelles ouvertes au Maroc et au Cameroun et adopte

1. Vol. 1 : Étude historique, vol. 2 : Étude économique, vol. 3 : Valeur du gage. Le seul intitulé des volumes 2 et 3 témoigne que l'intérêt porté aux colonies allemandes tient aux ambitions qui se manifestent en vue de la répartition des territoires.

le 2 octobre 1919 le texte du traité de Versailles, le groupe socialiste vote une déclaration officielle contre le traité de paix : *« Par le partage des colonies allemandes, opéré sous le couvert d'un mandat de la Société des Nations, les Alliés ont privé l'Allemagne de débouchés précieux et de sources d'activité indispensables au moment même où tous les espoirs financiers du traité reposent sur le développement de sa prospérité matérielle. C'est une mauvaise affaire comme une mauvaise action »*.

Français et Britanniques s'accordent au moins sur un point, le partage du butin : *« Les sociétés de géographie, de propagande et d'action coloniale lui* [le ministère français des Colonies] *avaient fait parvenir, comme le comité de l'Afrique française et le comité du Maroc, des vœux et des rapports à l'importance desquels il convient de rendre dès à présent hommage. La propagande des groupements coloniaux britanniques et des organes des Dominions avait été tout aussi vive, et d'ailleurs plus bruyante »*[1].

Les négociations conduites au cours des dernières semaines de janvier 1919 suscitent à nouveau l'inquiétude. En apprenant que la solution du mandat de la S.D.N. est adoptée au détriment de l'annexion, le *Morning Post* titre : *« L'Empire est en danger ! »*, et le *Daily Mail* ajoute le 31 janvier 1919 : *« Ces protestations ont revêtu la forme la plus grave »*, tandis que le *Royal Colonial Institute* vote le 10 février une résolution demandant au gouvernement britannique de *« ne donner son adhésion à aucun agissement pouvant laisser planer un doute sur le sort des anciennes colonies allemandes »*.

Certains comprennent, contrairement à l'opinion majoritaire, que les temps changent. La participation des contingents coloniaux à la guerre en Europe et le déroulement de opérations sur le territoire africain posent en de nouveaux termes la question des relations entre les grandes puissances et leurs empires : *« Comment mettre en valeur l'Afrique au mieux des intérêts de l'Europe sans doute, mais aussi de ses propres intérêts ?... Plus difficile à résoudre est la question indigène... Si habiles que soient les admi-*

1. « L'Afrique de demain et le pangermanisme colonial », *op. cit.*

nistrateurs, il viendra un moment où les peuples sujets devenus majeurs réclameront la liberté politique à laquelle ils ont droit »[1].

Dernier venu dans la guerre mais acteur incontournable du règlement du conflit, le président des États-Unis impose aux Alliés matériellement et financièrement démunis l'acceptation de ses *Quatorze Points* comme base de la paix future. Dans son discours du 8 janvier 1918 au Congrès américain, il évoque avec prudence la question des colonies allemandes : *« Arrangement libre, dans un esprit large et absolument impartial, de toutes les revendications coloniales, basé sur le respect strict du principe qu'en réglant toutes les questions de souveraineté les intérêts des populations concernées devront peser d'un poids égal avec les demandes équitables du gouvernement dont les droits doivent être fixés »*. Cette formulation tranche avec la rédaction claire, voire directive, des autres objectifs américains.

L'attitude à plusieurs reprises équivoque de Washington tient à la volonté d'assurer, sous la couleur de nobles arguments moraux, la promotion de ses intérêts économiques et la défense de ses positions commerciales. Le projet de convention présenté par le président Wilson le 14 février 1919 annonce dans son article 19 l'architecture générale des trois types de mandats ultérieurement formalisés par la S.D.N. et la France s'inquiète des conditions très libérales de cette prise en charge. Les États-Unis affirment ne vouloir *« aucune rémunération des services rendus »* et repoussent par avance *« toute proposition qui tendrait à les mettre en possession de territoires allemands reconquis »*, mais le rôle du Dr. Godnow, conseiller du président Wilson auprès du gouvernement chinois, puis les manœuvres diplomatiques poursuivies pour limiter l'influence japonaise, nuancent pour le moins ces louables discours.

Le traite de Versailles et les mandats de la S.D.N.

Si le traité de paix avec l'Allemagne aborde avec le plus grand luxe de détails les questions coloniales, le juridisme des

1. Raymond Roze, *Op. cit.*, p. 364 et suivantes.

vainqueurs trouve à s'exprimer à l'égard des autres Puissances centrales. Les traités de Trianon, de Saint-Germain, de Neuilly et de Sèvres contiennent des clauses qui reprennent ou résument les conditions imposées au *Reich*. L'Autriche, par exemple, est sommée de renoncer hors d'Europe *« à tous ses droits, titres et privilèges en ce qui concerne ses propres territoires et ceux de ses alliés »*. De même, la Bulgarie doit reconnaître *« le protectorat de la France sur le Maroc »* et celui *« déclaré sur l'Égypte par la Grande-Bretagne »*.

Le principe de la non-restitution des colonies est posé le 24 janvier 1919[1].

Lors de l'ouverture des débats le 15 janvier, il est admis que l'Empire britannique bénéficie, en sus de la présence des deux délégués de Londres, d'une représentation *« spéciale et directe »* pour le Canada, l'Afrique du Sud, l'Australie, la Nouvelle-Zélande et l'Empire des Indes. Paris, qui n'a pas pu s'y opposer, adresse le 18 une note réservant ses droits : *« Cette décision a quelque peu ému le monde colonial français. Tous ceux qui savent ce que nos colonies ont fait durant l'épreuve que nous venons de traverser pour défendre la métropole, et qui ont conscience de l'œuvre d'expansion qu'il faudra accomplir outre-mer..., se demandent si les légitimes intérêts de la plus grande France seront suffisamment sauvegardés »*.

Le plus petit dénominateur commun entre les vainqueurs reste de rechercher l'affaiblissement de la puissance allemande : *« La Conférence a considéré qu'il importe, avant tout, de ne laisser à la Confédération germanique aucune possibilité de constituer une armée noire, ou de créer des bases navales, ni même d'installer des stations radiotélégraphiques en dehors de son territoire »*[2].

---

1. Les discutions entre les Alliés, dont les représentants de Berlin sont exclus, se déroulent du 18 janvier au 28 juin 1919, la puissance vaincue n'est admise qu'à signer le texte sans pouvoir en discuter les termes. Selon l'article 118 du Traité de Versailles, l'Allemagne renonce à ses colonies qui échoient aux Puissances victorieuses.
2. Compte-rendu des réunions dans *Le Figaro* du 28 janvier 1919.

Le « Traité de paix entre les Puissances Alliées et associées et l'Allemagne et Protocole » traite dans sa partie IV des *Droits et intérêts allemands hors d'Allemagne* en 40 articles organisés en 8 sections. L'article 118, introductif, donne la philosophie du texte : *« Hors de ses limites d'Europe, telles qu'elles sont fixées par le présent Traité, l'Allemagne renonce à tous les droits, titres ou privilèges quelconques sur ou concernant tous les territoires lui appartenant, à elle ou à ses alliés, ainsi qu'à tous droits, titres ou privilèges ayant pu, à quelque titre que ce soit, lui appartenir »*. La section 1 (articles 119 à 127) est consacrée aux colonies allemandes de plein droit, les suivantes abordent dans le détail tous les territoires sur lesquels l'empire de Guillaume II possédait des intérêts : l'article 134 prévoit que l'école allemande de la concession de Shanghaï revient à la France, l'article 138 retire à Berlin le droit de nommer un receveur des douanes au Libéria, l'article 145 organise le transfert à la France de la part de l'Allemagne dans le capital de la banque d'État du Maroc, l'article 151 annonce l'annulation de la part allemande dans la dette publique égyptienne...

Jusque dans ses plus minimes manifestations la politique mondiale de l'Allemagne a vécu : pour le seul territoire turc, les pertes privées et publiques cumulées sont estimées à près de 7 milliards de marks.

Mais les préoccupations des Alliés sont profondément divergentes.

L'Italie, agitée par ses revendications liées aux dernières *Terres irrédentes*, à la côte de l'Adriatique jusqu'à l'Albanie et aux îles de Méditerranée orientale, peine à se faire entendre. En dehors des territoires turcs insulaires et continentaux d'Asie mineure (l'Anatolie est qualifiée de *« colonie de peuplement »* dans les journaux italiens), ses revendications les plus crédibles portent sur l'Afrique du Nord. La visite à Rome de Mohamed er-Reda au début de l'année 1919, au cours de laquelle le frère de Saïd Idriss présente l'hommage traditionnel des dirigeants de Tripolitaine au roi d'Italie, permet aux colonialistes romains de se présenter comme les héritiers des *« oppositions indigènes senoussistes »* à la France, qui a obtenu *« illégalement une partie des possessions turques au nord du lac Tchad et certains pays dépendant du vilayet de la Tripolitaine »*.

Djibouti est l'objet de prétentions plus radicales. Elles s'appuient en particulier sur l'article 13 de la convention secrète franco-anglo-italienne du 26 avril 1915, selon lequel *« dans le cas où la France et la Grande-Bretagne augmenteraient leurs domaines coloniaux d'Afrique aux dépens de l'Allemagne, ces deux puissances reconnaissent en principe que l'Italie pourrait réclamer quelques compensations équitables, notamment dans le règlement en sa faveur des questions concernant les colonies italiennes de l'Érythrée, de la Somalie, de la Libye et des colonies voisines de la France et de la Grande-Bretagne »*[1]. Malgré les protestations de la presse (*Mattino*, *Corriere della Sera*, *Tribuna*, *Stampa*, *Tribuna Coloniale* ou *Rassegna Italiana*) qui en vient à soutenir les positions allemandes sur *« l'internationalisation du Centre-Africain »*, et à l'ire du président du Conseil Orlando, les demandes italiennes ne reçoivent aucun écho de la conférence interalliée.

L'adoption du principe des mandats exercés au nom de la S.D.N. permet d'affirmer qu'en droit il ne s'agit pas d'annexions,... et donc que l'Italie n'est pas habilitée à exiger des compensations !

Les États-Unis oscillent entre imposer les *Quatorze points* de Wilson et protéger leurs intérêts en Extrême-Orient vis-à-vis du Japon. À titre personnel, le Président américain s'attire l'hostilité des milieux colonialistes français[2] et britanniques en soutenant que *« tous les peuples doivent pouvoir disposer de leur destin »* et en demandant à la Société des Nations de désigner, au lieu de se borner à entériner les situations acquises par la force des armes, *« des nations tutrices qui auront la charge de mener leurs pupilles à l'état de raison qu'exige le complet usage de la liberté »*. La montée du sentiment isolationniste aux États-Unis entraîne l'intervention devant la Haute Assemblée à la fin du mois de janvier 1919 des sénateurs Lodge, Knox et Johnson

1. Cité par la *Dépêche Coloniale*, 28 janvier 1919.
2. La Ligue Coloniale française dès qu'il est connu que le principe du mandat de la Société des Nations est retenu, demande que cette proposition soit *« nettement et immédiatement retirée »*.

qui s'inquiètent des conséquences des engagements pris par leur président : les U.S.A. devront-ils *« coopérer au maintien de l'ordre dans les territoires occupés »*, voire *« envoyer des troupes américaines en Afrique, en Asie, partout en un mot »* ? Le refus de ratifier le Pacte de la S.D.N. est en germe à Washington.

Les préoccupations françaises à Versailles sont essentiellement continentales puisque la question du Togo et du Cameroun, négociée avec l'Angleterre, est considérée comme réglée. Les incertitudes qui surgissent entre janvier et avril 1919 suscitent d'autant plus de réactions que le principe de l'annexion, conséquence naturelle de l'occupation, semble acquis.

L'empire britannique, représenté à la fois par le Royaume-Uni, les Indes et les *Dominions*, a comme objectif essentiel de conforter l'axe impérial Londres – Le Caire – Delhi – Singapour.

Aucun statut classique du droit international ne semble convenir : il ne saurait être question de rendre ou de donner à ces territoires leur indépendance immédiate ; l'internationalisation de ces vastes ensembles paraît peu réaliste mais l'annexion pure et simple par tel ou tel vainqueur, à laquelle s'opposent les États-Unis, menace de donner lieu à des marchandages sans fin et de rompre l'unité de façade des Alliés. Dans ce contexte, l'accord intervient sur le principe de la mise sous tutelle au nom de la communauté internationale, dans le cadre de mandats à définir.

Sur l'insistance du président Wilson, le Pacte de la S.D.N. précise que les mandats sont confiés *« aux nations développées qui sont les mieux à même »* pour conduire ces territoires vers le progrès et l'indépendance, et qu'ils doivent être exercés *« en tant que mandataire et au nom de la Société »*. Pour Londres, placer les colonies allemandes sous mandat de *Dominions* de peuplement blanc permet de ne heurter directement ni les intérêts de la France, ni ceux des États-Unis ou du Japon tout en s'assurant la disponibilité de bases sûres.

Trois types de mandats sont laborieusement définis dans l'article 22 du Pacte de la Société des Nations[1], tenant compte du niveau d'organisation administrative, culturelle et économique des différents territoires :

– Les mandats de type A concernent des territoires de l'Empire ottoman démembré. Les vainqueurs considèrent qu'ils ont atteint *« un degré de développement tel que leur existence, comme nations indépendantes, peut être reconnu provisoirement, à la condition que les conseils et l'aide d'un mandataire guident leur administration jusqu'au moment où elles seront capables de se conduire seules »*. La France reçoit un mandat correspondant à cette définition pour l'administration de la Syrie et du Liban. L'ambiguïté de ces dispositions apparaît dans l'intensité des oppositions franco-britanniques et les difficultés rencontrées par l'armée française à Damas pour venir à bout des Bédouins, des Arabes et de la famille Hachémite, alors que l'article 22 précise que *« les vœux de ces communautés doivent être pris d'abord en considération pour le choix du Mandataire »*.

– Les mandats de type B intéressent plus particulièrement les peuples africains ayant atteint un seuil d'évolution qui exige encore *« que le mandataire assure l'administration du territoire »*. Parmi les dispositions qui incombent à la Puissance mandataire figurent des prescriptions d'ordre économique (garantir la liberté des échanges et du commerce), moral et culturel (assurer la liberté de religion et de conscience, interdire le trafic d'armes, d'alcool et la traite des esclaves) ou militaire (interdiction de créer des bases militaires ou navales, de construire des fortifications et de donner aux indigènes une instruction militaire en dehors des nécessités de police intérieure du territoire). La France reçoit, lors du partage des anciennes colonies allemandes du Togo et du Cameroun, deux mandats de type B pour la partie de ces territoires lui revenant. Des règles différentes des usages de la colonisation

1. Formulation définitive adoptée le 29 avril 1919 en remplacement du l'article 19 du premier projet.

classique sont imposées: le territoire et ses finances publiques sont totalement distincts du pays mandataire et ses habitants n'en sont pas des nationaux.

– Les mandats de type C, enfin, sont appliqués aux territoires africains et insulaires du Pacifique *« qui, par suite de la faible densité de leur population, de leur superficie restreinte, de leur éloignement des centres de civilisation… ne sauraient être mieux administrés que sous les lois du mandataire comme une partie intégrante de son territoire »*. Quelques réserves de principe prévoient simplement, dans l'intérêt général des indigènes, le respect de règles tenant à la dignité des individus et à l'éducation des populations.

Le dispositif international est complété par la création d'une Commission permanente chargée du contrôle administratif, de l'étude les rapports annuels des puissances mandataires et de donner un avis motivé au Conseil de la S.D.N. pour toutes les questions liées aux mandats. Ses membres sont désignés pour leur seule compétence, en dehors de toute référence à leur nationalité. Les ressortissants du territoire placé sous mandat peuvent adresser des pétitions à la Commission internationale par l'intermédiaire de la puissance mandataire, faculté dont les Samoans usent rapidement. En tant que de besoin, le contrôle juridictionnel est assuré par la Cour internationale de justice.

Parmi les observateurs français et britanniques, certains regrettent le principe même de l'accession ultérieurement envisagée à l'indépendance: *« Si les hommes intelligents qui ont fait le Traité de Versailles et la Société des nations ont connu l'état social et politique, non pas des peuples, mais des peuplades qui habitent l'Afrique, on ne comprend pas qu'ils aient pu supposer que cette poussière de tribus soit capable, avant quelques centaines d'années, même sous l'égide d'une puissance européenne, de s'agglomérer en une ou plusieurs nations »* écrit même Abou Digu'en en 1928[1] en soulignant que *« l'Angleterre en est tellement persuadée, qu'elle*

1. Abou Digu'en, *Notre empire africain noir, ses problèmes politiques et militaires*, Paris, Lavauzelle, 1928, 50 pages, p. 46.

considère ses mandats comme de véritables colonies, et que l'Union Sud-Africaine a été formelle à cet égard ». Le débat entre annexion et mandat agite les milieux politiques et Paris tente de trouver un compromis pragmatique dans le style de la IIIe République : *« Nous prétendons administrer sans mandat, mais dans l'esprit du mandat »*, explique Henri Simon, ministre des Colonies, à la tribune de l'Assemblée le 17 septembre 1919.

Les articles publiés consacrent de longs développements aux conditions financières et commerciales de l'exercice du pouvoir par les nouvelles autorités. La France se demande si l'Allemagne obtiendra *« le bénéfice de l'égalité économique »* accordée à toutes les nations, ou si *« nous aurons la possibilité d'interdire aux Allemands de s'établir dans leurs anciennes colonies »*[1]. La Grande-Bretagne s'interroge sur les différences de statuts entre le *Samoa mandate* et celui de l'Est-Africain : ces territoires pourront-ils bénéficier de la *« préférence impériale »* qui unit la métropole à ses colonies ?

Consensus en Afrique, difficultés dans le Pacifique, impasse en Chine

Les représentants des *Dominions* britanniques[2] exposent dès le premier jour leurs intérêts respectifs : *« L'Australie revendique tout l'archipel allemand dans l'hémisphère austral, à l'exception de Samoa. C'est à savoir : la Nouvelle-Guinée allemande (Kaiser-Wilhelm's Land), l'archipel Bismarck, les Salomon allemandes. La Nouvelle-Zélande revendique les îles allemandes de l'archipel Samoa... L'Union Sud-Africaine, qui a conquis et occupe le Sud-Ouest Africain allemand, demande le rattachement pur et simple à l'Union de ce territoire, qu'elle considère comme terre de peuplement ("white man's land") »*[3].

Ce succès est rapidement atteint. Dans un discours, *« en termes vigoureux »*, le général Botha rappelle devant la Conférence

1. In la *Dépêche coloniale* du 3 mai 1919.
2. Sir Robert Borden, Premier ministre du Canada ; M. Hughes, Premier ministre d'Australie ; le général Smuts pour l'Afrique du Sud ; M. Massey, Premier ministre de Nouvelle-Zélande.
3. *Le Temps*, 26 janvier 1919.

« la part loyale et ardente prise par ses compatriotes à la lutte contre la barbarie allemande ». Le quotidien *L'Information* du 28 janvier conclut : *« Nous pouvons dire que le discours du général Botha a produit une vive impression et soulevé d'unanimes approbations. Ce n'est pas trahir un secret que d'indiquer ici que l'annexion du Sud-Ouest Africain à l'Union a été immédiatement décidée »*[1]. La situation interne de l'Union ne s'en trouve pas pour autant améliorée.

Avec la fin de la guerre, les oppositions renaissent entre anglophones fidèles à Londres, Sud-Africains ministériels (Afrikaners ralliés à la Grande-Bretagne) et Vieux-Boers nationalistes. En janvier 1919, des *Congrès* désignent dans chaque État fédéré les membres d'une délégation chargée de représenter les intérêts d'une Union Sud-Africaine républicaine, indépendante du Royaume-Uni. Frank Reitz, président du Sénat depuis 1911, annonce même solennellement le 14 février 1919 son adhésion au parti républicain. Arguant du droit des peuples à disposer d'eux-mêmes, ils tentent sans succès de se faire entendre à Washington, à Londres, à Paris et à Versailles.

Après la mort du général Botha, lors de l'épidémie de grippe de l'été 1919, le général Smuts devient président du Conseil de l'Union. La campagne des nationalistes en faveur d'une séparation définitive d'avec Londres et de la proclamation de la république reprend avec vigueur et se couvre du manteau wilsonien. Les événements de la fin de l'année 1919 annoncent des jours difficiles en Afrique australe.

L'Afrique Orientale Allemande revient à la Grande-Bretagne et à la Belgique.

Les souffrances endurées sous l'occupation allemande, l'admirable attitude de son souverain saluée par tous les Alliés et la

1. À la veille de la décision de la Conférence internationale, manifestant une fidélité sans faille à l'ancienne métropole, les ressortissants allemands du Sud-Ouest Africain tentent d'empêcher l'annexion définitive. Ils transmettent à l'administrateur provisoire de la colonie et au gouvernement du Cap, par l'intermédiare de leurs bourgmestres, au nom du principe du droit des peuples à se déterminer eux-mêmes, une pétition demandant à former une république souveraine liée à l'Allemagne par un statut confédéral.

part prise dans les opérations contre l'*Ost-Afrika* en 1916 valent à Bruxelles de figurer immédiatement après les Grands dans la hiérarchie des vainqueurs, mais la Belgique n'est pas pour autant invitée au partage.

Dès son premier grand discours devant les Chambres, le 22 novembre 1918, le roi-chevalier affirme : « *La nation considère son domaine colonial comme partie intégrante du pays, et comme un élément essentiel de son redressement et de sa grandeur future* ». Ministres et diplomates reprennent les mêmes arguments. Ils peuvent en particulier s'appuyer sur la déclaration française du 29 avril 1916, immédiatement acceptée par la Grande-Bretagne, la Russie, l'Italie et le Japon, qui assure la Belgique de l'aide de la France à la fin de la guerre : « *Maintenir le Congo belge dans son état territorial actuel et faire attribuer à cette colonie une indemnité spéciale pour les dommages subis au cours de la guerre* ». Malgré les principes affichés, la question est traitée entre les seules grandes puissances. Les représentants belges[1] ne sont admis que lors de la dernière demi-journée, le 30 janvier après-midi, à présenter la position de Bruxelles, ce qui traduit l'inégalité entre les vainqueurs.

Le Comité de politique nationale, constitué à Bruxelles dès la fin de l'année 1918, tente de faire pression sur la conférence en rappelant le rôle joué par la Belgique au cours des « *quatre campagnes entreprises par l'armée belge en Afrique, au Cameroun, en Rhodésie et dans l'Est Africain* », demandant en compensation, outre l'administration des territoires déjà occupés, « *des avantages économiques comprenant un accès libre à l'océan Indien* » et « *l'amélioration des débouchés du Congo à l'océan Atlantique* ». On parle de conversations bilatérales entre Bruxelles et Lisbonne, sous l'autorité de Londres, pour transférer une partie de la colonie portugaise d'Angola à la Belgique en échange d'un accroissement territorial du Mozambique vers le Nord.

La décision des chefs de gouvernement des Quatre Grands de confier au Royaume-Uni l'administration de l'intégralité du

1. MM. Hymans, Vandervelde, Van den Heuvel et Orts.

territoire de l'ancien Est Africain allemand heurte profondément l'amour propre belge : *« Si les Anglais repoussaient les équitables demandes des Belges, ils commettraient un déni de justice inouï et infligeraient à la Belgique un véritable affront »*, écrit la *Nation belge*. Certains, à Londres, suggèrent l'organisation d'un référendum ou d'un plébiscite pour que Ruandais et Urundis fassent connaître leur préférence, dans l'esprit des principes wilsoniens. Selon Sir H. Johnson, *« ce serait commettre une infraction monstrueuse à ce principe que d'imposer à cet État indigène le contrôle belge, sans son désir et son entier consentement librement exprimé »* !

Irrité par les références abusives à ses *Quatorze points*, le président Wilson invite le 9 mai le chef de la délégation belge à la conférence de la paix à s'entretenir avec lui. L'extension territoriale du Congo belge dans le triangle des lacs Victoria, Kivu et Tanganyika, par la prise de contrôle des royaumes de Ruanda-Urundi, est acquise. Le 30 mai 1919, un accord est signé entre lord Milner pour l'Angleterre et M. Orts pour la Belgique, accordant à Bruxelles quelque 50.000 kilomètres carrés au Nord-Ouest de l'ancienne colonie allemande, convention approuvée à l'unanimité de la commission des mandats de la S.D.N. le 17 juillet suivant.

C'est, en Afrique, la seule évolution significative par rapport aux décisions arrêtées par les vainqueurs avant la création de la Société des Nations.

Les deux autres puissances coloniales engagées dans la guerre aux côtés de l'Entente ne sont pas invitées, au regard de leurs piètres prestations militaires, au partage des dépouilles.

L'Italie, malgré la convention secrète de Londres en 1915, énerve par des ambitions territoriales jugées *« démesurées »* à Paris, tandis que les autorités britanniques se déclarent *« surprises par les demandes excessives »* de Rome. Le gouvernement français proclame *« l'intangibilité »* des frontières de la Côtes des Somalis et refuse de céder ses droits sur le chemin de fer français d'Éthiopie.

La question du littoral adriatique et les revendications sur l'Albanie, les relations conflictuelles avec le jeune royaume des Serbes, Croates et Slovènes comme avec la Turquie suffisent à mobiliser ses forces limitées et lui interdisent d'exprimer sérieusement d'autres prétentions en Afrique orientale ou aux frontières de la Libye, même si la question des territoires du Tibesti, du Borkou et de l'Ennedi, au Nord du Tchad, agite pendant quelques mois les esprits. Au bilan, Rome n'obtient, dans un cadre bilatéral, qu'une légère rectification de frontière au bénéfice de la *Somalia* et reste globalement contenu par la France et le Royaume-Uni dans ses frontières africaines d'avant-guerre.

Le Portugal, dont la participation au conflit dans l'Est Africain laisse de mauvais souvenirs, doit à son engagement tardif sur le front de France de conserver l'intégralité de son empire. Lisbonne ne demande d'ailleurs que la restitution de la petite région de Kionga, sur la Rowuma, à la frontière Nord du Mozambique, *« enlevé par la violence, en 1894, par l'Allemagne »*. Cette modeste revendication est accordée par le Conseil supérieur interallié le 25 septembre 1919 et donne aux Portugais le contrôle des deux rives de l'embouchure du fleuve. Français et Britanniques n'en considèrent pas moins que *« leur faiblesse militaire au Mozambique, l'impuissance de leur marine et l'incapacité notoire de leur administration coloniale »* menacent jusqu'au maintien du drapeau portugais en Afrique : *« Le plus grand danger des colonies portugaises, c'est en effet d'appartenir aux Portugais »* écrit sans ironie l'état-major de l'armée.

Le 30 janvier, grâce à une motion de compromis élaborée par Llyod George, la conférence de la Paix adopte un *« arrangement provisoire satisfaisant »*, dont les termes exacts ne sont pas dévoilés : *« La conférence a tenu à garder un certain secret sur ce débat, estimant une fois de plus que la presse s'était montrée trop curieuse »*, peut-on lire dans *Le Petit Parisien* du 31 janvier. *« Tous les contractants sont-ils également satisfaits ? C'est une autre question »*.

Le Conseil suprême attribue provisoirement à la France la partie du Togo occupée par ses troupes. Elle représente environ, avec 52.000 km², les deux tiers de la colonie allemande et compte une population de 750.000 habitants.

Le 27 avril, la conférence de la Paix *« réserve pour l'instant »* la question du mandat colonial et admet à titre conservatoire les occupations de fait. Le 6 mai[1], le Conseil des Quatre adopte la décision suivante : *« Sur l'Est-Africain, la mandat sera exercé par la Grande-Bretagne. Sur le Sud-Ouest Africain, par l'Union Sud-Africaine. Sur les Samoa, par la Nouvelle-Zélande. Sur les autres possessions allemandes du Pacifique au sud de l'équateur, par l'Australie. Sur Nauru, île située entre l'archipel des Gilbert et celui des Marshall, par l'Empire britannique. Sur les îles du Pacifique au nord de l'équateur, par le Japon. Pour ce qui concerne le Togo et le Cameroun, la France et la Grande-Bretagne détermineront elles-mêmes le régime futur de ces colonies et le recommanderont à l'adoption de la Société des Nations »*. Malgré l'accord bilatéral signé à Londres le 10 juillet 1919 entre Henry Simon et lord Milner, les progrès sont lents. Certains s'inquiètent : *« Le grignotage diplomatique que nous avons subi pendant trente années de la part de l'Angleterre répondait à des buts économiques évidents... Un simple coup d'œil sur le carte du Centre africain fera saisir dans sa méthode et ses effets l'action persévérante du Colonial Office, qui sait exactement où il va et ce qu'il veut. Est-ce qu'aujourd'hui nous allons tolérer aussi le grignotage... sur le plan colonial ? »*[2].

Opération de diversion ?

La presse s'empare de part et d'autre de la Manche de la question de l'île Maurice, monnaie d'échange éventuelle entre Paris et Londres. La puissante Chambre de Commerce de Marseille, très influente dans le monde colonial, émet le 11 mai le vœu « [qu'] *il soit examiné si l'île Maurice ne pourrait être restituée librement à cette France dont elle portait anciennement le nom* » et le *Times* du 13 juin lance le débat par l'intermédiaire

1. Lors de la réunion du Conseil suprême du 6 mai 1919, seuls les représentants dela France, de la Grande-Bretagne, des États-Unis et du Japon sont présents. Les ministres italiens, Orlando et Sonnino, n'arrivent que le lendemain, pour entériner les décisions prises.
2. Lieutenant-colonel Ferrandi, *Op. cit.*, p. 15.

d'un courrier de lecteur : *« Je ne puis m'empêcher de penser que la rétrocession de l'île Maurice serait un acte plein de bonne grâce et fortifierait l'alliance anglo-française qui, en ces temps critiques, serait un puissant facteur d'équilibre »*. Malgré la présence d'une délégation mauricienne[1] à Versailles, la polémique tourne court.

Plus sérieusement, Abou Digu'en traduit le sentiment d'une partie de l'opinion publique lorsqu'il considère que *« si les Anglais ont accepté les idées wilsoniennes, c'est qu'ils étaient certains de n'en faire ensuite qu'à leur tête, et sans doute avec l'arrière-pensée de créer des embarras à la France »*[2]. L'année suivante, aucune séance n'est consacrée à cette question, ce qui inquiète à Paris hommes politiques et journalistes partisans du parti colonial.

En mars 1920, l'administrateur en chef des colonies Woelfel est nommé commissaire de la République au Togo, tandis qu'Ernest Haudos, député de la Marne, écrit dans les *Annales coloniales* : *« Pareil silence sur une aussi grave question que celle des mandats au Togo et au Cameroun serait tout à fait inquiétant »*. Lors de la conférence suivante, à Londres, en juillet, le Royaume-Uni et la Belgique se voient confirmés dans leurs nouvelles possessions d'Afrique orientale et du Pacifique, mais les dossiers relatifs à l'Afrique de l'Ouest restent en suspens. Localement, Français et Britannniques s'opposent pour inciter les tribus à demander leur rattachement à Paris ou à Londres.

Le dossier passe du Conseil de Versailles à la Société des Nations.

Lors de la séance du 18 décembre 1920, seuls les mandats de type A sont à l'ordre du jour. Pour Etienne Antonelli, le rêve

1. Délégation constituée du docteur Joseph Rivière, de Hervé de Rauville, d'Ange Galdemar, de Paul Carié, de Loïs Dabbadie, du baron de Rosnay, de David Edwards, de Joseph de Coulhac et de Mazérieux, appartenant tous à la minorité francophone qui milite pour un retour à la France.
2. Abou Digu'en, *Op. cit.*, pp. 48.

impérialiste africain de la Grande-Bretagne se réalise discrètement par la réunion de ses territoires du Cap au Caire sur 8.500 km[1]. et « [l'] *on conçoit que, du point de vue colonial comme du point de vue maritime, l'Angleterre soit satisfaite des stipulations du traité de Versailles* ». La situation transitoire dure plus de trois ans : le 20 juillet 1922, la S.D.N. confie définitivement l'administration des territoires africains à Paris au titre des mandats B.

La frontière définitive du Togo français n'est fixée qu'entre 1927 et 1929 à l'occasion d'ultimes rectifications de frontière dans le Nord. Respectueuse des règles établies au nom de la S.D.N., à la différence de la Grande-Bretagne qui rattache rapidement la partie du Togo lui revenant à sa colonie de la *Gold Coast*, la France conserve à l'ancien territoire allemand son autonomie administrative. Ce n'est qu'en 1936 que le gouverneur général de l'A.O.F. cumule, à titre personnel, ses fonctions avec celles de Haut-Commissaire au Togo.

Le cas du Cameroun est réglé à la même époque, suivant la même procédure et dans les conditions similaires. La partie du territoire placée sous l'autorité du gouvernement français représente quelque 400.000 km^2 sur les 770.000 de l'ex-*Kamerun* allemand et s'étend sur près de 1.500 kilomètres de Douala au lac Tchad, complétant fort à propos le puzzle colonial entre le Moyen-Congo et l'Oubangui-Chari. Lors de la séance du 20 juillet 1922, un mandat analogue à celui du Togo est confié à Paris.

L'attribution des colonies allemandes du Pacifique soulève de plus vifs débats, du fait des Américains qui refusent que la zone d'influence japonaise atteigne les Philippines, et des délégués de Tokyo[2] qui souhaitent tirer le plus grand bénéfice de leur appartenance au camp des vainqueurs.

---

1. Etienne Antonelli, *L'Afrique et la paix de Versailles*, Paris, Grasset, 1921, 258 pages.
2. La délégation nippone est composée d'hommes politiques et de diplomates expérimentés : marquis Saionji, baron Makino, vicomte Chinda, ambassadeurs Matsui et Ijuin.

L'opposition n'est pas nouvelle et en août 1914 déjà, Américains et Australiens ont refusé de s'associer à une manœuvre anglaise visant à obtenir le retour à Pékin de la concession de Kiao-Tchéou en échange d'une compensation territoriale aux Carolines pour le Japon. Les États-Unis n'ont alors qu'une position secondaire en Chine par rapport à la France et surtout la Grande-Bretagne, mais ont toujours *« scrupuleusement évité l'apparence même d'une acquisition territoriale, ou même d'une sphère d'influence »*[1]. Ils se sont placés en situation d'exiger le respect de la politique de la Porte ouverte que le Japon affirme pratiquer depuis 1900. Ils cherchent à se défendre de l'instauration par Tokyo d'une doctrine de Monroe asiatique qui pourrait menacer leurs intérêts dans le Pacifique et en Extrême-orient.

Pour témoigner de sa bonne volonté, le gouvernement japonais, dont le représentant siège à toutes les séances avec les Cinq Grands, souligne dès l'ouverture des débats que ses demandes se limitent aux territoires effectivement conquis par ses troupes… comme les autres vainqueurs.

Il propose que l'équateur soit pris comme ligne de démarcation, ce qui lui assure les Carolines et l'archipel des Marshall. Afin de limiter les prétentions japonaises, les États-Unis envisagent d'abord la prise de contrôle des anciens territoires insulaires du *IIe Reich* par la Grande-Bretagne. Les deux *Dominions* d'Australie et de Nouvelle-Zélande, qui en assurent depuis l'automne 1914 l'administration provisoire, rappellent leurs ambitions : en juillet 1917, l'Allemagne est comparée à la tribune du Parlement de Wellington à *« un chien prêt à enfoncer ses crocs dans la peau de tous les honnêtes passants »* et les autorités de Canberra *« contestent le principe même des possessions allemandes »*, comparant les colonies germaniques à des *« nids de pirates »*.

Pour résoudre le différent tout en préservant les équilibres entre les Alliés et en conservant un rôle moteur dans le Pacifique, le gouvernement britannique présente une habile syn-

1. John H. Spencer, « La doctrine Monroe et la crise d'Extrême-Orient », *Revue d'Histoire diplomatique*, juillet-septembre 1932, pp. 344-354, p. 353.

thèse. Le président Wilson accepte le principe d'un partage entre les trois puissances régionales : les îles situées au nord de l'Equateur (Palau, Carolines, Mariannes et Marshall) seraient confiées au Japon, tandis que toutes les anciennes possessions allemandes situées au sud de cette ligne, y compris la Nouvelle-Guinée, l'archipel Bismarck et la Terre de Guillaume II dans l'Antarctique, reviendraient à l'Australie et à la Nouvelle-Zélande.

Seule l'île de Yap, nœud des communications par câbles sous-marins entre l'Ouest des États-Unis et l'Australie, fait l'objet d'un véto américain. Son statut définitif n'est régularisé que par l'accord américano-japonais de février 1922[1].

Ce bras de fer diplomatique n'est pas sans conséquence sur le *Commonwealth* lui-même, dont le statut de 1926 reconnaît la souveraineté des *Dominions* : tandis que Londres appuie les positions de l'Australie et de la Nouvelle-Zélande, au titre de la solidarité coloniale et de la décentralisation administrative, le Canada s'inquiète des tensions transatlantiques naissantes et se rapproche de son voisin nord-américain.

Les tensions sont réelles autour du Pacifique : tandis que les états fédérés de l'Ouest canadien et de l'Ouest américain tentent d'imposer une législation restrictive contre les ressortissants japonais, lord Northcliffe, propriétaire du *Times* et ancien chef du service de propagande britannique pendant la guerre, rentrant d'un séjour en Extrême-Orient, écrit : « *Les Japonais sont les Allemands de l'Extrême-Orient. Ce sont les mêmes voies souterraines : propagande, émigration, espionnage dans le monde entier. En même temps qu'ils continuent leur pénétration dans l'Amérique du Nord, les Japonais fixent des regards pleins de convoitise sur l'Australie et la Nouvelle-Zélande* »[2]. Dans les instances politiques

---

1. La Conférence de Versailles n'impose aucune solution et le dossier est renvoyé devant le Conseil de la S.D.N. qui tente d'attribuer Yap au Japon. Les discussions se terminent avec la signature d'un accord américano-japonais particulier parallèlement à la conférence de Washington, aux termes duquel le Japon reçoit le mandat sur l'île, et les U.S.A. obtiennent la responsabilité de l'entretien des câbles sous-marins.

2. Cité par Léon Archimbaud, « La poussée du Japon vers le Sud », *La Revue du Pacifique*, n° 3, juillet 1922, pp. 26-30, p. 26.

et parlementaires des deux *Dominions*, se développe un débat ségragationniste anti-japonais.

La prise de possession officielle de l'archipel des Samoa, *the Pearl of the Pacific*, par Wellington, intervient en 1920 et dès la même année les élites locales se plaignent des conditions d'exercice de l'administration néo-zélandaise, alors même que les nouvelles autorités prétendaient quelques mois plus tôt qu'il aurait été « *cruel de les confier désormais à l'administration et à la brutalité allemandes* ». Un administrateur supérieur relevant du ministère des Affaires étrangères détient le pouvoir exécutif à Apia, le parlement de Wellington et le Conseil législatif des Samoa se partageant le pouvoir législatif. En 1923, dans son premier numéro, la *Revue du Pacifique* cite « *un planteur établi à Samoa depuis trente-huit ans* » : « *L'administration néo-zélandaise est un échec sans espoir. Elle est mal dirigée, par une véritable armée de fonctionnaires inexpérimentés dont la grande majorité n'a accepté ces emplois que pour s'offrir des congés* ». La révolte éclate en 1925 et pendant quatre ans la population indigène s'oppose violemment à l'administration néo-zélandaise.

Le territoire de Papouasie, administré par l'Australie depuis 1906, se trouve augmenté à partir de 1921 des anciennes colonies de Berlin. Les colons allemands, qui depuis l'automne 1914 conservent la propriété de leurs plantations, sont soumis aux règles édictées par le Bureau des expropriations du ministère fédéral des Affaires étrangères. Leurs exploitations sont saisies et vendues : le *Pastoral Review* de mars 1922 estime que « *ce fut un triste jour pour ces îles du Pacifique lorsqu'elles passèrent sous le mandat de la démocratique Australie* », tandis que, sous la signature de M. Heney, la revue *Trans-Pacific* de juillet 1923 souligne que « *le recrutement des fonctionnaires a donné beaucoup de soucis et abouti à des échecs* ». Les droits de prospection et d'exploitation minière sont réservés à la Couronne et seul l'administrateur supérieur du territoire peut vendre des terres.

En 1921-1922, les volumes commerciaux exportés diminuent du fait d'une législation maritime et portuaire qui pénalise les navires étrangers et réduit le nombre de rotations, obligeant Canberra à aider financièrement les planteurs. En 1923, une campagne de presse contraint le Premier ministre Bruce à réfuter devant le Parlement *« les critiques exposées au sujet de l'administration de l'ancienne colonie allemande de Nouvelle-Guinée »* et, reprochant sans doute trop vite à de mystérieux *« sympathisants germanophiles »* de combattre illégitimement la présence australienne, à annoncer l'envoi d'une commission d'enquête sur le territoire.

La même année, les chefs traditionnels de l'île de Nauru signent *« spontanément »*, après que des critiques aient été émises devant le Conseil de la Société des Nations sur l'administration australienne, *« un mémorandum dans lequel ils déclarent être tout à fait satisfaits de la dite administration et jouir d'une plus grande liberté que lorsqu'ils vivaient sous la domination allemande »*[1]. Le représentant spécial de l'Australie et le président de la Commission permanente de la S.d.N. s'opposent sur les conditions dans lesquelles l'exploitation des mines de phosphates est confiée à une compagnie privée. La multiplication des protestations sur l'ensemble des anciens territoires insulaires du *Reich* témoigne pour le moins des graves disfonctionnements dans la mise en place des administrations anglo-saxonnes.

L'adoption de ce partage diplomatiquement acceptable par tous ne règle ni la question des biens allemands en Chine, ni celle plus complexe des relations entre Pékin et Tokyo.

Depuis la convention américano-japonaise de septembre 1917, Tokyo s'est engagé à ne pas rendre Kiao-Tchéou à l'Allemagne et à restituer la concession à la Chine dans le cadre de négociations bilatérales directes à la fin de la guerre, *« par application du principe de l'intégrité territoriale de la Chine dont le gouvernement japonais s'est fait le champion, d'ailleurs intéressé »* souligne avec un sens étudié de la litote le 2e bureau français.

1. Pour les deux dernières citations, in *La Revue du Pacifique*, 1923, respectivement pp. 415 et 349.

Le Japon s'empresse d'amender unilatéralement cet accord en précisant, à la veille de la capitulation allemande, qu'il s'agit de rendre à Pékin le territoire de Tsing-Tao, mais que les infrastructures (bâtiments, installations portuaires, câbles sous-marins, lignes ferroviaires, etc.) restent propriétés nippones, ce qui vide le texte de son sens.

Tandis que les délégués chinois[1] s'activent pour obtenir la reconnaissance de l'indépendance de leur pays et limitent leur demande au retour de Kiao-Tchéou et de son *hinterland* sous la souveraineté de Pékin, la délégation japonaise accroît ses exigences et exige le 27 janvier 1919 que toutes les propriétés et tous les biens allemands sur l'ensemble de la Chine continentale soient attribués au Japon.

Considérant que les forces armées nippones sont cantonnées en Chine du Nord bien au-delà des frontières de l'ancienne concession allemande, les représentants de Pékin demandent leur évacuation préalable avant toute conversation. Le Japon rappelle alors qu'il n'entend pas négocier dans le cadre de la Conférence internationale et souhaite traiter directement, de puissance à puissance. Malgré les multiples pressions exercées de part et d'autre et les conversations de couloir, le blocage est total.

Les relations se tendent entre Washington et Tokyo, qui semble reculer face à la Chine le 4 mai 1919.

Habilement, le Japon propose simultanément à la Conférence de se prononcer sur deux motions : la première pose le principe de l'égalité des races, la seconde prévoit de laisser les deux pays régler directement entre eux la question territoriale. Sous l'influence du président des États-Unis qui demande que l'adoption ne puisse avoir lieu qu'à l'unanimité des participants,

1. La Chine ne pouvait disposer en tant que telle à la Conférence de la Paix que de deux délégués, mais les gouvernements du Nord et du Sud s'accordent pour défendre quelques thèmes fédérateurs avec une représentation alternée. Quatre délégués siègent donc successivement : Liou Tcheng-Siang, M.C.T. Wang, Wellington Koo et Alfred Sse.

la première motion est rejetée. Il devient alors politiquement impensable que le Japon se sente humilié pour la seconde fois en quelques jours, d'autant que le front diplomatique anglo-américain se lézarde.

Un article du magazine *Le Monde Nouveau* présente quelques extraits de la presse nippone[1] : *« Le Japon n'a aucune raison de s'unir à ce groupe hypocrite. Il doit, tout seul, réclamer pleine justice pour les centaines de millions d'hommes que comptent les races de couleur »* (*Hochi*, 19 avril 1919) ; *« Est-il vraiment isolé ? N'a-t-il pas derrière lui le milliard d'opprimés dont il revendique le droit ? »* (*Hochi*, 21 avril 1919) ; *« La Ligue sera une ligue de despotes »* (*Yorozu*, 17 avril 1919) ; *« La Grande-Bretagne et l'Amérique vont régir le monde : est-ce la justice et l'égalité que l'on souhaite ? »* (*Osaka Asahi*, 24 mars 1919) ; *« Pourquoi les Blancs, qui sont une minorité dans le monde, dirigeraient-ils le monde ? »* (*Yamato*, 26 mars 1919). Ces propos annoncent le discours des années 1930 sur la « sphère de co-prospérité ».

Après plusieurs mois de tergiversations, les Quatre Grands conviennent... de ne rien décider, donnant ainsi satisfaction à Tokyo !

La réponse à apporter au différent sino-nippon est renvoyée à des discussions directes entre la Chine et le Japon pour *« régler la question selon la justice en dehors de la Conférence »*. La non-ratification par les parlementaires américains des engagements pris par Wilson à Versailles tient en grande partie à la question chinoise et à la crainte du Japon. L'opposition entre Washington et Tokyo s'annonce comme l'un des facteurs les plus sensibles des relations internationales de l'après-guerre.

En novembre et décembre 1922, les principales puissances du Pacifique et de l'Extrême-Orient signent une série d'accords, conventions et traités relatifs à la délimitation des zones d'influence, à la réduction réciproque des effectifs militaires, aux

1. Félicien Challaye, « Le Japon et les Puissances après la victoire », *Le Monde Nouveau*, n° 1 ; vol. III, janvier 1921, pp. 25-31.

régimes financiers, douaniers et fiscaux. Ils visent à pacifier les relations entre parties prenantes et à promouvoir le développement de la région. L'apaisement n'est que de courte durée.

L'Allemagne cède définitivement son domaine colonial. René Jadfard l'écrit sans ambages quelques années plus tard : *« Elle a joué. Elle a perdu. Les adversaires lui ont pris une partie de ses biens qui pouvaient leur être utile et profitable. C'est parfaitement régulier »*[1]. Le partage s'établit ainsi :

- Grande-Bretagne :
  - Essentiel de l'Est Africain (969.000 km^2)
  - Petite partie du Cameroun (80.000 km^2)
  - Petite partie du Togo (34.000 km^2)
- Union sud-africaine :
  - Totalité du Sud-Ouest Africain allemand (835.000 km^2)
- Australie :
  - Nouvelle-Guinée et dépendances (240.000 km^2)
- Nouvelle-Zélande :
  - Archipel des Samoa (2.600 km^2)

Soit, pour l'ensemble du *Commonwealth* britannique, plus de 2.100.000 km^2.

- France :
  - Retour à l'A.O.F. du Nouveau Cameroun (280.000 km^2)
  - Essentiel de l'Ancien Cameroun (480.000 km^2)
  - Essentiel du Togo (52.000 km^2)

Soit plus de 760.000 km^2 qui viennent consolider l'ensemble A.O.F./A.E.F.

- Belgique :
  - Ruanda – Urundi (55.000 km^2)
- Japon :
  - Archipels du pacifique au Nord de l'équateur (2.500 km^2)
  - De fait : occupation de Tsing Tao (550 km^2)

L'empire ultramarin de Guillaume II n'a pas survécu à la défaite.

1. René Jadfard, *La France et les revendications coloniales allemandes*, Paris, Louis Querelle éditeur, 1938, 123 pages, p. 12.

ÉLOGE DE LA « PETITE GUERRE »

QUELQUES CONSIDÉRATIONS SUR LA GUERRE, LES GRANDS ESPACES ET LES FAIBLES EFFECTIFS

La première leçon militaire qui mériterait une analyse plus fouillée est à caractère politique.

Les relations entre les chefs militaires et les autorités civiles se révèlent souvent délicates. Au Togo, le commandant Maroix se plaint des empiètements du lieutenant-gouverneur du Dahomey[1]. Au Cameroun trois gouvernements nationaux, quatre gouverneurs coloniaux, six commandants en chef et huit commandants de colonnes[2] ne partagent pas la même analyse. En Afrique orientale, von Lettow-Vorbeck s'oppose au gouverneur Scnee et regrette à plusieurs reprises que *« selon les instructions – qui ne prévoyaient pas une guerre avec une puissance européenne – le commandement suprême lui était dévolu »*[3]. Cette question n'est que partiellement résolue dans les années 1920.

Au niveau stratégique, le rôle du Génie mérite d'être souligné. Ouverture et entretien de routes et pistes, remise en état des voies de chemin de fer, création de lignes télégraphiques : les sapeurs sont de tous les combats sur tous les fronts. Le *War Office* souligne en décembre 1915 que *« ce n'est pas la première fois que le général Dobell a eu à se louer des excellents services rendus par les personnels des chemins de fer militaires venus de Dakar »*[4].

---

1. Plusieurs télégrammes entre le 10 et le 25 août, de Maroix au général commandant les troupes d'A.O.F.

2. Les difficultés matérielles de communication compliquent les relations entre la France, le Royaume-Uni, la Belgique, l'A.E.F., l'A.O.F., le Congo belge, la Nigéria, les commandants supérieurs des troupes coloniales concernées et les chefs militaires engagés dans les opérations.

3. Von Lettow-Vorbeck, *Op. cit.*, p. 215.

4. *A.F.G.G.*, tome IX, annexe 3230.

Après la défaite militaire de 1918 en Europe, les colonialistes allemands tentent, les premiers, de tirer les enseignements des campagnes africaines : *« L'issue de la guerre eût été toute différente si nous avions eu 100.000 fusils, 300 mitrailleuses, quelques canons et des fabriques de munitions »* dans les colonies, écrit Emil Zimmermann. La première faiblesse des territoires ultramarins du *Reich* fut effet de ne pas avoir disposé des moyens d'assurer une défense autonome.

Dans sa longue étude publiée entre 1922 et 1925 par la *Revue des Troupes Coloniales*, le capitaine Darroux présente sans donner de référence un « cahier d'exercices de service en campagne » pour les troupes noires de l'Afrique Orientale allemande : *« Si l'on n'y découvre pas des principes nouveaux ni des procédés remarquables, on y constate, du moins, le souci permanent de créer les réflexes nécessaires pour que les gradés*[1] *puissent se sortir d'affaire partout, en toutes circonstances et sans commettre de fautes graves »*. Parmi les méthodes d'instruction privilégiées, significatives d'un état d'esprit et d'un objectif à atteindre, figurent les manœuvres à double action au cours desquelles les détachements sont livrés à eux-mêmes dans la brousse. Le franchissement ou la défense des rivières, les marches forcées exécutées à l'improviste, l'aménagement de fortifications de fortune figurent au programme. Il s'agit de développer le *« goût de l'initiative et des responsabilités,* [le] *désir d'action,* [l'] *esprit agressif »*.

L'importance accordée au sens de l'initiative paraît devoir être la première marque d'originalité de la *Schutztruppe* d'Afrique orientale sous les ordres de von Lettow-Vorbeck. Elle se distingue de l'instruction empesée et des méthodes processionnelles en vigueur parmi les troupes coloniales des autres puissances, mais aussi des mesures routinières observées dans d'autres colonies allemandes.

Il s'agit très probablement du même document que celui, attribué au capitaine Nigmann (ou Naumann ?), présenté en

1. *« même les gradés indigènes »* précise-t-il avec étonnement.

janvier 1919 dans le *Bulletin du comité de l'Afrique française*, *« rapporté de l'Est-Africain allemand par la mission française dont fut chargé en 1916 et 1917 le lieutenant-colonel d'infanterie coloniale Viala, actuellement commandant du corps d'occupation au Cameroun »*. Ce fascicule présente en six chapitres *« les exercices les plus appropriés au dressage des soldats noirs et des gradés indigènes »* et se révèle très utile pour les cadres européens. Une traduction en français est distribuée aux chefs de postes français du Cameroun occupé et *« il serait souhaitable qu'une édition en fût faite pour d'autres colonies ou, ce qui serait mieux, qu'un ouvrage français du même genre fût édité, car tout en reconnaissant l'intérêt de cet ouvrage du capitaine allemand, nous pouvons certainement, grâce à notre expérience des difficultés coloniales et des troupes noires, faire aussi bien et même mieux »*. Avant que « nous ne fassions mieux », von Lettow-Vorbeck a pris en compte et formalisé l'instruction des recrues et des cadres de contact.

Cette préoccupation précoce, jointe au fait que les officiers de la *Schutztruppe* sont des métropolitains détachés pour un séjour, parfois long mais toujours provisoire, leur permet d'instruire les soldats et gradés indigènes sur toutes les techniques de la guerre européene transposables en Afrique. De nombreux témoignages britanniques et français s'indignent qu'à l'occasion des différents engagements les tirs des pièces collectives ou d'artillerie soient préparés, les tranchées creusées et les réseaux de fils de fer barbelés déployés, *« les mêmes que sur le front belge et le front français »*[1].

Il ne faut y voir, et von Lettow-Vorbeck le confirme dans le premier chapitre de ses mémoires, que la traduction d'un effort préalable de formation.

Dès son arrivée sur le sol de la colonie en janvier 1914, en remplacement du colonel baron von Schleinitz, il constate que les *Askaris* sont aptes à lutter contre une révolte indigène mais ne sont ni formés, ni équipés *« pour le combat contre un ennemi*

1. Georges Boussenot, *Op. cit.*, p. 13.

armé de manière moderne, répondant aux principes actuellement suivis ». Von Lettow-Vorbeck réagit, obtient de la métropole des fusils récents, fait construire des stands de tir, insiste sur l'instruction à la manœuvre collective et aux tirs préparés. Le rapport du général Smuts du 30 avril 1916[1] décrivant les difficiles combats du mois de mars évoque à plusieurs reprises « *les feux d'infanterie et de mitrailleuses déclanchés à la fois de front et de flanc* » et reconnaît que le général allemand « *avait pris si habilement ses dispositions* » que plusieurs assauts britanniques furent repoussés.

L'instruction porte aussi bien sur l'offensive que sur la défensive.

Von Lettow-Vorbeck rappelle à plusieurs reprises son souci de prévoir avant chaque engagement un itinéraire de repli et un lieu de regroupement éloigné. Les mêmes principes sont appliqués au Cameroun. *L'Illustration* souligne qu'à plusieurs reprises « *nos officiers s'émerveillèrent des qualités de terrassiers des Allemands* »[2] et le lieutenant-colonel Ferrandi note avec étonnement après la prise de Niado en octobre 1915 : « *Notre inspection se termine par une constatation amusante : c'est celle d'une longue tranchée partant d'un des saillants de l'ouvrage et allant se perdre à une centaine de mètres de là, au milieu des hautes herbes ; ce n'est pas une tranchée destinée à flanquer le blockhaus, c'est un couloir destiné à protéger et à rendre invisible la fuite des défenseurs* ». Il ajoute, perplexe : « *Nous n'oserions peut-être pas, nous autres, faire creuser par nos tirailleurs un boyau destiné à faciliter leur retraite, nous aurions honte de leur montrer que nous pensons à préparer leur fuite. Est-ce un bien ? Est-ce un mal ?* »[3]. Établissons un bref parallèle avec les premiers mois de la guerre de position sur le front de France, entre l'improvisation française et l'organisation allemande.

1. Rapport du commandant en chef de l'*East African Force*, publié le 20 juin 1916 dans le supplément à *The London Gazette*.
2. Gustin Babin, « La conquête du Cameroun », *Op. cit.*
3. Lieutenant-colonel Ferrandi, *Op. cit.*, p. 53.

Les Allemands s'étaient-ils préparés avant la guerre à engager des opérations actives contre les Alliés ? Doutant que des ordres précis aient été explicitement donnés par Berlin, le commandant Buhrer exprime une opinion mesurée, applicable aux principales colonies africaines, plus proche de la réalité : *« Peut-être fut-il* [von Lettow-Vorbeck] *simplement un chef actif, soucieux de la défense éventuelle du pays où il débarquait… Il serait mal venu aux vainqueurs de ne pas reconnaître les mérites du vaincu »*[1].

Au-delà de la formation des combattants, la question du rôle et de la place de l'officier européen, est tout aussi importante : *« S'il doit entrer dans la boue du marais comme ses hommes, être dur à la marche, et surtout leur donner l'exemple de la bravoure, par contre, l'action terminée, il doit échapper aux mille inconvénients d'une existence pénible. Ce procédé de commandement est indispensable avec les indigènes. Les Allemands qui, par tempérament, ne disposaient que de cette unique méthode, ont obtenu des résultats surprenants avec leurs Askaris »*[2]. Exemplarité du chef en campagne et reconnaissance matérielle de son statut se conjuguent pour asseoir sa légitimité.

Parmi les contraintes qui pèsent lourdement sur les forces engagées figurent deux paramètres majeurs : la géographie physique et les conditions sanitaires.

Le commandement doit impérativement prendre en compte la réalité géographique qui s'offre à lui pour en tirer le meilleur parti, à la fois dans la conception de la manœuvre par l'autorité supérieure et dans sa conduite par les chefs de terrain. Si dans toute opération *« le terrain commande »*, le respect de cet axiome est essentiel lorsque les contingents engagés, difficilement soutenus, sont insuffisants pour tenir en permanence de vastes étendues désertiques ou impénétrables.

---

1. Commandant Buhrer, *Op. cit.*, p. 83.
2. « Étude sur les opérations de l'Est Africain Allemand par les troupes Anglo-Belges », *Revue des Troupes coloniales*, n° 161, janvier-février 1923, pages 61-90, p. 80.

Le chef est enfin contraint d'organiser ses moyens pour être le moins handicapé possible par des conditions météorologiques difficiles qu'il ne peut que subir et de gérer ce facteur qui dégrade parfois rapidement l'aptitude opérationnelle d'une troupe en campagne.

Le général Dobell met ce point en exergue dans son dernier rapport: *« Ni le climat, ni le caractère de la colonie ne favorisaient l'offensive... : pluies incessantes, absence de routes ou même de pistes, région couverte de la végétation africaine la plus dense, tout contribuait aux difficultés que les troupes avaient à vaincre »*. La question se présente sous des formes différentes mais avec la même acuité sur les principaux théâtres: forêt équatoriale au Cameroun, terres arides du Sud-Ouest africain, brousse de l'Est Africain.

Au Togo comme au Cameroun, les rapports, français, britanniques ou allemands font état des difficultés de la progression et des combats *« rendus pénibles par les pluies continuelles, en terrain marécageux et une forêt impénétrable »*.

Pendant la période des pluies, il est presque impossible de manœuvrer, voire tout simplement d'avancer: *« Toutes les routes qui existent dans cette région*, écrit à propos du Nord de l'*Ost Afrika* le général Smuts, *sont de simples trouées pratiquées à travers les buissons et les marécages, et elles deviennent vites impraticables »*. Dès que la sècheresse s'installe, la pénurie d'eau menace de paralyser les mouvements. Au début de la campagne de l'Est Africain, les Britanniques installent dans la région de Bura-Serengeti un pipe-line débitant 40.000 *gallons* par jour pour ravitailler leurs troupes, mais les besoins quotidiens sont alors estimés à 100.000.

En août 1915, le général Dobell demande avec insistance à son gouvernement l'autorisation de rester pendant quatre mois en position strictement défensive. Il appuie son argumentation sur le prochain début de la saison des pluies alors que l'état sanitaire de ses contingents est précaire. Son adjoint français, le colonel Mayer, confirme cette situation difficile même s'il n'en tire pas les mêmes conclusions.

Notons toutefois que les rigueurs du climat s'exercent dans les mêmes conditions sur tous les belligérants et que cet environnement difficile s'applique tout autant à la *Schutztruppe*, en état d'infériorité numérique et matérielle, ou aux colonnes françaises qui remontent de l'A.E.F.

Elles justifient les mesures de soutien sanitaire que les différents commandants de formation prennent, ou tentent de prendre avec des moyens de fortune. Les malades plus que les blessés encombrent les infirmeries: pendant la campagne du Cameroun les Franco-Britanniques perdent ainsi plus de 3.500 hommes.

En Afrique orientale, les chiffres du corps expéditionnaire britannique sont encore plus élevés et ces pertes peuvent être rapprochées de l'effectif réel permanent de la *Schutztruppe*:

Moyenne mensuelle des militaires malades hospitalisés à Dar-es-Salaam[1]	
Blancs	3.000
Indiens	2.000
Africains	1.800
Porteurs	Minimum: 3.800 Maximum: 8.800

En juin 1916, le commandement britannique en Afrique orientale reconnaît que *« la malaria fait de très grands ravages... surtout parmi les Indiens »* et la division du général Hoskins compte 50 % de malades[2].

Henri Hauser écrit en 1915 que la campagne est si rude au Cameroun que ces expéditions *« auraient leur place dans l'his-*

1. Idem, p. 72.
2. Compte rendu n° 2304 du colonel de La Panouse à l'E.M.A. 2e bureau, 4 juillet 1916. SHD-Terre, 7N1253.

toire militaire, si l'écho ne s'en perdait au milieu du fracas des batailles de Champagne, de Belgique ou de Pologne »[1].

L'une des caractéristiques des opérations est le contraste entre la progression méthodique des colonnes alliées et la rapidité de déplacement des compagnies de la *Schutztruppe*. Dans cette lutte du faible au fort, les Allemands sont contraints de s'adapter s'ils veulent tenir et semblent plus en phase avec les réalités de la guerre. « *Il peut paraître extraordinaire que l'ennemi ait si souvent réussi à échapper à nos colonnes convergentes. Mais les troupes allemandes bien guidées évitaient généralement les routes régulières et empruntaient des sentiers indigènes à travers le cœur de la brousse, qui est souvent si difficile et si épaisse que des troupes peuvent faire des marches et des contre-marches à quelques miles les unes des autres, sans parvenir à entrer en contact* », écrit le général van Deventer dans son rapport de fin de campagne.

Au Cameroun, l'une des manœuvres courantes des Allemands consiste à effectuer un mouvement enveloppant pour attaquer sur les arrières des colonnes alliées, attirées et fixées par l'action de front d'un détachement de faible importance. En Afrique orientale, von Lettow-Vorbeck développe et améliore ce principe.

Un exemple de la supériorité de von Lettow-Vorbeck en terme d'adaptation aux circonstances est donné lors des combats du 6 septembre 1918 au Mozambique.

Les compagnies allemandes retraitent vers le Nord, suivies à marches forcées par les colonnes du 2nd *King's African Rifles* qui tentent de les accrocher. « *En réalité, la colonne du 2nd K.A.R. avait, sans le savoir, dépassé les forces ennemies et se trouvaient bien en avant d'elles. Le 6, à 11 heures, l'avant-garde* [allemande] *attaqua l'arrière-garde de la colonne* [britannique]... *Le colonel Giffard attaqua à contre-marche ; mais ceci prit du temps et la nuit tomba avant qu'on ait pu obtenir un résul-*

1. Henri Hauser, *La guerre européenne et le problème colonial*, op. cit., p. 65.

tat décisif »[1] Parallèlement, von Lettow-Vorbeck lance son arrière-garde contre la colonne britannique de secours venue de Lioma qui, bloquée, ne peut pas prendre part à l'engagement majeur.

Le dispositif de marche adopté lui permet à la fois d'être renseigné sur les mouvements des Alliés et de conserver la possibilité d'engager ses unités dans des directions différentes. L'articulation de front et dans la profondeur des compagnies, qui progressent entre 30 mn et 1 heure de marche les unes des autres, favorise leur engagement à l'initiative des commandants d'unité qui marchent au canon selon les ordres généraux initialement fixés.

À l'opposé, les Britanniques tentent de tirer avantage de leur supériorité logistique. Ils pratiquent la tactique de la tâche d'huile, *« avance continue, mais lente, basée sur les possibilités de ravitaillement et liaison constante entre les diverses colonnes »*[2]. La densité de l'occupation progressive compense la lenteur des mouvements.

Dans ce contexte, la question des porteurs indigènes se pose avec acuité.

En 1917, sur l'ensemble de l'effectif allié engagé contre la *Schutztruppe* en Afrique orientale, le rapport entre troupes combattantes et soutiens s'établit à 1 pour 10. Au Cameroun, jusqu'à trois mois de marche sont nécessaires pour que les colonnes de porteurs venues d'A.E.F. puissent ravitailler les colonnes françaises[3].

La qualité du corps des porteurs indigènes britanniques est soulignée par tous, mais leur lourdeur est une cause majeure de

1. Dernier rapport du lieutenant-général van Deventer au ministre de la Guerre, Prétoria, 20 janvier 1919.

2. Colonel Jean Charbonneau, *Op. cit.*, p. 40.

3. Les colonnes qui opèrent à partir de la Haute-Bénoué, la vallée de la Sangha et le Sud de la colonie allemande *« ont comme base de ravitaillement les magasins de Fort-Lamy, Bangui et Libreville »*, in *Le Service de l'Intendance aux colonies,* Les armées françaises d'outre-mer, Paris, imprimerie Lahure, 1931, 290 pages, p. 141.

ralentissement du rythme de la campagne. Alors que sur de vastes espaces peu peuplés, contre un ennemi insaisissable, il serait important de jouer du facteur « vitesse », l'étirement des colonnes de porteurs condamne à rester rivé aux rares axes de communication.

Il convient donc de privilégier les formations légères, capables de se ravitailler sur les territoires traversés. L'expérience de l'infanterie coloniale française permet de constater que l'emploi de troupes africaines de préférence à des contingents blancs réduit de plus de 50 % le nombre de porteurs nécessaires et pose donc la question du taux d'encadrement des unités indigènes.

Chez les Allemands par nécessité ou chez les Français par tradition coloniale, le nombre d'Européens par compagnie est limité. Dans l'armée britannique, les effectifs sont plus importants et le nombre de porteurs croît d'autant[1] pour assurer le confort minimal nécessaire à la préservation de l'hygiène et de la capacité opérationnelle. La mobilité des troupes allemandes et françaises s'explique d'abord par ce seul facteur.

Les commandants de formation doivent choisir : conserver les usages du temps de paix, garantir la santé des combattants d'origine européenne et entretenir un imposant corps de porteurs indigènes ; ou réduire drastiquement cette composante de l'effectif, s'adapter aux conditions imposées par l'environnement et gagner en vitesse.

Les Britanniques privilégient la première option. Favorisant l'action offensive avec des moyens humains limités, les Français optent pour la seconde. Contraint à la mobilité par son infériorité numérique, von Lettow-Vorbeck limite le volume du soutien direct. À plusieurs reprises, des indigènes recrutés comme

1. Du Cameroun à l'Afrique orientale en moyenne, il semble que le nombre de porteurs pour un officier européen ait été suivant les périodes de 10 à 15 chez les Britanniques, de 7 à 9 chez les Belges, de 3 à 10 chez les Allemands et de 2 à 4 chez les Français. Dans les unités coloniales françaises, l'effectif moyen en officiers est de l'ordre de 2 p. 100, il s'élève chez les Britanniques à 6 p. 100.

porteurs sont employés comme combattants supplétifs et pour les meilleurs intégrés dans le corps des *Askaris*.

Dans le cadre de la large étude publiée par la *Revue des Troupes coloniales* sur les opérations de l'Est Africain Allemand, les chiffres ci-après sont donnés comme des minimum souhaitables pour un juste équilibre entre nécessités opérationnelles et contraintes sanitaires :

Nombre de porteurs par Européen	
Tente	3
Lit et literie	1
Cantine et matériel de popote	2
Vivres pour 3 semaines à 1 mois (sans vin)	1
Boy	1
Total	7

Pour diminuer le nombre de porteurs, il est possible de réunir les soldats blancs par deux sous la même tente : « *On réduit alors le chiffre à 7 porteurs pour 2 Blancs ; il faut y ajouter 2 boys et 2 porteurs de vivres ; cela fait 11 hommes pour 2 Européens* »[1], chiffre considéré comme un strict minimum.

Toutes les armées coloniales, pendant l'entre-deux-guerres, montent en puissance et tentent de s'organiser en fonction des enseignements des campagnes conduites entre 1914 et 1918.

La naissance et la mort de l'Empire colonial allemand procèdent de la combinaison complexe de facteurs endogènes et exogènes intimement liés, dont l'influence relative fluctue dans le temps et dans l'espace. La seule constante semble être un paradoxe permanent entre le discours officiel qui prône une politique mondiale et vante la puissance de l'Empire, et un

1. « Étude sur les opérations de l'Est Africain Allemand », *Op. cit.*, janvier-février 1923, p. 82.

engagement hésitant, réservé, qui laisse aux autorités locales une large marge d'initiative et tolère l'inertie.

Vae victis.

La Première Guerre mondiale porte un coup sévère à l'influence politique et commerciale de l'Allemagne dans le monde, *« elle a assuré le succès d'autres formes d'impérialisme, d'un impérialisme plus évolué, auquel on pourrait donner le nom d'impérialisme anglo-saxon tant les exemples britannique et américain lui conviennent »* comme le précise René Girault[1].

Elle marque aussi les différences qui apparaissent crûment entre les diplomaties française et britannique. Jacques Bardoux le souligne en relevant le pragmatisme anglais : *« la diplomatie française aime les prévisions lointaines... La politique anglaise évite, la politique française recherche les liens permanents... Le français, qui passe pour volage, donne au contraire, dans l'ordre international, l'exemple le plus rigide de la fidélité conjugale... Plus expert, le Foreign Office sait que le ménage à trois est la sûre méthode d'action diplomatique. Elle laisse une liberté et permet les manœuvres »*[2].

Elle favorise un discours simplificateur sur l'évolution des mondes coloniaux et trompeur sur la puissance réelle de l'empire français. Elle porte en germe les fractures de la seconde moitié du XXe siècle.

1. René Girault, « Les impérialismes de la première moitié du XXe siècle », *Relations internationales*, n° 7, 1976, pp. 193-209.
2. Jacques Bardoux, « Essai d'une définition psychologique de la diplomatie britannique et de la diplomatie française », *Revue d'histoire diplomatique*, juillet-septembre 1938, pp. 292-315.

ANNEXES

1

Le domaine colonial allemand à la veille de la Première Guerre mondiale

Territoires	Superficie (en km²)	Population totale	Population européenne (dont Allemands)
Togo	87.516	1.500.000	368 (320)
Cameroun	750.000 (dont « Vieux Cameroun » 496.938)	2.540.000	1.873 (1.643)
Sud-Ouest Africain	838.370	150.000 (?)	14.816 à 18.830 (12.292)
Est Africain	995.000	8.000.000 (?)	5.336
Tsing-Tao	551 (concession seule)	60.000	2.000
Samoa	2.600	40.000	504 (284)
Terre de l'Empereur Guillaume	179.000	entre 340.000 et 600.000	239 (216)
Archipel Bismarck	61.000	200.000	510 (150 ?)
Îles Carolines (Palau, Mariannes, Marshall)	2.475	50.000	332 (194)

Nota : les chiffres relatifs à la population peuvent varier d'une source à une autre (la population indigène n'est pas toujours parfaitement recensée et la population d'origine européenne évolue parfois dans des proportions importantes en cours d'année). Ils constituent donc des ordres de grandeur. Les quelque 25.000 Allemands installés dans le domaine colonial de l'Empire sont essentiellement regroupés dans le Sud-Ouest africain, l'afrique orientale, le territoire de Tsing-Tao et (en proportion de la superficie) l'archipel des Samoa : l'Allemagne n'a pas su (ou n'a pas eu le temps de) créer de vraies colonies de peuplement.

2

LES RESPONSABLES DU « DÉPARTEMENT DES COLONIES » AU SEIN DE LA HAUTE ADMINISTRATION ET DU GOUVERNEMENT ALLEMAND

Nom	Titre	Dates
F.R. Krauel	Directeur	1890
P. Kayser	Directeur	1890 - 1894
P. Kayser	Sous-secrétaire d'État	1894 - 1896
Baron von Richthofen	Sous-secrétaire d'État	1896 - 1898
G. von Buchka	Sous-secrétaire d'État	1896 - 1900
O. W. Stübel	Sous-secrétaire d'État	1900 - 1905
Prince de Hohenlohe-Langenburg	Sous-secrétaire d'État	1905 - 1906
B. Dernburg	Sous-secrétaire d'État	1906
B. Dernburg	Assistant Secrétaire	1907 - 1910
F. de Lindequist	Assistant Secrétaire	1910 - 1911
W. H. Solf	Assistant Secrétaire	1911 - 1918

3

LES COMMISSAIRES IMPÉRIAUX ET GOUVERNEURS DES COLONIES ALLEMANDES

Afrique			
Togo	Cameroun	Sud-Ouest Africain	Est Africain
Gustav Nachtigal (juillet 1884)	Gustav Nachtigal (juillet 1884)	Dr. Heinrich Ernst Göring (mai 1885 – août 1890)	Dr. Carl Peters (mai 1885 – février 1888)
	Dr. Maximilian Buchner (juillet 1884 – avril 1885)		
	Eduard von Knorr (avril – juillet 1885)		
	Julius Freiherr von Soden (juillet 1885 – mai 1887) 1er mandat		
	Jesko von Puttkamer (mai – octobre 1887) 1er mandat		
	Eugen von Zimmerer (octobre 1887 – janvier 1888) 1er mandat		
	Julius Freiherr von Soden (janvier 1888 – décembre 1889) 2e mandat		

Afrique			
Togo	Cameroun	Sud-Ouest Africain	Est Africain
	Eugen von Zimmerer (décembre 1889 – avril 1890) 2e mandat		
	Comte Markus Pfeil (avril – août 1890)		
	Kurz (août 1890)		
	Jesko von Puttkamer (août – décembre 1890) 2e mandat		
	Bruno von Schuckmann (août 1891 – janvier 1892)		
	Eugen von Zimmerer (janvier 1892 – juin 1893) 3e mandat		
	Leist (juin 1893 – février 1894) 2e mandat		
	Eugen von Zimmerer (février – décembre 1894) 4e mandat		
	Jesko von Puttkamer (décembre 1884 – mars 1885) 3e mandat		
	Von Lücke (mars – mai 1895)		
	Jesko von Puttkamer (mai – octobre 1895) 4e mandat		

Afrique			
Togo	Cameroun	Sud-Ouest Africain	Est Africain
	Dr. Theodor Seitz (octobre 1895 – septembre 1897) 1er mandat		
	Jesko von Puttkamer (septembre 1897 – janvier 1898) 5e mandat		
	Dr. Theodor Seitz (janvier – octobre 1898) 2e mandat		
	Jesko von Puttkamer (octobre 1898 – janvier 1900) 6e mandat		
	August Köhler (janvier – juillet 1900)		
Freiherr von Soden (1884 - 1885)	Diehl (août – septembre 1900)		
	Von Kamptz (septembre – novembre 1900)		
	Jesko von Puttkamer (novembre 1900 – février 1902) 7e mandat		

Afrique			
Togo	Cameroun	Sud-Ouest Africain	Est Africain
Heinrich Randad (juillet 1884 – juin 1885)	Plehn (février – septembre 1902)		
Ernst Falkenthal (juin 1885 – mai 1887)	Jesko von Puttkamer (septembre 1902 – mai 1904) 8e mandat		
Jesko von Puttkamer (juillet 1887 – octobre 1888)	Dr. Otto Gleim (mai 1904 – janvier 1905) 1er mandat		
Eugen von Zimmerer (octobre 1888 – avril 1891)	Jesko von Puttkamer (janvier 1905 – janvier 1906) 9e mandat		
Poste non honoré d'avril 1891 à juin 1892	Colonel Müller (janvier – novembre 1906)		Herrmann von Wissmann (février 1888 – février 1891) 1er mandat
Jesko von Puttkamer (juin 1892 – août 1895)	Dr. Otto Gleim (novembre 1906 – juillet 1907) 2e mandat		Julius Freiherr von Soden (1891) 1er mandat
August Köhler (novembre 1895 – janvie 1902)	Dr. Theodor Seitz (juillet 1907 – février 1909) 3e mandat		Rüdiger (1891) par intérim
Poste non honoré de janvier à décembre 1902	Hansen (février – octobre 1909) 1er mandat	Louis Nels (août 1890 – mars 1891)	Julius Freiherr von Soden (1891 – septembre 1893) 2e mandat

Afrique			
Togo	**Cameroun**	**Sud-Ouest Africain**	**Est Africain**
Waldemar Horn (décembre 1902 – mai 1903)	Dr. Theodor Seitz (octobre 1909 – août 1910) 4e mandat	Capitaine Curt von François (mars 1891 – mars 1894)	Friedrich Radbod Freiherr von Scheele (septembre 1893 – avril 1895)
Comte Johann Nepomuk Zech auf Neuhofen (mai 1904 – novembre 1910)	Steinhausen (août – septembre 1910)	Major Theodor von Leutwein (mars 1894 – août 1905)	Herrmann vonWissmann (avril 1895 – décembre 1896) 2e mandat
Poste non honoré de novembre 1910 à mars 1911	Hansen (septembre – octobre 1910) 2e mandat	Général Lothar von Trotha (août – novembre 1905)	Eduard von Liebert (décembre 1896 – mars 1901)
Edmund Brückner (mars 1911 – juin 1912)	Dr. Otto Gleim (octobre 1910 – octobre 1911) 3e mandat	Friedrich von Lindequist (novembre 1905 – mai 1907)	Comte Gustav Adolf von Götzen (mars 1901 – avril 1906)
Duc Adolf Friedrich zu Mecklenburg (juin 1912 – août 1914)	Hansen (octobre 1911 – mars 1912) 3e mandat	Bruno von Schuckmann (mai 1907 – juin 1910)	Georg Albrecht Freiherr von Rechenberg (avril 1906 – avril 1912)
Major von Doering (1914)	Dr. Karl Ebermaier (mars 1912 – mars 1916)	Dr. Theodor Seitz (août 1910 – juillet 1915)	Dr. Albert Heinrich Schnee (avril 1912 – novembre 1918)

<table>
<tr><th colspan="3">Asie – Pacifique</th></tr>
<tr><th>Tsing-Tao[525]</th><th>Nouvelle-Guinée</th><th>Samoa</th></tr>
<tr><td rowspan="8">Kurt Rosendahl
(mars 1898 – février 1899)</td><td>Gustav von Oertzen
(1885 – janvier 1887)</td><td rowspan="11">Dr. Wilhelm Heinrich Solf
(mars 1900 – décembre 1911)</td></tr>
<tr><td>Georg Freiherr von Schleinitz
(juin 1886 – mars 1888)</td></tr>
<tr><td>P.-S. Kraetke (mars 1888 – octobre 1889)</td></tr>
<tr><td>Fritz Rose
(novembre 1889 – août 1892)</td></tr>
<tr><td>Georg Schmiele
(septembre 1892 – mars 1895)</td></tr>
<tr><td>Hugo Rüdiger
(mars 1895 – août 1896)</td></tr>
<tr><td>Curt von Hagen
(septembre 1896 – juin 1897)</td></tr>
<tr><td>Albert Hahl
(août – septembre 1897)
par intérim</td></tr>
<tr><td>Otto Ferdinand Paul Jäschke
(février 1899 – janvier 1901)</td><td>Hugo Skopnik
(septembre 1897 – mars 1899)</td></tr>
<tr><td>Max Rollmann
(janvier – juin 1901)</td><td>Rudolf von Bennigen
(mars 1899 – juillet 1901)</td></tr>
<tr><td>Oskar von Truppel
(juin 1901 – août 1911)</td><td>Albert Hahl
(juillet 1901 – avril 1914)</td></tr>
<tr><td>Alfred Meyer-Waldeck
(août 1911 – novembre 1914)</td><td>Eduard Haber
(avril 1914 – octobre 1914)
par intérim</td><td>Dr. Erich Schultz-Erwerth
(décembre 1911 – août 1914)</td></tr>
</table>

4

Commandants des forces de protection (Kommandeure der Schutztruppe) en Afrique allemande

Ost Afrika	Südwest Afrika	Kamerun
Von Zelewski (avril – août 1891)	Major von François (juin 1894 – janvier 1895)	Capitaine von Stetten (juillet 1894 – août 1896)
Colonel Freiherr von Schele (octobre 1893 – mars 1895)	Colonel Leutwein (novembre 1897 – mai 1904)	Major von Kamptz (octobre 1897 – avril 1901)
Lieutenant-colonel von Trotha (mai1895 – août 1897)	Général-lieutenant von Trotha (mai 1904 – mai 1906)	Colonel Pavel (juin 1901 – janvier 1903)
Général-major von Liebert (septembre 1897 – mars 1901)	Général-major von Deimling (mai 1906 – mars 1907)	Général-major Mueller (avril 1903 – février 1908)
Major Comte von Götzen (mars 1901 – avril 1906)	Colonel von Estorff (avril 1907 – mars 1911)	Lieutenant-colonel Puder (février 1908 – septembre 1913)
Lieutenant-colonel Freiherr von Schleinitz (mai 1907 – avril 1914)	Lieutenant colonel von Heydebreck (novembre 1912 – novembre 1914)	Major Zimmermann (avril 1914 – 1916)
Lieutenant-colonel von Lettow-Vorbeck (avril 1914 – novembre 1918)	Lieutenant-colonel Franke (novembre 1914 – juillet 1915)	

5

CHRONOLOGIE DE LA PRISE DE POSSESSION PAR LES ALLIÉS DES TERRITOIRES ALLEMANDS DU PACIFIQUE

Date	Territoire allemand	Marines alliées mises en œuvre	Attribution (puis mandat)
30/31 août 1914	Apia (Samoa),	Grande-Bretagne, Australasie, France	Nouvelle-Zélande
11 septembre	Herbertshohe (Nouvelle Poméranie)	Grande-Bretagne, Australasie, France	Australie
13 septembre	Rabaul (Nouvelle Poméranie)	Grande-Bretagne, Australasie, France	Australie
24 septembre	Friedrich-Wilhemshafen (Nouvelle-Guinée)	Grande-Bretagne, Australasie, France	Australie
3 octobre	Jaluit (Carolines)	Japon	Japon
7 octobre	Yap (Carolines)	Japon, Australasie	Japon (avec réserves)
	Ponape (Carolines)	Japon	Japon
8 octobre	Koror (Palau)	Japon	Japon
9 octobre	Angaur (Palau)	Japon	Japon
12 octobre	Truk (Carolines)	Japon	Japon
14 octobre	Saipan (Mariannes)	Japon	Japon

Date	Territoire allemand	Marines alliées mises en œuvre	Attribution (puis mandat)
17 octobre	Käwieng (Nouveau Mecklenburg)	Australasie	Australie
24 octobre	Rota (Mariannes)	Japon	Japon
27 octobre	Namatanaï (Nouveau Mecklenburg)	Australasie	Australie
22 novembre	Manus (Bougainville)	Australasie	Australie
9 décembre	Kieta (Bougainville)	Australasie	Australie
12 décembre	Angoram	Australasie	Australie
11 janvier 1915	Morobe (Nouvelle-Guinée)	Japon	Australie

d'après Sylvette Boudin-Boyer, op. cit.

INDEX DES NOMS DE PERSONNES

Index des noms de lieux

Afin de ne pas alourdir inutilement cet index, certains noms de pays ou de grandes villes pour lesquelles ne se pose aucun problème de localisation ne sont pas répertoriés.

Différentes graphies peuvent être utilisées pour un même lieu en fonction des langues ou des périodes. Dans la mesure du possible, nous utilisons soit le terme généralement admis en français, soit la formulation allemande.

Bibliographie consultée et sources

Livres

Collectifs

Les Armées Françaises dans la Grande Guerre (AFGG), volume IX et annexes « Conquête du Togo et du Cameroun », service historique de l'état-major, Paris, imprimerie nationale, 1932 (son équivalent allemand non officiel, *Der Grosse Krieg*, uniquement soucieux de propagande nationaliste et outrageusement fantaisiste ne mérite d'être cité que pour mémoire).

Was wir vom Weltkrieg nicht wissen, sous la direction de Friedrich Felger, Leipzig, édition de la Guerre mondiale, s.d. (années 1920 ?), 640 pages.

« Les armées françaises d'outre-mer », publiée à l'occasion de l'exposition coloniale internationale de Paris en 1931 (Imprimerie Lahure), volumes *Le Service de santé aux colonies* (450 pages), *Le Service de l'Intendance aux colonies* (290 pages), *Le Génie aux colonies* (343 pages).

Histoire des Pays d'Outre-Mer, mélanges en l'honneur de Jean-Louis Miège, 2 volumes, Publications de l'université de Provence, Institut d'histoire des Pays d'Outre-Mer, 1992, 715 pages.

— **Abbott** Peter, *Armies in East Africa 1914-1918*, Oxford, Osprey Publishing, 2002, 48 pages

— **Andler**, professeur Ch., *Le pangermanisme, ses plans d'expansion allemande dans le monde*, collection « Études et documents sur la guerre », Paris, Armand Colin, 1915, 80 pages

— **Antonelli** Etienne, *L'Afrique et la paix de Versailles*, Paris, Bernard Grasset, 1921, 260 pages

— **Aron** Raymond, *Paix et guerre entre les nations*, Paris, Calmann-Lévy, 1962, 794 pages

— **Aymerich**, général J, *La conquête du Cameroun : 1er août 1914 – 20 février 1916*, Paris, Payot, 1933, 216 pages

— **Baer** Martin et **Schröter** Olaf, *Eine Kopfjagd. Deutsche in Ostafrika. Spuren kolonialer Herrchaft*, Berlin, Links Verlag, 220 pages

— **Besson** Maurice, *Les colonies allemandes et leur valeur*, préface de Pierre Perreau Pradier, Paris, A. Challamel éditeur, 1917, 78 pages
— **Beyens** baron, *Deux années à Berlin, 1912-1914*, 2 volumes, Paris, Plon, 1931
— **Boussenot** Georges, *La France d'outre-mer participe à la guerre*, Paris, Félix Alcan, 1916, 96 pages
— **Bradshaw Fay** Sidney, *Les origines de la guerre mondiale*, vol. 1, traduit de l'anglais par Charles Jacob, Paris, éditions Rieder, 1930, 495 pages
— **Bruel** Georges, *L'Afrique Équatoriale Française, le pays, les habitants, la colonisation, les pouvoirs publics*, Paris, Émile Larose libraire-éditeur, 1918, 558 pages
— **Brunschwig** Henri, *L'expansion allemande outre-mer, du XVe siècle à nos jours*, Paris, P.U.F., collection Études coloniales n° 9, 1957, 208 pages
— **Buhrer**, commandant J., *L'Afrique Orientale Allemande et la guerre de 1914-1918*, Paris, L. Fournier, 1922, 427 pages
— **Charbonneau**, colonel breveté Jean, *On se bat sous l'équateur*, Paris-Limoges, Charles Lavauzelle et Cie., 1933, 190 pages
— **Chéradame** André, *La colonisation et les colonies allemandes*, Paris, librairie Plon, 1905, 480 pages
— **Cornevin** Robert, *Histoire de la colonisation allemande*, Paris, P.U.F., 1969, 128 pages ; *Histoire du Togo*, Paris, Berger-Levrault, coll. Mondes d'outre-mer/Histoire, 1969, 554 pages
— **Detzner**, journal du capitaine Herman, *Les papous du Kaiser*, présenté par Philippe Conrad, Pté. de Monaco, éditions du Rocher, 1989, 375 pages
— **Digu'en** Abou, *Notre empire africain noir, ses problèmes politiques et militaires*, Paris, Charles-Lavauzelle, 1928, 150 pages
— **Ditte**, lieutenant-colonel, *Observations sur la guerre dans les colonies, organisation – exécution*, Paris, Lavauzelle, 1905, 368 pages
— **Duroselle** Jean-Baptiste, *Histoire diplomatique de 1919 à nos jours*, Paris, Dalloz, 1993, 1038 pages
— **Duval** Eugène-Jean, *Le sillage militaire de la France au Cameroun, 1914-1964*, Paris, L'Harmattan, 2004, 379 pages

— **Eudeville** Jean d', *1912, Préface de la Guerre*, Paris, éditions Spes, 1938, 190 pages
— **Fabre-Luce** Alfred, *La Victoire*, Paris, éditions de la Nouvelle revue française, 1924, 428 pages
— **Ferrandi**, lieutenant-colonel Jean, *De la Bénoué à l'Atlantique, à la poursuite des Allemands*, Paris-Limoges, Charles Lavauzelle et Cie., 1931, 177 pages
— **Frémeaux** Jacques, *Les colonies dans la Grande Guerre, combats et épreuves des peuples d'Outre-mer*, Saint Cloud, 14-18 Éditions, 2006, 393 pages
— **Fidel** Camille, *L'Allemagne d'outre-mer, grandeur et décadence*, Paris, Boivin & Cie éditeurs, 1915, 78 pages
— **Georges**, général E. Howard, *La guerre dans l'ouest africain*, préface du général J. Aymérich, Paris, Payot, 1933, 191 pages
— **Gowen**, Dr. Herbert H., *Histoire de l'Asie*, traduit de l'anglais par le commandant G. Lepage, Paris, Payot, 1929, 402 pages
— **Grey** Edward, vicomte de Fallodon, *Mémoires*, traduit de l'anglais par M. d'Honfroi, Paris, Payot, 1927, 597 pages
— **Grosclaude** Pierre, *Menaces allemandes sur l'Afrique*, Paris, Fernand Sorlot, collection "La France totale", 1938, 124 pages
— **Guillaume II**, empereur d'Allemagne, *Mémoires*, Paris, Hachette, 1922, 306 pages
— **Hanotaux** Gabriel et **Martineau** Alfred, *Histoire des colonies françaises et de l'expansion de la France dans le monde* (vol. IV), Paris, librairie Plon, 1931, 611 pages
— **Hardy** Georges, *Vue générale de l'Afrique*, Paris, librairie Armand Colin, 1922, 200 pages
— **Harris** John H., *German lost colonial empire & the essentials of reconstruction*, 1917, 88 pages
— **Hauser** Henri, *Colonies allemandes impériales et spontanées*, Paris, Librairie Nony et Cie., 1900, 139 pages; *La guerre européenne et le problème colonial*, Paris, Librairie Chapelot, 1915, 111 pages
— **Hew** Strachan, *The First World War in Africa*, Oxford, Oxford University Press, 2004, 224 pages
— **Hoyt** Edwyn P., *Guerilla*, London & New York, Macmillan Publishers Co. Inc., 1981, 216 pages

— **Jadfard** René, *La France et les revendications coloniales allemandes*, Paris, Louis Querelle éditeur, 1938, 123 pages
— **Labouret** Henri, *Le Cameroun*, Paris, Paul Hartmann éditeur, Centre d'études de politique étrangère, 1937, 255 pages
— **Langer** William L., *The diplomacy of Imperialism*, 2 volumes, New-York (USA), Alfred A. Knopf Éd., 1935, 820 pages
— **Lettow-Vorbeck**, général von, *La guerre de brousse dans l'Est-Africain 1914-1918*, Paris, Payot, 1933, 295 pages ; *Um Vaterland und Kolonie, der Feldzug in Ostafrika*, Berlin, Bermühier, 1919, 121 pages ; *Meine Erinnerungen aus Ostafrika*, Leizig, RF Koehler Verlag, 1920, 302 pages.
— **Loof** Max, *Les marins du Königsberg au combat sur la mer et dans la brousse*, Paris, Payot, 1933, 190 pages
— **Luckner** comte Félix von, *Le dernier corsaire (1914-1918)*, Paris, Payot, 1927, 252 pages
— **Lugan** Bernard, *Le Safari du Kaiser*, Paris, Éditions de la Table Ronde, 1987, 231 pages *Cette Afrique qui était allemande*, Paris, éditions J. Picollec, 1990, 269 pages
— **Maroix**, général, *Le Togo, pays d'influence française*, général Maroix, Paris, Larose éditeurs, 1938, 136 pages
— **Megglé** Armand, *Le domaine colonial de la France, ses ressources et ses besoins*, Paris, librairie Félix Alcan, 1922, 342 pages
— **Meyer** Jean, Tarrade Jean, Rey-Goldzeiguer Annie, Thobie Jacques, *Histoire de la France coloniale*, 2 volumes, Paris, Armand Colin, 1991-1944
— **Millot** Albert, *Les mandats internationaux, étude sur l'application de l'article 22 du pacte de la Société des Nations*, Paris, Émile Larose libraire-éditeur, 1924, 255 pages
— **Morgen** Curt von, *Voyage à travers le Cameroun du Sud au Nord*, souvenirs présentés par Philippe Laburthe-Tolra, Paris, Publications de la Sorbonne, 1982, 411 pages
— **Moulaert**, colonel Georges, *La campagne du Tanganika*, Bruxelles (Belgique), L'Édition Universelle, 1934, 240 pages
— **Oliver** Douglas, *Les îles du Pacifique*, Paris, Payot, 1952, 366 pages
— **Paléologue** Maurice, *Guillaume II et Nicolas II*, Paris, Plon, 1935, 244 pages

— **Pélissier** René, *Les campagnes coloniales du Portugal, 1844-1941*, Paris, Pygmalion, 2004, 344 pages
— **Perreau-Pradier** Pierre et **Besson** Maurice, *L'effort colonial des Alliés*, préface de Paul Doumer, Nancy-Paris-Strasbourg, Berger-levrault libraires-éditeurs, 1919, 182 pages
— **Pierre-Alype**, *La provocation allemande aux colonies*, préface d'Albert Sarraut, Paris-Nacy, Librairie militaire Berger-Levrault, 1915, 244 pages
— **Piquet** Victor, *Histoire des colonies françaises*, Paris, Payot, 1931, 350 pages
— **Prokos**, capitaine G., *Opérations coloniales, tactique des petits détachements*, Paris, Charles-Lavauzelle, s.d. (1908?), 211 pages
— **Ronze** Raymond, *La question d'Afrique*, Paris, Librairie Félix Alcan, 1918, 391 pages
— **Rousseau** Charles, *Le droit des conflits armés*, Paris, éditions A. Pedone, 1983, 629 pages
— **Salesse**, capitaine, *Le problème colonial allemand*, Paris-Limoges, Charles lavauzelle & Cie., 1931, 130 pages
— **Sarraut** Albert, *La mise en valeur des colonies françaises*, Paris, Payot, 1923, 663 pages
— **Sawodny** Wolfgang, *Die Panzerzüge des Deutschen Reiches 1904-1945*, Freiburg (RFA), EK-Verlag, 1996, 428 pages
— **Schmitt** Bernadotte E., *Comment vint la guerre (1914)*, 2 volumes, Paris, Alfred Costes éditeur, 1932
— **Sedes** Jean-Marie, *Le racisme en Afrique, problème de la colonisation et des missions*, Paris, Sorlot, s.d., 64 pages
— **Soutou** Georges-Henri, *L'or et le sang. Les buts de guerre économiques de la Première Guerre mondiale*, Paris, Fayard, 1989, 963 pages
— **Stiénon** Charles, *La campagne anglo-belge de l'Afrique Orientale Allemande*, Paris-Nancy, Berger-Levrault libraires-éditeurs, 1918 ,300 pages
— **Stoeklin** Jules, *Les colonies et l'émigration allemande*, Paris, L. Westhauser éditeur, 1888, 375 pages
— **Tardieu** André, *Le mystère d'Agadir*, Paris, Calmann-Lévy, 1912, 619 pages
— **Teixeira** Nuno Severiano, *L'entrée du Portugal dans la Grande*

Guerre, objectifs nationaux et stratégies politiques, publié avec le concours de la C.P.H.M. et de l'I.S.C., Paris, Economica, 1998, 392 pages

— **Weithas**, lieutenant-colonels **Rémy** et **Charbonneau**, *La conquête du Cameroun et du Togo*, in « Les armées françaises d'outre-mer », exposition coloniale internationale de 1931, Paris, imprimerie nationale, 1929, 601 pages

— **Wilbois** J., *Le Cameroun, les indigènes, les colons, les missions, l'administration française*, Paris, Payot, 1934, 256 pages

— **Wirz** Albert, *Vom Sklavenhandel zum Kolonialenhandel, Wirtschaftraüme und Wirtschaftsformen in Kamerun vor 1914*, Zürich (CH), Atlantis, 1972, 301 pages

— **Witte**, baron Jehan de, *Les deux Congo*, Paris, Plon-Nourrit et Cie, 1913, 408 pages

Publications du Comité de l'Afrique française (Paris)

Le *Bulletin du Comité de l'Afrique Française* (devenu en 1909 le *Bulletin de l'Afrique Française*) et son supplément *Renseignements coloniaux* sont essentiels malgré le militantisme des animateurs de la revue. Quelques numéros spéciaux méritent d'être signalés :

Le rôle des colonies françaises dans la campagne du Cameroun, Henri Mailier, 1916, 124 pages

Les colonies allemandes d'Afrique, d'après les rapports consulaires anglais, 1916, 122 pages.

Les crimes allemands en Afrique, 1917, 173 pages

Le régime allemand en Afrique, Evans Lewin, 1918, 43 pages

Le mensuel ***L'Asie Française***, édité par le *Comité de l'Asie Française*, présente le même intérêt.

Collection « History and Encyclopaedia of the War », The Times, Londres

The Conquest of German South-West Africa, n° 98, vol. 8, 4 juillet 1916

The Conquest of Camerron and Togoland, n° 99, vol. 8, 11 juillet 1916

The Campaign in German East Africa (1), n° 121, vol. 10, 12 décembre 1916

The Campaign in German East Africa (2), n° 146, vol. 12, 5 juin 1917
New Zealand and the War, n° 161, vol. 13, 18 septembre 1917
The Campaign in German East Africa (3), n° 168, vol. 13, 6 novembre 1917
The Intervention of China, n° 173, vol. 14, 11 décembre 1917
India during the War, n° 186, vol. 15, 12 mars 1918
British Island Colonies and the War, n° 198, vol. 16, 4 juin 1918
Equatorial Africa during the War, n° 208, vol. 16, 13 août 1918
Portugal at War 1916-1917, n° 218, vol. 17, 22 octobre 1918

Reichs-Kolonialamt

Die Deutschen Schutzgebiete in Afrika und der Südsee 1911/1912, bilans annuels publiés par le *Reichs-Kolonialamt*, Berlin, E. S. Mittler, librairie royale, 1913, vol. 1 : 181 pages, vol. 2 : 370 pages

Kolonialen Reichsarbeitsgeleinschaft

40 Jahre Deutsche Kolonialarbeit, brochure commémorative du 24 avril 1924, Berlin, Agence Duems, 52 pages

ARTICLES

***Revue Militaire de l'Étranger* (puis « *des Armées Etrangères* »)**

Les possessions coloniales de l'Allemagne, article à suivre en juillet (pp. 5-29) et août 1889 (pp. 444-461)
L'annexion d'Helgoland à l'empire d'Allemagne, août 1890, pp. 213-223
Les troupes coloniales allemandes, décembre 1891, pp. 495-509
L'Infanterie de Marine et les troupes coloniales allemandes, article à suivre en juillet (pp. 437-456), août (pp. 501-528) et septembre 1900 (pp. 565-643)
La garnison de Kiao-Tchéou, juillet 1905, p. 77
Une campagne coloniale allemande, opérations contre les Bodelszwarts et les Hereros, octobre 1905, pp. 306-349
Le nouveau quinquennat militaire allemand, avril 1911, pp. 253-287
La défense de l'Union Sud-Africaine, juin 1912, pp. 441-462
Les forces militaires de l'Australie, juin 1913, pp. 574-581

Allemagne: la loi du 22 juillet 1913 sur le service militaire aux Colonies, janvier 1914, pp.87-89

Les périodiques militaires spécialisés des autres puissances coloniales présentent également un intérêt certain.

Revue des Troupes coloniales

L'infanterie de marine allemande, capitaine Méra, 1912, pp. 1-17

Les troupes de police du Cameroun allemand, capitaine Méra, 1912, pp. 489-517

L'effort militaire et le mouvement commercial des colonies, capitaine Fricout, juillet-août 1920, n° 146, pp. 73-99

La guerre en forêt équatoriale, articles à suivre, collectif, n° 150-151, 1921

Contribution à l'étude de la conquête de l'Est Africain Allemand, articles à suivre, capitaine Darroux, n° 160 à 167, 1922-1924

Historique des troupes coloniales pendant la guerre (fronts extérieurs, Cameroun), articles à suivre, commandant Viraud, n° 187 à 194, 1927-1929

Historique des troupes coloniales pendant la guerre (fronts extérieurs, Togo), 1929, pp. 259-270

Le Cameroun, Christian Laigret, n° 196-197, 1929-1930, pp. 400-413 et 11-36

Notes sur l'organisation militaire du Congo belge, colonel Labeye, n° 205, 1er trimestre 1932, pp. 1-12

Revue des Deux Mondes

Japonais et Américains, les vraies difficultés, Félix Klein, 1er octobre 1909, pp. 673-704

L'union des colonies britanniques sud-africaines, Biard d'Aunet, 15 octobre 1909, pp. 862-891

Tsing-Tao et la ruine de la culture allemande en Extrême-Orient, Daniel Bellet, 1er mars 1915, pp. 121-149

La campagne coloniale des Alliés en 1914 et 1915, Charles Stiénon, articles à suivre, 1er novembre 1915, pp. 151-185; 15 novembre 1915, pp. 405-436; 1er décembre 1915, pp. 641-676

Les ambitions coloniales de l'Allemagne, Jacques de Dampierre, 1er janvier 1916, pp. 192-215

L'effondrement colonial de l'Allemagne, Charles Stiénon, 1er avril 1917, pp. 645-684

À la conférence de la Paix. Physionomie de séances, Gaston Deschamps, 1er mai 1919, pp. 191-203

Nos Alliés d'Extrême-Orient, Chine et Japon, M. A. Gérard, 15 mai 1919, pp. 422-443

La Revue Hebdomadaire

La coopération japonaise, Emile Bertin, tome I, janvier 1915, pp. 449-452

Les colonies françaises et la guerre, Maurice Besson, tome X, octobre 1915, pp. 376-386

Le "Deutschtum" et les câbles sous-marins allemands, baron Hulot, tome XI, novembre 1915, pp. 94-102

Mgr Augouard et le Congo français depuis le traité du 4 novembre 1911, Félix Rocquain, tome XII, décembre 1915, pp. 453-467

Un an de guerre au Cameroun, Maurice d'Annemarie, tome I, janvier 1916, pp. 504-533

La participation militaire du Japon et ses intérêts vitaux, Jacques Flach, tome II, février 1918, pp. 448-471

L'idéal du Japon et sa participation militaire, Jacques Flach, tome III, mars 1918, pp. 47-61

Ma mission en Chine, Auguste Gérard, tome IV, avril 1918, pp. 33-48

La Revue de Paris

Les Allemands en Extrême-Orient, Fernand Farjenel, 1er septembre 1915, pp. 867-894

L'Afrique du Milieu, Fernand Maurette, 1er mai 1919, pp. 873-894

La politique intérieure en Chine, Félicien Challaye, 1er septembre 1919, pp. 866-894

Les Hohenzollern colonisateurs, du Grand Électeur à Guillaume II (1648-1918), Éd. Carteron, 1er novembre 1919, pp. 162-187

L'Afrique Orientale et l'empire britannique, Fernand Maurette, 1er décembre 1919, pp. 648-672

La question du Chantoung, Félicien Challaye, 15 juin 1920, pp. 868-894.

Les ambitions coloniales de l'impérialisme japonais, Félicien Challaye, 1er septembre 1920, pp. 434-447

La Revue

L'intervention japonaise, Stephen Pichon, 15 février 1915, pp. 193-205

La guerre et l'Asie, Albert de Pouvourville, 1er avril 1917, pp. 258-270

Revue politique et parlementaire

La France et la plus grande France, un essai de programme, Joseph Chailley-Bert, août 1902, pp. 230-262

L'arrangement franco-anglais, René Goblet, mai 1904, pp. 229-240

La France et l'Angleterre en Extrême-Orient, E. Augier, avril 1904, pp. 39-49

Le Maroc à la fin de 1904, les premières réformes à accomplir, Jean Rosten, février 1905, pp. 278-293

L'Afrique Occidentale Française, Albert Duchêne, juillet 1905, pp. 67-83

La constitution du Transvaal du 31 mars 1905, Raoul Bompard, décembre 1905, pp. 522-531

Le Japon entre l'Europe et la Chine, André Chéradame, mars 1915, pp. 234-255

La politique extérieure, Ernest Lémonon, mai 1919, pp. 202-210

La question d'Extrême-Orient, André Duboscq, décembre 1919, pp. 325-332

Les préludes politiques d'Extrême-Orient, André Duboscq, février 1920, pp. 262-270

La Chine et la question d'Extrême-Orient, André Duboscq, avril 1920, pp. 79-89

L'Entente en péril, Joseph-Barthélemy, décembre 1920, pp. 332-352

Revue d'histoire diplomatique

L'accord franco-anglais et l'Europe, F. de Saint Charles, n° 2 (juillet-décembre), 1904, pp. 454-475

Le mystère d'Agadir (à propos du livre de M. André Tardieu), L.D., janvier 1913, pp. 23-40

La doctrine de Monroe et la crise d'Extrême-Orient, John H. Spencer, juillet-septembre 1932, pp. 344-354

L'intervention portugaise dans la guerre mondiale, Albert Pingaud, juillet-septembre 1935, pp. 322-338
Essai d'une définition psychologique de la diplomatie britannique et de la diplomatie française, Jacques Bardoux, juillet-septembre 1938, pp. 292-315

La revue du Pacifique

La Revue du Pacifique, Léon Archimbaud, mai 1922, pp. 3-17
Les communications électriques du Pacifique, XXX, juin 1922, pp. 63-76
La poussée du Japon vers le Sud, Léon Archimbaud, juillet 1922, pp. 26-30
La défense des colonies. Sommes-nous défendus dans le Pacifique ?, Olivier Guihéneuc, novembre 1922, pp. 20-30
L'Union sacrée en Chine, Pacificus, mai 1923, pp. 543-547
Le réseau mondial des câbles sous-marins, juin 1923, pp. 745-749

Le Monde Nouveau

Les mandats coloniaux au Togo et au Cameroun, Ernest Haudos, janvier 1921, pp. 295-296
Le Japon et les Puissances après la victoire, Félicien Challaye, janvier 1921, pp. 25-31
Les rapports sino-japonais, Félicien Challaye, septembre 1921, pp. 1505-1509
L'avenir du Togo et du Cameroun, G. Angoulvant, septembre 1921, pp. 1206-1213

Revue française d'histoire d'outre-mer

Les plantations allemandes du Mont Cameroun, 1885-1914, Marc Michel, n° 207, 2e trimestre 1970, pp. 183-213
L'histoire vécue: Sokodé, 1914. Les Allemands évacuent le Nord-Togo, J. C. Barbier, n° 278, 1er trimestre 1988, pp. 79-88

Revue d'histoire moderne et contemporaine

Bismarck et la crise d'Orient de 1875 à 1878, Winfried Baumgart, janvier-mars 1980, pp. 104-108
Les relations commerciales entre la France et son empire colonial de 1880 à 1913, Jacques Marseille, avril-juin 1984, pp. 286-307

Revue internationale d'histoire militaire

Précurseurs et artisans de l'expansion belge, Albert Duchesne, n° 20, 1959, pp. 616-629

Appréciations allemandes sur la valeur de l'armée belge et les perspectives de guerre avant 1914, Jacques Willequet, n° 20, 1959, pp. 630-641

La campagne du Cameroun (1914-1916), Jean Nouzille, n° 63, 1985, pp. 9-20

Rumour and Reality: The Impact of the Great War in the Sutherland Shire, Alan D. Gilbert, n° 72, 1990, pp. 97-111

The Australian-New Zealand Defence relationship since 1901, Ian McGibbon, n° 72, 1990, pp. 123-145

Relations Internationales

Milieux d'affaires et impérialisme colonial, Pierre Guillen, n° 1, mai 1974, pp. 57-69

Politique intérieure et politique extérieure sous la IIIe République, l'exemple des années 1881 et 1911, Jean-Baptiste Duroselle et Jean-Claude Allain, n° 4, décembre 1975, pp. 3-38

Aspects de l'impérialisme allemand avant 1914, Raymond Poidevin, n°6, été 1976, pp. 111-124

Les impérialismes de la première moitié du XXe siècle, René Girault, n° 7, automne 1976, pp. 193-209

Les relations de la France et du Libéria, des origines jusqu'à la veille de la Première guerre mondiale, Joëlle Lassissi-Pinto, n° 18, été 1979, pp. 131-147

Banque impériale ottomane et banque impériale de Perse jusqu'en 1914: stratégies comparées de deux banques centrales dans un contexte semi-colonial, Jacques Thobie, n° 56, hiver 1988, pp. 427-456

1914-1918, le magazine de la Grande Guerre

La prise de Tsing-Tao par les Japonais, Laurent Henninger, n° 2, juin-juillet 2001, pp. 34-39

Eloge de la petite guerre: La campagne de la Deutsch-Ostafrika 1914-1918, Rémy Porte, n°27, juillet-août 2005, pp. 32-42

Revue Historique des Armées

Les campagnes d'Afrique 1914-1918, lieutenant-colonel Y. Jouin, articles à suivre, n° 3/1964, pp. 143-155 et 2/1965, pp. 75-90

La prise de Coco-Beach (21 septembre 1914), lieutenant de vaisseau Robert Contamin, n° 2/1981, pp. 82-97

Le partage de l'Afrique (1884-1913), général L. Luccari, n° 2/1991, pp. 69-78

L'Histoire

Le parti colonial, Charles-Robert Ageron, n° 69, juin 1984, pp. 72-81

Le travail forcé en Afrique, Catherine Coquery-Vidrovitch, n° 69, juin 1984, pp. 100-105

Afrique : le génocide oublié des Hereros, Joël Kotek, n° 261, janvier 2002, pp. 88 à 92

L'Illustration

L'intervention japonaise, André Chéradame, n° du 2 janvier 1915

La conquête du Cameroun, articles à suivre, Gustave Babin, n° du 5 et du 19 février 1916

Les intrigues allemandes en Perse, E. Simais, n° du 18 mars 1916

Le Cameroun français, Gustave Babin, n° du 23 septembre 1916

La conquête de la dernière colonie allemande, Charles Stiénon, n° du 24 février 1917

La T.S.F. et la guerre, articles à suivre, F. Honoré, n° du 8 et du 22 septembre 1917

Les États-Unis, le Japon et la guerre, Raymond Recouly, n° du 17 novembre 1917

Une aventure de guerre dans le Pacifique, Raymond Lestonnat, n° du 12 janvier 1918

L'Empire du Soleil-Levant et la République du ciel étoilé, Anonyme, 26 janvier 1918

Dans l'Est Africain Allemand, commandant de Civrieux, 26 janvier 1918

La campagne japonaise de 1914, Félix Ecary, 9 mars 1918

Les colonies allemandes, Anonyme, 17 août 1918

Kriegs-Rundschau

Supplément au „Täglichen Rundschau "publié à Berlin (numéroté, non daté)

Der Raubzug gegen unsere Kolonien, 1914, n° 14, pp. 214-224

Tsingtau, 1914, n° 15, pp. 236-240

Der Krieg in den Kolonien, 1914-1915, n° 26, pp. 401-416

Deutsch-Ostafrika, Deutsch-Südwestafrika u. Angola, 1914-1915, n° 27, pp. 417-432

Kamerun, 1916, pp. 1263-1264

Lettow-Vorbecks einzug in Berlin, 1919, pp. 2088-2092

Verlust der Kolonien, 1919, p. 2145

Autres titres

Le siège de Tsing-Tao, lieutenant de vaisseau Monconduit, in « Revue maritime », janvier 1921, pp. 85-98

La campagne du Cameroun, articles à suivre, capitaine Girard, in « Revue Militaire Française », n° 110, août 1930, pp. 174-199 et n° 111, septembre 1930, pp. 331-368

Guerre maritime dans le Pacifique en 1914, André de Bechade, in « Bulletin de la Société d'études historiques de Nouvelle Calédonie », n° 40, 3/1979, pp. 5-9

Le Cameroun allemand aurait-il pu rester unifié ? Français et Britanniques dans la conquête du Cameroun (1914-1916), Marc Michel, in « Guerres mondiales et conflits contemporains », n° 168, octobre 1992, pp. 13-30

Der Kampf um die deutschen Kolonien, Wolfgang Petter, in « Der Erste Weltkrieg », Munich, Michalka, 1994, pp. 392-411.

Archives militaires françaises (SHD, Vincennes)

En particulier: 6N2, 6N80, 6N113, 6N216, 7N706, 7N721, 7N1228, 7N1253, 7N1281, 7N2130, 7N2141, 14N21, 16N2967, 16N3056, 16N3059, 16N3220, 16N3223

Travaux universitaires

Le prix d'une guerre. Deux colonies pendant la première guerre mondiale (Gabon – Oubangui-Chari), 1911-1913, Colette

Dubois, thèse publiée par l'institut d'histoire des pays d'outre-mer, université de Provence, 345 pages

L'enpire colonial français dans la stratégie du IIIe Reich (1936-1945), 2 volumes, Chantal Metzger, thèse publiée dans la collection « Diplomatie et histoire », direction des Archives, ministère des Affaires Etrangères, Bruxelles, PIE-Peter Lang, 2002.

De la Première Guerre mondiale en Océanie – Les guerres de tous les Calédoniens, 1914-1919, 2 volumes, Sylvette Boubin-Boyer, thèse publiée par les Presses universitaires de Lille, diffusion Septentrion, 2003

L'Est Africain Allemand, un théâtre méconnu de la Première Guerre mondiale, sous-lieutenant Le Bars, École Spéciale Militaire de Saint-Cyr, janvier 2006, 128 pages

AUTRES SOURCES

— Documents diplomatiques français (cités : D.D.F.)

Afrique : arrangements, actes et conventions concernant le Nord, l'Ouest et le centre de l'Afrique, 1881-1898, Paris, Imprimerie nationale, 1908, 244 pages

1871-1914, Première série (1871-1900), Vol. I à IV, Paris, Alfred Costes et l'Europe nouvelle ed., 1931

1914 (3 août – 31 décembre), ministère des Affaires étrangères, Paris, Imprimerie nationale, 1999, 763 pages

1915, PIE-Peter Lang, Bruxelles, Presses universitaires européennes. Vol. 1 : 2002, 988 pages ; vol. 2 : 2003, 806 pages ; vol. 3 : 2004, 949 pages

— Collection de « Pages d'histoire – 1914 »

Les communiqués officiels depuis la déclaration de guerre, vol. 1, 2 et 3, Paris, Berger-Levrault, s.d.

Les pourparlers diplomatiques, vol. 1, « Le livre bleu anglais » ; vol. 2, « Le livre gris belge » ; vol. 5, « Le livre blanc allemand » ; Paris, Berger-Levrault, s.d.

— Texte intégral du « Traité de paix entre les Puissances Alliées et associées et l'Allemagne et Protocole », signé à Versailles le 28 juin 1919, publié en français et en anglais (s.d.).

— Collection du **Recueil des documents étrangers** édité conjointement par les ministères français de la Guerre et des Affaires étrangères.
— Collection de **European War, correspondence respecting Military Operations**, reproduction des documents officiels présentés aux Chambres par le gouvernement de Londres.
— Pour le Sud-Ouest Africain Allemand, collection de **Kriegsnachrichten**, bulletin artisanalement édité en 1915 à Tsumeb, *« avec l'aide du commandant de la Schutztruppe »*.
— Pour le Togo et le Cameroun après-guerre, **Rapports annuels adressés par le Gouvernement français au Conseil de la Société des Nations**, *conformément à l'article 22 du Pacte, sur l'administration sous mandat du territoire de...* et la revue *Togo-Cameroun* publiée à Paris par l'Agence économique des territoires sous mandat.

Table des cartes

TABLE DES MATIÈRES

Achevé d'imprimer sur les presses de
l'Imprimerie France Quercy à Mercuès
N° d'impression : 62795/
Dépôt légal : novembre 2006

Imprimé en France